U0063557

香港立法機關關於政制發展的辯論

第二次政改

第五卷

強世功　袁陽陽　編

2007

2010

責任編輯　蘇健偉
封面設計　吳丹娜　吳冠曼

書　　名	**香港立法機關關於政制發展的辯論（第五卷）** —— 第二次政改（2007—2010）
編　　者	強世功　袁陽陽
出　　版	三聯書店（香港）有限公司 香港北角英皇道 499 號北角工業大廈 20 樓 Joint Publishing (H.K.) Co., Ltd. 20/F., North Point Industrial Building, 499 King's Road, North Point, Hong Kong
香港發行	香港聯合書刊物流有限公司 香港新界大埔汀麗路 36 號 3 字樓
印　　刷	美雅印刷製本有限公司 香港九龍觀塘榮業街 6 號 4 樓 A 室
版　　次	2020 年 4 月香港第一版第一次印刷
規　　格	16 開（185 × 260mm）472 面
國際書號	ISBN 978-962-04-4602-3

© 2020 Joint Publishing (H.K.) Co., Ltd.

Published & Printed in Hong Kong

前言

　　香港政制發展這個概念直接源於基本法規定，即行政長官及立法會全體議員的產生辦法按照香港的實際情況，循序漸進至最終由普選產生。雖然早在英國對香港實行殖民統治伊始，就有了關於修改立法局組成辦法的辯論，但直到 1980 年代中英談判啟動香港回歸祖國的歷程，香港政制發展才真正作為一種地方的特殊憲制安排進入到公眾視野中。從此，香港政制發展問題不僅成為香港關注的問題，也成為整個國家關注的重大課題。為了便於研究人員與普通讀者系統認識、瞭解及研究香港政制發展問題的歷史與現狀，我們曾經選編了《香港政制發展資料彙編》（香港三聯書店，2015 年版），系統收集了官方正式公布的有關權威資料，包括憲制法律的規定、政府報告、相關政府官員的發言等。然而，在港英政府、中國政府和香港特區推出有關法律、政策和報告的時候，香港社會對此進行了深入討論，其中香港立法機關（包括港英時期的立法局和特區政府的立法會）作為香港的代議機關，對香港政制發展問題進行了持續辯論。從這些辯論中，我們可以看出香港社會各界對香港政制發展的不同立場、觀點和理據。為此，我們選編《香港立法機關關於政制發展的辯論》，系統呈現 1980 年代以來香港立法機關關於政制發展的辯論的相關資料。

　　本書按照時間順序分專題進行編輯，其中香港回歸前編為三卷，回歸後編為三卷。第一卷集中在 1985 年至 1990 年關於港英代議政制改革和基本法起草中相關安排的辯論。第二卷集中在 1992 年至 1994 年圍繞彭定康改革方案展開的辯論。第三卷集中在 1994 年至 1997 年關於香港過渡期相關問題的辯論。第四卷集中在 2003 年至 2005 年關於香港回歸後第一次政改的辯論。第五卷集中在 2007 年至 2010 年關於香港回歸後第二次政改的辯論。第六卷集中在 2013 年至 2015 年關於香港回歸後第三次政改的辯論。本書的內容編排既考慮時間順序，又兼顧主題。在選編過程中，我們盡可能照顧到不同派別的議員的觀點，並摘要最能反

映其立場、觀點和理據的內容。為了便於讀者對每一卷的內容有全面的理解與把握，我們在每一卷開始處撰寫了導讀，扼要介紹在本卷所涵蓋的時間跨度與主題下，立法機關就相關問題的辯論主旨。由於時間跨度大，辯論內容繁雜，選編難免有錯漏不足之處，還望讀者指正，所有可能的錯誤由編者承擔責任。

本書的編輯獲全國人民代表大會常務委員會港澳基本法委員會的支持，香港敏華控股有限公司也給予特別支持，特此致謝。北京大學法學院易軍、楊坤和陳卓等同學先後協助收集相關資料，並承擔錄入、排版及校對工作，感謝他們的辛勞和付出。本書收錄的文獻來源於香港特別行政區立法會網站，已獲香港特別行政區立法會授權使用，在此一併致謝。

編者

2017 年 3 月

體例說明

一、材料來源

　　本書材料來自香港立法機關會議過程正式記錄，已獲香港特區立法會授權使用。該記錄逐字記載了會議過程內容。具體來看，首先，議員及官員在立法機關會議上的發言會被以其所用的語言進行編製，形成即場記錄本。其後，即場記錄本會被分別翻譯為中、英文版本。本書採用的是中文版本，節選其中有關政制發展的內容。本書絕大部分致辭均為節選，為避免繁瑣，每篇均不再注明「（節選）」字樣。

二、術語解釋

　　本書節選內容涉及立法機關在會期內處理的多種事務，為了方便讀者理解，特作出說明。具體如下：

（一）總督／行政長官施政報告

　　施政報告，是總督／行政長官在每個立法會期的首次會議席上的發言，概述各項管理香港的政府施政建議。自 1969 年起，這一安排成為常規慣例。香港回歸後亦被沿襲下來。施政報告通常在 10 月發表，但有的也被延遲至下年 1 月發表。

（二）致謝議案辯論

　　致謝議案辯論，是議員就施政報告提出的辯論，藉以感謝總督／行政長官發

表施政報告。1969 年，致謝議案辯論首次提出，自此成為慣例，延續至今。按照慣例，致謝議案辯論會在施政報告發表後兩周內進行。辯論環節的編排與該年度施政綱領的政策範疇互相對應。由於涵蓋範圍廣泛，通常需兩次以上會議，所以再次開會時被稱為恢復致謝議案辯論。

（三）發言或聲明

發言或聲明，是指總督／行政長官或者獲委派官員在立法機關會議上發言（除發表施政報告外）或發表聲明，通常旨在回應公眾關注的事件。1997 年之前，總督有時會在立法局會議內發言或發表聲明，或是指派一位獲委派官員代表政府發表聲明。在回歸後，行政長官亦採納這種做法。

（四）質詢

質詢，是指議員在立法機關會議上就政府的工作向政府提出質詢，促請政府就具體問題或事件及政府政策提供資料，或要求政府採取行動。早於 1873 年，議員便可在立法局會議上提出質詢。回歸後，這項權力一直沿用至今。質詢分為口頭質詢或書面質詢，由獲委派的官員以口頭或書面形式作答。質詢獲得答覆後，任何議員均可提出補充質詢，以求澄清該答覆。

（五）總督／行政長官答問會

總督／行政長官答問會，是指總督／行政長官酌情出席立法機關會議，答覆議員就政府的工作或特定事件提出的質詢。1992 年，總督答問會首次舉行，自始成為立法局會議的恆常安排。這一做法也為香港特區每位行政長官所採納，但答問會的舉行次數及時間，則有所不同。通常而言，在每個立法會會期，行政長官出席四次立法會會議，每次答問會為時約一個半小時。

（六）議案辯論

議案種類繁多，本書所涉及的議案辯論，是指議員或獲委派官員提出辯論以便就關乎公眾利益的問題發言。具體分為兩種：一是狹義的議案辯論，旨在對公眾關注的事項表達意見，或籲請政府採取某些行動。二是休會辯論，旨在討論

某項對公眾而言有迫切重要性的問題或提出任何有關公共利益的問題。按照歷史傳統，相關官員會列席這些辯論以回應議員的發言內容。這一做法一直沿用至回歸後。

（七）法案審議

　　法案審議，是指由政府官員或議員將新訂法例或現行法例的修訂建議提交立法機關審議，以制定成為法例。1888 年，根據《英皇制誥》修訂後的條文，總督制定法律的過程，不但須徵詢立法局的意見，更須獲得立法局的同意。回歸後，法案要獲通過，須經首讀、二讀及三讀的程序。首讀，是立法會秘書處在立法會會議席上宣讀法案的簡稱。二讀，是指提交有關法案的政府官員或議員動議法案予以二讀的議案，並發言解釋法案的目的。在動議議案後，有關的辯論通常會中止待續，以便把法案交付內務委員會詳加研究。隨後，在其後舉行的立法會會議席上恢復二讀辯論，立法會繼而就法案予以二讀的議案進行表決。若法案獲得二讀通過，立法會全體議員以全體委員會名義審議法案各條文，並在委員會同意下作出修正。隨後，法案不論是否有所修正，全體委員會回復為立法會，在負責法案的官員或議員動議該法案予以三讀並通過的議案後，立法會隨即就法案進行三讀的程序。

三、編寫說明

　　本書一級標題（即每場辯論的時間、性質、題目）的題目部分，我們盡量跟從立法機關會議過程正式記錄原文中的標題，但對於原文中某些過於簡單或表意不明確的標題，我們根據辯論內容（尤其是動議的議案或法案的內容）重新擬定。本書二級標題（即每場辯論中的個人發言），除一些必要的統一外，基本上維持原狀。比如，正式記錄在回歸前與回歸後存有一些體例差異，回歸後的二級標題中沒有「致辭」二字，我們保持原體例不變，因為我們相信這種記錄體例的差異是有意義的，體現了立法機關程序的嚴謹化和立法機關參與者觀念的變遷。

　　由於本書性質是原始資料彙編，所以我們採取「審慎修改」原則，非正誤問題、不礙文意的字詞與病句一般不改。對於一些確定的錯別字，我們用中括號將

正確的字置於其後，予以訂正，如漢〔漠〕不關心、撤〔撤〕銷、遣〔遺〕憾等。需要增刪的字詞，亦以中括號形式列明，如人大常委〔＋會〕、司法法〔法〕覆核。為使全文前後一貫，我們對本書中的異體字、繁簡轉換字等進行了統一，如裏（裡）、舉（舉）、腳（脚）等，這些不作為錯別字處理，直接在原文上予以修正。

　　數字、英文用法的統一與標點符號的修訂，因大部分不影響文意，亦直接在原文上修改。比如，正式記錄在回歸前後對數字的處理方式有所不同，回歸前多用漢字，回歸後多用阿拉伯數字，我們統一為盡量使用漢字（尤其是年月日及法律條文數），以保持整套書風格統一。一些大量重複出現的簡稱括註，如（「特區」）、（「全國人大常委會」）等，由於十分常見，對於理解內文意義不大，予以統一刪除。

本卷導讀

　　2005 年 12 月 21 日，香港特區政府提出的 2007 年行政長官及 2008 年立法會產生辦法被立法會中反對派議員「捆綁否決」，導致香港政制發展原地踏步。由此，反對派將其政治目標轉向爭取 2012 年普選行政長官和立法會上，簡稱「2012 年雙普選」。2007 年，香港迎來第三屆行政長官選舉，曾蔭權在競選期間表示要解決普選問題。在成功當選行政長官後，曾蔭權將政制發展作為新一屆特區政府施政的重點。為此，特區政府先後進行了兩輪公眾諮詢，以開放、包容的態度對香港未來的政制發展問題進行研究。在這一過程中，此前就已出現的有關「普選時間表」、「普選路線圖」的爭論成為普遍關注的重點。與此同時，隨着諮詢不斷深入，社會各界圍繞 2012 年行政長官和立法會產生辦法是否需要修改、如何進行修改的問題也展開了激烈論辯。此外，社民連發動的「五區總辭，全民公決」的激進抗爭，也引發了諸多紛爭。

一、 關於「普選時間表」、2012 年行政長官和立法會產生辦法是否需要修改的爭論

　　2007 年 7 月 11 日，行政長官曾蔭權在上任後發表《政制發展綠皮書》，就行政長官及立法會普選模式、路線圖和時間表展開廣泛的公眾諮詢。這是特區政府首次以「綠皮書」的方式就香港政制發展進行公眾諮詢，目的是凝聚社會共識、盡早實現普選目標。10 月 10 日，曾蔭權發表題為「香港新方向」的施政報告，宣布公眾諮詢期將於當日結束，下一步將對諮詢期內所收到的意見進行全面梳理和總結，並在此基礎上向中央提出報告。然而，在 10 月 24 日立法會的致謝議案辯論中，反對派議員劉慧卿卻提出修正案，表示大部分市民支持在 2012 年實行雙普選，認為行政長官沒有就盡快落實雙普選作出承擔，更沒有盡力說服那些反對在 2012 年實行雙普選的人士。而石禮謙、楊孝華等建制派議員則表示，不能懷疑

行政長官促進民主及落實普選的誠意，問題在於香港社會各界在「普選時間表」這個問題上存在分歧以致難以尋求共識，他們期望特區政府在歸納收集到的意見後，盡力收窄社會分歧。詳細辯論請見 **2007 年 10 月 10 日**、**2007 年 10 月 24 日**立法會會議過程正式記錄。

2007 年 12 月 12 日，行政長官曾蔭權向全國人大常委會提交關於香港特別行政區政制發展諮詢情況及 2012 年行政長官和立法會產生辦法是否需要修改的報告。特區政府亦在當天公布《政制發展綠皮書》公眾諮詢報告，政務司司長唐英年也到立法會發表有關行政長官向全國人大常委會提交政制發展報告的聲明。12 月 19 日，反對派議員楊森提出休會待續議案，批評行政長官沒有親自向公眾交代整件事情始末，也沒有向立法機關解釋個中因由。他認為特區政府在報告中沒有如實向中央反映香港人的意見，特區政府所作的歸納並非香港人的主流共識。因此，他動議立法會立即休會，就行政長官向全國人大常委會提交有關報告進行討論。而劉江華、周梁淑怡等建制派議員則認為，行政長官上任後始終按照其承諾行事，希望議員之間能以平和的態度，以循序漸進、溫和、務實和理性的方式推動政制發展。詳細辯論請見 **2007 年 12 月 12 日**、**2007 年 12 月 19 日**立法會會議過程正式記錄。

2007 年 12 月 29 日，《全國人民代表大會常務委員會關於香港特別行政區 2012 年行政長官和立法會產生辦法及有關普選問題的決定》公布。決定明確 2012 年不實行普選，但可按照基本法的規定作出符合循序漸進原則的適當修改，2017 年第五任行政長官的選舉可以實行由普選產生的辦法，在行政長官由普選產生以後，立法會的選舉也可以實行全部議員由普選產生的辦法。這項決定不僅就 2012 年兩個產生辦法是否需要修改作出了明確規定，也對「普選時間表」作出了明確規定，是香港政制發展歷史上的一個里程碑。2008 年 1 月 9 日，反對派議員陳偉業提出議案，譴責特區政府於 12 月 12 日發表的《政制發展綠皮書》公眾諮詢報告扭曲市民要求盡快落實行政長官及立法會雙普選的意願，未有就雙普選訂定具體和明確的時間表及路線圖，以致未能早日落實行政長官及立法會的全面普選，並提出應不遲於 2012 年落實行政長官及立法會雙普選。而楊孝華、譚耀宗等建制派議員則認為，中央已定出香港的「普選時間表」，民意調查也顯示過半數市民接受全國人大常委會的決定，希望各界以這項決定為新起點向前行動，如果繼續

爭取「2012 年雙普選」，只會停留在口號之中，不會有實質價值。詳細辯論請見
2008 年 1 月 9 日立法會會議過程正式記錄。

二、關於第二輪政制發展公眾諮詢啟動的爭論

全國人大常委會的決定不僅為香港未來的政制發展訂下了明確的時間表，同時也指出了具體的方向，下一步的工作便是盡快啟動第二輪政制發展公眾諮詢，按照「五部曲」程序不斷向前推進。2008 年，全球金融海嘯爆發，香港經濟遭受巨大衝擊，反對派借機鼓動香港社會不接受全國人大常委會的決定，寄望於突破全國人大常委會決定，爭取實現「2012 年雙普選」。因此，在一年多的時間裏，第二輪政制發展公眾諮詢始終沒有啟動，香港各界也對此產生了諸多爭議。

2008 年 10 月 15 日，行政長官曾蔭權發表施政報告，表示全國人大常委會確立的「普選時間表」獲得香港市民廣泛認同及支持，為邁向普選打好基礎，本屆政府最重要的工作就是按照全國人大常委會的決定處理好 2012 年兩個選舉辦法，使選舉制度進一步民主化，為此，特區政府將於 2009 年上半年就 2012 年的行政長官和立法會產生辦法諮詢公眾。10 月 31 日，反對派議員劉慧卿就致謝議案提出修正案，認為行政長官漠視市民對普選的要求，反對這份施政報告。而劉健儀等建制派議員則認為，全國人大常委會已訂明達至普選的清晰時間表，現在必須集中精力，盡量減少分歧，為早日實現普選的具體方案一起努力。詳細辯論請見
2008 年 10 月 15 日、2008 年 10 月 31 日立法會會議過程正式記錄。

2009 年 1 月 7 日，反對派議員吳靄儀提出 2012 年政制發展的公眾諮詢議案，認為政府意圖改變普選的定義，永久性保留功能界別議席，因此希望當局當眾澄清「普選」的定義，並要求行政長官於 2009 年年初進行公眾諮詢時，要清楚表明取消功能界別議席。該主張得到何俊仁、劉慧卿、黃毓民等反對派議員的支持。對此，石禮謙、葉國謙、葉劉淑儀等建制派議員明確反對，他們認為 2012 年是 2017 年及 2020 年達至普選的中途站，議員們可以討論所有有關促進普選的議題，但條件是必須符合基本法及全國人大常委會在 2007 年 12 月 29 日所作的決定，香港各界現時對於提名委員會的提名程序以及功能界別的存廢事宜意見紛紜，根本難以在短時間內取得共識，如果此時進行「捆綁式的諮詢」，只會影響及拖延對 2012 年選舉辦法的諮詢工作的成效，也只會陷入長期的爭拗，虛耗社會

的能量，不利於香港的政治、經濟及社會發展。詳細辯論請見 **2009 年 1 月 7 日**
立法會會議過程正式記錄。

2009 年 1 月 15 日，行政長官曾蔭權在立法會答問會上表示，受金融海嘯影
響，香港經濟困難的高峰期很可能會在當年上半年出現，特區政府和香港社會應
主要關注香港社會的經濟、民生問題，因此 2012 年選舉方案的公眾諮詢將稍為押
後，由本年上半年延遲至第四季。這一決定引發反對派不滿。2 月 11 日，反對派
議員何俊仁提出議案，認為行政長官沒有履行在施政報告中的承諾，拖延政制發
展公眾諮詢。馮檢基、李卓人等反對派議員也在辯論中認為特區政府以經濟問題
為由，意圖拖延政制發展公眾諮詢。而葉國謙、何鍾泰等建制派議員則認為，事
有緩急輕重，面對百年一遇的全球經濟危機，應將應付金融海嘯擺在首要位置，
如果經濟受到重大的衝擊，社會不穩定，政制發展也難以推動。詳細辯論請見
2009 年 2 月 11 日立法會會議過程正式記錄。

2009 年 10 月 14 日，行政長官曾蔭權發表新一年度的施政報告，表示全國人
大常委會的有關決定是處理香港未來政制發展問題所必須遵循的憲制性規定，特
區政府準備在下月開始就 2012 年行政長官和立法會的產生辦法進行廣泛公眾諮
詢，並在此基礎上向立法會提交有關的法案。在 10 月 30 日的恢復致謝議案辯論
中，梁耀忠、湯家驊等反對派議員對於施政報告中只用兩段寥寥不足二百字提及
香港的政制發展表示失望，重申「2012 年雙普選」是大多數香港市民的要求。葉
國謙、何鍾泰等建制派議員則表示，認同今年施政報告的整體思路以發展經濟為
主調，只有穩定的經濟發展，才能有利於解決社會民生及政治上的問題。詳細辯
論請見 **2009 年 10 月 14 日**、**2009 年 10 月 30 日立法會會議過程正式記錄**。

三、 關於「普選路線圖」、「五區總辭，全民公決」的爭論

2009 年 11 月 18 日，特區政府發表《二零一二年行政長官及立法會產生辦法
諮詢文件》，並展開為期三個月的第二輪公眾諮詢，預計於次年 2 月 19 日結束。
諮詢推出後，反對派議員在一周之內先是提出「普選路線圖」議案，要求特區政
府給出明確的「普選路線圖」，隨即又提出「五區總辭，全民公決」議案，堅持
爭取「2012 年雙普選」。反對派的這兩種反對策略並行不悖，將政制發展討論推
向愈發激進的程度。

　　2009 年 12 月 2 日，反對派議員梁家傑提出有關「普選路線圖」的議案，表示行政長官曾蔭權曾於 2007 年競選期間公開承諾會徹底解決普選問題，但今年的施政報告沒有提及完整的「普選路線圖」，完全違背其選舉承諾。因此，強烈要求政府把握政改諮詢的機會，向市民交代「普選路線圖」，並承諾不遲於 2017 年及 2020 年落實真普選方案。在他們看來，2012 年已迫近眉睫，香港人已不可以再等，在已經有了「普選時間表」之後，反對派更進一步要求急速解決「普選路線圖」問題。而葉國謙、劉健儀等建制派議員則認為，政制發展「五部曲」現在走到第三步，香港再次到達了可以進一步發展民主的關鍵時刻，立法會和香港社會各界均應珍惜這得來不易的成果，就 2012 年的兩個選舉辦法提出意見和建議，務實地推動民主政制發展，且政府公布的政改諮詢文件基本上可以推動民主前進，是值得肯定的。詳細辯論請見 **2009 年 12 月 2 日**立法會會議過程正式記錄。

　　2009 年 12 月 9 日，反對派議員黃毓民提出「五區總辭，全民公決」議案，主張推動香港人支持「沒有抗爭，哪有改變」的新民主運動，呼籲政府以直接民主的方式推動政制發展，並強烈要求特區政府向中央反映香港人意願，爭取 2012 年落實雙普選。所謂「五區總辭、全民公決」，是指全港五個選區內每個選區都將有一名立法會議員辭職，然後再度參與補選，而參與補選的議題只是單一的普選議題，選民如果投票支持這位候選人，就相當於支持其普選主張。2010 年 1 月 26 日，陳淑莊、梁家傑、黃毓民、梁國雄、陳偉業等五位反對派議員正式向立法會秘書處遞交辭職信，全港五區補選將於同年 5 月 16 日舉行，議題是「盡快實現真普選及廢除功能界別議席」。在此之前，該行動總發言人余若薇議員於 2010 年 3 月 3 日提出議案，呼籲全港選民積極參與即將舉行的五區補選，透過投票和平地量化民意，以達至「變相公投」的社會效果，爭取盡快實現普選及廢除功能組別。

　　「五區總辭，全民公決」引發眾說紛紜、爭議不斷。在立法會會議上，各議員也對此展開了激烈論戰。梁家傑、陳淑莊等反對派議員認為，這是「變相公投」，是以民主方式來決定影響市民大眾的公共事務。以湯家驊議員為代表的溫和反對派則表示反對，認為「五區總辭」是一項羣眾運動，但羣眾運動最基本的條件是萬眾一心和團結，團結應當是真團結，而不是被迫捆綁出來的團結。而梁美芬、詹培忠、何鍾泰等建制派議員給予強烈譴責，認為這是完全不負責任的體

現。他們認為，議員既然選擇了自動辭職，又怎麼可以立刻參加補選？這種不負責任的行為卻要其他人替他們「埋單」，不僅未能履行先前競選時對選民的承諾，還要特區政府花上 1.59 億元的公帑進行補選，而且它跟一般只有一項議題的公投不同，是將投票與一名失去席位的議員「捆綁」起來，這種捆綁方式對選民來說是不合理的。詳細辯論請見 **2009 年 12 月 9 日、2010 年 3 月 3 日立法會會議過程正式記錄**。

四、關於 2012 年行政長官和立法會產生辦法建議方案的爭論

2010 年 4 月，行政長官和立法會兩個產生辦法的建議方案出爐。特區政府在作出廣泛諮詢後提交了一項建議方案，通過增強民選區議員在兩個選舉中的參與來提升選舉的民主成分。在行政長官產生辦法中，把選舉委員會的人數由 800 人增加至不超過 1,200 人，按照均衡參與的原則將選舉委員會中的四大界別按相同比例增加委員名額，每個界別增加 100 人。其中第四界別，即立法會、區議會、鄉議局、港區全國人大代表和政協委員，把新增 100 個議席的四分之三分配予民選區議員，由民選區議員互選產生。區議員在選舉委員會的代表，全數由民選區議員互選產生，委任區議員不參與互選。在立法會產生辦法中，把立法會議席數目由 60 席增加至 70 席，分區直選議席和功能界別議席各增加 5 個，並且新增的 5 個功能界別議席以及原來的 1 個區議會議席全數由民選區議員互選產生。行政長官曾蔭權表示，該方案是一個「中途站方案」，如獲接受，便可在 2012 年走出第一步。

文件公布後，贊成意見和反對意見相互爭吵，各界的討論持續深入，雙方最後聚焦於「普選」的定義。2010 年 6 月 7 日，特區政府向立法會提交有關 2012 年行政長官和立法會產生辦法修改方案的議案。時任全國人大常委會副秘書長喬曉陽隨即於當天下午就特區政府向立法會提交政改方案發表講話，首次申明中央在這一問題上的立場：「『普選』的核心內容就是保障人人享有平等的選舉權」；「通常所說的『普選』，是指選舉權的普及而平等。不過，一如國際上的一般理解，有關選舉的權利是允許法律作出合理限制的。各國根據自己的實際情況採用不同的選舉制度來實現普及而平等的選舉權，這是當今國際社會的現實」；「未來兩個普選辦法既要體現選舉的普及和平等，也要充分考慮符合香港特別行政區的法律

地位，與香港行政主導的政治體制相適應，兼顧香港社會各階層利益，以及有利於香港資本主義經濟的發展」。

　　喬曉陽對「普選」定義的說明，對反對派而言是巨大打擊。此時，已是政改表決前的關鍵時刻，特區政府努力爭取，希望各界可以接受方案，令香港政制能順利「起錨」。2010 年 6 月 9 日，反對派議員湯家驊提出有關政制改革的議案，認為喬曉陽的發言打破了一直以來令人非常難以理解的沉默，可謂一個重要的里程碑，但是並未釋除公眾對普選定義的疑慮，反而令香港人更感不安，鑒於特區政府及政務司司長一再公開表示現行的功能界別選舉未符合「普及」而「平等」的原則，而普選模式應符合這項基本原則，香港人亦期望可盡早就普選模式展開討論，因此促請政府積極推動各界就基本法第四十五條所談及的普選行政長官的提名須符合「民主程序」和如何處理功能界別的問題作廣泛及深入的討論和研究，以便及早就普選模式凝聚共識，落實雙普選。

　　在這一背景下，「普選」定義成為立法會辯論中的重點。由於行政長官和立法會產生辦法都涉及功能界別，對功能界別的改造也是今次政改方案的特色，因此有關普選定義的討論最終落腳在功能界別的存廢問題上。李卓人、陳淑莊等反對派議員認為，《公民權利和政治權利國際公約》第二十五條已經清楚訂明，普選是指普及而平等的選舉權和被選舉權，行政長官及所有立法會議員的產生方式均必須符合國際公認的這一選舉標準，而功能界別只是代表了一小撮人的利益，從根本上違反這一標準，要邁向普選必須全面取消。但在林健鋒、陳健波等建制派議員看來，香港的選舉辦法要以基本法作為法理依據，普選的定義不能單看國際標準，討論政制發展不應脫離現實情況，功能界別代表了社會的多個層面，可以把不同的聲音帶入立法會內，在政治上發揮平衡的作用。詳細辯論請見 **2010 年 6 月 9 日立法會會議過程正式記錄**。

五、關於行政長官和立法會產生辦法修正案的爭論

　　2010 年 6 月 23 日，譚耀宗以 2012 年行政長官及立法會產生辦法建議方案小組委員會主席身份向立法會提交《2012 年行政長官及立法會產生辦法建議方案小組委員會報告》。同一日，政制及內地事務局局長林瑞麟提出議案，促請立法會以全體議員三分之二多數通過《中華人民共和國香港特別行政區基本法附件一香

港特別行政區行政長官的產生辦法修正案（草案）》。2010 年 6 月 24 日，政制及內地事務局局長再次提出議案，促請立法會以全體議員三分之二多數通過《中華人民共和國香港特別行政區基本法附件二香港特別行政區立法會的產生辦法和表決程序修正案（草案）》。按照「五部曲」程序，倘若這兩項議案得到立法會全體議員三分之二多數通過，將會呈請行政長官同意，並由行政長官報人大常委會批准或備案。這意味著，香港此次政制改革到了最後的關鍵時刻。立法會議員展開了連續三天的激烈論戰，爭取在最後關頭再奮力一搏。

關於行政長官產生辦法，政府提出的方案是：2012 年選舉第四任行政長官人選的選舉委員會共 1,200 人，其中工商、金融界 300 人，專業界 300 人，勞工、社會服務、宗教等界 300 人，立法會議員、區議會議員的代表、鄉議局的代表、港區全國人大代表、全國政協委員的代表 300 人；選舉委員會每屆任期五年，不少於 150 名的選舉委員可聯合提名行政長官候選人，每名委員只可提出一名候選人。李慧琼、陳鑑林等建制派議員認為，香港發展民主政制需要具備條件，在基本法的規定下按部就班、循序漸進。政府這次提出的方案將會加強民選區議員的角色並提高行政長官選舉的代表性，已經是在基本法及全國人大常委會 2007 年有關決定的框架下，最大程度地擴大了民主成分，是可以支持的。

但陳淑莊、余若薇等反對派議員認為，特區政府在 2005 年建議將選舉委員會委員人數由 800 人增加至 1,600 人，而且全數區議員都會納入選舉委員會，現行方案卻建議把選舉委員會委員人數增加至 1,200 人，並只分配 75 個新增議席給民選區議員，因此選舉委員會內經選舉產生的委員人數比例將會減少。雖然提名門檻維持在目前總人數八分之一的水平，但所須提名人數卻會由 100 人增加至 150 人，這會令反對派難以提名候選人參選行政長官。詳細辯論請見 **2010 年 6 月 23 日**、**2010 年 6 月 24 日**立法會會議過程正式記錄。

關於立法會的產生辦法，政府提出的方案是：2012 年第五屆立法會共由 70 名議員組成，其中功能團體選舉的議員 35 人，分區直接選舉的議員 35 人；接納「一人兩票」的建議方案，在立法會通過這項議案後，將會在本地立法規定新增的 5 個功能界別議席由民選區議員提名，由現時在功能界別沒有投票權的登記選民「一人一票」選出；原來的一個區議會功能界別議席，則由民選區議員互選產生。這裏提到的「一人兩票」方案是此前由民主黨提出的，同意政府一開始提出

的建議，即立法會內分區直接選舉和功能界別的議席各增加 5 個，並將新增的 5 個功能界別議席全部撥歸區議會，但不同之處在於由區議員提名、讓全香港 320 萬名市民直接選出這 5 個議席。這樣一來，立法會內分區直接選舉和功能界別的議席比例雖然依舊是 35 席對 35 席，但由市民直接選舉產生的議席數目其實增加至 40 席，每個香港市民實際上擁有兩票，一票選地方代表，另一票選功能界別代表，因此稱為「一人兩票」方案。

民主黨提出這一方案，被許多反對派攻擊為「出賣原則」、「出賣民主」。在立法會辯論中，反對派陣營內部的分歧也更加惹人注目，主要爭論歸結為一個問題，即「一人兩票」方案是否會將功能界別合理化，從而造成「易請難送」的情況。梁家傑、鄭家富、黃毓民等反對派議員認為，「一人兩票」偏離了普及而平等的原則，其實是偷換概念，一旦接受便會令普選的定義變得似是而非，從而墮入建制派的論述陷阱，接下來的結論很有可能是功能界別選舉也是民主的，結果功能界別選舉越來越多，所期望的民主進度變成民主止步。張文光、何俊仁、湯家驊等反對派議員則認為，「一人兩票」不會合理和美化功能界別，方案的背後其實有一個民間的「普選路線圖」，即由量變而質變，由局部民主推至全面民主，由階段性擴大民主力量到實現終極普選。具體而言，先爭取 2012 年開始質變，只要直選議席在 2012 年、2016 年不斷增加，便能夠造成直選「包圍和孤立」功能界別的局面，最後走向三分之二的多數，時機一到便能廢除功能界別。如果現在爭取到「一人兩票」的選舉模式，在下次政制檢討時就有希望將這一模式擴展至整個立法會，並爭取「一人兩票」的選舉不會受任何業界或界別提名的限制，使之轉化為一個普選模式。詳細辯論請見 **2010 年 6 月 24 日、2010 年 6 月 25 日**立法會會議過程正式記錄。

目錄

2007 年 10 月 10 日 —— 行政長官施政報告............................1

2007 年 10 月 24 日 —— 致謝議案辯論............................3

 劉健儀議員動議的議案如下............................3

 湯家驊議員............................3

 何俊仁議員............................4

 詹培忠議員............................6

 譚耀宗議員............................8

 李永達議員............................10

 田北俊議員............................13

 張文光議員............................15

 石禮謙議員（譯文）............................17

 楊森議員............................18

 劉慧卿議員............................20

 劉慧卿議員就經何俊仁議員、李華明議員、鄭家富議員及馮檢基議員

  修正的議案動議的進一步修正案如下............................23

 吳靄儀議員（譯文）............................24

 陳偉業議員............................26

 楊孝華議員............................28

 涂謹申議員............................29

 馮檢基議員............................30

 政務司司長............................33

 政制及內地事務局局長............................34

2007 年 12 月 12 日 —— 聲明：有關行政長官向全國人民代表大會

常務委員會提交有關政制發展的報告 39

   政務司司長 39

2007 年 12 月 19 日 —— 休會待續議案辯論：行政長官提交

二〇一二年行政長官和立法會產生辦法是否需要修改的報告 43

   楊森議員 43

   楊森議員動議的議案如下 46

   詹培忠議員 46

   陳方安生議員 48

   張文光議員 49

   田北俊議員 50

   馮檢基議員 53

   單仲偕議員 56

   湯家驊議員 56

   梁耀忠議員 57

   梁家傑議員 58

   劉慧卿議員 59

   張超雄議員 60

   李柱銘議員 61

   陳偉業議員 62

   李卓人議員 63

   譚耀宗議員 64

   何俊仁議員 65

   劉江華議員 65

   何鍾泰議員 66

   周梁淑怡議員 68

   律政司司長 69

   政制及內地事務局局長 72

2008 年 1 月 9 日 —— 議案辯論：《政制發展綠皮書》公眾諮詢報告...78

陳偉業議員..78

陳偉業議員動議的議案如下....................................80

楊森議員..80

楊森議員動議的修正案如下....................................82

李卓人議員..83

李卓人議員動議的修正案如下................................85

梁家傑議員..86

梁家傑議員動議的修正案如下................................87

湯家驊議員..88

湯家驊議員動議的修正案如下................................90

梁國雄議員..91

梁國雄議員動議的修正案如下................................91

郭家麒議員..92

梁耀忠議員..93

何鍾泰議員..94

田北俊議員..96

吳靄儀議員..98

楊孝華議員..99

李柱銘議員..100

張文光議員..101

張超雄議員..102

陳方安生議員 104

劉慧卿議員..105

譚耀宗議員..106

何俊仁議員..106

政制及內地事務局局長..108

2008 年 10 月 15 日 —— 行政長官施政報告....................115

2008 年 10 月 31 日 —— 恢復致謝議案辯論....................117

　劉健儀議員動議的議案如下...................................117

　李鳳英議員...117

　吳靄儀議員（譯文）.......................................118

　石禮謙議員（譯文）.......................................119

　劉慧卿議員...119

　劉慧卿議員動議的修正案如下...............................120

　湯家驊議員...121

　李卓人議員...122

　余若薇議員...122

　劉健儀議員...123

　政務司司長...123

　政制及內地事務局局長.....................................124

2009 年 1 月 7 日 —— 議案辯論：二〇一二年政制發展的公眾諮詢 ..129

　吳靄儀議員...129

　吳靄儀議員動議的議案如下（譯文）.........................132

　石禮謙議員（譯文）.......................................132

　石禮謙議員動議的修正案如下（譯文）.......................134

　張國柱議員...135

　張國柱議員動議的修正案如下（譯文）.......................136

　政制及內地事務局局長.....................................136

　梁美芬議員...138

　陳茂波議員...139

　何俊仁議員...140

　何鍾泰議員...141

　葉國謙議員...142

　劉慧卿議員...143

　黃毓民議員...143

梁家傑議員..144

何秀蘭議員..144

葉劉淑儀議員..145

陳淑莊議員..147

劉健儀議員..147

李永達議員..148

謝偉俊議員..149

鄭家富議員..150

余若薇議員..151

政制及內地事務局局長......................................152

2009 年 2 月 11 日 —— 議案辯論：拖延政制發展諮詢............156

何俊仁議員..156

何俊仁議員動議的議案如下..................................158

政制及內地事務局局長......................................159

湯家驊議員..161

梁美芬議員..162

葉劉淑儀議員..163

梁耀忠議員..164

何鍾泰議員..164

馮檢基議員..165

何秀蘭議員..167

李卓人議員..167

葉國謙議員..168

陳偉業議員..169

政制及內地事務局局長......................................169

2009 年 10 月 14 日 —— 行政長官施政報告.....................174

2009 年 10 月 30 日 —— 恢復致謝議案辯論.....................175

劉健儀議員動議的議案如下..................................175

梁耀忠議員..175

湯家驊議員......................................175

何俊仁議員......................................177

余若薇議員......................................178

葉國謙議員......................................180

黃毓民議員......................................180

劉慧卿議員......................................182

劉慧卿議員動議的修正案如下......................184

詹培忠議員......................................184

梁家傑議員......................................186

梁家傑議員動議的修正案如下......................187

林健鋒議員......................................188

梁國雄議員......................................188

劉健儀議員......................................189

政務司司長......................................190

政制及內地事務局局長............................191

**2009 年 12 月 2 日 —— 議案辯論：政府向市民交代普選路線圖並
承諾不遲於二○一七及二○二○年落實真普選.............194**

梁家傑議員......................................194

梁家傑議員動議的議案如下........................197

劉慧卿議員......................................197

劉慧卿議員動議的修正案如下......................198

何秀蘭議員......................................199

何秀蘭議員動議的修正案如下......................201

政制及內地事務局局長............................202

李卓人議員......................................205

張國柱議員......................................206

梁耀忠議員......................................207

吳靄儀議員......................................209

何俊仁議員......................................211

何鍾泰議員...212

余若薇議員...213

林健鋒議員...215

陳淑莊議員...216

馮檢基議員...218

陳茂波議員...220

葉國謙議員...222

劉健儀議員...223

梁美芬議員...225

陳偉業議員...227

劉秀成議員...228

李永達議員...229

陳鑑林議員...231

政制及內地事務局局長.................................232

2009 年 12 月 9 日 —— 議案辯論：五區總辭，全民公決..........237

黃毓民議員...237

黃毓民議員動議的議案如下.............................241

梁耀忠議員...241

梁耀忠議員動議的修正案如下.........................244

梁家傑議員...244

梁家傑議員動議的修正案如下.........................247

政制及內地事務局局長.................................247

張國柱議員...249

何俊仁議員...251

梁美芬議員...252

吳靄儀議員...254

梁國雄議員...255

詹培忠議員...255

陳淑莊議員...256

湯家驊議員...258

李卓人議員...259

余若薇議員...259

劉慧卿議員...261

馮檢基議員...262

陳偉業議員...264

何秀蘭議員...265

劉健儀議員...266

政制及內地事務局局長...267

2010 年 3 月 3 日 —— 議案辯論：積極參與補選以實現真普選......270

余若薇議員...270

余若薇議員動議的議案如下...272

政制及內地事務局局長...273

何鍾泰議員...275

何俊仁議員...276

葉國謙議員...278

劉慧卿議員...279

黃定光議員...281

吳靄儀議員...283

何秀蘭議員...284

詹培忠議員...285

梁美芬議員...286

李永達議員...287

謝偉俊議員...289

王國興議員...290

劉健儀議員...291

政制及內地事務局局長...293

2010 年 6 月 9 日 —— 議案辯論：促請政府積極推動各界就普選
行政長官提名程序和功能界別問題作廣泛及深入的討論和研究...299

湯家驊議員..299

湯家驊議員動議的議案如下..............................302

林健鋒議員..303

林健鋒議員動議的修正案如下............................303

梁國雄議員..304

梁國雄議員動議的修正案如下............................304

政制及內地事務局局長..................................305

何鍾泰議員..308

陳淑莊議員..309

張國柱議員..311

劉慧卿議員..311

譚偉豪議員..312

李卓人議員..314

梁家傑議員..315

吳靄儀議員..317

梁耀忠議員..318

陳茂波議員..319

梁家騮議員..321

梁美芬議員..322

陳健波議員..323

詹培忠議員..325

何俊仁議員..326

葉國謙議員..327

政制及內地事務局局長..................................328

2010 年 6 月 23 日 —— 發言：二〇一二年行政長官及立法會產生
辦法建議方案小組委員會報告..........................333

譚耀宗議員..333

2010 年 6 月 23 日 —— 議案辯論：修改行政長官產生辦法 336

政制及內地事務局局長 336

政制及內地事務局局長動議的議案如下 337

政務司司長 338

何秀蘭議員 340

何俊仁議員 344

湯家驊議員 347

李卓人議員 349

陳偉業議員 351

吳靄儀議員（譯文） 352

鄭家富議員 355

何鍾泰議員 356

張文光議員 358

葉國謙議員 359

張國柱議員 361

梁耀忠議員 363

馮檢基議員 364

2010 年 6 月 24 日 —— 恢復議案辯論：修改行政長官產生辦法 366

陳茂波議員 366

李永達議員 367

劉健儀議員 368

李國麟議員 370

梁美芬議員 371

涂謹申議員 372

潘佩璆議員 372

林大輝議員 374

陳鑑林議員 375

梁國雄議員 376

陳淑莊議員 377

梁家傑議員...378

李慧琼議員...380

謝偉俊議員...381

余若薇議員...383

黃毓民議員...384

黃成智議員...384

甘乃威議員...386

律政司司長...388

2010 年 6 月 24 日 —— 議案辯論：修改立法會產生辦法和 表決程序...390

政制及內地事務局局長...390

政制及內地事務局局長動議的議案如下...391

政務司司長...391

湯家驊議員...392

梁家騮議員...395

方剛議員...397

張國柱議員...398

李卓人議員...399

陳健波議員...400

梁美芬議員...402

陳克勤議員...403

黃宜弘議員...404

譚偉豪議員...405

梁耀忠議員...406

葉劉淑儀議員...407

林健鋒議員...408

王國興議員...410

馮檢基議員...411

石禮謙議員...414

謝偉俊議員...415

黃定光議員...417

何秀蘭議員...418

何鍾泰議員...420

陳偉業議員...421

梁家傑議員...422

劉秀成議員...423

陳淑莊議員...424

陳茂波議員...425

黃毓民議員...426

2010 年 6 月 25 日 —— 恢復議案辯論：修改立法會產生辦法和

表決程序...428

譚耀宗議員...428

詹培忠議員...429

潘佩璆議員...430

鄭家富議員...432

余若薇議員...433

吳靄儀議員...435

張宇人議員...438

律政司司長...439

2007 年 10 月 10 日
行政長官施政報告

最後，我想向市民交代大家關心的政制發展與管治問題。發展民主是基本法賦予特區行政長官的憲制責任。推動香港落實普選，我責無旁貸。

我在競選期間承諾在新一屆政府上任後，會就落實普選開展公眾諮詢工作。我已履行了競選承諾：第三屆特區政府在上任後十一日便發表了《政制發展綠皮書》，首次在社會上啟動就行政長官及立法會普選模式、路線圖及時間表的全面討論。

三個月的公眾諮詢期將於今天結束。在諮詢期內，政府收到社會各界、各階層圍繞這個問題提交的意見和建議數以千計。這些意見全面地表達了香港社會對政制發展問題的多元訴求。特別讓我感動和鼓舞的是，諮詢的整個過程一直處於理性、務實的氣氛中。香港市民深知民主之可貴，期望盡早落實普選；同時也深知普選是一項極其複雜的社會工程，何時及如何實行普選對香港的長期穩定繁榮將產生巨大而深遠的影響，必須以理性、務實的態度作認真的思考和深入的研究。在此，我要向提出建議的團體和個人，以及雖然沒有提出建議但卻對諮詢始終給予關注和支持的各界人士，表示感謝。下一步，政府將對諮詢期內所收到的意見進行全面的梳理和總結，並在此基礎上，向中央提出報告，如實反映香港社會對政制發展問題的意見。我重申，在第三屆政府任內，會盡最大努力按照基本法就落實普選問題凝聚共識，並爭取中央的信任和理解，促其早日實現。

我們在進行民主改革的同時，亦要關注管治問題，不能因政制發展而損害管治的效率及水平，因為政府管治質素直接影響到市民的生活。

我們在二○○二年起推行主要官員問責制，各位司長和局長均是由政治任命的官員擔任。為了進一步發展問責制，特區政府在去年七月發表了諮詢文件，建議增設副局長和局長助理兩層的政治委任職位。我希望可以盡快開設有關職位，讓主要官員團隊在政治工作方面得到更好的支援，帶領一支優秀、常任和中立的

公務員隊伍。我相信，透過新增的政治委任職位，可讓我們有更多具公共行政經驗的專業政治人才領導政府。

為了改善地區工作，進一步推動地區行政的發展，政府將會提升區議會的職能和民政事務專員的角色。經過今年在四個地區開展先導計劃後，根據所得經驗，決定由明年一月，即在新一屆區議會開始時，在十八區全面推行提升職能的建議，讓區議會參與管理部分地區設施，並會向區議會增加撥款，每年投放於「社區參與活動」的撥款會增至三億元，以及把「地區小型工程」專用整體撥款增至每年三億元，以進行區議會提出的地區小型工程。

我將於明年五月主持首屆地區行政高峰會議，加強政府高層人員與區議會的溝通，並就地區行政計劃的未來發展策略交流意見。

政府會給民政事務專員增撥資源，支援他們推動地方行政工作。各區專員會繼續積極統籌政府部門的工作，盡速處理地區上的民生問題，並加強聯繫地區組織和團體，促進跨界別合作，讓特區政府的施政更有效地貫徹到基層，改善市民生活。

新一屆鄉郊選舉，包括村代表選舉、鄉事委員會選舉及鄉議局選舉，已於今年上半年全部完成，我們會繼續促進與鄉郊民意代表的溝通和合作，並且會與鄉議局一起設立工作小組，全面檢討鄉郊選舉的整體安排。根據鄉議局的提議，我們會研究向村代表發放津貼的方案。

良好的行政與立法關係，可以令政府施政更暢順，政策更有效推行，社會更和諧。我就未來五年提出的多項重大改革及工程，均須有各位議員的鼎力支持。特區政府會致力與立法會合作，在重大施政決策過程中盡早吸納各位議員的意見。在落實進一步擴大問責制後，各政策局局長或副局長必定會出席立法會事務委員會會議，解釋政策及回答議員詢問。我相信只要大家各盡其職，以民意為依歸，行政與立法必定可以建立和諧及有建設性的關係。

為了加強政府與社會的互動，吸納民意，我已要求第三屆政府的問責官員主動走入羣眾，聽取意見及與相關團體協商。我們會更好地運用各種渠道，包括各諮詢組織，例如策略發展委員會。走入羣眾是一個雙向的溝通過程，民間社會也要組織起來，以務實、負責任的態度表達意見，建立共識。

2007 年 10 月 24 日
致謝議案辯論

劉健儀議員動議的議案如下：

「本會感謝行政長官發表施政報告。」
（主席宣布就議案及各項修正案進行合併辯論）

湯家驊議員：

主席，今年施政報告的題目是：香港新方向。但是，從一個政制的施政來說，如果這是香港新方向，所有支持民主的人也會感到不寒而慄。主席，如果我們翻開這份報告，第一段關乎政制施政的，便是第 102 段。我相信自己並非誇張地說，所有信奉民主或渴求民主的人，當看到施政報告由第 102 段開始的數段有關施政的建議，不單會感到失望，甚至乎會感到憤怒。民主是改善良好管治的基礎，不是良好管治的絆腳石。可是，特首在第 102 段說：「我們在進行民主改革的同時，亦要關注管治問題，不能因政制發展而損害管治的效率及水平，因為政府管治質素直接影響到市民的生活。」這是一項非常嚴重的警告，其潛台詞表示，發展民主可以損害管治的效率及水平。但是，令人感到憤怒的，便是當傳媒要求特首解釋這段文字的原意時，他竟然公開說出一個所謂「文革論」。

主席，特首已經就文革論作出書面道歉，但數天前，當他回應一些中學生的提問時，他說：「第一，人人也會說錯話。」意思是他說錯話，只是一些普通錯誤的情況；接着又說：「不過，我說的話是真心的。」主席，我們不是要求特首道歉，因為只為了維護一己政治形象的道歉，並無意義。我們要求特首清晰解釋本身對民主的看法，為何他覺得民主是負面的東西，一樣會損害管治質素和水平、會令社會變為無法無天、又會是損害市民生活質素的東西。如果特首為了要作出

平衡的處理，他無須引用具有挑釁性而絕對錯誤的言詞和例子。

主席，如果我們的特首對於民主發展有那麼曲解民主真正意義的想法，那麼，在他的領導下，香港人又怎可以落實基本法所承諾的雙普選呢？但是，更重要的是，作為一位政府及社會的領袖，他應該清楚解釋本身對那麼重要的一項議題的基本看法。如果他不認同公眾直至今天為止對於他就民主的看法，或覺得自己有被誤解的話，我希望他盡快作出澄清。

主席，第 102 段並非唯一令人感到失望，甚至乎氣憤的條文。在政制改革方面，一項重點的提議，便是政治委任。特首提議設立一些副局長及局長助理的所謂兩層的政治委任職位，以增加政治人才，領導社會的發展。可是，主席，一項最基本的矛盾，便是委任是民主的相反，委任制度跟民主發展是背道而馳的。昨天，我在這個議事廳跟政制及內地事務局局長林瑞麟先生交換意見，但局長一再強調 ── 我相信是在得到特首的認許下，強調有關立場 ── 是要把這些職位分發給一些與特首的政治理念相等的人。特首有否考慮到，這制度只會是利用公帑來形成一個「一言堂」的政府？這樣的發展，對於發展民主政制有害無利，亦間接確認他對民主有負面的看法，將來亦會成為阻礙民主發展的關卡。同時，這樣做不單未能推進民主的發展，而且運用市民的公帑，行一條跟民主發展相對和相反的道路，對很多人來說，這樣可以說是在傷口上灑鹽。這是民主政制發展的關鍵時刻，我們面對如此的一份施政報告，教人如何能信任我們的特首在競選連任時的承諾 ── 會為港人爭取民主？這是一個非常大的遺憾。

何俊仁議員：

曾特首似乎不能夠接受，香港是一個有高度文明水平，以及有相當進步的經濟社會條件的地方。他似乎更不能夠承認，香港社會是有很多具有優良質素的公民。其實，在這種環境下，比對全世界很多成功實行民主的國家來說，香港要實行最現代化、最先進，當然不是所謂最極端的 ── 我不知道甚麼是極端的民主；要實行最現代化的民主制度，香港的條件是綽綽有餘的。第一，這是關乎信念的問題，他缺乏了這個信念。第二，他缺乏了一個正確的理念，便是民主制度才能真正保障持續的經濟發展，以及長久的社會穩定，是國泰民安、政通人和的基

石。可是，他反而處處流露出他對民主的質疑、擔心和不信任。

施政報告的第 101 段提到，實行普選是一項複雜的社會工程，對長期繁榮有深遠的影響。但是，如果他看一看很多經濟發達的地區，便知道民主制度實際上是一個社會不可缺少的制度，為何他看不到這些人類進步發展的歷史紀錄和事跡呢？

此外，在施政報告第 102 段，湯家驊議員剛才也有強調，曾特首再次表現出他擔心民主會破壞管治的效率及水平。其實，正正因為缺乏民主才會造成很多不必要的浪費。我們看到很多時候，如果政府抗拒民意，又沒有足夠的民主制衡時，便會一而再、再而三地作出錯誤的決定，以至出現很多因爭議而造成的時間上的浪費、歲月的蹉跎。其實是有很多例子的，西九計劃便是其中一個例子。大家看到就西九計劃單一招標的問題，如果政府真的聽取民意，真的願意回應各個黨派的訴求，又是否須浪費這麼多時間呢？

主席女士，第三點，對於特首的民主保守觀念，我們看到他在競選期間作出了豪言壯語式的承諾，以至日後，當他今天付諸實行的時候，很多地方卻落空，甚至是政治承諾的退票。

大家清楚記得曾特首在競選的時候，曾豪邁地表示要解決香港的普選問題，他會提出三個主流方案，甚至會以主流民意為依歸。但是，我們今天看到，他動輒便說我們要得到北京最後的批准，以及要得到三分之二立法會議員的同意，如果這些不能達到，一切都不過是空談而已。

當然，我們不是不知道政治改革所須經過的機制。但是，他個人又有甚麼承擔呢？他個人有甚麼信念呢？他個人會否站穩在主流民意的基礎上，向北京據理力爭，以及全力游〔遊〕說立法會那些抗拒民主的議員和政黨加入爭取民主的行列呢？這些都令我們覺得他所謂的進步觀，是否真的有進步的意識呢？

主席女士，談到進一步發展政治委任制方面，其實，我們在昨天的立法會政制事務委員會會議上也有詳細討論。民主黨強烈質疑，這個制度會使我們更走向民主的倒退。我們認為，這個委任制會使一個本身已沒有充分合法民意基礎的特首，更能強大其行政班子，從以往過分行政主導，至經常出現行政霸道的情況。再加上特首經常說一些親疏有別的政策，我們是有充分理由感到擔憂，因這個所謂進一步發展委任制度而增設副局長和政治助理這項政策的實施，將會造成數個

我們不願意看到的後果如下：

第一，這會使一個無須透過民主問責的行政班子的權力更強大和鞏固，他們更難與立法會 —— 有民意基礎的立法會 —— 充分合作和負責。

第二，我們有理由相信這個制度會令特首利用公帑、利用高薪厚祿，從而拉攏與他政見相近，同時會穩定支持他的政團和政治人士進入他的管治集團，這會造成不公平的政策傾斜及偏私。其實，今天很多法定委員會和諮詢委員會的委任，已體現出所謂親疏有別的情況，這已經是清楚不過的了。

第三，我們覺得這制度無助培育香港真正所需的政治人才。政治人才不是靠高官厚祿來吸引，更不是靠特首高高在上的委任，而是一些真正有政治理念、政治承擔、政治道德，願意接受民主程序，包括選舉的洗禮的人，他們要到社會各個階層，尤其是基層，來體驗民主選舉的生活，從而建立一種真正開放和謙卑的人格。但是，我不相信現時建議的這種制度可以產生這些人。最後一點，當然是對公務員的沖〔衝〕擊，可能會造成政治行政間的混亂，這更不用多說了。

詹培忠議員：

主席，就政制方面，我覺得特區政府始終從來沒有堅定地告訴大家（只是斷斷續續的〔地〕說到）：香港不是一個獨立的城市，也不是一個獨立的國家。就此而言，特區政府是很不對的，它必須清晰告訴大家香港的實際環境，即如今時今日，特區政府擬利用民意，所以進行民意調查，然而，它擬利用民意造成甚麼結果呢？我曾在立法會會議中說過，基本法是寫得很清楚，要設立任何政制和進行改革，須經三個步驟才會成為事實：首先，是取得立法會議員三分之二，即四十位議員的共識，這是很清晰的；第二，是經特首同意，他當然會有他的意見，但我堅信，如果有獲得四十位立法會議員通過的決定，特首也不會說不同意的；及第三，就是要中央政府接受，備案或接受提議中的建議或改革。

政府現在說要徵詢民意，做得很大陣仗，但基本法並沒有寫出有關民意的論點，所以政府根本上就是在誤導民意，它是在把基本法遮瞞了，因為基本法內是沒有這些內容的，它為甚麼要推行呢？這根本是一個徹底錯誤的決定。這個錯誤的決定將會引致整體社會意見紛紜，因為它的做法沒有法律效力，它如何領導民

意呢？所以，主席，我認為特區政府已在有意無意之間製造了社會矛盾，亦製造了社會上的對抗。

於此我們要瞭解到，對於民主這兩個字，在香港的環境中根本上是沒有人會反對的，特別是大家正享有高度的自由，不過，大家對民主的理解是有所不同，我們究竟要英國式的民主，還是美國式的（可以說是侵略式的，因為它可以利用民主兩個字霸佔其他國家）民主呢？簡單地說，香港每個有孩子的家庭都會疼愛自己的孩子和孫兒，按同樣的道理，每個人都會珍惜自己的民主。當然，每人的理解、思維和傾向便要視乎其文化水平、所接受的教育和客觀因素而定。特區政府在堅持其政制的政策時，卻沒有針對事實 —— 這是我個人的說法。其實，特區政府是要心平氣靜地協助六十位議員，雖然我們六十位議員之中，有多位已經自動「上鍊」，不會對抗，自動支持，不過，亦有很多位是自動反對的。所以，政府的政策根本上就是要團結這六十位議員，讓大家一齊研究究竟想達至甚麼模式的民主。例如大家傾向二〇一二年雙普選，但也有很多人反對這件事。不過，反對也好，支持也好，我可以告訴大家，這根本上是無效的，因為一切也要依照基本法的三個步驟進行才會有效，才會達致〔至〕一個結果的。所以，以過多的力量造成一個這樣的環境，就政制方面而言，是絕對不健全的。

我很期望特區政府能明白 —— 特別是曾特首曾誇下海口，說他在任內必定能夠達致〔至〕這方面的結果 —— 有結果也未必是各方面均會接受的。一如他在二〇〇五年說他的方案一定會獲得通過，結果卻被否決，因為客觀因素和環境確確實實是存在的，那不是誰的錯，也不是由誰造成的局面，所以，政府須正正式式拿出真心來對話。我堅信，如果依照基本法行事，對話的結果最後是會達至雙普選，但過分強調其過程是沒有基礎的，根本上，我可以大膽說一句，政府到現在仍是徹頭徹尾在誤導市民，並且令立法會更分化，這樣做結果對全港市民、對中央政府、對特區政府等各方面均會是毫無利益的。

好了，我當然期望在政制方面，政府能夠務實地辦事，特別是就我們即將可見在十一月十八日舉行的區議會選舉而言。特區政府應對區議員或有可能參選的人說，他們日後可能會像立法會議員一樣，有權投票選特首，即是成為現時八百人、日後可能是一千六百人的選委會的成員。可是，政府現時卻沒有這樣說，所以，政府根本上是違例。如果政府說明了，可能令有意得到這項權力的人為此而

參選，如果沒有說明，但後來卻給予他們這些權益和條件，那麼政府根本便是違
例和犯法。此外，政府更要清晰研究和思考這件事，因為它是要提供一項權職，
我們可見基本法第九十八條說明區議會並非第二個權力中心。權力中心只有一
個，但它這樣利誘、引誘那些區議員，甚至在日後不依法地提供權力給他們，是
不對的。我以前在議會中說過，政府的態度如果仍然是漠視、仍然是歧視和仍然
是藐視，特區政府便要負上一切的責任。所以，對於區議員所將會獲得的權力，
政府必須清晰地說出來；不過，如果政府在他們的任期內提供任何額外的權力，
根本上便是違背整個選舉的精神。

譚耀宗議員：

現在，我首先代表民建聯就政制事務方面發言。近期大家在討論本港的未
來政制發展時，焦點均集中在行政長官的產生方法，以及立法會的組成辦法。其
實，有關的討論，早在八十年代起草基本法的階段已被提出，基本法起草委員會
亦就不同的意見，進行深入論證。最後，草委會決定以根據實際情況及循序漸進
的原則，為特區成立後的十年訂定政制發展的時間表，並明確指出要最終達致
〔至〕普選的目標。故此，特區政制發展是以普選為發展方向，而推行方法，便
是循序漸進地推動。特區政府現正進行的政制發展諮詢及討論工作，亦應該按照
上述起草基本法的原意，以漸進的時間表，一步一步地推動達致〔至〕普選，並
按照基本法有關普選的原則，制訂普選的模式。

香港特區已回歸了十年，在此期間，特區政府應已掌握及總結好這十年的發
展經驗。對於好的方面，應予以優化，以便繼續保留延續，至於那些對本港發展
不好的地方，則應該給予時間，進行反思及改進。在過去政制發展的討論中，我
們不斷指出，採取先易後難的方式推動普選，是汲取及總結了過去十年的發展經
驗，是最佳及有效的方法。我們認為，要「又好又快」地按照基本法推動普選，
二〇一七年是一個可行、合適、能夠向中央及港人爭取落實普選行政長官的年
份。我們認為二〇一七年並不保守，它實際上是一個符合基本法、適合本港政經
發展、並能夠較容易獲取各界共識的一個年份。故此，民建聯將全力爭取於二〇
一七年落實行政長官普選。

我們爭取於二○一七年落實普選行政長官，同時也吸收了二○○五年政制發展方案被反對派否決的經驗，如果二○○五年當年能夠落實政制發展方案，相信現時香港特區可爭取於二○一二年普選行政長官，而此看法亦反映在全國人大常委會副秘書長喬曉陽的呼籲中。二○○五年十二月喬曉陽副秘書長在深圳出席「香港政制發展座談會」，會見包括立法會議員的各界人士時表示，政改方案是向普選邁出非常重要的一大步，這步如果邁不出去，本港的民主發展將會失去一次非常寶貴的機會。喬曉陽的話說明了如果特區政府能夠推行二○○五年政改方案，將會對香港的政制發展有着良好的作用及影響，按此理由即可能有望於二○一二年普選行政長官。可惜一切推動政制發展的期望，都因反對派的否決而受到阻礙。

此外，在這十年的政治發展中，亦印證出功能界別議員的重要性，特別是在立法會議會內，功能界別議員能夠充分發揮其專業知識，藉此體現及補充立法會監察政府施政的職能；他們對於個別專業議題均擁有深入的認識，與業界聯繫又相當密切，他們的背景往往能夠及時反映業界的意見及想法，並主動提出建議。此外，功能界別議員來自專業界別的背景，令其具有相當的代表性。各個功能界別議員匯聚於立法會內，讓立法會成為包容社會各個界別的縮影。

上述的看法，很多是來自功能界別的選民。近期立法會政制事務委員會的諮詢會議上，不少團體代表均肯定功能界別議員的貢獻，而他們亦關注到功能議席的存廢，將會影響到專業團體或界別的聲音，能否繼續真實地被反映出來的問題。此外，我們留意到，有民意調查顯示，不少市民支持繼續保留功能界別議席的意見，這些聲音已足夠反映社會上的一定民意。作為民主包容的香港社會，當然會聆聽及重視此類聲音，並作出討論研究，務求能夠求同存異的，達致〔至〕共識。故此，民建聯認為，研究保留功能元素的普選方案，值得關注本港政制發展的人士的注意，而社會亦應就此作出進一步的討論。對於保留功能元素的普選方案，我們認為可以透過改變功能議席的選舉模式的方式，包括由具有功能界別元素的選民提名候選人，最後以普選產生。儘管功能界別元素的提名涉及不少技術問題，例如如何劃分功能界別的選民資格等，此仍未嘗不是一個可行方案，或許可以作為未來政制發展的一個嶄新出口。

民建聯在此希望，關心本港政制發展的人士及各黨派，能夠就未來香港政制

發展早日達致〔至〕共識，讓港人能及早朝向普選的目標邁進。這對香港未來的發展是有利的，因為再不用好像以往經常虛耗時間及精力於政制爭拗當中，相信必然有利於特區政府專注於發展經濟，改善民生及其他方面的政務。

李永達議員：

主席，我想就這段時間的辯論範圍提出三項意見。

第一項是關於政制的。有關政制發展的問題，我們民主黨的立場十分清晰，我不重複了。不過，我想就這數天的發展，提出我的看法。第一點是，昨天，一位港島區的立法會候選人提到行政長官的提名方式，把界別的人數擴大了，要由每個界別的大約 10%（取得某個百分比）的人數提名，才能當上候選人。我想林局長也知道，這些辯論在上一屆的策略發展委員會其實已經反覆多次辯論。

我記得有一次，策發會的一位成員，即香港城市大學的教授梁美芬女士曾經提到，將來參選的候選人是否應先取得中央的同意，我當時亦提出嚴屬批評，第一，這樣做會違反基本法，第二，過於揣摸中央政府的做法 —— 或說得粗俗一點 —— 過分「擦鞋」會連累中央政府做錯事，因為這是違反基本法的。幸好，特首和林局長也不曾在任何場合積極回應這個要求。一旦作出積極回應，便會自行墮入可能違反基本法的情況。

第二個辯論是 —— 我記得那是譚惠珠女士曾經提出的。民建聯的譚惠珠女士表示，將來的特首候選人應該先取得某個數量的人大委員提名才可。策發會內當時已經有自由黨 —— 不止是我的，局長也記得 —— 的策發會成員提出反對，他說不應該讓任何一個界別享有特權來篩選或決定候選人，我記得那位成員好像是李大壯。在策發會的政制小組討論中，並沒有太多人響應譚惠珠這要求或建議，所以這項建議最後在策發會內也是無疾而終。

其實，葉劉淑儀女士昨天的建議，比譚惠珠的更保守，她不單提出在政制的界別有一個百分比，而〔且〕是每個界別也有。但是，經過策發會的反覆討論之下，我認為這些極為保守的建議無法得到不同界別的響應，所以政府是不應該積極考慮的，而且我向政府提出的建議是……其實，經過這年多兩年來的討論，政府應已大概掌握到市民大眾和不同黨派的要求。

簡單來說，支持民主的人希望特首選舉是一個沒有篩選之下的提名選舉，而且參選人可以代表不同的政見，這是一個總原則。至於如何設計，當然會有不同的方式。我希望局長考慮葉劉淑儀的意見時，考慮到既然策發會內兩個類似的意見也被否決，這個意見是否還值得考慮呢？

我剛才聆聽民建聯主席譚耀宗談民建聯對政制的意見，我亦有些意見。第一，他只是談二〇一七年選舉行政長官，民建聯至今也不肯提出 —— 儘管民建聯是立法會內一個大政黨，我至今也不知道民建聯就提名行政長官提出甚麼方案。究竟它是採納黨員譚惠珠 —— 她提出意見時的身份是副主席 —— 的方法，要經由人大篩選，還是接近葉劉淑儀的意見，或甚至是接近城大教授梁美芬的意見，在提名後要經由中央篩選，由中央決定呢？我至今也不知道民建聯有何看法。民建聯的同事可以嘗試談談他們對政制中有關行政長官的提名的看法。我每天也有看報章，但至今也不知道他們究竟想怎樣提名；是一個沒有限制的提名、有篩選的提名，還是有限制的提名呢？我覺得他們作為一個大的政黨，應該坦白地說出意見。

第二，更令我震驚的是，譚耀宗主席剛才說他對功能界別情有獨鍾，我聽得十分清楚，他在發言中有兩三分鐘是大力讚許功能界別是具有存在價值的。我希望譚主席也記得，基本法規定，功能界別最終是要取消，是要被全面民主的方案取代的。如果他說某些東西是用作過渡性質的，當然可以辯論和討論，但如果要將功能界別變成千秋萬世 —— 或正如譚耀宗所說的是一個嶄新出口，則這種說法確是令人感到震驚的。

作為一個大政黨的主席，至今連立法會的普選時間表也不提出，究竟他想甚麼時候才有普選呢？如果他想在二〇一七年選舉行政長官，那麼立法會是甚麼時候呢？是否二〇二〇年或二〇二四年呢？還是沒有時間表呢？市民是有權追問民建聯的政制方案的。我感到很奇怪的是，在基本法規定最終要達到全面普選的情況下，譚耀宗主席怎可能完全不談民建聯關於立法會普選的時間表呢？

主席，第二個我想談的範圍是政治委任制和政黨發展的問題，我對此也有些意見。剛才何俊仁主席提到的批評，我不重複了，我只希望政府留意一點，我覺得政府在討論政治委任制度的時候，很多時候也有偏幫的情況，對於這個意見，局長其實也是知道的。

第一，我知道中央政府暫時不喜歡有執政黨執政這個概念，但我們也一直知道，在草擬基本法的時候，魯平副主任也不喜歡政黨政治這回事。不過，事實上，坦白說，基本法頒布至今已經約十七年，如果局長說這個立法會不存在政黨政治，是騙人的。當政制發展至民主成分越來越高的時候，必然會發展成一個不為人的意志轉移，那便是某些政治聯盟跟政府聯盟甚至形成某些夥伴政黨關係，其形式雖然沒有公開表明是執政黨，但某些執政聯盟的關係是會出現的。這便等於十七年前，雖然魯平主任不喜歡政黨政治，但他十七年後來香港一看，對不起，魯平主任，即使是他不喜歡的事情也是會發生的。

共產黨時代的唯物辯證法也指出，有些東西是不為人的意志而轉移的 —— 曾德成局長也笑了 —— 當物質條件發展至某水平，或有某些發展時，有些事情不是你說不要便可以不要的。正如一個國家經濟好景時，人民對選擇的要求、參與政府的要求便會高，不是胡主席或其他總理不喜歡便可以怎麼樣的，人的意志是不會為此而轉移的。所以，我希望局長知道，早晚會有某種形式的政府政治聯盟，會有某種形式的政治夥伴政黨，甚至是某種形式的執政聯盟出現，這不是人的意志所能夠轉移的，也不是中央政府不喜歡便可以的。

所以，我建議局長要做的，不止是向人推銷政治委任制，而是告訴這個議會和社會，如何促進政黨政治的發展。這點是田北俊主席以前也提過很多次的，他感到最不滿的，是為甚麼不談如何令政黨政治作更有力的發展呢？我向你提出三個意見 —— 即除了你那數千萬元的政治委任制度外 —— 第一，你要讓不同政黨的人更多參與政府決策，參與不同的法定機構和諮詢委員會。我們沒有規定你要怎樣做，但既然你想吸納社會上政治力量較具規模的不同政黨、不同政見的人士參與政府決策，令這些意見在政府制訂政策初期便被吸納 —— 在政策制訂完成時，如果希望政黨或從政人士與政府不會有太大沖〔衝〕擊，便應該越早吸納意見越好。第一個途徑，便是應該鼓勵你的局長、同事在不同的政策委員會和法定諮詢機構中，吸納更多不同的政黨人士參與。

第二，便是在資源上的援助。當然，我也要讚賞局長吸納了很多政黨的意見，對現時的參選人作出經濟上的支援。但是，局長亦知道，德國已經實行了很多年的做法是，當參選人在國會大選內取得某個百分比的票數後，政府不單向參選人作個人支援，並會對政黨作出支援。當然，我並非建議凡是政黨參選也要作

出支援，而是達到某個百分比才作出支援，這是一個政府（執政黨）對在野黨得到某個百分比的人民支持時的一個很重要的 recognition（認同）。

再者，這並非一個新制度，很多國家亦已實行，那是在民主政體中對在野黨、反對黨應有適當的胸襟，甚至英國（我也沒有叫你跟隨）的 Public Accounts Committee（公共帳目委員會）的主席一職，訂明（局長也知道）是要由反對黨擔任的。當然你可以說這裏也不知誰是執政黨，所以無法選擇，我諒解你這種所謂詭辯的 argument（辯論），但你也看到，民主國家對在野黨的所謂認可是可以達到這種程度的，他們有權檢查政府的帳目，公共帳目委員會的主席訂明不能由政府擔任，即英國現時是不准由工黨的人擔任，而一定要由保守黨的人擔任。當然，我不是要求你現在做好所有這些事情，但我們是看到有這種情況。

第三，局長可以多建立一些對在野黨 —— 即你用的名字是反對黨……其實有這個所謂的傳統，即以前也是有的，在彭定康擔任前朝港督頒布施政報告時，曾找來數名政黨的黨魁進行簡單的諮詢。我們的特區政府成立後有沒有這樣做呢？我記得有時候有，有時候沒有，也不知道有沒有這個傳統。在我當民主黨主席的時候，好像曾經被司長召見過，那是發表預算案或甚麼事，他曾禮貌地通知我：「李永達主席，我們下午會說些甚麼甚麼、現在的重點是甚麼甚麼，不過你不可以向新聞界公布。」這種傳統，以前似乎有，也似乎沒有，但也不是完全沒有的。我覺得對在野黨的尊重，這些傳統是可以建立的，即在宣布重大政策前，要求局長對各黨的主要發言人作出簡報 —— 當然，條件是他不應該在簡報後立即通知新聞界，以及在辯論重大政策前，要多作溝通，以達致〔至〕共識。其實，這些所謂 custom，即民主的傳統，尊敬在野黨或反對黨的傳統，不止是一個國家有，很多國家也有這樣的傳統，英國和其他國家也有這樣的傳統，我希望局長聽到我這三項意見。

田北俊議員：

……自由黨支持在二〇一二年普選行政長官。當然，我們覺得從先易後難的角度來說，門檻是應該提高一點，但卻未必一定如其他同事所用的字眼般，以篩選的角度來表達。其實，我覺得大家所說的篩選或把門檻提高，均是很難定義

的。我覺得如果把第一屆普選行政長官的門檻提高一點，選出來的人可能會令中央政府或我們商界比較安心，那麼，把第二屆的門檻降低或降至沒有門檻，這一點是我們可以稍後再商討的。

有關立法會普選，自由黨覺得不應在同一時間（即二〇一二年）把行政和立法的體制變為普選，我覺得屆時會產生很多不明朗因素。我們認為應在普選行政長官後的下一屆，即如果二〇一二年普選行政長官，那麼，立法會便從二〇一六年開始逐步取消功能界別。我們建議——正如我們在策略發展委員會所表達般，而且我們以往也曾說過數次——應該分三屆取消，每屆取消十個議席。當然，從自由黨或商界的角度來看，容易普選的便希望可以早些取消；難以普選或難以成功爭取普選的便稍後才取消。當然，我們也知道這是很具爭議性的。有些議員認為功能界別的議席是應該普選的，但在過渡期間，自由黨絕對認同功能界別選民的基礎，例如加入公司的行政人員票或董事票，視乎每個界別的實際情況而定。我們可以在中間那數年考慮這個處理方法。

主席女士，我現在想重點說一說地方行政和管治水平的問題。自由黨一直認為，在政府於立法會內沒有選票的情況下，是要倚賴我們的友好政黨。我們已多次說過應組成執政聯盟。執政聯盟這個概念當然有很多，我們希望並非在政府決定後，或在政府諮詢了外界並作出決定後，才跟我們這些友好政黨一起商討的，因為我們作為友好政黨，全部也是由選舉產生，也有選民向我們表達意見。我們覺得如果我們可以把從選民方面得到的意見一併交給政府，政府在考慮後才拍板，便可以真真正正達致〔至〕這個所謂執政聯盟的概念了。

當然，也有反對黨或跟政府意見不同的政黨覺得這種模式不大對，政府也應參考他們的意見。我覺得這也是正確的，特別是例如現在所說的「生果金」，我發覺大家是有共識的。無論是執政聯盟、泛民主派或其他黨派，全部也覺得應提高「生果金」。當然，提高多少，暫時仍有不同的看法。

在管治水平方面，對於政府新建議要設立副局長或助理局長職位，此舉是否真的能有效地提高管治水平，我們自由黨是一直有保留的，但我們支持從行政主導的角度來說，政府是有需要開設這些職位的。我們覺得如果真的設立副局長，便要問，他們所扮演的角色，會否代替了現時代表政府來立法會分析法案或其他議題的常任秘書長或副常任秘書長呢？那方面的工作有否重疊呢？如果沒有重

疊，我們便覺得絕對沒有問題；如果有重疊，在設立副局長職位後，是否又由那位副秘書長負責副局長的職務，而副秘書長的職位便由助理秘書長晉陞來填補？有沒有此需要呢？我們希望政府在這方面看得緊一些。政府也答應了不可能是「一換一」，但如果常任秘書長之下的職位的工作重疊了，轉交了副局長，政府便會看看下面的個別職位、個別部門、個別常任秘書長，再進行討論、研究，我們是支持這種做法的。

張文光議員：

曾蔭權在發表施政報告之後，發表了一番有關民主導致文革的驚世之論，這不單是錯讀歷史，誤解文革，還暴露了他對民主的偏見。民主，本來是用來抗衡獨裁，本來是用來制衡政府，本來是用來限制權力，是人民選擇政府最和平的力量，也是人民反對甚至更換政府的合法途徑。沒有這樣的民主制度，便只得走向無政府主義，走向獨裁政治，或是走向沉默無聲的高壓統治，而這亦是我們中國在文革後最深刻的歷史教訓。

汲取了這次沉痛的教訓，我們更應致力爭取民主。可是，曾蔭權的民主卻是反其道而行的，是政府的權力至上、管治至上和效率至上的。民主只是政府的管治效率和權力的花瓶，而且民主一多便亂，極端便是文革，這是對民主的偏見。在這偏見之下，所謂真正的普選，所謂二○一二年的雙普選，恐怕只是癡人說夢，現實是「凍過水」。

有人說，政府仍未排除二○一二年雙普選的可能性。昨天，葉劉淑儀便提出了一個二○一二年普選特首的方案，甚至是擴大選舉委員會至一千八百人。然而，特首候選人必須取得四個界別（包括商界）各 10% 的提名才可參加特首的選舉，這顯然是民主倒退。即使在剛過去的特首選舉中，民主派的候選人仍然可以藉着不分界別的一百人提名參選。現在，提名的門檻提高了，並將一籃子的提名變為四個界別各 10% 的提名，便是看準工商界為了生意和為了前程，是不會逆中央欽點的意思而提名民主派候選人的。梁家傑參選便是明顯的例子，在他的提名人中，連一個商界代表也沒有。是商界人不支持民主嗎？未必。最重要的原因是商界根本不敢開罪中央，亦不敢與「阿爺」唱反調。他們無非是要搵食，何必

要自尋煩惱而提名民主派的候選人呢？從這個思路出發，這個要取得四個界別各10% 提名的關卡，是針對商界不敢逆「阿爺」欽點的死穴，用均衡的名義變相篩出民主派，將民主派的候選人摒諸門外，不准參選。這是「借商界之刀，為阿爺殺民主派」，亦是「我不殺民主，民主因我而死」。當這個方案實行之日，民主派便沒有參選機會，而市民亦會失去了一個重要的選擇，最低限度會失去了民主派這個選擇。選舉淪為政府黨圈內的事，只是「塘水滾塘魚」，選舉還有甚麼意思呢？

（代理主席劉健儀議員代為主持會議）

有人說，在普選之前，民主派要學習管治，因為沒有管治力的政府，只能生亂。可是，當前政府推銷的政治委任制，只是擴大政府黨和曾蔭權的權力，是權力私相授受，是政治「分豬肉」。試想想，一個小圈子選舉產生的特首，連自己在內，竟是「雞生蛋，蛋生雞」地委任一個四十人的管治集團。他們沒有經過普選，也沒有人民的授權，卻聲稱代表行政主導，並坐上權力的位置，管治香港七百萬人，這怎能算是民主呢？怎能說政治委任是為普選鋪路呢？這並非管治之道，而是反民主之路。委任的標準只有一項，便是親政府而且認同曾蔭權的政綱。這不是放權，而是集權。這也解釋了為何這些委任的副局長和政治助理只能由特首委任，既鑽了基本法的空子，也收窄了局長的權力。

如果政府真的希望培養政治和管治的人才，為甚麼仍然不斷矮化民選的立法會和不斷排斥政黨，尤其是打擊民主派的生存空間呢？如果政府願意接納一些獲立法會通過的集體議案和共識，甚至公平地重視各政黨議員的意見，政黨也會從政策的推動、落實的過程和成敗當中，培養更多熟習政治的政治領袖。政黨已有超過十五年的政治基礎，但政府卻完全抹煞了，並且閉門造車，製造了延伸和擴大特首權力及延伸親疏有別的政治委任制，這不是培養管治人才，而是養育和酬庸自己的屬下、酬庸政府黨。這只是風光一邊獨好，卻並非政治的百花齊放。

民建聯主席譚耀宗剛才已經正式提出，他們會全力爭取二〇一七年特首普選。從過去的教訓，我只想提出數個問題：究竟這是民建聯堅定不移的立場，還是好像二〇〇七年普選般是可以節節後退的彈簧？究竟這是民建聯會全力奮鬥的目標，還是一個不斷拖延、反民主的權宜之計？因為有關方案只談到特首普選的年期，卻沒有提及提名方法。當中會否暗藏機關，抑或是等待指示？這有待民建

聯於稍後辯論時清楚說明。此外,民建聯的方案亦只談及特首普選,而沒有立法
會普選的時間表,但反而強調功能界別的價值。這並非普及而平等的民主,而是
維護功能特權的老調子。這是令人遺憾的缺失,亦令人懷疑民建聯爭取雙普選的
誠意。

不過,我仍然認為,民建聯提出方案總比沒有方案好。各種不同的方案也應
該有理性的討論和交鋒,以尋找社會最大的共識。

我更希望特首能正視市民的民主訴求,深刻反省他的民主偏見,並盡快提
出一個真正的民主方案,令民主政治這項困擾香港人二十年的議題,能夠得到一
個合乎民意和民主的結局,以面對二十年來香港人持續不斷爭取民主的奮鬥。
多謝。

石禮謙議員(譯文):

我不會懷疑行政長官促進民主及落實普選的誠意和良好意願,但毫無疑問,
這是一場舉步維艱的硬仗。建立共識的主要障礙,在於社會意見紛紜。過去二十
年來,我們就解釋基本法、落實普選及民主發展已進行了無數次辯論。單是過去
十分鐘內,我們已親身體驗了就本港政制發展的主要元素而言,仍存在南轅北轍
的理解。所以,我懇切希望並且肯定認為,行政長官是完全明瞭要建立共識所牽
涉的複雜性及難度。再者,他會確保即將提交中央的報告,能恪守循序漸進的原
則,促進資本主義經濟的發展,並能符合社會不同界別的利益及切合香港的實際
情況。

有關《政制發展綠皮書》的諮詢,我在提交的意見書中堅持,在最終落實
普選時,功能界別 —— 特別是代表商界的功能界別 —— 必須予以保留。我就
《綠皮書》的諮詢所提交的意見書,已詳述這項保留功能界別的務實建議的理
據,礙於時間關係,我在此不予重複。社會和諧與經濟發展是毫無二致的。沒
有昌盛的經濟,我們見證了一九九七年至二○○五年經濟衰退時的黑暗歲月。
經濟增長與政治發展同樣是出於一轍的。香港商界的持續發展,不僅為香港帶
來繁榮穩定,也為在「一國兩制」概念下我們現時享有的資本主義生活奠下基
礎。在香港,我們必須發展獨有的民主,不應盲目追隨英美實行的西方自由民

主概念。香港是獨一無二的。我們身處以「一國兩制」概念維繫的社會，我們必須非常務實謹慎。

有關進一步發展問責制，行政會議上星期通過新增副局長和局長助理這兩層政治委任職位。我支持這新增的政治任命。我認為這些任命的重點，並不在於培育政治人才，或是向民主道路邁進；我支持這建議的基礎和考慮，在於行政長官需要一個優秀的班子來發揮有效管治，最終惠及香港市民。那便是問責制的關鍵所在；況且，賦予由我們選出來的行政長官所需的工具是他的特權，而不是立法會給予的恩惠。

楊森議員：

在施政報告內，最能體現行政長官對民主的看法的，當出於第 102 段，我引述：「不能因政制發展而損害管治的效率及水平……」。曾先生將民主與管治對立起來，發展政制，似乎就會妨礙管治。

代理主席，這種兩元對立的觀念，我相信很多人也會有特首的看法，其實，他們基本上用這種看法來拖延香港民主的進程。

從另一個角度看，民主與管治是相輔相成的，只有建立民主政府，才會有政治認受，才會有多元化聲音，才會有互相制衡，政府才能照顧不同階層的根本利益，最後，也可以提高整體政府的管治制度。最近，鍾士元先生也提到，特首現時在立法會一票也沒有，也沒有一個多議席的政黨配合政府的執政，這樣的政制基本上是失衡，亦沒有效的。其實，這個道理也很顯淺。良好管治不是單靠效率就可以建立的，如果將效率置於一切社會價值之上，看輕民主、漠視公平、忽略公義，那麼很多市民的利益就會徹底被犧牲了。

還有，最令人擔心的是，特首先生雖然為文革論道歉，但是，前數天在一羣學生面前，還是承認這番話是出於真心。問題來了，既然真心，又何須認錯？既然認錯，又為甚麼不鼓起道德勇氣，真心地在公眾面前坦誠道歉？

恐怕特首還是相當相信自己的認知；將文革與民主拉上關係，特首這個誤會，其實絕對不美麗，反而更令人擔心一位有如此識見的特首，如何才能真心搞好香港的民主呢？

　　代理主席，於此，我再次促請政府考慮由我們泛民主派提出的政制方案，經過第九輪的港大民意調查，我們提出的行政長官及立法會普選模式所獲得的支持度是相當穩定及逐步上揚，前者的支持度曾經達至 59% 之間，而後者也達到 51%。根據港大民意調查計劃，在二○○七年八月二十七日新聞公布指出，如果排除了沒有更「前衞」的方案可供市民選擇，我們方案的支持度更達到了 75% 及 71%。這些調查的結果，已完全符合了曾特首在競選行政長官時所許下的承諾，便是只要有六成市民支持政改方案，他便會據理力爭，向中方爭取這個方案的落實。

　　代理主席，如果按照十月八日公布的港大民意調查，有 58.4% 市民認為二○一二年是適合普選行政長官的時間，認為該年適合普選立法會的，亦高達 66.9%；這兩項數據，我想強調，遠遠超過民建聯支持的二○一七年、甚至二○一六年普選行政長官或立法會的政改方案。

　　於此，我不得不回應民建聯主席譚耀宗議員所提出〔的〕，民建聯對政制的看法。因為根據剛才我們的民意調查，支持普選立法會有 66.9%，更遠高於普選行政長官在二○一二年的 58.4%。就這方面，我想向局長表明，民建聯所提的，或局長有時候所提的先易後難的做法，是違反主流民意的。

　　此外，譚議員剛才很巧妙地說，利用某種方式把功能團體不斷延續下去、不斷保留。其實，這樣做絕對違反基本法最終走向普選的基本訴求。譚耀宗議員曾參與制定基本法，想不到他當上主席後，公然違反基本法。民建聯作為立法會內最大的政黨，亦沒有提出普選時間表。譚議員引述喬曉陽先生的一番話，指如果二○○五年的政制方案獲得通過的話，根據喬先生的邏輯，香港會有機會在二○一二年進行普選的。其實，這是絕對蒙騙香港市民的說法。當時的中央政府，時至今天，對普選的時間表也是欠奉的。為何會作出這項推論呢？稍後，或許民建聯的其他朋友可以重申闡述，因為這對貴黨的形象非常重要。作為一個政黨，沒有本身的看法，凡事依附中央，自己的靈魂究竟何在？

　　我亦想簡單回應葉劉淑儀女士提出貌似民主的方案，其實，其骨子裏是反民主的方案，因為她十分強調行政長官候選人要得到「選舉委員會」四個界別各 10% 的提名，她的建議較鍾逸傑先生的 25% 稍低，但也須預先篩選。

　　代理主席，提名的意思，其實是要有一個低門檻，只要有足夠人數便可以

成為候選人，實際上，這只不過是確立候選人的資格，例如競選立法會議席要獲一百名選民提名，而區議會則要有十名。由此可見，目的只是要確立候選人的資格，而並非為了要篩選不同政見的人士。因此，如果採用這種方法篩選，基本上，民主派的人士想成為候選人是完全沒有機會的了。根據最近我們與梁家傑共同推動特首選舉的經驗，民主派是沒有機會成為候選人的，我的意思是說，一些貌似民主的方案，骨子裏其實排斥不同政見的，便是一個反民主的方案。

最後，我亦想簡單說一說局長所提出的政治委任制。民主黨根據局長的說法，反對這種政治委任制，原因主要有兩點：第一是捨本逐末。局長說要發展這方面主要是為了普選鋪路。但是，既然有六成民意支持二〇一二年進行雙普選，政府應在根源出發，進行雙普選，何須迂迴曲折，進行鋪路工作，而普選時間表仍然未有，這是否耗用公帑呢？第二，這項政治委任制也是配套不足。在西方的民主社會，有一位普選領袖，被稱為首相或總統，由於他有認受性，可以委任政府內部人士或外界人士為他的內閣成員，使他能夠組閣，而這位領袖基本上由普選產生，有認受性和代表性，但香港的特首仍是由小圈子產生，沒有認受性和代表性，如果利用公帑擴大其管治班子，這基本上令人覺得有利益輸送之嫌。

劉慧卿議員：

代理主席，其實，很多同事都提出了修正案，而我的修正案則是「鑒於大部分市民支持在 2012 年實行雙普選，本會對行政長官沒有就盡快落實雙普選作出承擔，更沒有盡力說服那些反對 2012 年實行雙普選的人士，表示遺憾。」

為甚麼我說行政長官沒有作出承擔呢？代理主席，其中一個原因就是與《綠皮書》有關的，《綠皮書》是在七月提出的，到十月初完結，諮詢歷時共三個月。可是，在這三個月的諮詢裏，很多事情卻只是很冷清清地進行的，例如到地區會見一些人。即使我們舉行街頭論壇時邀請政府當局出席，它也只派一名政務官出席作記錄而已，是完全沒有興趣與羣眾進行辯論的。反而真正有點火花的辯論，不是由當局舉行，而是由地產商陳啟宗舉行的。

　　我曾對當局指出應多舉行這些論壇讓大家進行討論，當局也不肯，即使是在地區上舉行一些論壇，很多是由支持它的人站出來說一些它想聽的說話而已。現時這樣進行的諮詢，進行時是學校都在放暑假，大家想熱烈一點討論也沒有機會，而在學校復課時，諮詢期卻又已經完結了。這樣的諮詢，如何能令人相信當局是很想深入羣眾，與大家共同探討，以引發各方面討論的呢？

　　此外，有些人是反對的，對此行政長官亦默不作聲，當然，他會說，他自己對此情況沒意見，他在很多諮詢進行時都是會這樣說的，代理主席，你也知道，政府會說，「我們是不敢有意見的，我們只是聽。」可是，代理主席，如果有些人說的是歪理時，我們會以為政府會說一些公道話，怎料政府不止不說公道話，卻反而自行說歪理。在施政報告第 101 段，行政長官指出「市民深知民主的可貴，期望盡早落實普選」，怎料在下一段，即第 102 段，他卻指出 —— 正如剛才已有同事數次提過此點了 ——「不能因政制發展而損害管治的效率和水平」。代理主席，我們一直說支持普選，就是因為這樣做會提升管治能力。為甚麼呢？因為這樣做會令行政機關知道要貼近民情，正如周梁淑怡議員剛才說，我們是想施政好，是貼近民情的，但他卻說政制發展會影響效率。我看不到有甚麼書籍、甚麼人說過這些內容，但他自己卻在施政報告中這樣說。

　　另一方面，代理主席，你也可能留意到，行政長官就一件事件是沒發一言的，這件事就是十月十五日中國共產黨十七大開幕。當時，國家主席胡錦濤提交報告，他是黨的總書記。他提到香港事務時，說香港有外部勢力干預港澳事務。這件事一說出來之後，有些傳媒便說，雖然胡錦濤總書記沒有詳細解釋，因為解釋屬於國家的高度機密，但中央既然已經定性了有外部勢力干預香港的事務，代理主席，只要這問題一天揮之不去，雙普選是不會發生的。有性質這麼嚴重的事說了出來，行政機關、行政長官，卻是噤若寒蟬的。老實說，我不理會這些話是由國家主席還是甚麼人說，不過，既然提出這樣的指控來，是否應該要有證據呢？有甚麼證據證明有外部勢力干預香港事務呢？行政機關是沒發一言的。

　　因此，大家便會覺得中央很快便會出台否決二〇一二年雙普選，第一，是因為很多親北京的傀儡已經多次說過，香港是沒具備條件，普選要循序漸進，在二〇一七年或二〇三七年之後也有可能會獲得考慮一下。加上了外國勢力的干預，怎能實行普選呢？然而，在這情況下，無論是林瑞麟局長還是曾蔭權行政長官均

沒發一言的。

所以，代理主席，行政長官在某一方面說話是說得極端，就像他提過的文革論，是要把事物推至極端的，而除了在政治方面要推至極端外，他在施政報告第11段又把另一項事物推至極端，所談的是貧富懸殊。他說，「我們不應該以高稅收、高福利的方式進行財富再分配來拉近貧富懸殊」。代理主席，有誰這樣說過呢？當局無須提出一些沒有提過的意見，然後將之推至極端，說有些人是錯的。我覺得這樣是很過分的做法，這樣寫施政報告，如何令人信服呢？如何教人認為當局已經回應了社會上的訴求呢？因此，我覺得行政長官是沒有承擔，亦沒有帶出一個信息，說我們要一起找尋終極方案。代理主席，這是很重要的。我們一直談論的，是終極方案。

我留意到民建聯主席譚耀宗議員說，他們是支持在二〇一七年進行的，但他們沒有說清楚（我們在政制事務委員會也是談過的），二〇一七年會是以甚麼形式進行的所謂普選呢？如果是有篩選的，是要在提名中設有關卡，那麼這個有篩選、有關卡的所謂普選的終極方案，便是侮辱香港人的智慧，這不是普選，代理主席。除非能說明是有關卡，不過，代理主席，甚至貴黨，自由黨，也說得誠實一點，表明你們當初曾設較高的關卡，然後將之降低。可是，大家均已接受了，凡設有關卡的選舉便不是普選了。所以，我希望民建聯能解釋，不能只是說在二〇一七年進行，不能只是說純粹取得五萬個或十萬個市民的簽名便能獲得提名，不能單是這樣的。所以，我覺得這樣說是有誤導之嫌，代理主席。

......

（主席恢復主持會議）

不推動普選的其中一個原因，主席，是政黨不成熟，可是，甚麼事也沒做過來協助政黨成熟。最近在施政報告亦提到，在第103段，說要增設副局長和局長助理等職位，說這樣做是要為普選鋪路，說英國、加拿大也是這樣做的，亦說這樣做是回應我們建議的執政聯盟，還說我們應該表裏如一才行的。

主席，你知道我多年來一直建議成立執政聯盟，所以我是一定會對號入座的。但是，我說的執政聯盟是甚麼呢，主席？我相信即使是不像林局長如此位高勢危的人也會明白，就是在行政機關和立法會中一羣當局認為可以合作的人合作，這些人包括民建聯、自由黨、泛聯盟等人士，來組成執政聯盟。在這個過程

當中,當局制訂政策的時候,他們有分〔份〕參與,不一定要進入行政會議,但要有分〔份〕參與,並同意推出的政策他們是有義務在立法會推銷的,就是這樣的執政聯盟,而不是像當局現時般,轉一個圈回來要求立法會撥款六千多萬元來增設這些職位,那些副局長的月薪為二十多萬元,局長助理也有十多萬元。但是,對這些職位在資歷方面卻沒有甚麼要求的,昨天我也問及須符合甚麼條件,當局卻說沒有,只須在其界別中有一些地位,有一些溝通的能力,可說是完全沒有要求,便每月領薪二十多萬元。這樣做就是為普選鋪路嗎?

如果當局真的想發展政黨,便應該多訂政策,例如在選舉中,有甚麼政黨取得多少票數,當局可以撥款若干予那個政黨,令他們可以有資源發展,而不是現時這樣的〔地〕利用公帑,然後得出的結果是甚麼呢,主席?是特別幫助了一些人。為甚麼呢?因為須具備甚麼資格來出任這些高薪厚祿的職位呢?就是要認同行政長官的看法,不認同的人便沒有機會出任了。

劉慧卿議員就經何俊仁議員、李華明議員、鄭家富議員及馮檢基議員修正的議案動議的進一步修正案如下:

「在緊接句號之前加上『;此外,鑒於大部分市民支持在 2012 年實行雙普選,本會對行政長官沒有就盡快落實雙普選作出承擔,更沒有盡力說服那些反對在 2012 年實行雙普選的人士表示遺憾』。」

(編者註:此修正案在原始會議過程正式記錄中位於 2007 年 10 月 26 日恢復致謝議案辯論中五個辯論環節之後、劉健儀的答辯發言之前,並被單獨付諸表決。考慮到讀者方便及全書體例統一,特移到此處。)

(編者註:修正後的議案內容如下:

「本會感謝行政長官發表施政報告,但強烈要求政府增加長者『普通高齡津貼』至每月 900 元,『高額高齡津貼』至每月 1,000 元,以改善貧困長者的生活;本會亦對行政長官在政府庫房有大筆盈餘的情況下,投放在改善長者醫療服務方面的資源微不足道,不足以照顧低下層長者的醫療需要,深表失望;本會促請行政長官及政府採取措施及投入更多資源,改善長者的醫療服務,包括將醫療券的

受惠對象擴展至所有 65 歲或以上的長者、增加每名長者所獲的津貼金額、為所有長者提供公營醫療半價優惠、設立基金津貼長者的牙科服務，以及為所有長者提供免費流感防疫注射等；本會同時促請政府設立一個由政務司司長領導的專責委員會處理貧窮問題，盡快落實扶貧委員會及立法會研究有關滅貧事宜小組委員會的報告的建議，並投放更多資源發展社會企業；此外，鑒於大部分市民支持在 2012 年實行雙普選，本會對行政長官沒有就盡快落實雙普選作出承擔，更沒有盡力說服那些反對在 2012 年實行雙普選的人士表示遺憾。」）

吳靄儀議員（譯文）：

施政報告中一處提到民主和管治，但卻把兩者對立起來。第 102 段現在因而成為名句。曾特首說：

> 我們在進行民主改革的同時，亦要關注管治的問題，不能因政制發展而損害管治的效率及水平，因為政府管治質素直接影響到市民的生活。

我完全贊同曾特首所指「政府管治質素直接影響到市民的生活」。我們之間的分歧在於我相信民主政制對良好管治極其重要。曾先生則認為民主是禍根，對管治構成威脅。他的立場可清楚見於他近期常被引用的一番說話。他在香港電台的訪問中，曾以英語說過：當民主走向極端，便會出現文化大革命這種事情。

我們不禁質疑，一個思想如此陳腐的人，怎會適合管治香港這個現代城市？問題關鍵不在於他對歷史或民主的無知，而是他完全不知道怎樣有效掌管民主政府。這是顯而易見的。他認為民主是人民獨攬大權，令香港無法管治。他唯一的選擇便是壓抑民主，嚴加管制。但是，這樣做便會把改革動力摒諸門外，令社會上的不公平無法消除。只要本港現時的不公平政治制度一天存在，不公平的施政便會繼續。所有不公平的事情不單會自我延續，還會衍生更多更嚴重不公平的事情。

政治委任制度的進一步擴充便是其中一例。余若薇議員曾經問及有關委任會

否適用於所有人。政制及內地事務局局長回答時坦白承認,當局屬意為與行政長官持相同意見的人。局長更指出這與外國民主體制無異。我十分懷疑有哪個政府會如此厚顏公然用人唯親、厚此薄彼。當這些權力能在公平競爭的環境下開放給所有人,勝出的人所得到的益處便會為選民認同。反之,政府若操控權力拒絕下放,挑戰者便會受到打壓而支持者卻獲得金錢及職位的獎賞,這便是基於思想及政治理念的歧視。當人們不能行使提名的自由,不能避免因提名受到財政封鎖及社會孤立等政治報復的恐懼所困擾,這便是言論及結社自由終結之時。

田北俊議員曾經出言恐嚇港鐵行政總裁周松崗先生,謂自由黨會「密切注視」港鐵日後提交立法會的任何建議,因為周先生做了一件不友善的事,那便是提名公民黨的一名候選人參選,而剛巧自由黨的現任議員又尋求連任。田議員的言論令公眾反感,因為他以為公職及其附帶權力可以公然為政黨利益效力。田議員其後已經道歉,但有關損害已是無法彌補。

政治委任制度的公然交易及規模之大比這件事更為嚴重,而有關後果便是在香港確立用人唯親這個標準。倘若曾特首喜歡,他大可以籌組政黨,進行募捐,並且設法令其政黨成員在選舉中獲勝,做法和其他人一樣。本會每位議員都知道只能將公帑用於純粹與執行本會職務有關的事務上,而不可以為自己所屬政黨成員創造職位。假如特首及其局長屬於同一政黨,他們必須遵守所有議員均須遵守的相同規則。

這個政治委任制度會帶來一批沒有足夠相關經驗但薪金豐厚的見習官員,這實在難以令人相信管治可以得到改善。與此同時,這個制度會進一步破壞公務員制度,造成全面損害。高質而專業的公務員隊伍一直是本港管治的基石。要在公務員體制內晉陞,須有良好的資歷、經驗及表現。公務員招聘及晉陞均須依循嚴格的審核及甄選制度。然而,政治任命的局長卻只要行政長官推薦而無需資歷。到現時為止,因為此等局長的人數不多,最少還可以透過本會及傳媒對有關人選作出審視。副局長所需的資歷更淺,更難以審視。局長助理屬於再次一級的職位。他們的政治及行政能力或其資歷有甚麼客觀標準?有哪個公正的機構可以評核他們的表現?然而,較諸相似職位的公務員,他們薪酬更為優厚,而他們的職級在公務員以上,又可以指令他們辦事。

由於這些政治委任人員可以由公務員行列中挑選,因此所發出的清楚信息便

是得到行政長官青睞的人便會得到優待而獲得晉陞。換言之，凡是未獲挑選的便屬次等僱員。晉陞機會於是便取決於政治。優秀表現及服務熱誠便淪為次要。正如貪污一樣，當有人獲得優待，便會扼殺公平及素質，這是本港市民最痛恨的價值取向。

陳偉業議員：

其實，香港在政制方面出現這麼多爭議，而這些爭議很多時候也是沒有邏輯，甚或出現很多畸怪的言論，正是因為我們的高級官員往往皆以指鹿為馬的方式來看問題。問題的真相永遠被扭曲和隱藏，以致香港的政治制度也是非驢非馬的。這樣的制度正是高層官員的思維模式所導致的結果。

香港的政治制度可以說是一個政治怪胎，這個怪胎產生了很多畸怪的現象、畸怪的行為和畸怪的關係，以致利益輸送和不可為外人道的政治交易經常出現。最近提出設立的所謂副局長和局長助理的問題，也是政治怪胎下的一個產品。純粹就設立副局長和局長助理而言，我多年前也曾提出類似建議。當年，我是推崇和建議政府應這樣做的。當政府委任局長時，我曾指出只委任局長一人是不可能有所為的。因為局長一人要完全倚賴其下的公務員，而這些公務員跟局長又沒有政治運作的關係和經驗，他隨時會被公務員架空，以致在推行某些政策時是完全做不到。因此，以往正因出現了這個政治怪胎，令很多局長孤掌難鳴。

可是，當局現在推行的是另一個政治怪胎，也會產生另一方面的政治畸怪行為。因為香港政制這個政治怪胎，其實是一隻有少許民主選舉成分的獨裁怪獸。在這種制度下，如果副局長和局長助理也是由這隻獨裁怪獸負責甄選的話，便必然成為更多怪胎怪獸，又或是怪胎怪獸下的小怪獸。試想在這種情況下，香港市民怎會容忍和接受這些怪胎怪獸呢？

局長負責的政制方面，採用了指鹿為馬的形式，還指出這些似乎是參考美國的制度而訂的。有些議員也表示聽後會令人發笑，這簡直是扭曲了整個制度的原則。在美國，很多高層官員的聘用，也要經過國會評審，由獨立委員會正式召開會議進行品格、能力的評審。在這過程中，所有被委任或被提名的人的背景、利益和劣行，均會透過委員會的評審和傳媒的公開報道，全部暴露出來的。可是，

在香港這個奇怪的政治生態下，很多時候也是黑箱運作的，內部欽點後，利益便會互相輸送。其實，很多諮詢委員會也有這個情況。某些諮詢委員會的主席也成為很多政黨和政府高層就若干問題談判的政治交易。舉例而言，有些政黨在開始時說不支持某些條例，政府便以某些職位來吸引政黨在立法會提出支持，利用一些委任職位，在某種程度上賄賂政黨支持某些法例。過往數年，這種行為在這個議事堂已見怪不怪，因此，如果再有這種利益輸送的話，必然會令香港的政治生態再走向腐敗。

因此，如果當局真的希望透過設立副局長和局長助理來協助局長的話，便要解決一項問題，而問題的癥結在於整個政治制度缺乏了兩項要素，便是最高層的官員，即特首，是沒有人民的授權，亦沒有認受性。很多議員（包括民主派的議員）剛才說到親疏有別的問題。其實，政黨政治便是親疏有別的，OK？相同的政黨一定親，不同的政黨一定疏，對嗎？大家要通過選舉制度，即使是民主派的政黨也會在議會和選舉中互相批評、互相競爭。在選舉過程中，如果你並非屬於我的政黨，我便是跟你對立的。因此，親疏有別是政黨政治的必然發展。

不過，問題是要透過一個公開、公平、公正的選舉，透過人民的投票，正式授權某個政黨作為執政黨，該政黨經過政治洗禮，得到人民授權，得到人民的認可，便可以委任自己政黨的人進行政治任命，然後執行其政黨的政策 —— 最重要的，是該政黨得到人民的授權和有人民的認受性。

當前最大的問題是，那些副局長沒有人民的授權，也沒有認受性，因為特首本身便是由小圈子選舉產生的。如果正如局長所說，政府真的想參考美國的制度，便請當局做兩件事：第一，副局長和助理局長的任命要有人民的授權。如果是按照立法會的選舉比例、政黨得票的比例而委任相關人數的話 —— 但當局要預早說明，一定要預早說明這個制度、副局長和助理局長的任命是按整體立法會選舉的得票比例計算 —— 市民投票時便清清楚楚。此外，這些任命一律要經過提名程序，由一個獨立組織，例如由立法會以聆訊形式審議這些局長、副局長等職位的提名，以令市民覺得是在一個具透明度的情況下，正式找一些有能力的人擔任這些職位。否則的話，政府高層只會繼續以一些指鹿為馬的手段，導致一些非驢非馬的政治怪獸產生，繼續遺害香港，最終令香港的政治生態更畸型，出現更多利益輸送，令整個制度更腐敗。

楊孝華議員：

曾特首公布施政報告的同一天，亦是《政制發展綠皮書》為期三個月的公眾諮詢期截止的日子。今次諮詢的反應可說是十分熱烈，政府收到的本港團體及個人意見書共有一萬七千五百多份。

自由黨也在諮詢期就《綠皮書》表達了意見，我們是支持盡快普選的，並且認為在條件成熟下，可以於二〇一二年普選特首，但無論如何，也不應遲於二〇一七年。

根據基本法，香港就普選及選舉制度民主化，必須爭取三方面的共識：一是立法會內三分之二議員支持，二是特首同意，三是人大常委會認可，三者缺一不可。所以，我們認為普選的時間表及路線圖同時要兼顧中央對行政長官的看法，體現按照基本法，中央掌握對行政長官實質性的任命權。

此外，為審慎起見，首屆普選行政長官的提名門檻不宜定得過低，而應該相對地提高一些，這才較為穩妥，亦有助爭取中央首肯。

主席女士，在普選立法會方面，自由黨認為，為免特區的行政、立法體制在同一時間出現不明朗的因素，立法會最快可在普選行政長官之後一屆開始，逐步向普選目標進發，首階段可讓功能界別議席由三十席減至二十席，次階段再減至十席，最後全部達至普選產生。

過渡期則可先擴大功能界別的選民基礎，例如將功能界別的公司票擴展為行政人員或管理階層的選票，之後再視乎實際情況，逐步全面邁向普選。

此外，曾特首在施政報告中，也提及政府應如何「提升管治水平」及「行政立法關係」的問題。對於這個問題，自由黨一向皆認為，最佳的辦法是政府與友好政黨之間應組成執政聯盟，以徹底解決政府在立法會上欠缺支持的情況，以及讓友好政黨參與政策制訂，協助政府掌握民情，以及推動施政。

主席女士，綜觀社會各界及政黨，均是支持普選的，只是在實質的時間表上可能存在分歧，以致目前難以尋求共識。特首在施政報告中，除了讚譽整個諮詢過程理性、務實外，也強調了自己推動香港落實普選，是責無旁貸的。

所以，我們期望政府能根據在諮詢期內所收集到的意見，進行全面梳理和總結，盡力收窄社會對普選的分歧，以提供足夠基礎就落實普選的方案達成共識。

政府在歸納收集到的意見後，亦應向中央提交報告，如實反映收集到的意見。

自由黨也寄望特首能夠兌現競選承諾，在第三屆政府任內，盡最大努力凝聚共識，爭取中央信任，早日落實解決普選問題，而自由黨亦會全力支持政府，努力推進香港的民主進程。

涂謹申議員：

……在施政報告內，將民主和管治對立起來，甚至不知他是否一時不懂，抑或是胡亂說話，便作出關於文革的發言。文革事實上也曾令很多香港人感到很擔心和很亂，對嗎？現時股市已上升至三萬點，一旦亂起來便會阻礙發達，對嗎？所以，他便提出，大家還想不想出現文革？民主便是文革了。當然，到了最後，他作出了道歉，然而，儘管道了歉，那又是否出自真心的道歉呢？反過來說，近這數天，特首跟一些中學生分享感想時，他表示當時所說的是真心說出來，而如果我們翻看歷史，特首這樣發表言論，亂說一通的，其實也並非第一次。

我翻看過二〇〇五年的資料，當時正值暑假，特首身在加拿大，他曾經表示他不會以一黨專政來形容中央政府。他認為哪些人才算是獨裁呢？便一如希特勒、薩達姆等人般，只由一個人來主宰一切的才算是獨裁，而他認為這顯然不是中國的情況。我在二〇〇五年的施政報告辯論中曾經表示，我當時正在想着中央政府是否很希望特首替它辯護或維護其聲譽？究竟中央政府是否一黨專政，是否獨裁呢？是否有這個需要呢？中央政府所需的，可能是要求特首只要搞好香港便行，對嗎？由於香港在世界上的重要性，它沒有需要要求特首不成比例地令全世界注視香港，亦沒有需要令特首試圖替中央政府塗脂抹粉，甚至將是非黑白扭轉過來。

既然由一個人主宰一切便算他是獨裁，按理引申，是否表示文革當時是很民主，或到了民主的極端呢？所以，至今我也不甚明白，究竟特首對於民主、獨裁、一黨專政，以至是與非，是否明白，是否知道呢？

有時候，我會這麼想，我的感覺是（我不敢說是正確的判斷）就他眾多的言論整體觀之，特首的骨子裏，似乎未必去到憎恨民主的程度，但最低限度他是很厭惡民主。為甚麼？他現時正在談強政勵治，民主，對他來說，可能會阻礙他施

政。既然我們是沒民主，於是他便變通為不如以民為本吧 —— 以民為本，聽來也頗好，因為不能談民主，惟有改說以民為本好了。他亦恃仗其認受性，即他在民主榜上排名也甚高，他便以為說以民為本，便可掩飾不公。誰不知，沒人民授權，有誰可以高高在上，認為他所想的，便是以民為本呢？即使在帝皇時代，也當然地要說愛社稷、愛人民的，而如果沒有人民的授權，怎能說他所說的便是以民為本呢？

如果經過選舉的程序，是會有政綱，人民的意志便體現出來了。所以，沒有選舉的認可，根本便不應有權。政府經常埋怨說它在立法會連一票也沒有。其實，它沒票是應該的，因為現政府沒有人民授權，即無票，無票應該無權，無權正是因為沒有人民授權。

馮檢基議員：

主席，今年的施政報告就政制發展的說法，可說是毫無新意，只是一再重複特首在選舉期間的拖延策略，借《政制發展綠皮書》的諮詢含糊其辭而已。特首個人對普選的態度則是置之不理，避開為二〇一二年雙普選作任何表態。

還記得曾特首在年初的選舉政綱中，把推動香港民主發展歸類為五大主題之一，揚言可在任期內，徹底解決行政長官和立法會雙普選的問題，並於年中發表《綠皮書》，以策發會討論為基礎，歸納出三個普選方案，在全港進行為期三個月的公眾諮詢，並將諮詢所達成的主流意見，如實向中央提交報告，這便是特首在競選時所作的承諾。

特區政府最終於今年七月展開《綠皮書》的諮詢，但特首卻沒有如較早前所說，提出三套普選方案，反而把普選議題分拆成多項選擇題，以製造混亂，更避開就具爭議性的題目進行諮詢。

民協認為《綠皮書》的整項諮詢工作，無論在諮詢方式和內容方面均存在頗多不足之處，在在都顯示政府只採取和稀泥的策略，而未有恰如其分地擔當推動普選的憲制角色。首先，《綠皮書》把行政長官和立法會普選分拆為多項零碎的選擇題目，彼此間缺乏任何連貫性。簡單而言，這種拼貼方法令普選方案欠缺完整性，致令公眾難以作出分析。

此外，雖然當局曾就提名委員會的組成及人數進行諮詢，但在行政長官的提名程序上，卻只是選擇性地就候選人的數目作出提問，完全沒有觸及提名方法這個核心問題。究竟當局會否引入一些不民主的篩選機制，務求把異見者逐出參選行列呢？公眾均不得而知，而這種提名程序的「可操控性」之大，亦令公眾感到憂慮。

更甚的是，《綠皮書》竟然把保留功能界別列為立法會普選的其中一個選項，這做法實在於理不合，亦違反「普及而平等」、「一人一票」和「票票等值」等普選原則。基本法第六十八條已清楚訂明「最終達至全部議員由普選產生的目標」；而基本法附件二亦訂明，經第一至三屆普選產生的分區直選議席，會逐步取代那些由「小圈子」選舉產生的議席，這安排顯然引證了功能界別必須被取締的原則。奈何政府卻竟然在《綠皮書》中提出這個違背基本法的選項，實在令人無所適從。

雖然如此，民協當時仍本着實事求是的態度，呼籲公眾踴躍就未來的政制發展提出意見，向當局發出雙普選的強烈訴求，而不應受這個所謂預設框框的限制。民協希望政府能在完成《綠皮書》諮詢後，盡快制訂名副其實的雙普選主流方案和時間表，向中央切實反映香港人對民主的強烈訴求。

民協亦在今年十月就《綠皮書》向政府提出意見，我們認為任何普選模式都必須遵照基本法中有關普選的規定，並符合聯合國《公民權利和政治權利國際公約》第二十五條有關普選的闡述。

基本法第四十五和六十八條已清楚訂明邁向雙普選的目標，而鑒於香港已具備各項實行普選的條件，包括完備的法治制度、穩固的經濟基礎和良好的公民質素等，再加上普遍市民對推行普選有強烈的訴求，差不多所有民意調查均顯示有六成市民支持雙普選，因此有關雙普選的討論應盡速落實，並朝着這個大方向走。

此外，《公約》第二十五條開宗明義說明（我引述）：「凡屬公民均應有下列權利和機會，不受第二條所述的區別和不受無理的限制：（子）直接或經自由選擇的代表參與公共事務；（丑）在真正、定期的選舉中選舉和被選，這種選舉應是普及而平等，並以無記名投票方式進行，以保證選民意志的自由表現。」

至於《公約》第二條所說的區別，是指不可因為個人的種族、膚色、性別、語言、宗教、政治見解、國籍或社會出身、財產等任何區別，而剝奪個人享有

《公約》所承認的權利。我要特別強調，政治見解是香港人最為擔心的一項。

所以，任何普選行政長官和立法會的模式，都必須符合上述原則，包括普選必須普及而平等，以及盡量符合「一人一票」和「票票等值」的原則，例如盡量降低獲得參與行政長官選舉提名所須的門檻，而立法會亦必須剔除有階級和社會地位分野的功能界別。

就行政長官實行普選時間和模式方面，簡單而言，民協要求在二〇一二年實行普選，並以現時的選舉委員會為基礎，將之變成將來的提名委員會，而現時八百個委員的組成規模則會擴展至三千兩百人，當中每名合資格的選民皆有權參選及選舉提名委員會委員；換言之，提名委員會的選民基礎便是由普通選民以一人一票方式選出。當然，三千兩百人這個數目只是一個例子而已，如果有人認為三千兩百人太多，那麼一千六百人可以嗎？數目的多少只是次要，重要的是選民是以一人一票的方式選出提名委員會。

此外，每位提名委員會委員只可提名一位候選人，行政長官候選人必須低限度獲得 5% 提名委員會委員的提名，而最終是以一人一票、簡單多數票的方式選出我們的行政長官。當選人經由中央人民政府任命後，便會正式成為特區行政長官。

民協亦要求立法會在二〇一二年實行全面普選，並採用兩票制（或是我們所謂「混合制」）的選舉模式，即每名選民都有兩票，一票為地區直選，按分區單議制單票制的方式產生半數的立法會議席；而另一票則以全港為單一選區，政黨或團體可各自提交候選名單，並按得票比例分配其餘半數的立法會議席。主席，其實民協亦曾向政制事務局提出這項建議，而剛發表的《綠皮書》也先後四次提及民協的建議，只是全部被分拆至支離破碎而已。即使看過引述自民協的建議後，也完全不知道民協的方案是甚麼。

此外，今年的施政報告和《綠皮書》的諮詢方向一樣，較少着墨於其他政制發展範疇。雙普選固然是政制發展問題的核心所在，但民協認為亦須同時發展其他政治配套。過去，當局或親建制人士經常以本港的政治人才不足為理由，拖延普選的實施。民協雖不能苟同，但歸根究柢，問題並不在於政治人才的多寡，而是整個政治制度本身過於守舊和封閉，以及政府的權力過度集中，以致政治人才缺乏發展機會，根本連進入的機會也沒有。

　　觀乎現時的情況,不難發現政府並沒有採取任何積極的措施改善上述情況,甚至特首在較早前提出的一些構思,例如開設副局長職位,也是待至近才有些眉目。民協認為這是值得鼓勵的方向,並且合乎民協支持問責制發展的一貫看法。要發展問責制,最重要的是將現時的公務員制度變為文官制度,讓我們的公務員真的當文官,而所有政治工作則交由特首或特首委任的局長、副局長等執行。

　　整體而言,民協認為政府必須認真檢討整個管治架構,着眼於下放權力,以增加公眾的參與度,例如區議會必須取消委任制度,賦予其參與地區行政的權力;諮詢架構及法定組織應朝向開放、透明的方向發展,不論政治立場,必須用人唯才;還要投放資源,協助民間組織和政黨等進行政策研究,好讓他們能夠掌握足夠的資料和確實情況,向政府提出更準確的意見。我們必須肯定政黨的發展,政府才會願意進行這些工作或編配資源,所以,我們希望政府在未來施政時,也要討論和關注政府在政黨未來的發展方面,可以擔當甚麼支持或協助的角色。

政務司司長:

　　以下,我會與數位局長就「發展民主,提升管治」這個範疇作出回應。

　　首先是落實普選方面,發展民主,最終達致〔至〕行政長官和立法會由普選產生,是基本法的莊嚴承諾。第三屆特區政府有誠意、有決心在這五年任期內處理普選問題,令社會各界將焦點放在經濟發展、改善民生、締造和諧社會方面。

　　《政制發展綠皮書》的公眾諮詢於十月十日結束。在諮詢期間,我與政制及內地事務局局長和其他相關的局長,透過各種方式和不同途徑,聽取了多個界別的團體和人士,以及市民大眾對政制發展的意見。總體而言,討論是理性和務實的,公眾普遍期望盡早落實普選,同時亦很清楚認識到普選是複雜的社會工程,何時及如何落實普選對香港長期的繁榮穩定有深遠影響。

　　在諮詢期內,我們共收到超過一萬八千份意見書。在未來兩三個月,我們會歸納收到的意見,評估社會能否收窄分歧,以提供足夠基礎就落實普選的方案形成共識。在歸納各界意見後,政府會發表報告向市民詳細交代,並向中央提交報告,如實反映收集到的意見。

政制及內地事務局局長：

在過去三個月，自《政制發展綠皮書》發表後，我們在社會上、立法會、區議會和其他界別進行了廣泛的公眾諮詢。現任行政長官和第三屆特區政府在上任後十一天已發表《綠皮書》，表明我們全心全意的〔地〕希望在這五年任期內跟大家共同努力，為香港就政制發展最終達至普選這個目標尋找一套答案。如果大家參看基本法，最終普選的目標是中央政府在一九九〇年回應香港社會和市民的訴求和意見，將最終普選目標寫進了基本法，而基本法就選舉制度的表述，較一九八四年的中英聯合聲明更為前衛。因為中英聯合聲明本來只有兩項很簡單的條款：立法會是經選舉產生的；行政長官是經當地協商或是選舉產生的。兩方面都沒有提及普選，普選會在香港落實是因為有基本法。因此，梁耀忠議員要求我們重申對這方面的決心，我是絕對沒有問題的。

行政長官及特區政府整個班子是絕對有決心和有信心在這數年內為香港、與大家共同尋找這套答案，因為我們不希望香港的內部政治繼續不斷受普選議題內耗。我們期望在落實香港普選的計劃，有模式、有路線圖、有時間表之後，今後參選、參政的人士，不論是希望當選為行政長官，或是加入立法會當議員的，所寫的政綱也不用在第一句便說：「我支持在某某年落實普選。」因為屆時計劃已經定了下來。大家反而可以把政綱聚焦在社會、經濟、民生這些議題上。在外國開放與民主的社會，大家參選、參政都是走這一條道路的，香港今後亦會一樣。

在過去數月，我們聚焦討論了三方面有關落實普選的議題。第一方面是關於普選時間表。大家如有留意各大黨派所表達的意見，便會看到在局部方面，我們就時間表的分歧其實已經收窄。有二十三位立法會議員支持在二〇一二年落實雙普選；另有數大黨派，包括自由黨，是支持不遲於二〇一七年落實行政長官普選；民建聯支持在二〇一七年落實行政長官普選；泛聯盟不同的成員如非支持不遲於二〇一七年落實行政長官普選，便是支持在二〇一七年以後落實行政長官普選。因此，大家可以看到不同黨派的分歧，大體上只是相差一屆，如果大家繼續努力，我們是有機會可以建立這方面的共識的。

大家比較聚焦討論的第二個範疇，便是我們在落實行政長官普選時的提名委員會應如何組成？組成後應如何運作？

我們較多討論的第三方面，便是如何處理現有功能界別議席的選舉，以達至立法會最終可以實現普選。

主席女士，有不少議員特別提到不同的民意調查顯示市民對早日落實普選是有期望的。這方面我們已充分觀察到，亦會在我們現正總結的報告內全面反映。不過，除了社會上的民意調查所顯示的受訪市民回應外，這個議會的不同黨派和獨立議員所表述的立場，在憲制方面也發揮關鍵的作用。因為正如詹培忠議員再三提醒大家，按照基本法附件一和附件二的規定，我們要改變這兩套選舉制度的話，便有需要策動三方面的共識：須有三分之二多數的全體議員通過一個方案；行政長官同意；及人大常委會批准或備案。我們當然明白詹培忠議員再三強調的一點，香港不是一個獨立的體制，所以我們在《綠皮書》中亦清楚表明，香港如果要妥善處理政制發展這個議題，大家便要理解香港是一個特區，推行中央恢復行使主權下的「一國兩制」安排，而按照國家的憲法，中央對香港實行甚麼政治體制擁有最終決定權。

劉慧卿議員特別提醒我們，在公眾諮詢期間不應特別側重聽某一方面的意見。我可以向她強調，我們並沒有側重某一方面的意見。如果要問有哪些反對派團體和人士曾跟我見面，那便最低限度有數方面。香港民主促進會曾安排研討會，我曾參加亦表達了意見，並聽到他們的回應。新力量網絡跟其他團體一起舉辦了一個研討會，當天有很多人參加；而劉慧卿議員亦曾帶領她前綫的朋友跟我見面，表達他們的意見，我很多謝他們。

我們現正努力歸納過去三個月收集到的回應及各方面的書面意見。待我們整理好這份報告書，主席女士，我們便會向中央遞交，亦會向香港社會公開、向市民和議會交代。

接着，我想談談進一步發展政治委任制度這方面的工作。在過去一星期，我們在立法會大會及政制事務委員會均有機會向各位議員交代，聽大家的回應。我想強調三方面，第一，這套計劃是繼我們在二〇〇二年開始政治委任司、局長這套安排下，進一步擴闊政治委任的架構，希望讓年青一代可以有更多渠道在香港從政。除了加入議會，經選舉當立法會議員或區議員外，大家有機會加入行政政府的架構，從而讓香港參政、議政的人有更廣闊的空間，在政治的階梯遞升。

第二，我們這次提出的意見，其實是參考外國的經驗的。在外國開放、民主

的社會，往往也有兩至三層政治委任部長的架構。

第三，我們希望可以進一步發展政治委任制度，讓普選產生的行政長官有足夠空間建立一個政治聯盟，以及為普選行政長官鋪路。

在昨天的政制事務委員會和今天的立法會大會上都有議員質疑，為何經間選產生的行政長官應有這種權力來提名、委任數十名司、局長、副局長及局長助理。我們有需要重申的是，雖然我們現時還未達至最終普選行政長官的目標，但香港是一個很自由開放的社會，亦是個信奉法治的社會，作為特區政府的一個班子，我們有需要全面按照基本法向議會交代。行政與立法之間是互相配合、互相制衡的，特區政府提出的政策建議和立法建議，均有需要向議會、傳媒和公眾交代。我們是有這種條件成立主要官員和他們的副手班子，以輔助行政長官施政，繼而亦全面向香港社會負責。

我昨天指出，香港的政治委任制度與實行總統制的法區較為相近。因為在實行總統制選舉制度的法區，他們的部長和副部長往往都是委任產生的。這與實行議會民主制度的法區不大相同，例如在英國、加拿大、澳洲等地，議會經過大選後，多數黨派會組織政府，成立內閣。可是，在實行總統選舉制度的地方，往往是由選舉產生的行政首長來提名和委任部長和副部級的官員。

我們在一九九〇年訂立基本法時，已經選擇了實行類似總統選舉制度的方案，就是由選舉產生行政長官，以及由選舉產生立法會，並且是從兩個不同的渠道產生。不過，大家當然也明白，現在香港並未達至普選行政長官的階段，所以在這一方面我們依然要努力。

主席女士，我們現時正循三方面平行並進，努力推前香港的政制和民主發展。第一方面，我們希望可以在香港社會、立法會內外，就落實普選行政長官及立法會的選舉制度的硬件凝聚共識。第二方面，我們希望開放行政架構，以官員的制度提供空間作培育政治人才的軟件。第三方面，我們這套制度是為行政長官提供新的空間，讓他可以逐步建立政治聯盟。這可以從多個渠道着手，例如現時在行政會議中有數位成員是立法會議員，他們雖然是以個人身份接受任命，但他們是我們跟議會、不同黨派和議員的重要溝通渠道。

如果將來副局長和局長助理，甚至是主要官員，是可以保留其政黨背景的身份加入行政架構的話，他們便會成為另一個渠道，讓行政長官和特區政府跟這個

議會內的不同黨派可以有聯繫、可以有溝通和可以有合作。

因此，第三方面的發展是政治傳統的發展。我們有需要逐步建立這些政治聯繫，讓香港可以產生政治聯盟，以及令每一任行政長官在當選後，有一套班子，協助他落實其競選政綱。

其實，今年三月，梁家傑議員和曾蔭權先生作為候選人，可以在電視機前進行廣泛辯論，向香港社會和市民全面交代未來五年應該如何施政、執政，這對香港來說是一個進步，是在有競賽的選舉下產生的新傳統。因此，我有信心到了二〇一二年，當我們舉行第四任行政長官選舉時，香港會走得更前。

可是，有點可惜的是，我們雖然很積極地提出這一套建議，但我們從議員中收到的回應也是比較負面的。大家只是「扣帽子」，大家只是說如果「我們找政見相近的人來參與政府的工作」，這些都是負面的。試問在世界各地，當一位行政首長要做好他的工作時，他如不找一些政見相近的人加入政府，難道要找一些跟他政見相反的人加入政府嗎？

打個比喻，今年三月，如果梁家傑議員成功當選為第三任行政長官，難道他會找黃宜弘議員加入他的行政會議嗎？因此，我希望反對派議員不要再偷換概念。我們是「正路」地、有層有次地為大家提出這些建議，是為香港長遠的發展而提出的。

過去數年，我跟大家處理過很多政治和政制上的問題，我觀察到反對派議員在不斷提高叫價。舉例來說，在一九九九年，大家曾問在機場事件上，為何政務司司長不站出來承擔責任；在二〇〇〇年的短樁事件，大家就聚焦談論房委會主席的立場。可是，到了二〇〇二年，當我們提出司、局長應有政治委任問責制時，大家便轉調指既然行政長官不是普選產生，就不應該有這麼廣泛的權力來建立這個政治班子。到另一個階段，我們在二〇〇五年幾經努力，提出了二〇〇七年和二〇〇八年的選舉方案，大家則說未有普選時間表而要否決。今時今日，我們提出這個副局長、局長助理的計劃，是希望有空間可以建立政治聯盟，而過去數年 —— 劉慧卿議員自己亦承認，我們是聽了你們的意見的 —— 我們多走一步，但大家依然說因為未有普選，所以不能落實。

我希望提醒大家，不要因為普選這個概念，也不要讓「未能落實普選」變成藉口，阻礙香港各方面的進步，因為我們能多走一步就多一步。普選方面的工

作，我們是會落實的。我們現正非常努力地總結大家所提出的意見，有朝一日，
到大家的分歧適量收窄時，特區政府會提出包括普選模式、路線圖和時間表的一
套建議。我希望到了那一天，大家能同心協力為香港創建這一套普選的共識，大
家共同努力為香港寫下歷史新的一頁。

2007 年 12 月 12 日
聲明：有關行政長官向全國人民代表大會常務委員會提交有關政制發展的報告

政務司司長：

主席女士，行政長官在今天早上向全國人民代表大會常務委員會提交報告，提請人大常委會予以確定，二〇一二年行政長官產生辦法和立法會產生辦法可進行修改。特區政府亦在今天公布《政制發展綠皮書》公眾諮詢報告。

今年七月，我們發表了《綠皮書》，就行政長官及立法會普選模式、路線圖和時間表廣泛諮詢公眾。特區政府首次以《綠皮書》的方式，就香港政制發展進行公眾諮詢，目的是希望凝聚社會共識，盡早實現基本法確立的普選目標。

在公眾諮詢期內，我們透過不同渠道，進行廣泛有序的公眾諮詢，收集立法會、區議會、社會不同界別的團體和人士，以及市民就《綠皮書》的意見。諮詢期間，我們共收到約一萬八千兩百份書面意見，以及超過十五萬個簽名表達意見。

為了推動社會各界對普選的議題作深入的討論，特區政府舉辦了多場公開論壇及地區論壇，直接聽取公眾及地區人士的意見。我們出席了立法會政制事務委員會的特別會議和所有十八個區議會的會議。我們亦出席了立法會的公聽會，聽取超過一百五十個團體和個別人士對普選議題的意見。我們還與立法會功能界別及選舉委員會界別分組會面，並出席多個由民間團體舉辦的論壇和會議，聽取他們對普選議題的意見。

我們還密切關注學術、民間及傳媒機構關於普選議題所作的各類民意調查，並視之為反映民意的重要方式之一。

今天公布的《綠皮書》公眾諮詢報告，綜合和分析了公眾諮詢期內收到的意見，評估了社會能否收窄分歧，以提供足夠基礎，就落實行政長官及立法會普選

的方案形成共識。在作出評估時，我們是根據以下兩個客觀標準的：

第一，方案是否有機會得到立法會全體議員三分之二多數（即不少於四十名議員）通過。就這方面，我們是基於立法會內的黨派和獨立議員的書面意見作評估；及

第二，方案是否有機會得到香港多數市民支持。就這方面，我們參考了在公眾諮詢期內由不同學術、民間及傳媒機構所進行的民意調查。此外，我們亦參考了立法會、區議會及社會各界別的團體和人士透過不同渠道反映的意見。

對於普選行政長官及普選立法會的模式、路線圖及時間表，我們就《綠皮書》公眾諮詢期間所收集到的意見有以下的歸納：

整體而言，市民對按照基本法達至普選的目標，是殷切期待的。市民、政黨、立法會議員、區議會、不同界別都認同應早日訂出落實普選的方案，特別是普選時間表，這有助於減少社會內耗，亦有利於香港的長期穩定和長遠發展。

對於行政長官普選模式，較多意見認為，提名行政長官候選人的提名委員會可以參考現行的行政長官選舉委員會組成。

關於行政長官提名委員會的人數，立法會內不同黨派及獨立議員支持由八百人或多於八百人組成（例如，增加至一千二百人及一千六百人）；而民意調查顯示，較多受訪市民認為，提名委員會的委員人數應多於八百人。

至於行政長官候選人的人數，較多意見認為，以兩至四名為宜。

此外，社會整體認同，在行政長官候選人經民主程序提名產生後，應由登記選民一人一票普選產生行政長官。至於是進行一輪或多輪投票，以及在只有一名候選人的情況下，是否仍須進行投票，須進一步討論。

至於普選立法會的模式、路線圖及時間表，立法會、社會各界和市民對此意見紛紜，未能形成主流意見。

正如我剛才提到，社會整體上希望能早日就落實普選取得進展。在普選

立法會未能達成共識的情況下，有不同的民意調查顯示，過半數的受訪市民希望「特首先行、立法會普選隨後」。

目前，立法會內支持二〇一二年普選行政長官及普選立法會的議員不足一半。有半數立法會議員支持在不遲於二〇一七年或在二〇一七年及二〇一七年之後，先落實行政長官普選，立法會普選隨後。

亦有超過三分之二區議會通過議案，支持在不遲於二〇一七年或在二〇一七年先普選行政長官，立法會普選隨後。

此外，民意調查顯示，有過半數的受訪市民支持二〇一二年實行行政長官及立法會普選；在約一萬八千兩百份書面意見中，約一萬兩千六百份內容相同的意見書支持二〇一二年達致〔至〕普選。

與此同時，約六成受訪市民接受，如果在二〇一二年不能實行行政長官普選，可於二〇一七年實行普選。

至於立法會普選時間表，不同的民意調查顯示，有過半數受訪市民接受，如果在二〇一二年不能實行立法會普選，可於二〇一六年或之後實行普選。

最後，有超過十五萬名市民簽名，支持在不遲於二〇一七年及在二〇一七年或以後普選行政長官，其中有超過十三萬個市民簽名支持先落實行政長官普選，立法會普選隨後。

行政長官向人大常委會提交的報告夾附了《綠皮書》公眾諮詢報告。諮詢報告全面而詳細地載列了立法會、區議會、社會各界團體和個別市民的意見，以及大學與智庫的民意調查，如實反映了在諮詢期內所收集到香港社會就普選議題提出的意見。

基於公眾諮詢的結果，行政長官認為，香港市民在普選議題上表現出務實的態度。他亦理解到，香港社會普遍期望特區的選舉制度能進一步民主化，並按照基本法的規定盡快達至普選的最終目標。

綜觀立法會、區議會、不同界別的團體和人士，以及市民的意見，在作出全面考慮後，行政長官在向人大常委會提交的報告中，作出以下的結論和建議：

香港社會普遍希望能早日訂出普選時間表，為香港的政制發展定出方向。

在二〇一二年先行落實普選行政長官，是民意調查中反映出過半數市民的期望，應受到重視和予以考慮。

與此同時，在不遲於二〇一七年先行落實普選行政長官，將有較大機會在香港社會獲得大多數人接納。

雖然，香港社會就行政長官普選模式仍有不同方案，但對於循「特首先行、立法會普選隨後」的方向推動普選，已開始凝聚共識。

至於立法會普選模式及如何處理功能界別議席，仍是意見紛紜。不過，訂定行政長官和立法會普選的時間表，有助推動這些問題的最終解決。

基於上述結論，行政長官認為，為實現基本法的普選目標，二〇一二年行政長官和立法會的產生辦法有需要進行修改。因此，行政長官決定，根據基本法第四十五條、第六十八條、附件一、附件二和二〇〇四年四月六日人大常委會關於基本法附件一和附件二的解釋，向人大常委會提交報告，提請人大常委會予以確定，二〇一二年行政長官產生辦法和立法會產生辦法可進行修改。

如果人大常委會確定，二〇一二年行政長官和立法會產生辦法可作修改，特區政府會研究如何就兩個產生辦法進行修改，而社會必定有機會就此再作討論。

主席女士，今天是香港政制發展一個重要的里程碑，行政長官已正式提請人大常委會，建議啟動有關二〇一二年行政長官及立法會產生辦法的檢討。這體現了行政長官和特區政府抱着最大的誠意，推動香港民主發展向前邁進。

在《綠皮書》諮詢期間，立法會、區議會、社會不同界別的團體和人士，以及普羅市民都提供了許多寶貴的意見，為我們進一步推動香港政制發展打下堅實的民意基礎。我代表特區政府，表示衷心的謝意。我們由衷地希望社會各界能繼續本着理性務實的態度，互諒互讓，求同存異，為早日落實普選凝聚共識。

2007 年 12 月 19 日
休會待續議案辯論：行政長官提交二〇一二年 行政長官和立法會產生辦法是否需要修改的報告

楊森議員：

主席女士，上星期，行政長官向全國人大常委會提交了香港特別行政區政制發展諮詢情況及二〇一二年行政長官和立法會產生辦法是否需要修改的報告。可惜，在這個政制發展的關鍵時刻，在行政長官向全國人大常委會提請就二〇一二年的行政長官及立法會產生辦法是否可以修改的重要日子，行政長官卻沒有站出來，親自向公眾交代整件事情的始末，也沒有向立法機關解釋箇中因由並接受議員的質詢，而只是選擇以錄影方式，以單向的方法向公眾交代，以逃避傳媒及市民的詢問，我就此表示遺憾。

由此看來，特首心中並沒有把市民視為真正的「老闆」，儘管他在競選時表示希望能夠「做好這份工」。當然，由於曾先生沒有經過真正普選的洗禮，所以他提交的報告和提請的事項，亦自然無須向市民問責。

曾特首在競選期間信誓旦旦，要在任內解決普選問題，又提到只要有六成市民支持某個主流方案，便會向中央據理力爭。可是，這種豪情在競選過後便告煙消雲散。他又表示要提出一個合乎國際標準的終極方案，但這種豪語，在提交報告之後，亦已無法看到。

我曾詳細閱讀行政長官及政務司司長向中央和立法會提交的報告，我的意見跟政府剛好相反。政府並沒有在報告內，如實向中央反映香港人的意見，而所作出的歸納亦並非香港人的主流共識，因此，我對這份報告感到相當失望。

行政長官在提交的報告的第 13 段，就有關行政長官普選模式、立法會普選模式，以及普選路線圖及時間表所收集到的意見，作出了以下的歸納（我引述）：「市民對按照基本法達至普選的目標，是殷切期待的。市民、政黨、立法會議

員、區議會、不同界別均認同應早日訂出落實普選的方案，特別是普選時間表，這有助於減少社會內耗，亦有利於香港的長期穩定和長遠發展。」（引述完畢）接着，他亦提到（我引述）：「過半數的受訪市民支持二〇一二年實行行政長官及立法會普選。」（引述完畢）

既然制訂普選時間表是這麼重要，也有過半數市民支持二〇一二年實現雙普選，那麼其實便應該早日建議中央接受這項建議，並早日在香港落實。可是，行政長官筆鋒一轉，在其後「結論及建議」的第二點中，卻沒有再提及立法會普選，而只是提出在二〇一二年先行落實普選行政長官的做法。由此可見，行政長官其實已將二〇一二年普選行政長官取代先前提出的二〇一二年雙普選，於是，立法會的普選時間便在不知不覺間完全消失，變成了泡影。

在「意見歸納」下，行政長官又指出，「特首先行、立法會普選隨後」的建議為過半數市民所接受，並得出社會已就此凝聚共識的結論。其實，這個結論只是強行將自己 —— 我是指特首 —— 的意見套在市民的口中而已。這種先後次序從來都不是社會的共識。既然政府指有過半數市民支持二〇一二年立法會普選的觀察言猶在耳，為何旋即又指立法會普選可以隨後呢？這種結論既是自相矛盾，令人為行政長官的意見感到可笑和可悲。為了拖延立法會普選，竟然可以明目張膽地作出前後不符的結論。

關於行政長官的報告，外界一般的解讀一直是二〇一七年會有行政長官普選，所以，現在便醞釀一種氣氛，要求泛民主派放棄爭取二〇一二年的雙普選，以換取二〇一七年的行政長官普選。但是，縱觀報告的結論和建議，根本沒有提請和要求中央政府就在二〇一七年先行普選行政長官作出決定。在前日政制事務委員會的會議上，政制及內地事務局局長亦確認了這一點，並說明在程序上，特區政府只能就二〇一二年的兩個選舉的產生辦法提請進行修改。

主席女士，現在的情況是，外界期望二〇一七年會有普選，並以為即使未能爭取二〇一二年的雙普選，二〇一七年也會有行政長官普選，讓這個普選先行一步。但是，實況是人大常委會根本不必就二〇一七年的普選作出任何決定。如果我們就這樣放棄爭取二〇一二年的雙普選，便會斷送大多數市民的共同意願。我想提醒外界的朋友一句，即使二〇一二年的普選被否決，也不等於人大常委會會為二〇一七年的行政長官普選開綠燈。

主席女士，為求公道，我想再提出一點，因為今天兩位司長和局長再次在會上作進一步的澄清，指出特首的報告是分開兩部分的。除了提醒二〇一二年兩個選舉的產生辦法是否有需要修改外，也就政制的諮詢情況作出整體的報告，並交予人大作出考慮。我歡迎這項進一步的澄清。在此，我個人十分希望人大能就二〇一七年普選行政長官作出回應，並且訂出承諾。

報告內屢次提到不同民意調查的數據，既有香港大學，也有香港中文大學和香港研究中心。政府便是在中大民調的基礎上，得出約六成市民接受如果二〇一二年未能實行行政長官普選，便可於二〇一七年實行普選；並有過半數的市民接受如果二〇一二年不能實行立法會普選，也可於二〇一六年或以後實行普選，而得出的結論是二〇一七年普選被社會接納的機會較大。我認為，如果所有民意調查均預先設定了這項前設，即是在前提設定如果二〇一二年未能普選，那麼接下來的問題便具有引導性，引導市民選擇問題設計者想要的答案。如果二〇一二年沒有普選，那麼，在二〇一七年普選好嗎？其實，大家也可以問，如果二〇〇七年及二〇〇八年沒有普選，那麼，在二〇一二年普選好嗎？設計這樣的前提，其實是學者的恥辱，是我們學術界的恥辱，這些學者根本沒有知識良心。為了得到政府的聘用，竟然提出如此有引導性、有前提性的設計，這是很可悲，真的很可悲的。不過，這是事實，而政府便是利用如此具有引導性的設計，作出這樣的結論。其實，從教授統計學的角度來看，這是一個很壞的先例。很可惜，政府卻選擇採用這種民意調查。可是，民意調查的結果實際上已被扭曲，亦被政府斷章取義。

如果按照港大民調的提問方法，並引用鍾庭耀博士的說法，即是以最簡易和平實的方式，要求市民在考慮基本法中所提及的「實際情況和循序漸進的原則」後，表達對普選時間表的意見，這樣便沒有了引導性或前設，而得出的結果是，在多輪的調查中 —— 主席女士，我要清楚地說出 —— 平均有 56% 的市民選擇二〇一二年實施行政長官普選，而選擇在二〇一二年普選立法會的市民更高達63%。所以，如果調查是公正的話，那些「先易後難」或「先普選行政長官」的說法，全部都是假象。

……

主席女士，既然行政長官沒有履行其基本的承諾，打了「斧頭」，也沒有如

實反映港人的意見，而是注入了很多水分，提出根本不存在的所謂主流共識，並置競選承諾於不顧，更沒有為雙普選提出合乎國際標準的終極方案，我在此深切寄望及促請中央政府盡快與民主派會面，聆聽我們的意見，以及聆聽市民的主流意見，讓我們有機會向他們說出大多數市民均希望二〇一二年普選的真相。

主席女士，最後，我想談談港大的民意調查結果。港大在報告公布的前一天和接着的三天均進行了民意調查，因為這樣可以充分顯示市民是否認為報告如實反映意見。大家可以看到，市民對特區政府和中央政府的信任程度均嚴重下挫超過 10%，而對中央的信任程度的下挫幅度更厲害，是近年的新低，只有超過40%。

所以，我希望我這次發言，有關方面，特別是北京方面可以聽清楚，市民的主流民意並不是民主派做出來的，我們沒有這種能力。他們基本上是希望在二〇一二年實行雙普選，即使沒有，那麼，二〇一七年普選行政長官和立法會的普選時間表，也必定是他們的寄盼所在。

楊森議員動議的議案如下：

「本會現即休會待續，以就香港特別行政區行政長官向全國人民代表大會常務委員會提交關於香港特別行政區政制發展諮詢情況及二〇一二年行政長官和立法會產生辦法是否需要修改的報告，進行討論。」

詹培忠議員：

（代理主席劉健儀議員代為主持會議）

我看了整份報告，當中最大的結論，便是特首告訴人大常委會須更改二〇一二年的選舉方法。讓我說一句得罪的說話，在設計上，立法會議員的選舉一定要較特首選舉遲進行。當然，特首沒有這種權力，但他卻很有意願要這樣做。換言之，即使二〇一二年可以改變特首的選舉方法，可以普選特首，但立法會議員仍不能以普選產生，最快也要在二〇一七〔六〕年才可進行。從報告及事實大家可以看到，當中蘊藏的結果是不用再爭論的了。因此，即使立法會議員也未必能

完全瞭解，市民便更是「矇查查」，不知道這樣做是想得到甚麼。

我認為，由於香港人已是非常聰明，所以特區政府要清晰地讓他們知道，不要浪費太多時間來爭拗，特別是特區政府的特首說明要大家和諧，不要消耗大家之間的一切力量。如果政府的做作不清晰，便不能讓市民知道，大的目的和目標是要達致〔至〕這樣的結果。所以，我們要清楚知道，二〇一二年肯定不會改變和修訂立法會的選舉方法。

說回來，如果有機會在二〇一二年普選特首，雖說可修訂當中的內容，但特區政府可以修改些甚麼呢？我可以告訴大家，唯一最大的修改，便是把選舉委員會成員由八百人擴充至一千二百人，甚或至一千六百人，最多也離不開這兩個數字。可是，不論是哪個數字，到了最終，特區政府向人大常委會說所謂大選舉團的成員人數可以修訂，但修訂這些有甚麼作用呢？根本是於事無補。可是，當然，事實是未到最後，突發事件也是可能發生的。這是特區政府無力改變的，也是立法會議員無力改變的，除非中央有人命令立法會要聽從政府或親中議員的說話，要倒過來做，但這是否有可能呢？世事未到後，誰也不敢百分之一百斷言，但我個人的看法卻是 —— 沒有這個可能。既然如此，作為香港政府，要求人大常委會容許作出改變，根本便是誤導全港市民，甚至是向人大常委會施壓。

讓我告訴大家，人大常委會絕對會這樣回覆：依照基本法第四十五條、第六十八條執行。人大常委會怎會替特區政府背上責任呢？那只是一廂情願的做法而已。然而，作為特區政府，真真正正……當然，這絕非只是特區政府的責任，我們立法會議員也有責任，我稍後會再詳細分析。

在這情況下，過去說二〇〇七年、二〇〇八年沒有普選，那麼，二〇一二年有否所謂雙普選呢？我可以告訴大家，除非中央的有力人士下命令，否則是兩者也沒有，包括特首的選舉方法也不會改變。二〇一七年普選特首又如何呢？當然，二〇一七年也是可能甚麼也沒有。為甚麼呢？因為特首選舉屆時可能設有框框，泛民主派的議員便會認為如此的設計對他們非常不利，他們無法接受。況且，立法會議員的選舉是毫無設計、時間表和路線圖，所以，他們會團結起來，推翻一切。因此，二〇一七年亦可能是甚麼也沒有的。換言之，二〇一二年是原地踏步，違反了基本法。二〇一七年也可能沒有普選。作為特區政府，既然希望

有關的市民和立法會議員便不要消耗太多時間、不要爭論和爭執，而應好好想想辦法。

陳方安生議員：

關於香港政制的進一步發展，早日達致〔至〕基本法規定的全面普選方案，是市民的期望。可是，對於行政長官於上周提出的報告，我個人感覺極度失望。回歸十年，經過這麼多年的討論，行政長官呈請中央的報告，對於市民多年要求雙普選的願望，仍然左彎右轉，閃閃避避，根本不願意發揮向中央反映實況的領導與牽頭作用。報告既沒有承擔，又沒有方案，既沒有時間表，又欠路線圖，實在令人非常失望。

報告內第 13 段第一分段內提到，我引述：「市民對按照基本法達至普選的目標，是殷切期待的。市民、政黨、立法會議員、區議員、不同界別均認同應早日訂出落實普選的方案，特別是普選時間表，這有助於減少社會內耗，亦有利於香港的長期穩定和長遠發展。」

這段內容，是我最同意的一個段落，因為早日訂出普選的時間表，是有助香港的穩定與發展。可惜，行政長官在報告內，並沒有作出任何實質達致〔至〕普選目標的明確建議。整份報告內容的基調是「否決 2012 年雙普選」，軟弱地說明「在 2012 年先行落實普選行政長官，是……過半數市民的期望」，但又加上註腳指「在不遲於 2017 年先行落實普選行政長官，將有較大機會在香港社會獲得大多數人接納」。他非但沒有捍衛過半數市民對於二〇一二年雙普選的期望，連將普選押後至二〇一七年的清楚承擔也沒有，空論「先易後難」而已。

我認為在諮詢期間，市民要求二〇一二年雙普選的基本願望是相當明確的。行政長官的報告其實也確認了這一點，但行政長官卻將有關民調的數據故意輕輕地帶過，或以其他數據將廣大市民要求二〇一二年雙普選的期望模糊化。

在行政長官的報告中，有關普選路線圖與時間表的第 10 分段，當中提供的數據已顯示 69﹪的意見書支持行政長官和立法會在二〇一二年達至雙普選。可是，行政長官的報告，只是建議「在 2012 年落實普選行政長官普選」，完全忽略了市民要求立法會也在二〇一二年同時落實全面普選的訴求。

報告第 11 分段提到，我引述：「與此同時，約六成受訪市民接受若在二〇一二年不能實行行政長官普選，可於二〇一七年實行普選。」

市民明確要求早日確定二〇一二年的普選時間表，早日實現基本法賦予的承諾，好讓大家可專注於香港的繁榮與穩定。即使沒法馬上落實二〇一二年雙普選的時間表，他們也願意接納二〇一七年的雙普選時間表。當局不要再拖拖拉拉，重複又重複的〔地〕讓香港市民「期望、失望，期望又失望」。

可是，從行政長官的報告中，我們實在看不到所謂的「先易後難」有何保證。我覺得香港市民確是理性的和務實的，他們所需的「先易後難」是：「請先給我們明確的行政長官與立法會普選時間表，然後才能解決路線圖與其他的問題。」

張文光議員：

在殖民地時代，港人對民主有追求，但不寄厚望。但是，港人有理由在「港人治港」的回歸歲月裏，渴望他們追求了二十多年而不得的民主普選，總會有落實的一天。但是，現實卻令港人遺憾和憤怒。回歸之後，中央政府已否決了二〇〇七年及二〇〇八年推行雙普選，現在，特首的政改報告，即使肯定在二〇一二年落實雙普選是主流民意，但卻以在二〇一七年落實會有較大機會得到立法會支持為理由，變相提請人大否決在二〇一二年實行雙普選。

即使在二〇一七年推行雙普選，也不在特首提請的範圍內。過去，常有一種說法，叫香港人放棄二〇〇七年及二〇〇八年普選，一齊爭取二〇一二年雙普選；現在，又有一種說法，叫香港人再放棄二〇一二年雙普選，一齊爭取二〇一七年。今天，不但二〇〇七年及二〇〇八年或二〇一二年雙普選不能實行，甚至二〇一七年雙普選也會隨時化為泡影。今天，我們已經厭惡不斷的拖延和欺騙；我們已經厭惡無了期的等待和退卻。我想大聲地說：為甚麼「一人一票」的普選權利，竟然像開恩和施捨一樣，一拖再拖？為甚麼寫在基本法的承諾，竟然像寫在水上和天空一樣，若有若無？一個國家，一個政府，竟然可以持續地拖延和剝削香港人選舉的人權，面不紅而心不跳，這是蔑視民意，還是失信於民呢？

今天，香港民主的命運，又再走到一個重要的歷史關頭。幾天之後，人大將要就特首的報告，對香港普選的未來作決議。根據特首的五大結論，香港人完全

有理由質疑，人大是否會否決二〇一二年雙普選？是否會將二〇〇五年被立法會否決的政改方案，原封不動的〔地〕送回立法會，以顯示中央、人大神聖不可侵犯的權威？是否因為特首的報告只提請二〇一二年的政制修訂，而借勢迴避二〇一七年普選特首及相關的時間表？是否藉着報告「特首先行，立法會普選隨後」的建議，無限期地押後立法會普選的強烈訴求？簡而言之，人大會否積極和正面回應港人雙普選的訴求，提交一個終極的、符合國際標準的普選時間表，作為諮詢港人，開展對話，建設民主的第一步？

我完全明白，政制是政治和權力分配的核心和基礎。中央和港人，因為過去歷史和人心的阻隔，因為觀念和價值的差異，仍然未能建立完全的互信。中央也可能擔心，一個完全民主的普選，不知會否沖〔衝〕擊中央與特區的穩定，會否削弱特區和特首的行政主導，甚至憂慮香港會否成為外部勢力利用的跳板。但是，證諸回歸十年的現實，香港人只務實地追求基本法的「高度自治」，也更願意在「一國兩制」的前提下，成為中國的特區而落實民主普選。即使立法會有普選或普選之後，仍然要在基本法的規範下行使議會的權力，依法制衡和監察政府，中央是否仍然不相信香港人，因而將民主冰封三尺，將普選鎖入雪櫃呢？

田北俊議員：

（主席恢復主持會議）

⋯⋯自由黨和我正在盡最大努力，希望就這個政制發展能得到大的共識，得到大的共識才能落實市民的期望。這個大的共識，按自由黨的出發點，便是所提出的建議必須是實際可行的，所以大家會見到我們有時候在表態時，儘管有建議，也不會堅持一成不變的。立法會內很多同事也可見我們在民生問題上，「生果金」也好，其他福利的問題也好，我們皆是十分遵循或聽從其他議員的意見。因此，我們認為應採取一個較務實、可以令中央及香港商界按循序漸進，均衡參與，又能落實市民訴求的可行模式，這是相當重要的。因此，這次在策發會上，自由黨提出了不少意見。

當然，在這次的報告中，我首先要一提的是，就是政府的文件第 20 頁 3.15 所述的第（ii）段，「自由黨認為首屆普選行政長官，提名門檻不宜定得過低，反

而應該相對地提高一些。但在首屆普選行政長官後，則可按香港的實際情況，把普選門檻逐步降低」。

　　主席女士，我們是有這樣說過，但第（ii）段以下還有一個 25 的小號，顯示「詳情見附錄一（LC30-31）」的字樣。LC31 是自由黨向政府提交的一份文件，其中共十四段。剛才我讀出的 3.15 的第（ii）段，正正是我們文件中的第 7 段，是一字不漏地刊登了出來。我也想趁這機會向各位同事說一聲，自由黨文件的十四段中的第 2 段，即前面述及的第 7 段之前是這樣說的：「自由黨一向認為，如果適當的條件成熟，我們也希望可在二〇一二年先行落實普選行政長官，我們所說的成熟條件是，普選特首時要有一個具廣泛代表性的提名委員會負責提名，同時行政立法關係又得以理順。」所以，就我們所談論的首屆，概念是二〇一二年，或我們所說的高門檻的看法。

　　在該文件的第 12 段中，即 LC31，也再提到關於立法會的選舉：「假如 2012 年能落實普選行政長官，立法會功能議席最快可在之後一屆，即二〇一六年起向普選的終極目標進發。」因此，該文件是清清晰晰地從第 1 段至第 14 段可見自由黨的看法，就是我們希望首屆普選在二〇一二年進行，那是一個高門檻。這觀點我在策發會上已說過多次，我們的立法會議員，包括李永達議員、李卓人議員也在席；而公民黨的關信基主席亦在策發會內。自由黨認為較務實的看法是在二〇一二年進行高門檻的選舉，如果可實行的話，這對普選的進程便可邁進一大步。

　　我還記得當天在策發會上，有人提問為何我們要有一個高門檻 —— 高門檻是篩選制度，那是不公平、不民主的。這點我沒有否認，但我覺得在實際運作上，這是較可行的模式。舉例來說，如果有三位候選人，他們都屬於高門檻，其程度之高是泛民主派目前不能認同的，但我卻認為數位儘管屬於高門檻，仍可以參加普選行政長官的候選人，在任何一位獲選後，便要面對數百萬有投票權的市民，而他就任何課題均必須表態。例如，在策發會上，我向李卓人議員提出，你們所談的最低工資，第一位候選人可能只為清潔及保安等行業定出一個中等數字、平均數字：譬如五千零數十元至六千七百多元。第二位候選人通過了高門檻而得以參選的，他為了想經一人一票而獲選，所以可能會把兩個工種加至四五個，薪金可能從五千零數十元或六千七百多元，加至五千二百多元或六千七百多元。第三位也是想獲選的，因此也可能表現得更進取。

事實上，這是透過一個高門檻而參選行政長官的模式。雖然泛民主派認為這篩選是不公道的，但實際上，在這過程中，一定會促使最終獲選的那位行政長官作出承諾，或他在獲選後，一定會落實他在競選過程中所作出的某些承諾。如果以這樣的普選行政長官模式作為第一步，我認為是務實而且可行的。

反過來說，如果第一次行政長官普選，門檻是一個較現時八百人中的一百名提名人還要低的，即民主派所建議的五十人，那麼，我則認為這樣的一步到位，對社會的穩定會有影響，又或顯示出他所得到的支持度並不太高了。當然，在那個過程中，我也留意到如果當時泛民主派的議員支持自由黨二〇一二年高門檻的普選行政長官——並非二〇一二年進行雙普選。自由黨早已說過，按先易後難的做法，即我剛才讀過的第 12 段，立法會應較遲才進行——如果泛民主派屆時支持自由黨所提出的二〇一二年高門檻（那確是有少許篩選概念，可能從他們的角度而言，是不太公平的），那個支持度便真的可以是獲得立法會一半議員的支持了。當然，泛民主派可能會問政府，自由黨所提出的二〇一二年的門檻是較高，而泛民主派所提出的二〇一二年行政長官普選是沒有門檻的，政府究竟是否認為，如果是高門檻的，便不屬於二〇一二年的普選模式呢？那麼，對於政府這個立場，我是會明白的。

如果泛民主派當天支持了我們的看法，今天便無須再提出來討論自由黨所說的高門檻究竟有多高。我們是沒有具體談論有多高，但無論如何，總會較現時的八百人當中的一百人為高。我們的其中一項建議是把在那四個界別的八百人增加至一千二百或一千六百人，而且應該是平均增加的。不過，我感到很可惜的是，我們在早幾個月前坐失良機，當時我們是有機會較具體地討論這些事情的。現在，政府發表了諮詢文件，據實反映了在策發會中所收取的意見，尤其是我們各黨派所表達的意見。寫出了這樣的一個結論，令人感到二〇一二年行政長官的普選（並非雙普選）得不到一半議員的支持。這已是過去數月以前的事情。我們現時可以作甚麼補救呢？自由黨會盡量與其他黨派、政府、中央政府、商界等就這方面進行協商。

主席女士，關於民主程序的看法，自由黨起初是不太瞭解其實際的定義是甚麼。經瞭解後，我們認為民主程序的意思，就是應該來自四個不同界別，體現均衡參與的那個說法。我們認為民主程序不應被視為篩選的情形。這點我要再次提

出來。

還有一點，就是關於立法會的選舉。既然現時把它推至二〇一六年 —— 如果在二〇一二年可推行行政長官高門檻普選，我們便建議每四年取消十個功能界別議席，我知道這項建議也是具爭議性的，因為我們認為較容易推行直選的功能界別應該先推行直選，較難推行的，像代表工商界、金融界等可較遲才取消。然而，對泛民主派的議員來說，這點是他們不會接受的。

我認為今天的討論似乎集中在行政長官的普選問題上，不過，對於全面普選立法會，市民也是有這樣的訴求，我們是留意到此方面的。但是，我們也留意到，市民基於現時已有三十位立法會議員是經由直選產生，而他們反映的意見，往往得到功能界別的議員的高度重視，而很多意見在他們聽完之後都是會支持的，尤其是關乎民生方面的事項，例如最近就增加「生果金」的問題上，自由黨八位功能界別的議員同事全部皆是支持的。所以，就市民對是否基於想盡快於二〇一二年達致〔至〕雙普選而要一次過取消所有功能界別議席的訴求，我們同意報告的說法，認為他們對此方面的訴求並不太強烈，他們也是接受可先有行政長官的普選，稍後才處理立法會的普選的。

馮檢基議員：

主席，行政長官曾蔭權於年初行政長官選舉時提出的政綱，把推動香港民主發展歸類為五大主題之一，並揚言在任期內可徹底解決雙普選的問題，兼且會於年中發表《政制發展綠皮書》，以策發會就普選路線圖和時間表的討論作為基礎，歸納三個普選方案，在全港進行為期三個月的公眾諮詢，並將諮詢期內所達成的主流意見，如實地向中央提交報告。

雖然特區政府如期於七月開展《綠皮書》的諮詢，但卻沒有如較早前所說般，提出三套普選方案，反而把普選議題分拆成多項選擇題，並避開就富重大爭議性的題目進行諮詢。

當然，最終在諮詢後，當局未能得出任何普選主流方案以提交中央，行政長官顯然違反了其選舉時所作的承諾。

民協認為不論是在諮詢方式和內容方面，《綠皮書》均存在頗多不足之處，

在在展示政府只採取「和稀泥」的策略，未有恰如其分，擔當推動普選的憲制角色。首先，《綠皮書》把行政長官和立法會普選分拆為多項選擇題目，各個選項分散、零碎，彼此間缺乏任何連貫性。簡單而言，這種拼貼方法令兩個普選方案缺乏完整性，公眾難以作分析，從而作出正確的選擇。

此外，當局雖有就提名委員會的組成及人數進行諮詢，但在行政長官的提名程序上，卻只選擇性地就候選人的數目作出提問，未有觸及提名方法這個核心問題。至於當中會否引入一些不民主和不公平的篩選機制，務求把異見者逐出參選的行列，由於《綠皮書》並沒有就此作任何提問，令提名程序的可操控性無限擴大，這點實在令我們感到不安和憂慮。

此外，《綠皮書》肆意把保留功能界別列為立法會普選的其中一個選項，這做法實在匪夷所思，有違「普及而平等」和「一人一票、票票等值」的普選原則。基本法第六十八條亦清楚列明「最終達至全部議員由普選產生的目標」。基本法附件二就立法會的產生辦法亦可作引證，從第一屆至第三屆立法會議席分配來看，訂明經普選產生的分區直選議席會取代那些小圈子產生的議席，這個趨勢和安排，與基本法第六十八條的含意不謀而合，只為最終達致〔至〕全部立法會議員由普選產生的目標。這反映諮詢文件內重提將來的普選包括一些所謂有普選因素的功能團體是違反基本法的。

主席，這個操控程度較大的諮詢模式，先天上已顯然有偏差。縱觀行政長官今次向人大提交的報告的結論，只是選擇性地把自己的意見或是一些特定的意見，甚至是一些他估計北京領導人可能接納的意見載列，把議題變成可以「將就便將就」。以行政長官普選為例，報告提出未來的提名委員會可採取現行的選舉委員會的模式，選委人數可多於八百人，而候選人數可為兩至四名，但對於最核心的提名程序卻不聞不問。雖然報告提出大部分民意支持二〇一二年普選行政長官，但卻畫蛇添足地加上一句「在不遲於二〇一七年先行落實普選行政長官，將有較大機會在香港社會獲得大多數人接納」。然而，諮詢文件其實是沒有這項諮詢的。這正正反映出這項所謂結論，其實是諮詢以外另行加插的立場，是行政長官自己內心要表達的意見或是其他人的意見，但卻不是諮詢的結果。此舉令人懷疑政府視民意為無物，只想反映普選行政長官可以「一屆拖一屆」，或是在特定的框框內進行行政長官選舉。

　　就立法會普選方面，報告的內容更惹人氣憤。基本法明確規定功能界別必須按普選的原則和原意取消，但《綠皮書》卻在諮詢中將此列為其中一個選項，製造無謂的爭議，其目的只為在報告中提出以下結論：「至於普選立法會的模式、路線圖和時間表，立法會、社會各界和市民對此意見紛紜，未能形成主流意見。」大部分市民支持二〇一二年普選的意見，又再次被冷待，立法會普選的問題又被束之高閣。試問行政長官這樣做是否違反了其競選承諾呢？他如何可在其任期內徹底解決普選的問題呢？

　　可見，政制發展就有如一齣戲，當權者自編、自導、自演，由《綠皮書》諮詢，到向人大提交報告，以至人大可能即將「拍板」，令二〇一二年雙普選的希望最終幻滅，劇情一幕一幕按照劇本發展，按照已定的劇本展現於市民眼前。市民一直以為這齣戲仍有發展空間，但其實背後早有計劃、早有部署，結果已定。

　　行政長官在向人大提交的報告中，並沒有按民意反映過半數市民的要求，提出在二〇一二年進行雙普選作為一個結論，作為向人大的提請，我們對此感到失望和氣憤。

　　二〇一二年行政長官和立法會產生辦法須予修改，這是毋庸置疑的，問題在於當局有否尊重大部分市民的意願，盡快落實在二〇一二年進行雙普選。市民經過二十多年來爭取民主的崎嶇路程，從殖民地年代到回歸，飽歷高低起跌，政治風雲幻變，雖然屢受挫折，但他們追求民主的決心至今仍未冷卻，至今仍有過半數市民有同樣的要求。香港實在早已具備落實普選的條件。其實，在香港實行普選有何大不了呢？我們擁有穩固及久經磨鍊的經濟基礎，有優良的法治制度，加上民智成熟，再配合市民高度理性的素質，民協相信要達致〔至〕政通人和的局面，建立和諧包容的社會，民主發展是必須的過程。我們希望改革，特別是政治改革能使發展滯後的政治制度大大進步，從而理順現時在政治制度或經濟制度中的不平衡及失衡的現象。

　　主席，由於政府今天沒有向中央提出二〇一二年雙普選的意見，對於將來政治上的滯後、各種政治事件，以及由政治引發的經濟事件，我們日後將要承擔政治後果。

單仲偕議員：

主席，由爭取八八直選到二〇一七年，已經是三十年。到了二〇一七年，是特區回歸二十年，在五十年過渡中已過了五分之二，到了二〇二二年便是回歸後五十年過渡中的一半。我希望中央政府考慮兩個因素：第一，中央政府要向國際社會交代香港的民主進程，在履行中英聯合聲明方面，香港要以選舉產生特首；第二，台灣也在三月選舉，很快便選舉，今次的決定也會對台灣同胞產生啟示作用。我希望中央政府也考慮到台灣的因素。

今次如果人大常委會作出一項非常硬繃繃的決定，事實上會對藍綠選舉有所影響，對香港和台灣同樣有一定的影響。今次的啟示，今次的決定，不單為七百萬名香港市民所關心，我相信間接也會影響兩千二百萬名台灣同胞。國際海外社會的華人一向非常支持香港實行普選，每次我和李柱銘議員到訪海外時，一些華人也顯得非常關心，特別是一些移居了海外的香港同胞，他們非常關心香港的民主進程，也非常關心香港何時會實行普選；有些甚至跟我們說，他朝有日真的有普選時，他們也會回來香港投票，參與民主過程。

主席，我真的很擔心十二月二十九日人大常委會的宣布是個噩夢，令市民再次失望。人大常委會的決定不單會影響二〇一二年選舉，也會影響二〇一七年的選舉。事實上，二〇〇四年的釋法，在政治上對中央而言，是一項很聰明的決定。因為就選舉的時間表，即今天我們討論二〇一二年選舉時，其實在二〇〇七年已作出了一個影響二〇一二年選舉的決定。當國際社會到了二〇一一年或二〇一二年，問何時選舉特首時，我們會回答是二〇一二年，但為何在二〇一二年沒有普選呢？便是因為在二〇〇七年已否決了。每次談及實行普選的年份，都是在數年前已遭否決的。

湯家驊議員：

主席，有時候，我也會懷疑這些辯論究竟是否有意思？這是一個很好的問題。可是，另一個更重要的問題是，為何今次的安排會來得如此倉卒、急忙的呢？聖誕節將至，為何要在香港人最開心的日子裏進行呢？這不禁令我想起二

〇〇四年人大釋法〔決定〕，否決了二〇〇七年及二〇〇八年普選的安排。當時，整個安排也是很有秩序的，以迅雷不及掩耳的方式處理，釋法後，香港人立即沒有機會討論關於普選的問題。

今次的安排讓我們看到人大常委會對香港認真給予「面子」。特首的報告剛剛提交了不足一星期，人大常委會便立即開會討論。為何要這麼急忙呢？人大常委會是否希望盡快告知香港人，我們在二〇一二年會有雙普選，把這份美好的禮物送給香港人，讓港人歡度聖誕呢？還是在政治盤算上，這件事須迅速決定，以謀求政治上可能存在的某些利益呢？

主席，雖然我是一位非常樂觀的人，但我相信結果會是後者。我亦相信傳媒及報章的報道，並非沒有根據的揣測。有關報道指人大常委會將於這個假期否決雙普選。接着，曾特首便會在明年三月提出我們於二〇〇五年否決的政改方案，並再度提交立法會。他盤算民主派將會否決這項政改方案，屆時，便可再次顯示民主派採取捆綁式表決，是跟中央和特區政府作對的反對派，希望民主派在二〇〇八年的選舉全部失敗。這個「算盤可能打得響」，我亦可以在此預先通知特區政府，如果當局在三月把二〇〇五年的政改方案再度提交立法會，我會毫不考慮地反對。我不理會泛民主派是否有需要採取捆綁式策略，但我認為對得起良心的事情便不怕預先說出來。我是絕對會反對的，我無懼二〇〇八年未能當選立法會議員，即使加薪也沒有用，也不能把我留下來。

梁耀忠議員：

主席，我想說說如果有民主，又有甚麼好處呢？我想從另一個角度來說。雖然香港不曾有真正的民主選舉，即不曾試過有普及而民主的選舉，但我記得在一九九七年之前，我們有一些選舉，是較現時有多些市民能以「一人一票」，或讓很多市民參與投票，選出代表他們民意的議會。那便是一九九七年的立法局。

我記得很多民選議員當時提出了很多議員法案，要求對條例作出修訂，包括我自己也曾就限制和調整公共房屋的租金提出議員法案，而李卓人也提出了不少有關保護和保障勞工權益的議員法案，例如有關集體談判權等。這些議員法案當時其實是獲得通過的。我不敢說大家當時都集體鼓掌歡呼，但所得到的回響卻是

非常好，因為這些議員法案實在可以保障基層市民的一些民生情況。我們之所以不斷強調民主和民生有緊連的關係，原因便在於此。

當民意代表是真的由選民「一人一票」選出來，而且是公開、平等地選出來時，這些民意代表便必須向選民交代和負責。所以，他們所提出的議案、意見和立場，都會以選民的意向為依歸，這也是民主選舉重要性的所在。可是，如果我們沒有民主選舉，便會好像湯家驊議員剛才所說般，我們不單不能有效地監察政府，更會對民生、社會、經濟、政治、文化的發展構成巨大障礙。因此，我們堅持要有雙普選。

我們同時看見，在過去那麼多年，由第一屆特區政府的行政首長以小圈子選舉模式產生以來，我們看到結果是怎樣？我們不但嚴厲批評有官商勾結的情況出現，還看見在不少地方出現了偏袒：政治上有偏袒、利益上有偏袒、很多行政結構上也有偏袒，導致出現了一個民不聊生的時期。這便是我們所見證到，沒有民主選舉的後果。⋯⋯

梁家傑議員：

我試圖用一個較正面和積極角度來看，因為特首也不易做的，在這片大烏雲背後，我找到兩道金光。第一，今次是特區政府第一次在官方文件內承認，有超過半數香港人支持二○一二年實行雙普選。第二道金光是，在這報告內，特區政府清楚表明有一個時間表是可對切實、徹底解決爭拗了二十多年的普選問題，提供一個徹底的解決辦法，並且可以避免內耗，也對香港的長遠發展有利。

我本來以為，在這兩道金光出現的情況下，我們可以這兩點作為一個起點和平台，來爭取中央政府處理香港事務的官員與代表香港主流民意、希望爭取二○一二年實行雙普選的民主派正式展開對話，並可互相把立場說清楚、把各自的關注說個明白。

可惜的是，剛在兩天前，當政制事務委員會開會期間，我們得到一些記者朋友知會，原來有個新聞公報表示，在十二月二十三日至二十九日人大常務委員會將會開會，並會處理曾蔭權特首提交的報告。這給予我的印象是，特區政府和中央又編了一個劇本出來，這個劇本是再一次用快刀斬亂麻、迅雷不及掩耳的方

式，向二〇一二年實行雙普選，清楚說不。從這三兩次與政府官員的交流中，我已完全沒有期望，在今次人大常委會根據二〇〇四年四月六日的釋法及四月二十六日的決定作出的回應中，會承諾在二〇一二年後何時實行普選。

主席，我們經常說香港市民很理性、很務實，但這種理性務實所基於的善意，不是容許被人不斷扭曲、不斷矮化，甚至侮辱香港人的智慧的。其實，香港人對民主的堅持已是無須懷疑的，香港社會也隨時作好準備，與當權者進行一次很好的、正正式式的交流，但看來這種期望好像會再度落空。因為二十三日距離現在不足一星期，在這麼短促的時間內，當然不會有溝通。

主席，多位同事在今天的發言中均提及香港大學在過去一兩天進行的民意調查，據報道，特區政府的民望下跌 12%，香港人對中央政府的信任程度急促下滑 10%。其實，這已響起一個警號，主席，這很明顯表示，香港市民已經為政制的停滯和管治出現的不公平而感到非常沮喪，並且把這種感覺算到特區政府及中央政府的頭上。……

劉慧卿議員：

……因為人大會議由本星期六開始，至下星期六便會完結了。現時給予我們的印象是甚麼呢？主席，便是二〇一二年不會有普選，二〇一七年亦不會有普選，那麼，是否要到二〇二七年才有普選呢？當然不是。何時才有呢？是遙遙無期。行政長官和司長、局長是否這樣向香港人交代呢？

這份提交給吳邦國委員長的報告是說些甚麼的呢？其中說：「我們認為香港社會普遍希望能早日訂出普選時間表，為香港政制發展訂出方向」，我從未聽過如此大的謊言。所以，我今天早上跟司長指出，有些人說這是一場遊戲，我則說這並非遊戲，而是騙局。香港市民何時告訴他要就此訂出方向？香港市民說要在二〇〇七年、二〇〇八年進行普選，主席，但由於曾經有七八十萬人遊行，令中央震怒，董建華當時是說就二〇〇七年、二〇〇八年普選諮詢市民，他當時這樣說過後，便立即上北京被胡錦濤罵了一頓，回來數個月後便出現釋法的決定。

所以，大家當時已正在爭取二〇〇七年、二〇〇八年普選，大家當時已有這樣的要求，而並非到了今時今日還在談論如此卑微的要求，說要求訂出方向。試

問這不是歪曲，又是甚麼呢？所以，我們為何要親自跟中央談？中央說不批准各項事情，這已經是香港人要譴責的了，但政府向中央提供錯誤的資訊，說香港市民只是想中央訂出方向，即使要到我們的孫兒或曾孫兒的一代才有普選，也是沒問題的。這有否搞錯了呢？

張超雄議員：

上星期三，政務司司長代表政府向本會提交一份報告，表示該報告將提請人大，是政府自七月以來就整份《綠皮書》諮詢的結果。主席，對一般市民而言，這其實是很難理解的。為何我們要求一個雙普選的制度要花這麼長的時間？要至今年年底才向人大提請可否改變這個選舉機制，即附件一、附件二？這真的是難以想像。現在還問「可不可以」？當然是「可以」，而且是一定要「可以」的，否則，我們豈非再次原地踏步？不可能是這樣的。基本法也訂明我們最少應該循序漸進，邁向普選。我們怎能仍站立不動呢？這是不可能的，我們必須往前走。我們也期望代表香港市民的特首，可以把香港市民的意願說得清楚一點。很可惜，這份報告對此是相當含糊其詞的。

我們從報告可見，政府一方面承認有過半數市民支持二〇一二年普選，因二〇〇七及二〇〇八年普選的機會已經沒有了，最接近的便是在二〇一二年有雙普選，更表示會尊重這些意願。可是，另一方面，政府卻說看來二〇一七年才有特首普選，會比較實際，會有較多人支持。至於立法會方面，大家都知道市民是希望盡快落實普選的，但報告卻指眾說紛紜，所以未有方案。其後，當局在政制事務委員會再作解釋時，竟然表示現在未必會談論這麼遙遠的事，只會說二〇一二年的事而已。

在席議員過去多年一直在議會上爭取民主，當局這種做法難免令人質疑他們是否在玩弄把戲，完全缺乏誠意，根本就是在騙人，大家如果換個位置的話，他們也會有這種感覺的。主席，我相信在座官員都是聰明人，他們應該清楚瞭解，我們只是希望香港邁向平衡的發展，希望會有一個可以制衡、可以持續維護香港整體利益的制度。我們這輩人不是要跟誰作對，更沒有能力跟中央作對。我們只不過是堅持一些理想、堅持一些原則，我們知道這些方向必須堅持下去。老實

說，即使有普選，即使開放全部六十個議席，我們是否便會贏得所有議席呢？也不是。大家仍要競選，公平地競選。在區議會選舉中，民主派不是輸了嗎？這也不成問題。今天的文明社會便是這樣，政權能和平地更替，各方有傾有講，以文明理性的手法來管治，每個人也有分〔份〕參與，我們尊重每一個人。當你有投票權時，你便有分〔份〕參與。這是基本的人權，是基本原則，在香港是不可能無法實現的。我們堅持的就是這一點。為何還要帶我們遊花園呢？為何當局一點也不尊重許多懷着這份盼望的香港市民呢？

李柱銘議員：

談到這份報告，有一點真的令我很憤怒，便是沒有提及立法會何時普選的問題。剛才我已說過，二○○七年本來是選舉立法會和選舉行政長官的同一年，所以是有連繫的，而且是有理由的。因為當所有立法會議員都是人民「一人一票」選出，如果特首不是由「一人一票」選出，特首便沒有人民的授權。相反，如果特首有人民授權，而立法會只有一半議席有人民授權，也是不妥當的。因此，二○一二年是一個很正確的年期，而且已是一再延期了。現在這份報告提到「先易後難」，對於這個概念，我真的摸不着頭腦。

如果看基本法，先易後難是剛好相反的，先普選所有立法會議員容易，而普選行政長官反而困難。這是因為如果普選行政長官，最後一關是要報請全國人民代表大會常務委員會批准，而立法會的修改，只須報請人大常委會備案。

眾所周知，備案十分簡單，等於我們的基本法第十七條，如要通過法律，只須備案，是無須批准的。但是，人大常委會「打茅波」，大家也看到它「打茅波」，因為它在二○○四年四月二十六日〔六日〕釋法，指備案原來跟批准沒有分別。這是所有內地律師也不同意的，但人大常委會「打茅波」，我們也沒辦法。因為球證不能管人大常委會的，它是最高的權力中心，硬要把「先易」，變成像現時般一樣容易或困難。基本法本來訂明普選全體立法會議員是容易的，但無論如何，這先易後難也不能代表基本法或人大常委會所解釋的循序漸進，循序漸進是要向前走的。政府官員經常冤枉民主派，指我們在二○○五年不支持特首提出的方案。其實，他們不是不知道或忘記了我們的辯論，我們已很清楚說明這是因

為沒有進步，在立法會選舉方面根本沒有進步。

其實，有一位親共人士非常熟悉的資深大律師胡漢清，曾在公眾場合發表一番言論。他說何謂循序漸進呢？在立法會選舉來說，其實無須爭拗，只要細看基本法附件二便知道。第一屆立法會是一九九五年，由於議員希望有「直通車」，當時有二十個直選議席。到一九九九年 —— 因為成立臨時立法會所以便延至二〇〇〇年，由二十個直選議席變為二十四個，即增多了 20%。接着的一屆是二〇〇四年，即現屆，由二十四個直選議席變為三十個，增加了 25%，即六席。換言之，原本是 20%，下屆便 25%，再下一屆便應該是三分之一，所以到二〇〇八年，我們的三十席應增加三分之一而變為四十席；而到再下一屆，即二〇一二年，應該增加 50%，即由四十席增加 50%，變為有六十席，這樣便妥當了。

這是非常合乎邏輯，數學上亦非常準確的。當然，立法會也有一位數學專家，便是曾鈺成，我相信他也不會認為這個理論是不合乎數學原則的。本來是要進步的，但二〇〇五年沒有進步，人大常委會在二〇〇四年四月二十六日的決定，表明立法會直選議席和功能界別的議席比例不能改變，其實已破壞循序漸進的原則，是人大常委會自己破壞基本法的規定。

陳偉業議員：

因此，主席，民主派或泛民應作出全面檢討，對嗎？經過十多二十年的空談，所謂以理性辯論的方法、以說服的方法爭取民主，歷史證明是徹底失敗的。民主派亦應集體鞠躬，向市民道歉。民主派在過去二十多年來，以理性民主辯論的方法來爭取民主，原來是徹底失敗的，他們應該鞠躬道歉。我首先在此向全港市民鞠躬道歉，我們過去二十年來，用民主理性方式爭取民主的做法，是徹底失敗。在徹底失敗之餘，我們要反省、檢討及重新訂定新路線，我們不可以再跟這些官員、這些真小人採用這種方式辯論。我過去在議事堂內先後說了三次，現在是第四次。我們回顧美國黑人的人權運動，馬丁・路德・金的呼聲是其中一把聲音，令美國黑人運動最成功的其實是黑豹黨的暴力運動。黑豹黨跟聯邦密探（即 FBI）的鬥爭，透過武力、燒貨倉及暗殺等，喚起美國人的恐慌而給予黑人民權。如果大家回顧東南亞、南美、南非或非洲，很多國家民族自發、民主爭取運

動，都不是用「口水」換回來，而是用血和生命換回來的。因此，民主派如果仍然沉迷在議事堂內的辯論，民主便永遠遙遙無期。

所以，主席，我其實很痛心，我為民主運動工作了二十二年，雖眼見這個運動有些起色，在一些選舉中也似乎獲勝，民意好像得以彰顯，但這些原來只是表面風光及剎那的喜悅，如果看回現實，仍是一樣的沉痛和殘酷，市民的民主權利仍然被剝奪。那些狐假虎威的九品、十品官員，仍繼續狐假虎威地當真小人。因此，我們不要再幻想民主派有機會執政，在沒有民主的制度下，民主派是不可能執政的。我們亦須重新訂定路線，必須旗幟鮮明，我們是百分之一百的反對派，因為我們反對不公義和不民主的制度。要成為反對派，便必須痛斥政府腐敗的一面。香港羣眾是很難組織的，我自己也有一個理想，其實，由一九八五年參政至今，我有一個理想，我們要真正組織香港羣眾，跟腐敗的權力中心抗爭，要痛擊權力中心、既得利益的集團、官商勾結及利益互相輸送的腐朽一面，要用羣眾迫使政府進行社會改革及政制改革。

李卓人議員：

所以，主席，第一，我認為整份報告反映出特區政府是完全沒有誠意的。第二，我覺得程序上也存在很大問題。我認為當局是在程序上玩弄香港市民。如何玩弄香港市民呢？我很記得每次看到局長，我也會問他一個問題，便是他提交報告是否要啟動機制？未知他是否記得，但我每次也是這樣問的。當時，他說還沒有決定。我不是說他說謊，他是未有決定，在十一月未有決定，到了十二月也未有決定，但卻忽然提交報告，然後人大又忽然將它列入議程。接着，也不用問了，應該不會是忽然的了，便是方案一定會被「斬」。

可是，在程序上，為甚麼當局要忽然提交報告，啟動這個機制呢？為何不在有過半數香港人的意願是二〇一二年實行雙普選時便停下來，然後讓我們討論怎樣進行雙普選；方法是否可行；是否特首普選已經取得足夠票數，因此可以先行？為甚麼當局不在那裏停下來，卻要加上一條尾巴，然後便提交，接着又立即以快刀斬亂麻、「大石壓死蟹」及由中央「拔槍」射倒對方的方法，掃走整個方案？

這個程序本身是否有公義呢？這個程序本身是否在玩弄香港人呢？這是否對

得起贊成二〇一二年雙普選的過半數市民呢？曾蔭權當年在參選時表示會為香港人爭取二〇一二年雙普選，而現在卻落空了，並且落得這樣的結果，這是由曾蔭權一手做成的，他是否「跣」了香港人呢？當局是否對得起香港人呢？當局在程序上做得十分不公義，忽然作出了這些舉動。

譚耀宗議員：

……今年是民建聯成立十五周年。成立的時候，我們的其中一個目標是推動民主，而按照基本法的規定，普選是政制發展的最終目標。按照這項規定，最早的年份便是二〇〇七年及二〇〇八年。所以，我們當年曾提出希望可以在二〇〇七年及二〇〇八年達致〔至〕最終普選的目標。經過十多年的努力，由於社會在政制發展方面沒有共識，而二〇〇七年及二〇〇八年普選的時機亦尚未成熟，因而未能實現普選。不過，民建聯很希望政制可以繼續向前發展，因此，民建聯支持特區政府在二〇〇五年提出的政改方案。可惜當時未能在立法會內取得共識，未能得到立法會三分之二的議員的多數票支持，因而被迫原地踏步。

可是，民建聯並沒有氣餒。當政府在今年七月進行有關未來政制發展的諮詢時，我們仍努力收集意見，並進行了很多大大小小的內部討論；同時，亦根據基本法的要求，按照香港的實際情況和循序漸進的原則，提出了民建聯的政制發展方案。民建聯認為，未來的政制發展應該「先易後難」，這是甚麼意思呢？即是說行政長官可以先行在二〇一七年進行普選，而立法會的普選時間表則可以隨後。但是，必須妥善處理功能界別選舉，因為功能界別選舉已經存在二十多年，早在一九九七年以前已經存在。那麼如何能夠妥善處理功能界別的選舉呢？如何能夠在立法會內達致〔至〕共識呢？

有些議員把關於香港特別行政區政制發展諮詢情況和二〇一二年行政長官和立法會產生辦法是否需要修改的報告說得十分負面，而且批評得一無是處，我認為這與事實不符。報告是全面的，並且如實反映了市民對政改的意見。

何俊仁議員：

　　我只想說三點作為總結。人大常委會現在要否決在二〇一二年實行普選，真是呼之欲出，我很難相信這項決定會對二〇一七年普選有任何承諾，因為政府也不敢要求它啟動修改二〇一二年以外的選舉辦法。但是，我再次提醒他們，他們是失信於香港市民，失信於國際社會。整個「一國兩制」、中英聯合聲明的制定，從最開始承諾香港有民主是理所當然的，是中國總理對我們的學生所說、透過傳媒表達出來的，以至後來，在一九八五年同意用循序漸進的方式，我們已經開始有政制發展。回歸後的十年發展，到了今天，竟然連達到終極民主的一個時間表也不能夠制訂。這是違反了許多人對國家政府的信任，因為覺得它最少是一個會信守國際公約承諾的大國。當然對香港人來說，我們亦是極度失望的。

　　第二，以香港這個那麼進步的地方，人民素質這麼高的地方，也不能實現民主，國家將來的民主還有甚麼希望呢？作為一個香港人，我當然對自己的國家有許多期望，但國家將來的發展，也非單憑我在香港這邊陲之地，而能作出任何具體的貢獻。我只能在這地方，這個我長大和生活的地方，為這裏好好地建設民主，為自己國家民主的管治，希望能夠創造一些好的經驗。今天，似乎連這個機會也被埋沒，如果香港沒有了希望，國家的民主何來有希望呢？

　　第三，國家犯了最大的錯誤，便是可能會破壞台灣和平回歸的大業，因為如此的「一國兩制」埋沒民主，將會造成一個極壞的樣辦，將會令台灣人民更抗拒民主回歸。

劉江華議員：

　　今天，我看到反對派的議員繼續在拍檯、謾罵、攻擊，還在罵中央、罵特首、罵民建聯，這的確是很激情，甚至有歡呼，但換來的又是甚麼呢？便是無法在香港社會取得共識。我只是很希望議員之間能以平和的態度，互相尊重大家的意見，不要互相攻擊。可是，何俊仁議員和李卓人的一番話，卻令我覺得整體氣氛被污衊了。

　　主席，過往十年，反對派口口聲聲推動民主運動。在二〇〇五年的一役後，

很多支持民主的人，甚至一些溫和的民主派學者也親口對我說，對民主黨已經心死、絕望，這是他們親口說出的。為甚麼他們會這樣說呢？為甚麼我們過往十年的民主運動會在二〇〇五年停頓下來呢？大家必須深思。如果我們繼續依靠民主派或是所謂反對派的方式和態度，來領導香港人推動民主運動，我覺得成功機會非常渺茫。所以，我覺得責任可能會落在其他黨派身上，並以循序漸進、溫和、務實和理性的方式推動這運動。我們的主張是希望早日看到普選，但我們亦希望是穩步前進的。這是我們的主張，並不是甚麼壞事。

何鍾泰議員：

在回歸後的十年間，我們看到功能界別選舉由三類變為兩類，即由選舉委員會選出來的議員由十位減至六位，後來更取消了。這已邁出了一步。當談到立法會的功能界別，很多人也說是小圈子選舉。我為甚麼先說立法會選舉，然後才說行政長官選舉呢？因為對於功能界別的角色，能說中肯話的人不多。我是由功能界別選出來的，我看到有十三個專業是有代表，當然不是說有十三位立法會代表，因為有些是合併起來的，例如劉秀成議員便代表了四個界別。這十三個專業界別的代表都是由「一人一票」選出來的，換言之，也是普選的一種，而且也有不少登記選民，例如教師及會計師界別的登記選民頗多，而工程界也有一萬多名合資格的選民，他們的選民基礎可以隨時擴大至數萬人。我在二〇〇五年曾打算修訂《立法會選舉條例》，可惜後來沒有機會，因為政改失敗後，無法修訂政府的選舉條例。否則，如果可以增加我們的選民基礎至數萬名選民的話，這將是一個相當像樣的選舉方法。

功能界別的作用是甚麼呢？其實，這有很多方面，例如在草擬基本法的五年之中，有工商專業、中間派及民主派的參與，當時的討論是很好的。在那五年期間，我們舉行了無數次會議，就基本法的草擬提供了很多很好的意見，大家的氣氛很平和，也很落力參與討論，而且出席率非常高。其實，大家都很忙碌，不過，我覺得那是一個非常成功的過程。

至於立法會的工作，例如有關法案、事務委員會及政府建議等，很多討論均涉及不同界別的工作。如果是關於自己界別的討論，當然會較為深入，看法也會

較為清晰。當討論到其他範疇時，雖然不屬於自己的行業，但也可以從自己的角度或過去的經驗有不同的參與。以工程為例，當討論到工程項目時，我看到很多同事提出討論的問題是非常精湛的。正如我曾說過，立法會議員有一個特別值得別人欣賞之處，便是大家對於完全不明白、不清楚、不屬於自己界別的項目，也可以提出很好的問題，亦可以進行良好的討論。我覺得在立法的過程中，經常涉及不同功能界別的工作，如果有多方面的專業人士或工商界等的代表參與，草擬的深入程度會更佳，所以，我們不可以完全抹煞他們的功能或作用。

當然，功能界別不可能永遠存在，在討論基本法時，我也同意最終一定要由普選產生，而功能界別最終一定會消失。但是，當中必須有一個過程，不可能突然完全消失。這是否可行呢？當然，基本法寫得很清楚，一定要按照實際情況，循序漸進地進行。這些字眼是很小心地琢磨出來的，這四個字在基本法中經常出現，也是精簡而清晰的。我們不能不尊重基本法，因為基本法是我們的小憲法，是凌駕於本地法律的。

如果要按照基本法行事又如何呢？應該最少要多走一步，正如我所說，要擴闊功能界別的選民基礎，由每一個界別自己做起，越快越好，這樣便可以一次過取消功能界別。我不同意逐步取消或合併，如果要合併，合併哪一個呢？有人會贊成合併別人的而反對合併自己的，或贊成取消別人的而反對取消自己的，所以，會產生很多爭拗。最好是一次過取消，但在甚麼時候進行呢？應該盡早，但一定要在中間多走一步。我常認為必須先從選民基礎做起。

至於行政長官的選舉又如何呢？我在兩次的政制事務委員會會議上也提過，而我在三年前的政綱也寫得很清楚，行政長官是可以在二〇一二年經普選產生的。當然，當時並沒有討論過或提及過任何關於門檻和提名的問題，這些一定要經過討論。開始的時候，門檻當然一定要較高，其後可看看何時可以加快降低門檻，過程必定是如此。唸書也是要由淺入深，要由幼稚園一直唸至大學，要逐步來，不可以一開始便唸大學。我覺得這是對的，但一定要視乎實際情況是否可行。現在，我們這一屆的特首上任後，我看到他是按照其承諾行事，我一直觀察他如何處理其政綱及實現其政綱的承諾。他在七月發表了《綠皮書》以諮詢市民，經三個月的諮詢後，現已取得綜合意見，並把報告交給全國人大常務委員會，希望可以作出決定。我覺得提交報告的過程在時間上是相當快捷的，我不覺

得他想拖慢或不想履行他當時的承諾。我覺得如果可以清晰地寫明會在二〇一二年普選，我會覺得很開心，因為以現時來說是最快的時間，但如果寫明最遲不可以遲於二〇一七年，我也可以接受。為何我可以接受呢？今天早上我也說過，因為任何討論、傾談或研究，也會有底線。即使是購物，在討價還價後也會有底線，如果超過了底線，你當然不願意。對我來說，如果二〇一二年的實際情況真的不可行或大家覺得並非最好的時間，我認為二〇一七年便是我的底線，也是可以接受的，這是我個人的觀點。在座有些同事也許不同意，但我仍然堅持，我希望二〇一二年可以實行普選，但如果真的不可行，我認為最遲是在二〇一七年。這是我的個人看法。

由於人大常委會是在雙月舉行會議，所以這次會議是在本月底舉行，即本月的二十三日至二十九日。政府現已趕快提早把報告交給人大常委會，節省了兩個月的時間，如果再延遲少許，可能便要到明年才可提交了。因此，政府已在最短的時間內做了這幾步工夫，我認為不可以從這些角度來說政府欺騙市民或根本不依照其承諾辦事，這些話我說不出口，因為我覺得並非如此。這是我想說的數句話，也是我認為比較中肯的看法。多謝主席。

周梁淑怡議員：

何俊仁議員剛才說，共識是應該存在的 —— 我已經把他說的「應該存在」寫了下來。我明白了，他所指的是他的共識，只要同意他，共識便應該存在。不過，如果你說的是他並不同意的，那麼，共識便不存在。如果是這樣的情況，我們怎麼辦呢？

這教我想起另一件事，便是議會的過程是有交流、有商討、有妥協，但我回想起來，民主黨、泛民何曾妥協呢？正如劉江華議員剛才所說，民主派〔黨〕不同意二〇〇五年那個方案，非也，是泛民不同意。第一，當時提出來的方案，所有泛民也表示不同意，沒有商榷餘地，無法協商，怎能討論呢？由於那方案不符合他們的共識，所以便無法尋求共識，這是十分簡單的。所以，我覺得當大家說共識時，是否也要想想自己做過些甚麼呢？自己有否踏出一步，尋求共識呢？

我們自由黨是十分清晰的。我們已經說，我們覺得最好可以在二〇一二年

普選特首，但我們明知要達到這目標，並非如一些同事所說般，只要喊喊口號：「行了，2012 年雙普選吧」，便可以做到。大家目標不同，但當中還有過程、還有方法，關鍵在於大家接受與否。

我們不要說在多少方面要有共識。首先，香港七百萬人已經要先談妥，先與政府談妥，再與中央商討。這是一個十分繁複、艱巨的過程，但這是大家要做的事，不是喊兩句「2012 年雙普選，我們要有共識，這是我們認為正確的，請你們站過來」。我覺得這是壓力團體的做法，不是一個政黨或議會應有的做法。

壓力團體永遠是這樣，「我要求有這麼多，你是否給我？」如果對方說不好，別要求那麼多吧，可否減少一些？他們便會說不可以，一定要那麼多，然後再問對方會否給予他們。一旦對方說不可以給他們那麼多，雖然他們要求十，但只會獲得五時，他們也一定要求十。好了，即使答應會給他們七或八，他們也說要十。他們處於道德高地，身為代表，堅持要求十便可以有所交代，說自己是好人，一直也要求十，只是對方不答應，只願意給五或七或八。這些便是壓力團體的心態。

我希望其他同事，特別是泛民的同事能夠真正反省一下，他們長久以來的做法，是否真正有助我們的民主進程，抑或總之是呼喊便可以了？他們是否覺得總之把價喊高，讓市民站過他們那一邊便可以了？至於是否達到目標，則與他們無關？他們是否覺得自己處於道德高地，其他的都是壞人，是他們無法給予市民那個價錢？

律政司司長：

主席女士，我想大家也很清楚，我們推動行政長官和立法會普選，是要以基本法作為依歸的。大家也很熟悉基本法第四十五條和第六十八條，有關的基礎在《綠皮書》的第 2.18 至 2.28 段中已詳細列明，我不在此重複了。當然，其中還包含了附件一和附件二的修改。我們亦很清楚，人大常委會在二○○四年已就程序方面作出解釋，而這便是我們現在要跟從的法律程序。至於行政長官及立法會的產生辦法是否有需要修改，明顯地〔的〕決定權是在中央，是由人大常委會按照實際的情況和循序漸進的原則，確定是否有需要修改的。很明顯，在這過程中，

特首是不可以就是否有需要修改作決定。特首的責任是要把香港的實際情況向中央報告，以協助中央按照實際情況和循序漸進的原則作決定。在這責任之下，特區政府就《綠皮書》進行諮詢，廣泛瞭解有關的意見。

根據這程序，如果我們在人大常委會確定可否修改之前，便提出整套修改方案上呈，事實上，在程序上便是本末倒置。不過，更重要的是，在我們進行諮詢後，我們看到其實在例如立法會產生方法的修改方案、時間表和路線圖方面，確實存在很多意見，根本找不出一個主流，而有關的數據均已在報告內列明。即使是行政長官的產生辦法及普選建議方面，亦未看到整套方案有主流意見。不過，一些重要的議題當然已有意見的表述，而這些亦已在報告內列出。在這情況下，特首已作出了最大努力，不止向人大常委會反映諮詢結果，更作出了他個人的判斷和建議，而他作出的歸納和判斷──正如剛才梁家傑議員所說──已很清楚、鄭重及公開地在一份官方文件中表達出來。我想強調這一點，便是我們已在文件中清楚列明。我想特別提出其中數點。

特首在報告中指出，「市民對基本法達至普選的目標，是殷切期待的。」我想這是大家也同意的，因為大家都殷切期待，根據基本法的基礎尋求這目標，這是清晰列明的。第二，報告的第 15 段──剛才多位議員也有提到的是──關於二〇一二年和二〇一七年普選行政長官的問題，特首在第 15 段提出，「在 2012 年先行落實普選行政長官，是民意調查中反映過半數市民的期望，應受到重視和予以考慮。與此同時，在不遲於 2017 年先行落實普選行政長官，將有較大機會在香港社會獲得大多數人接納」。有關這項判斷的基礎，政務司司長較早前已提出過，而報告內亦有提及，我也不在此重複了。

不過，我覺得有兩點值得一提。第一，事實上，根據憲法上的要求，有關兩個產生辦法是否有需要修改及可否修改，其實是有一項要求的，便是要有非常高的社會共識。所以，要求立法會要有三分之二的大多數支持，而不是簡單多數的支持，反映背後的理念是要有一個非常高的社會共識的。

第二，在諮詢過程中看到了一個事實，雖然大家都很期望能夠盡早達致〔至〕雙普選這個目標，但市民的態度亦非常務實。不是所有期望在二〇一二年普選特首的市民皆反對二〇一七年普選特首；相反，有民調顯示，60% 支持在二〇一二年普選特首的市民表示接受在二〇一七年普選特首，而這亦是我們可以看到的諮

詢結果。這些背後全部皆有清楚的事實基礎，而報告亦審視了立法會、區議會及民調等反映民意的媒界，然後才作出結論。這是關於特首這份報告，我想強調的第二點。

第三，特首在這報告中亦十分強調，市民認為應該早日訂出落實普選的方案，特別是時間表，這有助減少社會內耗。這在報告的第 13（1）段也有提到，亦是特首在這份報告白紙黑字提出的。

第四，雖然在立法會的選舉模式及如何處理功能界別議席的問題上，仍是意見紛紜，但這是事實，也是諮詢所得的結論。儘管現在的情況是這樣，但特首在報告中指出，訂定行政長官和立法會的普選時間表，有助推動這些問題的最終解決，這亦是特首在報告中很清晰地說明的看法。

這份報告不是純粹把有關的意見和諮詢結果歸納起來便算。在報告中，我們不止是一個民調機構，把所有數據呈交人大常委會作決定，特首在基於諮詢結果作出總結後，還加入了自己的判斷。我想如果他是不負責任的話，他可能乾脆不做這部分。我覺得特首並不是單純地把所有數據交由中央發落，還負責任地提出了他的看法。

至於剛才有議員質問，特首對憲制的規定其實是否有欠清楚，甚或當中是否存在欺騙成分。關於這方面，我想在此解釋一下。首先，我想強調政制改革是整個特區政府的事，而不獨是特首個人的事，我相信特首和我們均非常清楚憲制規定的內容，可是，我們亦非常清楚，達致〔至〕普選的路途是非常艱難的，其間要經歷很多事情。我相信在歷史上，包括二○○五年的經驗均讓我們看到，的確是有很多問題要克服的。

在程序方面，剛才我也說過，要啟動兩個選舉辦法的修改，法律上是有既定規定的，在此我不再重複。不過，我想強調的是，在有關的規定下，特首的立場是甚麼呢？他在報告中表明，二○一二年的兩個產生辦法是有需要、有需要修改的，並要求人大常委會確定他的看法，即是有需要修改。特首提出這訴求或見解 —— 即是有需要進行修改 —— 的基礎是在哪裏呢？便是基於諮詢結果和剛才我提到他自己作出的判斷，而這個基礎亦包括了我剛才提及的四點：第一，是市民殷切要求，希望盡快落實普選；第二，是他對二○一二年和二○一七年普選特首所作出的評估；第三，是提出期望早日落實普選的方案，特別是普選時間表；

及第四，是訂定時間表有助推動這些問題的最終解決。這些便是他認為有需要進行修改的基礎。

人大常委會在收到這份報告後，便要確定是否同意二〇一二年兩個選舉產生辦法是否有需要修改。它必須以實際情況和循序漸進的原則作為依歸。所以，我深信人大常委會必定會詳細考慮特首提出可以修改的基礎，即是我剛才所強調的數點，包括特首對於時間表，即二〇一二年或二〇一七年普選特首的評估等方面的判斷，均在考慮範圍之內。

當然，我再三強調，我們不會臆測人大常委會最後決定的內容。對於它如何就循序漸進和實際情況作出一個怎樣的判斷，我們是不會進行臆測的。不過，在時間表方面，包括我剛才所說的二〇一二年或二〇一七普選特首等問題均已在文字上表達得很清楚的基礎上，我相信這是人大常委會作決定時必會考慮的因素，亦是它確定二〇一二年兩個選舉的產生辦法是否有需要修改的根基。在憲制程序上，包括就普選時間表來說，我相信特首已在其能力範圍內，作出了最明確和最有民意基礎的爭取，而所有有關的數據均已在報告中臚列。

主席女士，要推動兩個選舉的產生辦法的修改，我們必須按照憲法上的規定，並尊重民意；但亦要謹慎地審視政治上的現實，研究如何將分歧縮窄，以達致〔至〕憲制上的要求，獲得超過三分之二的社會共識，這是推動普選的必經進程。就這個方向來說，正如我剛才也強調過，在立法會普選方面，事實上，從諮詢結果可以看到是意見紛紜的，未能在此時達致〔至〕共識。所以，特首便提出先行訂定普選時間表，將有助推動這些問題的最終解決。我相信這看法和建議是合情合理的，也是很多市民大眾所同意的，而我亦相信人大常委會是會重視的。

政制及內地事務局局長：

我們向全國人民代表大會常務委員會提交的報告，總結了好幾所大學和智庫機構所進行的民意調查，包括香港大學、香港中文大學、嶺南大學和其他智庫，以及一些媒體所進行的民意調查。我們特別選擇這數個，因為它們涵蓋的範圍與《綠皮書》向市民提出的要點比較脗合，更能夠為這些有需要理解的議題提供一些指標。但是，我們在報告內所作出的每一點結論，皆是建基於好幾個民意調

查的。例如我們在報告內有一結論，便是如果在二○一二年未能落實普選行政長官，在二○一七年實行亦有超過六成市民是會接受的，這是中大的民意調查在九月下旬所得出的結果。

楊森議員質疑我們做這報告時不知是否有「選擇性的表述」？是絕對沒有這情況的。所有這些民意調查機構和大學所進行的民意調查，我們在附件二內全數加以載錄。我們並知道當中可能有些發展、調校是每個民意調查和大學機構自己也未必認為是完全完善的。例如我注意到港大在七月底進行的民意調查顯示，二○一二年直接成立提名委員會達致〔至〕普選，只獲得 37% 受訪者支持；先經過一個過渡期，在二○一七年才達致〔至〕普選，只得到 32% 受訪者支持；而先經過一個過渡期，在二○一七年以後達致〔至〕普選，則有 20% 受訪者支持。在普選立法會方面，這問卷的結果是，在二○一二年達致〔至〕普選，有 42% 受訪者支持；分階段在二○一六年達致〔至〕普選，有 31% 受訪者支持；分階段在二○一六年以後達致〔至〕普選，有 19% 受訪者支持。如果計算一下這兩條問題的結果，在二○一二年達致〔至〕兩個普選的支持率，其實是少於在二○一七年及以後和二○一六年及以後的。我相信反對派的二十多位議員可能也曾商量過，而鍾庭耀博士也檢討過問卷，因此往後的問卷提問方法也作出了改變。不過，我們也很均真，在看完超過十份民意調查報告後，我們在報告中全數加以載列，並提出結論，便是支持在二○一二年達致〔至〕雙普選獲過半數的市民支持。我們絕對不會斷章取義，所以楊森議員不要說我們有「選擇性的表述」。

接着，有不少議員問，既然有過半數市民支持在二○一二年達致〔至〕雙普選，為甚麼我們會得出一個結論，便是「在不遲於 2017 年先行落實普選行政長官，將有較大機會在香港社會獲得大多數人接納」？我在事務委員會中已就此解釋過，但我在這裏也有需要記錄在案。這是有四個層面的事實：第一，在立法會內有半數立法會議員支持在不遲於二○一七年或在二○一七年及以後達致〔至〕落實普選行政長官；第二，有超過三分之二的區議會通過議案，支持在不遲於二○一七年或在二○一七年落實普選行政長官；第三，民意調查 —— 我剛才已經指出 —— 顯示，有約六成受訪市民表示，如果在二○一二年不能落實普選行政長官，他們會接受在二○一七年實行；第四，有十五萬市民簽名支持在不遲於二○一七年及在二○一七年或以後落實普選行政長官，其中有十三萬市民簽名支持

「先易後難，特首先行」。所以，我們所作出的結論是完全有根有據有基礎的。

今天的辯論各黨派之間有一些「交鋒」，在這多元化社會、在這自由的議會，當作等閒事，也是自然會發生的。不過，我覺得有一項功課——周梁淑怡議員、劉江華議員均曾特別提出，便是大家要學習的是，不同黨派會有不同的政治、政策立場，並不是某個黨派、某個陣營的立場便等於全部的真理。如果要達致〔至〕普選，要爭取有三分之二議員支持某個方向，大家真的要調校自己的立場才行，也須掌握時機。二〇〇五年十二月是個時機，反對派已經錯過了，今天也是時機，我不希望大家會再次錯過。

楊森議員和其他反對派議員質疑自由黨究竟採取甚麼立場，田北俊議員和周梁淑怡議員已解釋為何他們認為如果要在二〇一二年達致〔至〕普選行政長官，是要有高門檻的，在我們的報告中已歸納自由黨的立場⋯⋯

⋯⋯

主席女士，我很歡迎楊森議員稍後再次闡述他的立場。但是，事實上，不論楊森議員或民主黨其他議員在過去一星期，在有關的事務委員會確實曾質疑我們究竟如何點算自由黨的立場。我正想解釋這一點，僅此而已，我完全無意曲解楊森議員的任何發言，我很尊重他的意見。

在報告內，我們點算自由黨和其他黨派所提出的立場時，均倚賴他們在公開場合提出的立場和向政府提交的意見書內的書面陳述。自由黨在今年八月向行政長官表達他們對二〇〇七－二〇〇八年度施政報告的意見時，表示支持循序漸進、以先易後難的原則，穩步發展本港政制，並且在條件成熟下，可在不遲於二〇一七年普選行政長官，所以我們是根據它這立場作出歸類的。

接着，我想談今天有不少議員提出的兩項比較重要的議題。第一，為甚麼今次的報告沒有提及普選的模式？第二，如果在二〇一二年不能落實普選行政長官，究竟在二〇一七年能否落實？其實，律政司司長剛才發言時已解釋過這兩項問題，但因為問題比較重要，所以我不厭其煩地再一次解釋。我們在處理這兩項問題時，可以循「五步曲」和「三個結論」來闡述。如果我們要推動二〇一二年兩個選舉產生辦法可以進行修改，第一步要由特首向人大常委會提交報告；第二步是由人大常委會就報告中的提請作出決定；如果人大常委會確認是可以作出修訂的話，第三步，是由特區政府向立法會提案，並爭取立法會三分之二大多數議

員通過；如果獲通過的話，第四步便由行政長官決定是否同意所通過的方案；然後，第五步是重回人大常委會，對有關修訂作出批准或備案。所以，余若薇議員和其他議員質疑行政長官沒有承擔、沒有兌現其競選時的承諾，這是不公平的，因為我們這首半年要先進行這步驟，我們才剛剛起步，還有四個步驟未進行。我們希望人大常委會在今次會議審議報告後能有所決定，然後便可走到第二步，所以我們在餘下的四年半會爭取時間及努力工作，以走畢餘下的三步。

　　至於「三個結論」是甚麼呢？律政司司長已經複述了：第一是在二〇一二年先行落實普選行政長官的期望，應受到重視及予以考慮；第二是在不遲於二〇一七年先行落實普選行政長官，將有較大機會在香港社會獲得大多數人接納；第三個重要的結論是，訂定行政長官和立法會普選的時間表，有助推動問題最終獲得解決。建基於這三個結論，行政長官在報告的第 17 段指出：「基於上述結論，我認為，為實現基本法的普選目標，（重複）為實現基本法的普選目標，二〇一二年行政長官和立法會的產生辦法有需要進行修改」。所以，顯而易見，行政長官向人大常委會提交這報告，一方面是期望人大常委會可以批准我們把二〇一二年兩個選舉產生辦法進行修改，另一方面，我們亦期望人大常委會對香港達致〔至〕普選可以指明方向。當然，人大常委會在審議這報告時下甚麼決定，不由我們揣測，但我們的期望是清楚的。所以，回應陳方安生議員問我們是否在拖拖拉拉？絕對不是。如果我們要拖的話，便不會早在七月中已經發表《綠皮書》，在十二月中已經把報告交予中央，我們亦沒有需要就普選時間表這些關鍵議題作出結論。其實，對行政長官來說，要作出這些結論，也是個挑戰，是不輕易的，是要總結過去四年我們掌握普選議題，掌握如何可按照基本法的規定達致〔至〕普選這些考慮而作出的。以前任何一屆的香港政府皆沒有像現在般站得這麼前，從來沒有一任香港特區政府就普選時間表作出這樣明確的結論，我相信陳方安生女士根據她的經驗對此是很清楚的。

　　在總結前，我想談論數項特別議題，是有關今天大家曾提問的議題。余若薇議員問我們，如果人大常委會批准二〇一二年的選舉產生辦法可以進行修訂，是否會重提二〇〇五年，即當年曾提出的方案。我們在人大常委會作出決定前，是不可以向大家說得太仔細。但是，我一定可以說的是，不論是二〇一二年也好，或二〇一七年也好，或是哪一個年份達致〔至〕普選也好，我們在二〇一二年的

行政長官及立法會選舉產生辦法是一定有進一步民主化的空間的，因為我們現時這兩個產生辦法皆未達致〔至〕普選的最終目標，是一定要往前推動的。所以，行政長官才會在現時向人大常委會提出這個報告。

第二項我想回應的問題是，有議員問究竟政府有沒有關注普選立法會時間表這問題？當然是有的。如果沒有，我們為何會說特首先行，立法會普選隨後呢？如果沒有，我們為何會說，對行政長官和立法會普選的時間表作出訂定，是有助於解決餘下的問題？我們關心行政長官普選的時間表，我們亦關心達致〔至〕立法會普選的歷程。

有人問，為甚麼我們現在未能就例如普選立法會達成共識？我們是否正如余若薇議員所說，是「餐單」的問題，選擇太多，問題太複雜？我相信不是。如果大家這樣看問題，是把問題簡單化、表面化了。大家應該用心聽清楚坐在你們旁邊的不同黨派究竟在說甚麼。這裏的黨派和議員皆是經選舉產生：有些是經直選產生，有些則經功能界別選舉產生，他們皆代表一些地區或一些界別。為甚麼我們現在於立法會普選模式的問題上「大纜都未扯得埋」呢？因為事實是，有二十多位議員贊成在二○一二年一次過取消三十個功能界別議席。自由黨有十票，他們則贊成最早在二○一六年開始，分三個階段，每個階段取消十席。他們認為這是一個務實、進取、分階段達致〔至〕普選的方向。但是，直至目前為止，支持這個分階段達致〔至〕立法會普選的意見的，主要只有自由黨而已。所以，既然大家的鴻溝依然，何來共識呢？要認清問題、正視問題，才會有機會有一天可以解決問題。「餐單」的說法只不過是把問題擱在一邊而已。

今天有很多議員發表過意見。湯家驊議員也說出不少意見，很多人沒有留意，但我很留意，因為湯家驊議員今天在「揣測未來」，英文稱為「scenario painting」。他在估計如果有一天這議會內所有反對派議員皆沒有了，那會變成一個怎麼樣的議會。他舉了一些例子，我覺得是比較偏頗。例如他說，沒有他們的黨派和他們的友好，便沒有人會再提最低工資問題。這我並不贊成，難道「嫻姐」和王國興不是議員嗎？難道他們不會繼續支持爭取最低工資嗎？我怎樣也看不到會這樣。

話說回來，我亦看不到有一天立法會內會沒有了反對黨派。香港的選舉制度會繼續前進，亦會是公平、公開、公正的，大家可以自由地爭取。

　　總結數句，大家今天表達了很多意見，其實，有很多豪情壯語主要是來自反對派議員的，但我認為這些說法並沒有基礎，說甚麼「摧毀民主」、「無限拖延」、「蒙騙」等，是言重了、過慮了、太多猜忌了。李永達議員現時不在席，但他說他自二十多歲起已開始爭取民主，這我很尊重。事實上，我很喜歡與他交談。對大家的疑慮、憂慮，我給你們一個很簡單的答案，我可以告訴李永達議員，我和他及在座各位議員在有生之年會看到普選落實。我這樣說，是因為在過去半年，我們走得很快，在過去半年，我們走得很穩健，在未來歲月，我們亦會走得到位。走得快，是因為在半年之內我們已經處理了《綠皮書》的諮詢和向中央提交了報告，亦對普選時間表作出了重要的結論。走得穩健，是因為所有黨派的意見、不同界別的意見我們皆全數⋯⋯

　　　　⋯⋯

　　⋯⋯我們走得很穩健，因為所有黨派、團體及個人意見我們皆全數予以反映，亦建基於香港的三個實際情況向中央提交了這些報告。走得到位，是因為我們有決心在香港落實普選。

　　張文光議員問：會不會原地踏步？政府絕對不希望原地踏步。在二○○五年因為反對派的表決令香港好幾年原地踏步，我們不希望這狀態會持續。正因為如此，我們在過去數年努力推動香港社會討論普選的模式、路線圖和時間表。

　　有朝一日，楊森議員，你和你的同事便會面對一個情況：特區政府會提案，有普選時間表、路線圖和模式。到了那一天，你們便要自問：支持？抑或不支持？千萬不要到那一天才說，不夠十全十美，不夠完美，所以不大知道支持抑或不支持。其實，你們內心的矛盾張超雄議員剛才已說出來了。

　　搞政治，便要願意求同存異；推民主，便要逐步建立共識。大家共勉。

2008年1月9日
議案辯論：《政制發展綠皮書》公眾諮詢報告

陳偉業議員：

主席，我動議通過印載在議程內的議案。今天提出這項議案辯論，是因應政府早前公布的《政制發展綠皮書》報告。報告的內容嚴重扭曲香港市民的意願，嚴重剝奪香港市民的基本人權，所以我必須提出議案來加以譴責。我並必須重申，香港市民的天賦人權是不容剝奪的，繼續剝奪香港市民的民主自由權利，是二十一世紀任何政府的恥辱，也是香港市民所不能接受的苛政。

主席，回顧歷史的發展，環顧世界，各地的民主潮流浩浩蕩蕩，很多極權和專制政府都已被推翻，但香港的制度仍是一個獨裁、極權的政治制度。特首是由一個八百人的小圈子推選，七百萬的香港市民被剝奪基本的選舉權利。環顧世界各地，沒有一個地方有這般嚴苛、這般獨裁、這般專制、這般小圈子的制度。當然，這是基本法的框框綁死香港市民，令他們不能創造、選擇自己的政治領袖。

我們讀書時，看到在六七十年代的非殖化過程，很多前殖民地均先後可以成立和推選自己的民選政府。有關的名單，真的是數一整天也數不完。主席，由四五十年代開始，到八十年代，很多地區已成立了民主的制度。一些只有數十萬人口的很小地區，以至一些人口數以千萬的地區，均先後達到普遍民主的原則。所以，香港今天還未達到這目標，可以說是極為諷刺、令人極感難堪的政治現象。

法國革命距今已經二百多年，辛亥革命也已經是近一百年前的事，我們偉大祖國在一九四九年的人民革命，也距今半個世紀以上。即使在我們偉大的祖國，現時一些鄉鎮的選舉，十年前已經開始直接選舉了，主席，但香港的特首仍然是小圈子選舉。因此，我們看到這制度是完全不符合世界潮流的。現時仍然存在這般獨裁的制度，基本上是太多既得利益集團，包括一些高官在內，為鞏固自

己的利益、權勢,而拒絕還香港市民一個公道,繼續剝奪香港市民的基本自由和人權。

主席,回顧歷史,我認為《綠皮書》的報告是「三違反」的。第一,它違反鄧小平的治港原則;第二,它違反中央在八十年代公布的民主治港理念;第三,它違反香港市民的意願。讓我們回顧鄧小平在八十年代的說話,主席。在一九八四年六月二十二日,他說:「香港人要有志氣、有信心把香港管理好。在中國恢復行使主權後,對香港經濟制度不變,生活方式不變,實行『一國兩制』的制度。」同年六月二十四日,鄧小平說:「我相信香港人有能力管好香港,中國人不是低能的。」剝奪市民的權利,便是認為香港七百萬市民是低能的,繼續剝奪這權利,便是違反鄧小平的判斷。鄧小平在十一月六日繼續說:「廣大香港同胞的聰明才智和辛勤努力發揮重要的作用,他們熟悉本地環境和資本主義管治方式。他們完全有能力把香港管好,中央不派人去管理,有利於充分發揮香港同胞當家作主的精神。」現時「西環」的存在,便是違反鄧小平這個指示。

主席,我們再看不少的評論 —— 鄧小平當時說了很多話,大家日後可去查考 —— 其中最重要的部分是有關中央對香港民主治港的原則。趙紫陽總理在一九八四年五月二十二日給香港大學學生會的覆函中寫着:「保障人民的民主權利,是我國政治生活的基本原則。將來香港特別行政區實行民主化的政治制度,即你們所說的民主治港,是理所當然的。」現時的《綠皮書》報告,也是違反趙紫陽當年這個民主治港的理念。整份《綠皮書》充分反映作者的做事模式是指鹿為馬,基本上是貫徹着這種態度,以達到繼續鞏固自己的政治特權,來繼續剝削香港市民的基本人權。

主席,對於今天這項議案,我不期望在這議事堂能夠得到政府的合理對待,因為《綠皮書》所產生的結論,根本是非理性和不合理的,是特權階級的產品。這個議事堂上很多議員,尤其保皇黨的議員,只會為鞏固自己的權勢和自己的特殊權利,而繼續否定早日推行普選。我只可以指出,這個「三違反」的報告和「三違反」的決定,只會在歷史上讓後人唾棄和責罵。歷史永遠是公道的,誰利用特權來剝奪市民的權利,必定會被歷史遺棄。

陳偉業議員動議的議案如下：

「本會對於政府當局於 2007 年 12 月 12 日發表的《政制發展綠皮書》公眾諮詢報告，扭曲市民要求盡快落實行政長官及立法會雙普選的意願，未有就雙普選訂定具體和明確的時間表及路線圖，以致未能早日落實行政長官及立法會的全面普選作出強烈譴責；此外，本會認為應不遲於 2012 年落實行政長官及立法會雙普選。」

（主席宣布就議案及五項修正案進行合併辯論）

楊森議員：

主席女士，香港其實是一個很成熟的公民社會，我們有足夠條件在二○一二年實行雙普選：我們有一個獨立的法治體系，我們有新聞自由，我們有高教育水平，以及較穩定的經濟發展。所以，無論在政治、經濟、文化、法律等方面，香港其實也有足夠條件實行雙普選，特別是在二○一二年。不過，很可惜，中央並沒有重視我們這方面的社會條件及社會發展的需要。這令我們深表遺憾。

此外，我想問，對於普選，中央其實怕甚麼呢？難道中央真的相信，如此務實的香港市民，會選出一個不能夠與中央處於同一平台 —— 我引用喬曉陽的說法 ——「互相溝通的行政長官」嗎？大家認為這件事真的會發生嗎？中央有這麼多情報，難道不能夠早日找出香港人根本是有很務實的一面嗎？香港人有理想的一面，但也有務實的一面。所以，對於普選，究竟中央怕甚麼呢？民建聯在區議會取得佳績，更會令中央充滿信心了。中央究竟怕甚麼呢？對於實行普選一拖再拖，令人覺得中央和特區政府對普選實際上絕無承擔，只用拖字訣拖延市民。不過，我相信市民對雙普選的執着和鬥志是不會消失的。其實，主席女士，二○一二年實行雙普選，事實上已經是拖延得太久了，實際上是過分漸進、過度漸進，令市民因而感到失望。

我想提的第三點是，我們的政府和中央政府不斷拖延普選，只會進一步打擊政府的施政效率。大家想想看，所謂的商品及服務稅的徵收、所謂的西九計劃捲土重來、所謂的二○○五年政制方案被否決，在在顯示了特首沒有充分民意代

表，特首在立法會沒有一個多議席的政黨支持他。其實，任何人，無論是資深的公務員，抑或資深的商家，也沒有能力推動有效的管治。香港一個如此成熟的公民社會，是很應該有一個有效率、有民望、得到多議席政黨支持的政府，但中央似乎看不到這一點。我不知道中聯辦收到那麼多情報，究竟寫了甚麼報告上呈中央？

否決了二〇一二年雙普選，中央似乎多次暗示，這是因為民主派否決了政府當時的二〇〇五年政改方案。我在此公開再正式強調，香港市民請認真看一看，政府當時提出的所謂二〇〇五年政改方案，究竟是否一個普選方案？究竟是否有普選時間表？是完全不是、完全沒有的。所以，對於民主派當時反對二〇〇五年的方案，我至今仍然無悔。如果不是市民和民主派多年爭取，現在中央拋出來的二〇一七年普選行政長官和二〇二〇年普選立法會的時間表根本也不會出現，如果不是當時……大家看一看，在席的保皇黨當時在爭取普選時間表上盡了甚麼力呢？大家留意一下，在二〇〇八年的立法會選舉時，大家記它一帳。

主席女士，有了普選時間表，對解決很多問題是有很大幫助的。維持了二十多年的爭拗，到普選來臨時，我相信船到橋頭自然直。所以，有了普選時間表，的確是很重要的。

此外，有了普選時間表，各政黨和各利益團體屆時也會就位，無論是否喜歡，十年後如果真的有普選，我相信整個政治生態也會有變化，例如政黨的角色會更正統化、政治籌款活動會更趨向多元化、政治人才會多方面湧現，因為有機會讓他們實現政治理想。所以，我覺得這些情況也會被普選時間表催生出來。

然而，主席女士，我想在此代表民主黨公開呼籲香港市民，這個星期天一定要在下午三時見面，不見不散，因為雖然有了二〇一七年普選行政長官的時間表，有了二〇二〇年普選立法會的時間表，我仍想在此衷心問一問，這是真正的選舉嗎？是真正的普選嗎？我覺得未必，真的是未必。所以，大家不要以為有了普選時間表便一切也得到解決，因為事實上，從很多蛛絲馬跡和按我所得到的印象，我擔心二〇一七年和二〇二〇年實行的也並非真正的普選。所以，我在此公開呼籲香港市民，呼籲支持普選的朋友，為了我們的下一代，這個星期天一定要站出來，以爭取一個真正、民主的普選。

二〇一七年普選行政長官，大家認為是真正的普選嗎？首先，我相信當時

一定有一次預先的篩選，亦會有高門檻。在一個星期天，我和吳靄儀及譚惠珠女士出席「城市論壇」，譚女士坐在我身旁，她說基本法中所謂的民主程序，是一個團體的提名，不是個人的提名。這便很清楚了。各位市民，團體提名者，即是由不論有八百人、一千二百人或一千六百人的選舉委員會先投票一次，篩選出二至四人。唐司長說過候選人最好是二至四人，喬曉陽在禮賓府也說過最好是二至四人。如何產生這二至四人呢？便是一定要預先篩選。第二，成為候選人也不是那麼容易的，因為會有很高的門檻。今次民主派的梁家傑參與特首選舉，慶幸能從八百人中取得一百三十多票，但有很多人大代表提出，在四個界別中，包括專業、社會服務、宗教界和工商金融界，每個界別也要取得 25%，那麼便不用想了。我敢寫包單，沒有一個民主派的候選人可以在工商界取得 25%。別說 25%，可能連一票也取不到。在候選人之中，肯定可以說沒有一人會是民主派的候選人。意思是甚麼呢？高門檻和預先篩選其實只是為了達到一個目標 —— 我希望將來的歷史不是這樣，但可能性很大 —— 便是要排除不同政見的人士，因為要選一個「阿爺」信得過，而且是充分信任 —— 我特別加重語氣，是充分信任 —— 的候選人，才會容許有普選。我想問香港市民，這是你們心目中的真正普選嗎？肯定不是。

第二個問題，二○二○年普選立法會。我要再問，這是真正的普選嗎？我相信不是，因為那天在禮賓府，我們港澳辦的副主任張曉明好像在大學講課一樣，談了很久政治學，他解釋說普選不等於取消功能團體。這簡直是天大的笑話，荒天下之大謬，完全違反了國際認可的標準。香港是一個很成熟的公民社會，請張先生再修讀一下政治學，然後才跟香港市民說話。所以，如果透過普選的包裝保留具政治特權的功能團體，這不是我們市民心目中的普選。

楊森議員動議的修正案如下：

「在『對於政府』之前刪除『本會』，並以『鑒於《基本法》第四十五條及第六十八條列明香港特別行政區行政長官及立法會最終會由普選產生，現時並有超過半數市民支持 2012 年實施行政長官及立法會雙普選，本會對全國人大常務委員會在 2007 年 12 月 29 日作出決定，否決 2012 年雙普選表示遺憾；並』代替。」

（編者注：此修正案在原始會議過程正式記錄中位於本議案所有議員及獲委任官員發言之後、陳偉業的答辯發言之前，並被單獨付諸表決。考慮到讀者方便及全書體例統一，特移到此處。）

（編者注：修正後的議案內容如下：

「鑒於《基本法》第四十五條及第六十八條列明香港特別行政區行政長官及立法會最終會由普選產生，現時並有超過半數市民支持 2012 年實施行政長官及立法會雙普選，本會對全國人大常務委員會在 2007 年 12 月 29 日作出決定，否決 2012 年雙普選表示遺憾；並對於政府當局於 2007 年 12 月 12 日發表的《政制發展綠皮書》公眾諮詢報告，扭曲市民要求盡快落實行政長官及立法會雙普選的意願，未有就雙普選訂定具體和明確的時間表及路線圖，以致未能早日落實行政長官及立法會的全面普選作出強烈譴責；此外，本會認為應不遲於 2012 年落實行政長官及立法會雙普選。」）

李卓人議員：

……我們要求特首再向人大呈交一份報告，要求人大撤回決定。這完全是機制內所容許的，而特首本身應該有膽量這樣做。

為甚麼要這樣做呢？主席，原因其實很簡單。我覺得我們一定要想一件事，便是怎樣做才是為香港好？如果是為香港好的……我們說我們自己是愛國、愛港、愛民，我們要據理力爭。怎樣做才是為香港最好的？便是實行雙普選。我們應該在二○○七年和二○○八年便已實行雙普選，我們現在堅持要在二○一二年實行雙普選，這是為香港最好的事。如果大家同意這一點，我想大家便應該繼續爭取，堅持下去。

為甚麼二○一二年實行雙普選是最適當的呢？第一，很明顯，這是一直以來也有六成民意支持的基礎，便是實行雙普選。除了有民意支持外，同樣關鍵的問題是，如果政制一步一步慢慢走，對香港是否最有利呢？大家看看，自回歸後，香港不時出現管治危機，主要便是源於政治制度不能跟上社會和經濟情況的轉變，政治體制仍舊向資本家和精英階層傾斜，普羅市民無法有效地影響政府施

政，結果令政府的認受性低落，公信力受損。只有實現全面普選，才能徹底解決特區的管治問題，這是為香港好的方向。拖延普選，只會延續特區的管治問題，令社會繼續內耗。香港目前的政制，令政府、議會、公務員、政黨以至全體市民也淪為輸家，沒有贏家，拖延普選十年，便是要令市民多輸十年。

另一個更實際的問題是，如果沒有民主，根本便沒有民生。大家且看看最近，各種物價也很高昂，甚麼也加價──公共交通準備加價、西隧加價、兩電亦準備加價。很明顯，由於香港沒有民主，所以整個政制、整個決策過程也是傾斜於資本家、傾斜於財團。如果是這樣，香港市民便真的「無啖好食」，這是民生問題。例如我們喊破喉嚨要求增加「生果金」，政府也不願意。很明顯，如果沒有普選，是很難要求政府立即增加「生果金」的。很多民生問題，也是因為沒有普選而被拖延。最低工資亦因為沒有普選，所以被功能界別的議員一直阻止，「阻住地球轉」，阻止就最低工資立法，令我們不能改善這方面的民生。所以，如果沒有民主便沒有民生。如果我們要真的改善民生，便一定要有雙普選。

主席，有些人經常說，特首或局長稍後一定會說，香港沒有共識，沒有三分之二立法會議員支持也不能辦，一定要有三分之二立法會議員支持才可。其實，大家會發現事情是很容易辦的。很明顯，當人大一錘定音，說要等待至二〇一七年和二〇二〇年才有雙普選，那些政黨便立即就位說 OK，緊跟中央精神，立即舉腳贊成。所以，老實說，市民也知道，如果人大說二〇一二年有雙普選，他們便一樣會贊成。他們根本志不在香港，最要緊的是在內地「有得撈」，最要緊「撈」得到中央領導人的青睞。如果中央領導人說二〇一二年有雙普選，他們便立即說 OK；如果中央說二〇〇八年，他們也會說 OK。所以，根本是很容易辦的，問題在於中央是否首肯。但是，特首應該協助，令中央首肯。

第二，主席，我們對於今次整個過程感到不滿的地方，便是人大常委會整體是黑箱作業，這是違反了胡錦濤在十七大的發言。他當時說得很動聽：「讓權力在陽光下運行」。真的是「陰功」，今次權力哪裏是在陽光下運行呢？今次的權力完全是在黑箱中運行。我們香港人事前完全不知道決定是如何，只是依靠消息人士、依靠看報章，大家估計一下，事前是完全不知道，完全沒有諮詢，這樣怎可以稱為「權力在陽光下運行」呢？我想，我希望胡錦濤⋯⋯我請報章報道這件事，讓他可以看到，因為喬老爺說他每天也看香港報章，來跟我們溝通。這次是

否在陽光下運行呢？完全是黑箱作業。

我們覺得這是令人非常失望的方法，因為香港市民無從參與，然後人大常委會的決定又突然提出一點，便是二〇一二年立法會的功能和直選議席比例不變，這又是事前全無諮詢，突然浮現出來的。主席，我覺得現時香港最悲哀的是我們一直說要據理力爭，但卻發現很多人也說人大已作決定，不能反對，請大家務實一點，不要反對，激進的表態只會適得其反。這是曾蔭權說的。我想問他，如果我們猶如「鵪鶉」般，是否便可以得到民主嗎？麻煩他教我怎樣裝作「鵪鶉」般。我覺得，現時香港有一種氣氛……主席，你明白甚麼是「鵪鶉」嗎？不明白？不過，大多數人是明白的。……

李卓人議員動議的修正案如下：

「在『政府當局』之前刪除『本會對於』；在『路線圖，』之後刪除『以致未能早日落實行政長官及立法會的全面普選』，並以『令全國人民代表大會常務委員會因未能充分掌握香港的實際情況而否決在 2012 年實行雙普選；本會對於特區政府處理香港政制發展的手法』代替；及在『強烈譴責』之後刪除『；此外，本會認為應不遲』，並以『，並促請行政長官提請國務院向人大常委會提案撤回上述決定，以及確定香港可』代替。」

（編者注：此修正案在原始會議過程正式記錄中位於本議案所有議員及獲委任官員發言之後、陳偉業的答辯發言之前，並被單獨付諸表決。考慮到讀者方便及全書體例統一，特移到此處。）

（編者注：修正後的議案內容如下：

「政府當局於 2007 年 12 月 12 日發表的《政制發展綠皮書》公眾諮詢報告，扭曲市民要求盡快落實行政長官及立法會雙普選的意願，未有就雙普選訂定具體和明確的時間表及路線圖，令全國人民代表大會常務委員會因未能充分掌握香港的實際情況而否決在 2012 年實行雙普選；本會對於特區政府處理香港政制發展的手法作出強烈譴責，並促請行政長官提請國務院向人大常委會提案撤回上述決定，以及確定香港可於 2012 年落實行政長官及立法會雙普選。」）

梁家傑議員：

主席，看着這份由特首曾蔭權提交的《政制發展綠皮書》公眾諮詢報告，還有全國人大常委會就報告作出的「決定」，我可以用四個字來形容：「公道不彰」。

「有得揀，你至係老闆」。香港人要求「一人一票」選舉特首和全部立法會議員，其實只是希望有機會從定期的政策辯論和不同的思維中，找到政府施政的基礎和方向，令特首能夠真正立足於七百萬人的福祉做決定，而無須只仰商界的鼻息行事，令社會變得更平衡、更公道。

特首的報告承認，過半數市民支持二〇一二年雙普選的事實，卻抓着市民務實的心理，取巧地問：「如果 2012 年沒有特首普選，市民會否接受 2017 年？」然後便大肆宣揚說二〇一七年達致〔至〕普選特首會較易達到共識。其實，既得利益者大可以將問題一直問下去：如果二〇一七年沒有普選，那麼二〇二二年或二〇二七年呢？甚至可以一直問到二〇四七年。

主席，普選本來是現時執政的特首在選舉時所許下鄭重而莊嚴的承諾，但現已降格成為一筆政府拖完再拖的債項。建制派更猶如一些「租霸」般，欺負勢單力弱的業主，說：「我不會繳交這個月的租金了，到了下個月才繳交，接受與否便由了你！」公道不彰，實在莫過於此。

主席，不公道的報告為不公道的政治制度延續生命，既得利益者在不公道的政治制度的庇蔭下，繼續蠶食公眾利益。股市風光、通脹當前，大財團、大富豪可以減稅，但過百萬名市民卻仍然生活在貧窮線之下；長者「生果金」十年也不曾增加；新管制協議令兩間電力公司可以繼續建廠房、賺大錢，所謂「排污罰款」根本只是隔靴搔癢；舊區重建只照顧政府的收入和大型發展商的商機，卻把聚居多年的左鄰右里「打散」到各處，以致社區面貌與傳統均蕩然無存。

主席，不平衡的政制做成不公道的政策。本來，我們爭取政制改革便是要為改革施政和消除不公道帶來契機。可是，既得利益者無所不用其極，設法保存本身的利益，以及這些利益所仰賴的制度。最少在往後十年，畸型的制度將仍然存在，未來在議會爭取民主的同事，將要繼續面對在既得利益者操控的政制下動彈不得的困局。

在這困局中，當權者在權力的私相授受下，逐漸摒棄礙手礙腳的制度，以及

理性、客觀和忠於事實真相的態度，並以混淆黑白、顛倒是非的施政作風取代。在政改建議被否決後，政府沒有反省方案本質上如何與民主原則相違背，反而傾盡火力，指責異見者妨礙普選。正如城市規劃機制使政府變得非常被動，以致城市規劃委員會的公信力日減，但發展局依然沒有進一步修改《城市規劃條例》的打算；又例如已辭職的前教育高官，竟可繞過公務員守則參選人大，既有制度形同虛設。

　　主席，市民熱切期望政制改革可以早日還香港一個公道，但得到的卻是一份公道不彰的政改報告，身兼報告撰寫人和特區施政領導人的行政長官自然難辭其咎。……

梁家傑議員動議的修正案如下：

　　「在『本會』之後刪除『對於』，並以『察悉行政長官在參與選舉期間，曾就解決本港政制爭議作出多項具體承諾，但』代替；在『公眾諮詢報告，』之後加上『不但完全沒有履行該等承諾，更』；及在『全面普選』之後加上『，本會因此對行政長官』。」

　　（編者注：此修正案在原始會議過程正式記錄中位於本議案所有議員及獲委任官員發言之後、陳偉業的答辯發言之前，並被單獨付諸表決。考慮到讀者方便及全書體例統一，特移到此處。）

　　（編者注：修正後的議案內容如下：

　　「本會察悉行政長官在參與選舉期間，曾就解決本港政制爭議作出多項具體承諾，但政府當局於 2007 年 12 月 12 日發表的《政制發展綠皮書》公眾諮詢報告，不但完全沒有履行該等承諾，更扭曲市民要求盡快落實行政長官及立法會雙普選的意願，未有就雙普選訂定具體和明確的時間表及路線圖，以致未能早日落實行政長官及立法會的全面普選，本會因此對行政長官作出強烈譴責；此外，本會認為應不遲於 2012 年落實行政長官及立法會雙普選。」）

湯家驊議員：

主席，在每個文明社會中，所有政黨，無論是執政還是在野，最低限度也要有兩種基本的存在意義和功能：執政黨的存在意義和功能，是透過市民的選票得到授權，藉着施政實踐對選民的承諾；而在野黨的意義和功能，則是扮演市民和政府之間的橋梁〔樑〕、監察政府運作，以及反映未獲政府採納的民意和訴求。主席，在這個世界上，當然也有些政黨是代表少數利益或少數羣體的，但這些政黨仍會尊重大多數人的意見，而只是憑着少數羣體的利益據理力爭。然而，在這個世界上，卻鮮有政黨是一方面以代表整體市民為目標，而另一方面卻樂於扮演箝制社會殷切訴求的角色。

主席，回歸前後，過往十多年的大小民調均確定了香港人對普選的殷切訴求。民主派更在去年六月至十二月期間進行了一系列共十二次民調，反覆探討市民對普選的看法。這些民調的結果，均持續反映有近六成人希望香港的政制盡快達致〔至〕普選，這是連特首曾蔭權也不敢亦無法抹煞的事實。可是，既然民意是如此清晰，為何人大常委會仍會以未能得到立法會內三分之二議員及區議會支持而否決二〇一二年雙普選呢？為何在立法會及區議會內佔大多數議席的民建聯及自由黨可以逆民意而行，反對二〇一二年雙普選？

主席，從民建聯及自由黨以往的立場，我們可以看到他們曾經表示支持盡快達致〔至〕雙普選。例如，民建聯在二〇〇四年立法會選舉時的政綱，便表明支持二〇〇七年、二〇〇八年雙普選。在二〇〇四年後，他們修改了黨綱，改為支持二〇一二年雙普選。但是，在二〇〇五年後，他們又再次修改黨綱，乾脆刪去落實普選的年份。

至於自由黨，他們並沒有在黨綱內作出說明。我覺得他們較為誠實，因為他們開宗明義說明是代表商界、代表一個小羣體，而商界確是有反對普選的意願。儘管如此，他們的黨魁仍曾在不同時間說過支持二〇一二年普選行政長官，只是說僅接受高門檻的選舉，而在此之後便會接受低門檻的選舉。

既然這兩個政黨以往皆曾支持盡快舉行雙普選，究竟是甚麼原因令它們認為現在社會進步了，但自己反而一直在退步，而且漸趨不成熟或缺乏領導才能呢？主席，我沒有證據亦不相信民建聯和自由黨實在是受中央操控。我覺得他們的政

治立場飄忽不定，並否決市民所求的唯一解釋可能有二：第一，他們過於以揣摩中央政府的心態為政治立場的指南針，所謂「順得爺情失民意」，港人的政治理想變成了奉迎權勢的犧牲品。第二，他們為了保持一己的既得利益，特別是從功能界別所得到的政治權勢，便借中央之名，抗拒政制民主化。

但是，主席，無論這兩個可能性的其中一個或兩個均有作用，但也並非號命為代表整體市民的政黨應有的思想或行為。如果有政黨打着代表整體市民的旗號，抹煞大多數市民的意願，並為一己私利或某些特別的政治原因而否決香港市民的訴求，他們是值得譴責的。

主席，更令人難以理解的，便是為甚麼這些政黨 —— 我說的是自由黨和民建聯 —— 以及特首曾蔭權，皆視與中央政府就基本法所承諾的普選問題據理力爭為大逆不道的行為呢？透過理性的對話和平宣達爭取政治理想，其實無須反目成仇，並演變成惡性甚或暴力鬥爭。相反，缺乏理性對話及和平溝通的渠道，很多時候才會引致惡性鬥爭和所謂官迫民反的潛在因素。

儘管如此，我相信香港人仍是不會造反的，現在並不是揭竿起義的時代。香港人和平的追求，即使是在最困難的年代，例如二〇〇三年，依然絲毫無損，這足以證明以避免造反的心態來處理香港政制發展問題是毫無根據的。既然如此，民建聯及自由黨作為整體香港人的政黨，應該明白這些道理。為甚麼他們明知本身是中央最信任的政黨，卻不利用這地位為港人向中央解說，爭取中央對港人的信任，反而背叛港人的意願，有負港人所託，反對二〇一二年落實雙普選呢？為甚麼他們不這樣做呢？民主派才沒有溝通的平台，但自由黨和民建聯均可以隨時到北京，為甚麼他們從不表達他們在香港所理解的民意呢？

主席，十二月二十九日是一個悲傷的日子。在悲傷之餘，當我們會見副秘書長喬曉陽時，他說了一句話，更令我覺得他是在傷口上灑鹽。他說：「你們這些人，到了現在仍要爭取二〇一二年雙普選，那即是說我們沒有溝通的平台。」我真的想說豈有此理，因為我們昨天沒有溝通，我們今天沒有溝通，我們明天也不會有溝通。可是，並非民主派不願意與中央溝通，而是我們苦無溝通門路。不過，民建聯卻有溝通路門，那麼我們何不靠他們來溝通，為香港人爭取他們殷切要求的政治理想？為甚麼他們反而利用手中或議會中的選票，否決香港人的意願呢？

主席，大多數人支持的政黨缺乏大多數的議會議席和相應的政治權力，是特區政制失衡的惡果，也是深化社會矛盾的起源。但是，如果民建聯和自由黨能順應民意，與民主派和大多數港人攜手，透過理性和坦誠的對話，為特區爭取最快及真正的普選，莫說二〇一二年，在二〇〇七年、二〇〇八年達致〔至〕普選也有可能。不過，事與願違，民建聯和自由黨甘願冒着與民為敵之險，也不願意站起來與中央據理力爭，為香港的民主發展出一分力，以致人大常委會能以民建聯和自由黨反對為由，否決二〇一二年雙普選。

主席，我真的不知道這是民建聯和自由黨的悲哀，還是全港市民的悲哀？

湯家驊議員動議的修正案如下：

「在『路線圖，』之後刪除『以致未能早日落實行政長官及立法會的』，並以『及以立法會多數黨派和區議會反對 2012 年落實雙普選為理由，否決在 2012 年落實』代替；及在『全面普選』之後刪除『作出強烈譴責』，並以『深表遺憾，並強烈譴責特區政府及反對在 2012 年落實雙普選的黨派』代替。」

（編者注：此修正案在原始會議過程正式記錄中位於本議案所有議員及獲委任官員發言之後、陳偉業的答辯發言之前，並被單獨付諸表決。考慮到讀者方便及全書體例統一，特移到此處。）

（編者注：修正後的議案內容如下：

「本會對於政府當局於 2007 年 12 月 12 日發表的《政制發展綠皮書》公眾諮詢報告，扭曲市民要求盡快落實行政長官及立法會雙普選的意願，未有就雙普選訂定具體和明確的時間表及路線圖，及以立法會多數黨派和區議會反對 2012 年落實雙普選為理由，否決在 2012 年落實全面普選深表遺憾，並強烈譴責特區政府及反對在 2012 年落實雙普選的黨派；此外，本會認為應不遲於 2012 年落實行政長官及立法會雙普選。」）

梁國雄議員：

　　我的修正案提及人大常委會的決定，很多人便說：人大常委會已決定了，是已弄好的「隔夜燒賣」，要吃的便吃，不吃的便不要吃。其實不是這樣的，如果「隔夜燒賣」有毒便要棄掉，因為人大常委會是全國人大會議閉會期間的權力機關，即是委託它來處理而已。老兄，你又怎知道在三月的時候，人大代表一定會支持它呢？所以，那些說人大常委會已作出決定，是不能更改的人，是不合理的，他們想以權威代替常理。

　　我們且看看中國近代史，我們的憲法是不斷修改的，可能是因為已過時，也可能因為覺得以往錯了，便作出修改；甚麼「三個代表論」便是硬放進去的，每一個領導人上台時為了立一個牌坊，便發明一套學說或理論，把它整個放進去。這些也是可以修改的，為何涉及六百九十萬人最基本的權利能否落實、何時落實，並且間接為中國的民主化產生啟導作用的決定，卻不可以修改呢？

　　其實，我們現時不正是在選人大代表嗎？雖然我有分〔份〕選代表，但我也不知道他們是誰。他們擔任人大代表時，不能跟人大常委會說的嗎？例如向他們說這樣做是不行的，應該作出修改。所以，那些說人大常委會已作出決議，不要再爭論，不要再這樣做、那樣做的人，根本是無視法制的。換言之，我們在法制上仍然是有機會的，可惜的是，我們不能前往內地提出。

梁國雄議員動議的修正案如下：

　　「在緊接句號之前加上『；另外，本會對於全國人民代表大會常務委員會否決 2012 年雙普選極之不滿，認為有關決定是剝削港人政治權利的表現，並呼籲全國人大代表運用權力，推翻此項扼殺在 2012 年雙普選的決定，以及呼籲港人團結一致爭取在 2012 年雙普選』。」

　　（編者注：此修正案在原始會議過程正式記錄中位於本議案所有議員及獲委任官員發言之後、陳偉業的答辯發言之前，並被單獨付諸表決。考慮到讀者方便及全書體例統一，特移到此處。）

（編者注：修正後的議案內容如下：

「本會對於政府當局於 2007 年 12 月 12 日發表的《政制發展綠皮書》公眾諮詢報告，扭曲市民要求盡快落實行政長官及立法會雙普選的意願，未有就雙普選訂定具體和明確的時間表及路線圖，以致未能早日落實行政長官及立法會的全面普選作出強烈譴責；此外，本會認為應不遲於 2012 年落實行政長官及立法會雙普選；另外，本會對於全國人民代表大會常務委員會否決 2012 年雙普選極之不滿，認為有關決定是剝削港人政治權利的表現，並呼籲全國人大代表運用權力，推翻此項扼殺在 2012 年雙普選的決定，以及呼籲港人團結一致爭取在 2012 年雙普選。」）

郭家麒議員：

由上世紀的八十年代至今，香港人爭取民主已超過二十年，這些並非新事物。在這二十年來，世界上很多地方已由很極權的國家，變成民主開放的國家。東歐一些國家和南韓，在我們八十年代爭取直選時仍是軍法統治的，但在今天的南韓，他們的國會議員和總統均是由「一人一票」選出。當香港已有「一人一票」選舉時，台灣仍由國民黨專政，但大家今天看見的，是一個已開放的社會。

回顧香港，在這個中國人的社會，一個大家都會注視政制發展的地方，不論是上至特首，下至搖旗吶喊的保皇黨，卻仍然繼續是黑白和是非不分。當我們談論普選時，當香港市民以為有普選時，幸好張曉明先生和李飛先生猶如敲醒了我們般，他們提出原來普選可以不是「一人一票」的普選，他的普選可以保留功能界別，他的普選居然以國民生產總值計算。這是甚麼道理，這是黑白不分、是非不分的道理。

⋯⋯

我們參透整個人大決定的內容，除了為二〇一二年判了死刑外，其實並沒有提及二〇一七年一定會有普選，只說行政長官可以 —— 可以當然是可以的，我們有哪一次不是在有機會普選時被判死刑呢？次次如是，教香港人怎麼會有信心，怎麼會有希望？

第二，所謂普選，大家其實可能不是談相同的東西，保留功能界別的普選，

是怎樣的普選，不是「一人一票」的普選，是怎樣的普選？當新中國成立時，我們的共產黨奉行社會主義。馬克思、恩格斯、列寧、毛澤東和所有革命先烈也指出「要有新中國，要人人平等」。

可是，中國發展至今天，居然聽到國內一些官員是談國民生產總值的。其實不用改變，以前也是這樣的，以前的大地主的國民生產總值佔中國的 99.9%，為何要改變呢？為何要有新中國？我們覺得痛心的，是很多人都故意曲解民主普選，但我們細心看看，是否整個國家都是這樣的呢？

梁耀忠議員：

現在提出了一些方案，似乎便已解決普選的問題，但我們看到真正的結果是怎樣的呢？第一，二〇一七年可以選出一位特首，但怎樣選呢？是仍然未知道的，要由特區政府處理這個問題。此外，立法會怎麼樣呢？也沒有一個結論，也要由特區政府來探究。所以，這個決定，第一，本身是空洞的，第二，如何徹底解決雙普選的問題呢？是完全沒有結果，沒有內容的。

假設我們就着人大的決定下工夫，看看如何解決這個問題，當談到二〇一七年選出一位特首時，我們卻不知道選舉的內容，也沒有人告訴我們，這便叫普選嗎？此外，張曉明也告訴我們，這個功能界別仍然有存在的價值，有存在的功能，既然如此，如何告訴我們……即使我們後退一萬步，我們真的接受二〇二〇年才進行立法會普選，這不是很矛盾嗎？既然功能界別有它的存在價值，但又說可以進行普選，即是甚麼呢？這實在是令人感到矛盾的。

所以，我覺得現在政府只是不斷要求我們民主派妥協，表示大家要現實一點，接受這些決定，大家要坐下來，好好地細心討論。主席，我覺得不打緊，反正我們已經預計時間上未必會那麼快，但即使要坐下來，討論實際內容也不打緊，我也可以退一步與他們討論的。然而，可否告訴我大方向和大原則呢？

就人大的決定，請告訴我在大方向和大原則上，如何能夠真真正正的〔地〕踏上全面普選呢？主席，如果他們能夠告訴我，我可以跟他們討論內容，但如何能夠呢？我剛才舉出了兩個例子，第一個是立法會，它一方面承認功能界別的存在功能和存在價值，這樣如何普選呢？所以，對於這個決定，並不是我們「死牛

一面頸」，不理會現實問題的，而是即使我想理會現實問題，也是無法理會的。所以，我們覺得他們根本沒有尊重、也沒有真心真意與我們討論如何解決這個問題，只不過是想做一場戲，告訴別人它會做這件事而已。這是它令人感到無奈、可惜和不滿的原因。

今天，我們要堅持二○一二年，大家也可能覺得只是緣木求魚，是多此一舉的。不過，主席，我們並不是想這樣做，我們只是被迫這樣做的。這是因為現在的特區政府和中央沒有真心聆聽我們市民的聲音，而我們的特首和林局長也沒有真心向中央反映市民的意見和意願，所以才會得出這樣的結果。因此，所有這些責任也應該由特區政府承擔，而不是由我們泛民主派承擔的。

何鍾泰議員：

本港有部分人士，一直要求不遲於二○一二年落實行政長官及立法會雙普選。可是，他們的意見並不一定是本港的主流意見。反之，《政制發展綠皮書》公眾諮詢報告的意見，是透過廣泛諮詢所得，充分反映香港社會對普選議題的意見；而人大常委會於二○○七年十二月二十九日在其決定中已作出積極的回應。因此，有關《政制發展綠皮書》公眾諮詢報告扭曲了市民意願的指控，是完全缺乏客觀理據，也是言不副實和站不住腳的。

事實上，今次人大常委會的決定，為落實行政長官及立法會普選訂出了明確的時間表，為香港政制發展邁出了最重要的一步。人大常委會的決定清楚表明，香港可於二○一七年普選行政長官，決定亦同時清楚表明，在行政長官普選後，立法會全部議員亦可以由普選產生，即在二○一七年實行行政長官普選後，可在二○二○年實行立法會全部議員普選。

本人於二○○五年年底，在本會討論政改方案時曾表示，如果行政長官的提名程序能夠訂出適當的安排，行政長官理應可在二○一二年以普選產生。可惜，政改方案未能獲通過，而在二○一二年實行行政長官普選也未能實現。在這樣的背景下，二○一七年能夠落實行政長官普選，應該已是最早的安排。人大常委會的決定是合理和負責任的，並且是完全符合基本法第四十五條的規定，即「行政長官的產生辦法根據香港特別行政區的實際情況和循序漸進的原則而規定，最終

達至由一個有廣泛代表性的提名委員會按民主程序提名後普選產生的目標」。事實上,二〇一七年,距一九九七年回歸也只是二十年,而離一九八二年中英就香港未來展開談判也只有三十五年。香港特區能夠在這短暫的時間內實現行政長官普選,實在是值得我們高興。跟一些先進國家要經過過百年才能夠取得普選安排相比,香港特區是應該感到驕傲及自豪的。

至於立法會方面,在現行制度下,工商及專業人士可透過功能界別,把他們在相關範疇的專業知識及經驗帶進立法會。除了在有關範圍內提供較深入的專業資料外,功能界別代表往往能以他們的專業意見及經驗,就廣泛的事務提出較持平的觀點,而不是只傾向政治上的考慮。

按基本法第六十八條的規定,「立法會的產生辦法根據香港特別行政區的實際情況和循序漸進的原則而規定,最終達至全部議員由普選產生的目標。」在達致〔至〕該目標的過程中,功能界別的代表在立法會正好發揮穩定的力量。與此同時,功能界別也應該着手擴闊選民基礎。自一九八五年開始舉行第一次功能界別選舉以來,共十三個界別,已經採用「一人一票」的選舉,可以說是普選的一種,為了進一步擴大選民基礎。本人一直認為 —— 並已建議 —— 讓香港工程師學會的初級會員及仲會員加入成為合資格選民,選民數目便可以由現時的一萬兩千增加至三萬或以上。初級會員是那些持有認可大學學位,但還未考取專業資格的人,而仲會員則基本上是持有副學位或各類文憑的技術人員。除此之外,一些以公司票為選民基礎的功能界別,本人認為亦可考慮通過擴大選民基礎,增加其代表性。在擴闊選民基礎的問題上,應由每個界別按本身的情況作出修訂。

香港政制改革的五步曲已經啟動了。行政長官已於二〇〇七年十二月十二日向人大常委會提交了報告,而人大常委會在二〇〇七年十二月二十九日,就香港特別行政區二〇一二年行政長官和立法會的產生辦法及有關普選的問題,亦作出了重要的決定。現在到由本會主導的第三步,希望同事們能夠以全港的利益為依歸,努力尋求共識,就二〇〇七年後行政長官及立法會的產生辦法,達致〔至〕各方可接受的方案,並按基本法的規定,透過立法會全體議員三分之二多數通過。然後經行政長官同意,並報人大常委會批准,完成香港政制改革的五步曲。

田北俊議員：

主席女士，世界上很多國家爭取民主時，可能是從兩個不同的觀點出發。第一個觀點是社會內沒有公義。這個社會可能因為種族問題、宗教問題，或其他生活環境的問題，如果不透過「一人一票」的民主普選，一小撮人便可能打從歷史到現在都一直受迫壓。所以，我覺得民主便是要爭取一個好的生活方式。

至於香港，我覺得情況是相反的。整體來說，我們的社會，無論在經濟、醫療、教育、房屋或社會福利方面，如果跟全世界多個地方比較 —— 不是跟落後國家比較，而是跟最先進的國家比較 —— 我們是無所不及的。

當然，我這樣說並非表示我們無須爭取民主。我這說法的重點在於急切性。我們是否好像別人那樣，有那個急切性呢？這種說法亦不是指既然說了是五十年，不如等到二〇四七年才實行普選。如果我們現在說人大常委會作出的這個決定，在二〇一七年實行普選，距離一九九七年是二十年，我們也可以反過來說，在五十年的過程中，二十年也只是不到一半。

我參政這麼多年，覺得香港社會的民生良好，反而在是否要由「一人一票」產生的議題上出現了重大爭議。我以前也有一點擔心，由「一人一票」選舉行政長官是民粹派，只懂派福利，把錢派盡後會是怎樣呢？是否要那羣付出的中產或商界繳交很多稅呢？到了今天，我這個擔心已經減少很多。我們有約一萬四千億元儲備及外匯基金，只要投資得宜，回報率高，是很容易取得一千億元的回報。政府每年的開支約二千多億元，好像今年，我們每人都估計會有很大財政盈餘，各黨派何必在這裏互相指控呢？我們覺得政府是有能力的，既向中產及工商界減稅，亦可以幫助弱勢社羣，不論在福利、老人及醫療等方面的開支都照樣應付得來。事實上，世界上很少地方可以像香港般幸運。

從政治角度來說，為何那麼多地方的政府應付不來呢？原因是沒有錢便不能辦事，有錢才好辦事。特別是香港，我們無須理會國防、外交。主席女士，我們非常幸運，很少遇上天災，香港沒有地震、雪崩等情況，所以無須耗用大量金錢維修基建。為甚麼我們還不可以製造一個比較和諧的社會呢？香港市民絕大部分是中國人，沒有甚麼種族 —— 對不起，是沒有甚麼宗教問題，如果有，最多也只是有貧富懸殊的問題。自由黨十分關注這一點，而我們認為經濟現在已經開始復

甦，很多公司開始招聘職員，很多夥計可以另謀高就，在「跳槽」的過程中，工資一定會自動提升。我們覺得只要製造出良好的經濟環境，令每名「打工仔」都有一份好的工作，便必定能提高他們的生活水平。

我明白當中同時間會導致另一個問題產生，那便是通脹。老闆只顧四處挖角，結果導致出現通脹。店鋪生意好便加價，國內食品業看到香港市道好，加上國內需求亦增加了，所以又跟隨加價。事實上，對一個社會來說，是兩方面也有困難：經濟不景時害怕失業，一旦經濟轉好，工資上漲時又怕出現通脹。

不過，說回民主，自由黨覺得既然人大常委會已作出了二〇一七年這個決定，而香港各黨派都認為自己的建議才是最好，那麼，我們可否最少先取一個較中間的方案？雖然各方面都認為這並非最合心水的方案，但各方面又是否肯接受呢？

當然，我還留意到另一個很大的問題，便是泛民主派和中央之間的互信。在中央說會做的時候，泛民主派卻說基於他們以往跟中央來往的經驗，他們不能相信中央，中央說甚麼他們也不會相信。可是，中央卻說，中央身為堂堂大國，香港只是一個特別行政區，中央已把話說了出來，加上人大常委會作出了決定，當然是會兌現的，民主派怎能夠質疑中央不會兌現所說的話呢？當然，泛民主派又說中央沒有就二〇一七年普選行政長官訂出細節，但中央卻反過來說如果訂出太多細節，豈非管制了香港？中央是否應該給香港一些空間，讓香港各黨各派 —— 不論是支持早日或稍後才刪除功能界別 —— 先達致〔至〕一個方案？我認為這是一個較恰當的做法。

這麼多年來，我覺得功能界別是發揮着很有效的功能，唯一不足的是其代表性不夠廣泛。再者，基本法已說明遲早會邁向普選。所以，自由黨覺得雖然功能界別在今時今日是非常有價值，但基於這兩個理由，我也同意將之取消。人大常委會決定在二〇二〇年一次過取消功能界別，這跟自由黨提議分批取消功能界別……其實這也有好處，因為我們提出了分批取消功能界別的建議後，很多人都問我們，為何自由黨提議最後取消工商界的功能議席，先取消其他較容易由直選產生的議席呢？這並非沒有好處的，因為到了二〇一二年……到了二〇一六年，自由黨的工商界功能界別議員應積極一點的〔地〕想，到二〇二〇年便要普選，所以要積極參與。

吳靄儀議員：

主席，在人大的決定公布後，輿論似乎都集中談論年份，指二〇一七年便會有 —— 但似乎忘了考慮實施的究竟是否「普選」。在這樣的情況下便問香港人是否接受，是否有點本末倒置呢？

⋯⋯

其實，香港人爭取普選，本來的意義是很清楚的，便是「一人一票」選特首，是沒有關卡的；「一人一票」選全體立法會議員，令人人有平等的權利，沒有人享有特權，沒有人有多一票，沒有人能夠設立阻撓公平競爭的關卡。爭取普選的意義，就是為了爭取一個公平的制度，公平地制訂政策。因為只有這樣，我們才會有公道的法律和社會，不會出現經常向其一方的利益傾斜的情況。

我們要有公開競選，要有競爭，才有進步。做得好的可以繼續做，新上任的只要證明自己有這樣的能力，便可以「上位」。要是做得好的人退步了，又或是只佔席位而不做事，他便會落選，這樣才是社會進步之道。因此，爭取普選並不是十分技術性的問題，是很清楚的，主席，我們常說公道自在人心，正因公道本身並不是一種十分技術性的事。曾蔭權最應該受我們譴責之處，就是他藉着他的普選綠皮書，將這些簡單、常在人心的公道，變成一些扭曲的概念。他扭曲普選，為一些扭曲的概念「鋪路」。因此，當他在去年七月發表《綠皮書》時，泛民的議員便發出單張，告知大家《綠皮書》中的五大陷阱，要大家看清楚，因為那些陷阱會歪曲普選的原意。因此，我們便列出了一些推介答案，令大家可以迴避那些關卡。可是，道高一尺，自然魔高一丈，要歪曲民意的人，是隨時也可以這樣做的。

這五大陷阱其實最主要的是要達到三個目的。第一，在行政長官的普選中暗中加入篩選關卡，預設候選人的數目。既然已預設候選人的數目，那又怎可稱為民主程序呢？此規定令民主程序變成了篩選的代名詞，只篩選預定數目的候選人。本來，詢問市民最適當的候選人數目，似乎是十分合理的，但只要預設了候選人名額，便會引導人尋找關卡，變成「我提名、你選擇」。提名者便是提名委員會，當委員會提名後，大家便可選擇，如果委員會沒有提名，大家便無法選擇了。

第二，推行立法會普選，本來就是要取消功能界別的，但《綠皮書》就普選加入的其中一個選擇，竟然是「保留功能界別議席，但改變選舉模式」，這也可以叫普選嗎？在這種安排下，並不屬於有關界別的人，便沒有資格提名；不屬於有關界別的人，便沒有資格參選，這又怎能算是普及而平等的選擇呢？這豈不是繼續保留某些人的特權和否決權嗎？為甚麼有些人仍然要高人一等的呢？

第三，便是所謂的「先易後難」，即先落實行政長官普選，之後才可談立法會普選。儘管現時在二〇〇八年一月有些事情是尚未能解決的，但我們又怎知這些問題到明年仍然未得以解決呢？為何一定要在二〇一七年之後那一屆才可以落實呢？就只因為這一句「先易後難」，我們要消除立法會議席不公平之處，便變得遙遙無期。

我們就去年七月發表的《綠皮書》指出的五大陷阱，不幸地被我們一一言中。人大的決定，果然是藉着《綠皮書》轉移視線、聲東擊西。特首這樣傲慢地玩弄市民，令我們感到痛心疾首。可是，市民第一次被人玩弄，仍情有可原，但他們今天便必須醒覺，要真真正正的〔地〕把目標放回真正的雙普選上，要求真正公道地以「一人一票」選舉特首，選舉全體立法會議員，這才是香港真正的利益所在，也是全中國真正的利益所在。

楊孝華議員：

……現時人大決定在二〇一七年可以普選行政長官，當然，未必人人都認為這是最理想的，但這是在我們自由黨原本方案可以接受的範圍之內。

如果說《綠皮書》歪曲民意，這點我們是不能認同的，我們認為這是無理指控。當然，除了原議案外，我也看見修正案中有「譴責」、「深表遺憾」，甚至要求人大撤回決定等字眼，我認為這些都是不現實的。不管是譴責、撤回或遺憾，這些都是向後看的，因為決定已經作出。我建議不如往前看，支持及接受人大的決定，並按照這決定的基礎上向前行，否則會像二〇〇五年的情況那樣，本來可以向前行，但卻沒有往前行而變成原地踏步。我們應該想個方法往前行，這才是積極的做法。

剛才一些議員提及功能界別，自由黨主張功能界別分三個階段逐步取消。

與此同時，我們也留意到喬曉陽在十二月二十九日曾說，普選立法會最早可在二〇二〇年推行，不過，他沒有說是一次過全面普選，還是分階段進行，他並沒有說。這等於不排除一次過取消功能界別，這與自由黨所提出的建議不是完全脗合，但我認為這點並不重要，我們現時還有很多討論空間。我們的黨魁也說過，當我們決定二〇二〇年的選舉辦法後，還須舉行立法會選舉兩三次才會有新面孔，屆時可能會有新思維，把方案研究出來。我認為應支持人大的決定，不要停留在口號之中。其實，既然我們最快可在二〇一七年普選行政長官，如果今時今日還在爭取二〇一二年雙普選，這只會停留在口號之中，不會有實質價值。

李柱銘議員：

（代理主席劉健儀議員代為主持會議）

我想提醒大家，在回歸時及回歸前，頒布中英聯合聲明時曾說過甚麼呢？當時向大家說得很清楚，除了國防、外交事務是中央一定要處理外，其他均由我們香港人自己當家作主，當時是一次又一次強調這兩點的。在國防、外交事務上是沒辦法的，這是大家可以接受的，因為香港只是一個特別行政區，我們不能處理國防、國家外交事務，所以當然由中央處理。可是，為何現在又增加了一點，便是原來香港的政制發展也是中央一定要處理的呢？

這是否說中英聯合聲明所說的東西已完全 —— 又不能說是「完全」—— 少已增加了一些東西？連中英聯合聲明也可以如此改掉，還有甚麼不能改呢？基本法可藉釋法來更改，大家已領教得多，原來中英聯合聲明也可以單方面更改。國防、外交和政制改革均由中央處理，這是特區政府完全接受的。所以，如果政府也這樣說，中央便更會同意，所以「權在中央」。

大家本來是看基本法的。中英聯合聲明內有三句令我們當時感到非常興奮，便是行政機關要遵守法律及向立法機關負責，而行政長官是由當地透過協商或選舉產生。現在已沒有人提協商，當然是由選舉產生，而立法機關也是由選舉產生。接着，在頒布基本法時，大家看到很不幸，並非一九九七年便有民主政制，我們要等十年，但只是十年。所以，到了二〇〇七年是應該可以實行雙普選的，但臨立會的成立阻遲了由普選產生立法會所有議席，延遲了一年，變成在二〇

七年、二○○八年才實行雙普選。否則，在二○○七年，行政長官和所有立法會議員也應由普選產生。

因此，沒有人說過「先易後難」，亦沒有人說過兩件事不能同時發生。基本上，人大作出的決定，便是兩個普選同年實行。後來，因為人大常委會在二○○四年四月二十六日單方面否決了二○○七年、二○○八年實行雙普選，所以社會上才再次要達成共識，這次的共識是二○一二年，而且肯定是大多數香港人也有這個要求，特首在報告內亦承認了這一點。所以，二○一二年實行雙普選是一個巧合。本來這是正確的，是可以一同實行，以及有其邏輯的。當行政長官有人民授權，由「一人一票」產生時，立法會議員反而不是，那又怎麼可以呢？相反，如果所有立法會議員也由「一人一票」普選產生，行政長官反而不是，那麼，在運作上是否一定有困難呢？

所以，一同產生其實是最正確的，但我感到莫名其妙，為甚麼說「先易後難」？其實，所謂的「易」是在哪裏，「難」又是在哪裏呢？曾幾何時，本會所有政黨均同意在二○○七年、二○○八年實行雙普選，當時沒有人說是太早，沒有人說不能一步到位，這根本是全香港的共識，只是被人大常委會打散了而已，現在是第二次被打散。為甚麼我們不能在二○一二年實行雙普選？其實是完全說不出一個好的理由的。既然大多數香港人有這樣的意願，而特首亦屢次說他自己也想盡快在香港落實民主，為甚麼他不為我們爭取呢？

張文光議員：

代理主席，香港人對民主的意願非常清楚，便是在二○一二年實行雙普選，這個意願在人大作出決定前是過半數的主流，即使在人大一錘定音後，仍然有36% 市民堅持。人民的民主意願好像《聖經》所說的壓傷蘆葦般，仍不折斷。在歷史上，這個意願曾經受壓迫、受委屈、受欺騙、受傷害，但仍然一如不滅之火般前仆後繼，不屈不撓。不論一九九八年、二○○七年及二○○八年，以至二○一二年，香港人都繼續堅持，這種民意是不能忽視的。

我們的奮鬥亦是有價值的。人大否決了二○○七年及二○○八年，否決了二○一二年，終於提出二○一七年及二○二○年的時間表。我們當然失望，但在失

望之餘，仍然看到人民的力量，仍然看到即使是今天中央當前的專權政治，也不能不正視香港人對時間表的訴求，不能不交出一份遲來的時間表。因此，民主派完全有責任不放棄任何令民主來得更早的機會，令普選可以成真。其實，當前只要保皇黨願意回頭是岸，二〇一二年是最快實行普選的日期。

張超雄議員：

代理主席，香港人爭取了這麼多年，似乎終於有一個普選時間表了。人大這次的決定說得很清楚，二〇一七年可以有特首普選。在人大作出決定的當晚，我有幸獲邀往禮賓府，與喬曉陽副秘書長、李飛和張曉明等中央官員會面，大家有機會交流。我覺得會上有三項問題值得跟大家分享，可以讓香港人看清楚這個時間表究竟是甚麼一回事。

第一項問題是，會上有人問，既然人大的決定已說得那麼清楚，在二〇一七年會有特首普選，為何不再說明在二〇二〇年會有立法會普選呢？人大的決定中並沒有提及這一點。後來，特首和喬曉陽副秘書長也出來說，二〇二〇年可以有立法會普選。喬副秘書長當時的解釋是，不在決定中說明二〇二〇年有立法會普選，是因為要先易後難，即先實行特首普選，然後才實行立法會普選。如果二〇一七年不能普選特首，現在寫明二〇二〇年有立法會普選便會有問題。我們恍然大悟，縱使現在說明二〇一七年可以普選特首，但原來可以不發生的。他進一步解釋說，二〇一七年其實可以沒有特首普選。為甚麼呢？未必是因為中央阻撓，而是如果立法會不通過那些議案 —— 政改方案也不能通過 —— 二〇一七年便不會有特首普選了。這是第一點。

我們問他的第二項問題是 —— 我記得一些建制派的朋友也很關心這一點 —— 如果實行普選，功能界別是很值得保留的，會否完全取消功能界別呢？中央官員清楚地回答，不能把普選和功能界別對立起來。其後，張曉明在二十九日的記者招待會上說得很清楚，我們建制內很多的……民建聯和自由黨也說得很清楚，功能界別是值得保留的，張曉明甚至以 GDP（本地生產總值）來比喻功能界別的貢獻。換言之，將來即使有普選，其形式也未必如我們想像中的普選般。我真的不能想像功能界別如何能不與普選對立起來？我完全不能理解，恕在下無

知了。

　　第三項問題是，我們看來看去也不明白，為何一定要否決二〇一二年實行雙普選？喬副秘書長的回答也很坦白，他說其實很簡單，因為立法會也須有三分之二議員支持才能通過，但立法會現時仍未有足夠三分之二議員支持，甚至只有少於一半議員贊成二〇一二年實行雙普選。很清楚，這一點是說看回現時香港的民情，也因應着特首的報告，原來香港的民意代表也不贊成二〇一二年實行雙普選。雖然超過一半……超過六成民意贊成在二〇一二年或應盡快實行雙普選，但我們這個議會內只有不足一半議員認為二〇一二年應該實行雙普選。再說得簡單一點，阻礙我們的民主進程，根本無須「阿爺」出手，只要我們這個議會內有「保皇派」、有「建制派」，他們一天阻撓着說不可以有普選，那麼，普選其實是不會出現的。

　　代理主席，綜合了三項問題，其實是很簡單。第一，我們所說的時間表可以是「虛」的，因為二〇一七年可以出現的特首普選原來未必會出現。二〇二〇年的立法會普選更是連寫也不敢寫進決定內。第二，即使有普選，亦未必是我們心目中國際公認的普選形式，可能仍會有功能界別的，所以是一個扭曲了的普選，具普選之名，卻沒有普選之實。特首的門檻有多高？我們不知道。立法會將來仍然有功能界別，我們不知道他們會弄出一個怎樣牛鬼蛇神的所謂普選方案。第三，我覺得香港市民今天真的要擦亮眼睛，看看誰在阻撓香港實行普選。在二〇〇四年選舉時，我們的政黨膽敢在黨綱內寫明贊成在二〇〇七年及二〇〇八年實行雙普選，但到了今天，他們卻不贊成二〇一二年實行雙普選。

　　田主席剛才說要有一個很不公義的社會才要追求民主。我們香港現在不是很差勁，有頗好的社會福利，醫療各方面也頗好。我想田主席真的是不吃人間煙火。我作為社會福利界的代表，看到很多弱勢社羣今天面對的情況是水深火熱的。且別說快要來臨的通脹，我們現在看看醫療，莫說是一般基層市民，即使是中產……我昨天跟同事傾談，他說他有親屬要使用公共醫療，但感到苦不堪言，不但等候期長，服務質素也極度惡劣。

　　至於房屋和社會福利，我們如何能跟外國相比？我們政府的公共開支相對於整體 GDP 真的少得可憐，跟外國的社會福利、房屋、教育、醫療，在規模上根本完全無法比較。我們今天仍不斷有悲劇上演，老人家因拾荒而被汽車撞倒的意

外也有十多宗。大家試想想，我們有三分之一的老人是貧窮的，我們有百多萬貧窮人口，我們如何稱得上有社會公義呢？沒有民主便沒有民生。所以，我作為社會福利界的代表，認為要有民生，便要立即實現民主。多謝代理主席。

陳方安生議員：

……人大常委會除了否決二〇一二年雙普選外，更決定了二〇一二年的立法會選舉、分區直選和功能界別的議員比例維持不變，各佔一半。立法會對法案和議案的表決程式也維持不變。有關做法等於寸步不進，違反了基本法賦予香港政制循序漸進的原則，這一點香港市民是難以接受的。

在人大常委會於十二月二十九日作出決定後，香港市民覺得很不滿意，但又覺得很無奈。即使二〇一七年普選行政長官的時間表是真的，那麼接下來便應給予市民一個清晰的路線圖。

特首和他的主要官員一直重複呼籲我們要務實，放下歧見，我一向是個務實主義的人，但我必須強調，務實也須建基於明確和清晰的原則。

首先，我覺得政府與社會對於普選的真正定義，先要有一個共識。這點是無須費勁來爭拗的，有關定義在《公民權利和政治權利國際公約》第二十五條內已經相當清晰，而且基本法第三十九條已規定《公民權利和政治權利國際公約》，適用於香港的有關規定繼續有效。

我十分奇怪近期為何仍然有些聲音，企圖混淆視聽，認為繼續保留功能界別可以符合國際公約的普選定義的？功能界別給予社會上某些界別人士，可以擁有作為立法會議員候選人特權及額外的一票，基本上已經不符合國際公約有關「平等」與「普及」定義。

即使二〇一七年才能夠推行普選行政長官，也不應該有任何的篩選機制，香港市民所需的是一個真正民主、開放、公正的選舉。

首先，我們必須做好逐步取消功能界別的共識，儘管人大常委會決定二〇一二年的立法會選舉，直選與功能界別議席比例不變，但未來四年，邁向真正普選仍有許多前期工作要先進行。

在二〇〇八年立法會會期之內，我看不到政府為何不能先做些實在可行的工

夫，例如修訂選舉條例，重新界定公司票，擴大部分功能界別選民基礎。

我誠意要求政府，不要將二○○五年的政改方案「翻炒」重新提交立法會，因為這不單是一種倒退，而且會將社會再次分化，加深立法會爭拗，完全無助社會的凝聚，以及確定普選路線圖內容的共識。

至於二○一二年的行政長官選舉，同樣要先擴大提名委員會界別分組的選民基礎，使它能真正代表香港大眾的民意。提名過程必須兼容、簡單及透明。它不應用作集體認可及排斥候選人的工具。特首在人大常委會否決二○一二年雙普選當天表示，策略發展委員會的政制小組春節後召開第一次會議，在人大常委會決定的框架下，討論二○一二年的兩個選舉辦法。我想指出，目前的策發會並沒有足夠的代表性，不能真正代表社會各界的意見。此外，要取得真正進展，必須立法會三分之二議員通過，政府應該與四大政黨直接對話，設計出一個香港市民願意接受的方案。

劉慧卿議員：

此外，香港的實際情況是，在上一次立法會選舉，62% 選民選出來的代表，現時在議會內只有 41% 議席，而那些取得 30% 以上選票的那些政黨，以及在各區議會有 102 個委任議席的那羣人出來反對二○一二年雙普選。這些便是香港的實際情況。一方面，大部分人也有此要求，大部分投票的人是支持那些政黨的，但那些政黨進入建制後便變成了小部分，而這小部分人便出來反對。他們為的是甚麼？你猜只是為了聽命於「阿爺」那麼簡單？大家均是為了保護自己及自己界別的利益，保護得越久便越好。因此，我對喬曉陽說 —— 代理主席，你當時也在場 ——「你不要『扯貓尾』了，以前他們要求二○○七年及二○○八年普選，後來又說是你不准許，現在你又說是他們不准許。」嘩！永遠也是這樣說的，不是你不准許，便是他們不准許，這樣下去，豈不是永遠也不會有普選？大家說這個報告，這羣取得少數票進入議會的政黨，是否混帳？是否離譜？

譚耀宗議員：

事實上，香港市民皆希望社會穩定、和諧，亦希望香港的政制繼續朝向民主方向發展。民建聯確實很希望為香港的政制找出一個各方面皆可以接受的方案。最近人大作出的決定，即二〇一七年香港可以先普選行政長官，隨之而來的是普選立法會。中央已明確定出香港的普選時間表，我們覺得有利於減少社會的爭拗，並為普選創造良好的條件。

......

民建聯的良好願望，其實跟大多數市民也是一致的，聽罷剛才很多的發言，但都沒有提及最近的一些調查。其實，只要大家看看一些調查，並作深入的瞭解，大家的心情可能會較好，而無須「紮紮跳」。最近多項民調均顯示，大多數市民也接受人大常委會的決定，在二〇一七年普選行政長官，例如香港研究協會的調查顯示，59% 的市民滿意二〇一七年普選行政長官的決定，56% 的市民滿意先行普選行政長官而立法會則隨後的決定。即使不看這項調查，還有另一項，便是香港中文大學香港亞太研究所的研究。大家很多時候也會看到它的研究，它所得的研究數字更高，有 72% 的受訪市民表示接受人大常委會的決定。可是，觀乎今天的議案辯論，卻完全不是那回事。

所以，請那些口口聲聲說尊重民意，並指我們經常與民為敵的議員看清楚一些。不過，關於「與民為敵」方面，如果一如湯家驊議員所說搞甚麼「四罷」，這便真的是「與民為敵」了，市民是不會支持也不會接受的。所以，希望他日後說話時要想清楚，否則將來要改口便不大好了，對嗎？

我們再次希望大家以人大的決定作為一個新起點，本會的不同黨派能共同努力，為香港未來的政制發展......共同努力。

何俊仁議員：

......整份報告只有一點是誠實的——對不起，我一定要這樣說——便是有過半數市民要求直選，其他全部也是歪曲或不盡不實的。

報告指出有過半數市民支持普選，但卻說有更多人會較容易接受在二〇一七

年普選特首。甚麼是「更多人」？便是那些特權階級，那些不願意放棄特權的功能界別和大商家，這些答案早已存在。對於其他項目，例如功能界別，一直以來，大家也清楚知道這是必須廢除的，因為這是完全不符合國際人權公約的要求的，局長稍後也可以就此回應。在回歸時，即使彭定康開放了功能界別，人大常委會也否決，指此舉不符合基本法，因為可能會造成變相的直選。當時，人大常委會不接受這種做法，並認為功能界別不可以成為直選，有關這方面，我們也討論了很多次，功能界別並不可以是直選，但也不應擴大，我們的討論長期以來也是朝着這個方向的。可是，今天，功能界別竟又可以改裝成為直選。如果是這樣的話，當年在過渡時為何要廢除功能界別呢？

（主席恢復主持會議）

令人感到不安的，便是「按民主程序提名」的安排。我記得不論是政府還是民建聯，兩者均拒絕討論這項問題。他們連討論也不想，當中的玄機是甚麼呢？玄機便是容許大家將來任意設計一個機關，而這個機關則會斷定我們能否有一個真正有意義、有競爭的普選。為何要「先易後難」呢？正正因為當局看到特首普選會較易符合這個設計，使結果可以預測，所以不如就此訂定「先易後難」的方法。局長其實是知道的，基本法的兩個附件清楚訂明，如果要修改立法會的選舉方法，只要交到人大常委會備案便可以，是無須經批准的，只有修改行政長官的選舉方法才須批准。當年中英會談時，魯平先生也說過這些事情應由特區自行決定，這已是一些公開了的資料。其實，是在二○○四年四月八日〔六日〕人大釋法後，備案才被指等同批准。

主席，我們看到當前的局勢就是這樣。我們並非不想跟我們的同事，包括民建聯的同事一起坐下來討論，只是他們一次又一次很容易地便放棄他們的政綱。他們不單放棄了二○○七年及二○○八年普選的政綱，就連他們自己提出的二○一二年的目標，他們也放棄了。我差點也忘記這點，是一位街坊把這份報章給我，叫我給他們看的。這份是二○○四年七月二十四日的《星島日報》，上面的大字寫着：民建聯爭取二○一二年雙普選。其實，他們當時也為爭取二○一二年普選下了很多工夫。看到他們一次又一次的放棄，我們哪裏還有信心可以跟他們討論並得出結果呢？即使是有結果，他們又會不會推翻呢？這個問題令我們感到十分困擾。他們可有甚麼方法表明他們是有誠意，並且會對他們說過的話負責的

呢？否則，大家難免會想到不如盡量跟中央討論罷了，結果可能會更好，這便是問題所在。我希望劉江華可以就此回應。

政制及內地事務局局長：

人大常委會在去年十二月二十九日所作出的決定，為香港訂出了明確的普選時間表，標誌着香港在政制發展歷程上邁出了非常關鍵的一步。人大常委會是審議了行政長官於去年十二月十二日提交的報告後，才作出這決定，特區政府不會接受某些議員的指稱，說這份報告扭曲了香港的民意。

其實，行政長官的報告如實向中央反映了香港的民情和民意，把立法會、區議會、不同黨派、不同界別、不同組織和個別市民所提交的報告書全數反映和歸納。

關於支持二〇一二年落實雙普選的意見，我們亦有在這份報告中提出：有過半數在不同民意調查中接受訪問的市民支持在二〇一二年實行雙普選；有少於半數的立法會議員支持這立場；有一萬兩千六百份意見書支持反對派議員所提出在二〇一二年達致〔至〕普選的方案。行政長官亦在報告中表明，這些意見應受到重視和予以考慮。

與此同時，行政長官亦在報告中作出結論，便是在不遲於二〇一七年先行落實行政長官普選，將會有較大機會在香港社會獲得大多數人接納。這結論是有根據的，可分四個層次：

— 有半數立法會議員支持在不遲於二〇一七年或在二〇一七年或以後，先行落實行政長官普選；

— 有超過三分之二區議會通過議案，支持在不遲於二〇一七年或在二〇一七年先行落實行政長官普選，立法會普選隨後；

— 不同的民意調查顯示，有六成受訪市民接受如果在二〇一二年不實行行政長官普選，可於二〇一七年實行；及

— 有十五萬名市民簽名支持在不遲於二〇一七年或在二〇一七年及以後普選行政長官。

行政長官既然有這結論，當然要向中央、向人大常委會反映，讓中央能充分

考慮香港的全局後才作出決定。

　　行政長官亦曾公開解釋，會循「先圖後表」的方向處理普選的議題，但在過去兩年實踐公眾諮詢和討論的經驗中，我們發現社會上的分歧令達致〔至〕共識並不容易，所以我們要務實、進取和變通。我們認為，如果可以定出行政長官和立法會的普選時間表，會更容易讓大家對路線圖和普選模式達成共識，以便能早日落實普選。因此，任何議員指稱這份報告扭曲民意，是絕對沒有事實根據的。

　　行政長官在向人大常委會提交的報告中，其實作出了數個重要的、關鍵的結論。第一，是「特首先行、立法會普選隨後」；第二，在不遲於二〇一七年先行落實行政長官普選，會有較大機會在香港獲得大多數人接納；及第三，訂定行政長官和立法會普選時間表，有助推動與落實普選有關的問題得到最終的解決。為何我們最後會有這個結論？因為我們意識到，如果有普選時間表，便會驅使不同黨派、團體、界別和社會整體，在限期前凝聚有需要凝聚的共識。

　　過去數星期，有不同的議員質疑這普選時間表是否具法律效力。主席女士，我可以非常明確地向這議會表示，人大常委會的決定是一個法定的決定，提及普選時間表的那一段，是在法定權力下所作的決定的一部分。大家可以看到這決定提及的普選時間表非常明確，並且提到在達致〔至〕普選前的適當時間，特區可以按照基本法和二〇〇四年四月人大常委會作出的解釋，啟動修訂這些選舉產生辦法的程序，以致香港特區可以達致〔至〕普選。

　　人大常委會除了定出普選時間表外，亦列明我們當走的程序，這完全是依法辦事。湯家驊議員在發言時特別提到民意調查的重要，我亦非常看重香港不同大學和智庫團體所作的民意調查，所以在《政制發展綠皮書》的三個月公眾諮詢期過後，我們總結收集到的意見，並用了整整一本附錄，載列不同大學和智庫在過去數個月所作的民意調查。我們亦注意到，兩所大學在過去數星期進行了較為關鍵的民意調查。香港大學在一月初進行的民意調查顯示，有接近一半的市民接受人大常委會所定的普選時間表。香港中文大學在數天前進行的民意調查亦顯示，有高達七成的市民表示接受人大常委會就普選時間表所作的決定。

　　由此可見，中央今次訂明行政長官及立法會的普選時間表，確實是回應了香港社會和市民的訴求，亦已充分考慮香港特區的利益。所以，回應梁國雄議員的修正案，我們看到人大常委會所作的決定是一項具誠意和法定的決定，不存在要

撤回人大常委會這決定的問題。這是一項莊嚴的決定，亦是法定和合憲的決定。

有數位議員質疑行政長官有沒有兌現他的競選承諾。梁家傑議員提過，其他議員亦有這方面的評論。我想指出，行政長官在去年年初參選時，向香港社會和市民清楚表明在新的五年任期內，會致力解決普選問題。行政長官現時不單兌現了他的競選承諾，亦因應他向中央提交的報告及人大常委會的決定，我們現時已看到，香港就普選這議題已經有非常關鍵和非常重大的突破，便是普選時間表已經訂出，而且方向是明確的。我們在過去半年較為抓緊時間來做當做的工作。我們在上任後十一天已經發表《綠皮書》；經過三個月的公眾諮詢期後，我們在兩個月內，即在十二月十二日向中央提交這份報告，並在香港公開總結報告；人大常委會亦在去年年底前作出決定。現屆政府用五年任期的首六個月做了這些工作，正正是希望在餘下的四年半，讓香港社會有多些時間討論和醞釀如何在二〇一二年修訂行政長官和立法會的選舉辦法，亦為往後在二〇一七年及二〇二〇年落實普選鋪路。

其實，我們在過去四年累積了一些經驗，逐步能夠掌握到在香港推動政制發展和達致〔至〕普選要有甚麼考慮及程序。首先，我們在二〇〇四年時已經掌握到法定程序，根據基本法，要走「五部曲」才能啟動和推動兩個選舉產生辦法的改變。然後，在二〇〇五年，我們提出了二〇〇七及二〇〇八年的方案。二〇〇五年的經驗告訴我們，單靠民意調查結果所顯示的支持是不足夠的，因為在香港社會代表民意的機構還包括區議會和立法會。我們按照基本法的規定，除了有社會上的支持，即民意調查顯示的民意支持外，還要在議會內爭取到三分之二多數議員支持方案，才能成事，所以在去年開展公眾諮詢前，我們已不斷向大家解釋，除了在立法會內要有三分之二多數議員支持外，我們亦希望在提案時能在社會上爭取到六成市民的支持。

主席女士，現階段我想回應一下不同議員提出的個別事項和議題。

楊森議員和劉慧卿議員特別提到時間表的問題。楊森議員說我們在採取「拖」的策略，其實，如果我們要「拖」的話，便沒有需要在去年進行公眾諮詢、沒有需要向人大常委會提交報告，亦沒有需要有關於普選時間表的決定。現在定下普選時間表，今後便有明確的方向。

劉慧卿議員在不同場合說過：「十年又十年，等到何時？」其實，我們現在

討論的並不是十年的差距，而是五年的差距。在這議會內，有不同黨派支持在二〇一二年落實行政長官普選，亦有其他黨派支持在二〇一七年，認為這是也可以接受的，所以我們是在討論五年的差距。但是，如果我們要長遠搞好香港的政制發展，其實，我們不爭朝夕，我們用多些時間來為香港準備普選的來臨，也不是一件壞事。

有不少議員提到，擔心如何訂定今後的民主程序。其實，我們在《綠皮書》中已說清楚，「民主程序」必須符合基本法第四十五條的規定，要確保候選人有廣泛支持和足夠認受性，以及能讓有意參選的人有公平的機會爭取獲提名。特區政府在現階段並未有就「民主程序」作任何決定，將來策動大家討論這問題時，必須符合我剛才提到的三個重點。「民主程序」這議題，大家是可以共同探討的。

有議員提到功能界別的未來。在現階段，在這議會內，有議員支持一次過取消功能界別的議席，亦有議員認為應予以保留。從現在至二〇二〇年，我們有充分的時間和空間討論將來應該訂定怎樣的模式，以達致〔至〕立法會普選。

主席女士，我們在《綠皮書》內亦已提出了三類模式供大家參考和討論。除了直選外，我們亦提到可以有「一人兩票」的制度，即一票由市民在地區參與直選，另一票用於參與功能界別的選舉。另一類我們曾提出供大家討論的方案，是由區議員互選更多立法會議席，這也是可以考慮的。區議會亦有相當的民主成分，直選的區議員也是由三百三十萬名登記選民透過「一人一票」選出來的。

梁家傑議員和陳方安生議員分別提到有關《公民權利和政治權利國際公約》的問題。我想在這裏重申，香港可以達致〔至〕普選的最終目標，是源於基本法而非《公約》。

當英國政府在一九七六年把《公約》引申至香港時，已經作出保留條文，第二十五條（丑）款不適用於香港，而中央政府在一九九七年向聯合國秘書長遞交的照會，亦表明該保留條文繼續有效。所以，根據基本法第三十九條關於《公約》適用於香港的相關條款，並不包括第二十五條（丑）款。但是，在一九九〇年，中央政府為香港訂定基本法時，回應了香港社會及香港市民的意見，將普選的最終目標寫入基本法，所以有朝一日 —— 現在大家清楚了，是二〇一七年、二〇二〇年 —— 達致〔至〕普選的時候，我們將會符合普及和平等的原則。

李柱銘議員特別提到中英聯合聲明，特別強調中英聯合聲明賦予香港高度自

治。但是，香港的高度自治，並不包括由香港決定自己的憲制架構及選舉產生辦法。中英聯合聲明只是很簡單的〔地〕提出兩點，便是香港的立法機關經選舉產生，而行政長官則經本地的協商或選舉產生。中英聯合聲明這兩項條款，其實已在香港全面達致〔至〕、已經落實了。但是，基本法賦予香港一個最終達致〔至〕普選的目標，這是已經超越中英聯合聲明的，所以李柱銘議員應該清楚明白，按照基本法的規定，附件一及附件二就選舉產生辦法作最後決定的是人大常委會——是批准或備案。大家亦清楚知道，按照國家憲法第六十二條，特區的制度是由人大制定的。

李卓人議員，你今天提到金庸的小說，談到喬峰，依我看來，雖然你的個子比較高，但你的內功還未及喬峰那麼深厚，未能打出降龍十八掌。不過，我想回答的並不是這一點。你說沒有改變，但你這數年來一直在議會內，我們也辯論了無數次，如果你回想一下，你嘗試「playback」一下，由二○○二年至二○○四年，我們主要是辯論基本法的原則，有關循序漸進的實際情況。在二○○四年至二○○五年，我們談及二○○七年及二○○八年的方案。在二○○五年至二○○七年，我們談的是甚麼呢？我們討論普選的時間表、模式及路線圖。現在是二○○八年，我們談的是按照人大常委會制訂的普選時間表，如何為香港進一步推進民主。其實，大環境及我們在憲制基礎上所掌握到的決定和原則，已經改變了很多。我們一直向普選走近。但是，不少反對派議員今天質疑為何有時間表，卻未有路線圖、未有普選模式。其實，我亦意識到，如果人大常委會今次所作的決定不止提及普選時間表，還包括落實行政長官普選及立法會普選方案的話，反對派議員便會說這不合程序、不合基本法，香港沒有按照附件一及附件二的規定來參與及制訂普選模式了。

所以，我剛才向大家解釋，人大常委會的決定既為香港明確了普選時間表，亦留有充分空間讓我們在香港特區之內——起步點就在這裏，讓我們討論如何在二○一二年推動香港進一步民主化，以及日後如何達致〔至〕普選。

陳方安生女士特別關注二○一二年兩個選舉產生辦法可以如何修訂。我們在農曆新年後，便會向大家交代將如何透過策略發展委員會成立政制小組，以便在二○○八年上半年有一個醞釀期、有一個階段讓大家可以就這兩個選舉產生辦法廣泛提出意見。我們在過去四年的經驗是，多些醞釀、多些進行公眾討論、多些

諮詢有助達致〔至〕共識。雖然今天這議會就普選時間表並沒有全面的共識，但為香港社會所接受，這是因為我們在過去四年均有分階段讓大家多作討論。

最後，我要回應一下陳偉業議員。他對特區政府、個別官員、不同黨派均有些批評、攻擊，但我們不會與他一般見識。因為我們是想為香港辦好這件事、落實普選制度，所以我們有需要得到不同的黨派，包括社會民主連線、其他反對黨派及在這議事堂內的不同黨派齊心協力，才能辦好這件事。

我要回應陳偉業議員的另一點是，他在辯論開始時說，香港的政制是獨裁、極權的，這是不符事實的。你可以說香港未達致〔至〕普選的最終目標，但你不可以說香港是獨裁、極權的。我們的政治體制是行政政府和立法機關互相配合、互相制衡，如果我們提出的法案和預算案未能得到大家的大多數支持，是寸步難行的。香港的法治制度也完全符合國際標準，所以才會有澳洲、新西蘭和英國最高層的法官參與香港終審法院的工作。香港也是一個可以引以為傲、最廉潔的社會。我們現在有需要做的，是不同黨派真正齊心協力，為香港玉成其事，達致〔至〕普選。

特區政府在處理政制和政治議題上，是很希望可以全線推動的。我們制訂了普選時間表後，便會為普選的模式和路線圖鋪路。在參政方面，我們除了為選舉制度製造硬件，也會開設更多政治委任職位，希望年青一代，除了做議員，也可以當官員。今後十年，達致〔至〕普選行政長官時，社會的整體氣氛和環境會更有條件，讓將來參選行政長官的每位候選人皆可有全面的政治班子協助他們寫政綱，以及爭取業界和市民的支持。我們除了制訂選舉制度和擴闊參選渠道外，也要兼顧社會、經濟和民生。所以，行政長官在施政報告中提到要做十大基建、推動社會企業，亦要在教育制度下推行小班教學和「三三四」學制等。為甚麼我要談這些題外話呢？因為我想和立法會內不同的政黨和議員說，大家從政為香港做事時也要全面。

最後，我想向各黨派，包括反對派的議員提三點意見：要落實普選，必須按部就班，要避免杞人憂天，要與時俱進。

按部就班，便是要先在現在至二〇一二年期間，策動就二〇一二年兩個選舉產生辦法要取得改進，為將來落實二〇一七年和二〇二〇年普選鋪路。

不要杞人憂天的是，在現階段談論將來普選立法會還有沒有功能界別？將來

普選行政長官的提名委員會和民主程序如何？這些問題可以提出，但你們必須對自己有信心，不論是大、小黨派或獨立議員，在憲制上，你們掌握了議會內的投票權，不論特區政府在甚麼階段提案，也要爭取你們的支持。現在有十年至十二年的時間落實這兩套普選的安排，我們有充裕的時間和空間商討，大家要放下成見。

要與時俱進的是，大家應該開始看到香港社會在轉變中，亦可能會轉變得較快，對普選的討論很快便會由普選時間表轉移至選舉的模式，社會可能很快便會從政治爭拗轉移至關心社會、經濟及民生，爭取進一步的民主，很快便會從街頭政治轉移至政府和議會共同商議、互相配合。既然時代的巨輪在轉動、時代也在轉變，大家作為從政的人及作為政黨，便要與時俱進，不然，新的時代可能會把大家留在歷史的陳跡中。

主席女士，我希望不同的黨派對自己的立場不要原地踏步，亦不要導致香港的政制發展原地踏步，讓我們互相共勉。……

2008 年 10 月 15 日
行政長官施政報告

香港政治體制承襲九七前的行政主導體制，在回歸後循序漸進發展民主。十年來，香港的政治環境出現很大變化，香港人政治意識高漲，對政府有效管治的期望也不斷上升。我們的政治制度現時仍在建設當中，擴大政治委任制所引發的爭議和各方面提出的批評，我會認真思考，汲取教訓。

特區政府要靠實幹交出成績來爭取市民支持，而決策過程要更高透明度及建立更廣泛的社會共識，形成包容共濟的政治環境，同時循序漸進推動民主，滿足市民的民主訴求。

行政會議是協助行政長官決策的重要機構，並積極協助政府推介政策，強化政府與社會各界的溝通聯繫。政府去年提出未來五年的施政綱領，而立法會剛於九月進行選舉，選出新一屆議員。因應最新形勢發展，我決定更新行政會議的組成。行政會議的運作會繼續維持保密及集體負責制，人選稍後公布。

今年，政府落實擴大政治委任制度安排，一度引起社會爭議。我向市民保證，「用人唯才」是特區政府人事任命的唯一標準。今天，多位副局長及政治助理已投入工作，他們的表現受立法會及傳媒監察，我有信心他們可以提升政府的政治能力。擴大政治委任制可望強化行政與立法之間的關係，副局長及政治助理與議員會有更多正式及非正式溝通。

今屆立法會有很多新面孔，亦有數位帶來刺激的面孔，（眾笑）我期望會為行政立法關係帶來新思維及新氣象。來年面對不少挑戰，行政機關與立法機關必須衷誠合作，才能夠為市民幹實事。我會推動行政立法之間多層次及全方位的溝通，由行政長官到司局級官員、副局長及政治助理不同層次，與議員溝通、與議員對話，盡早吸納議員對施政的建議。

去年全國人大常委會確立的普選時間表，獲得香港市民廣泛認同及支持。為邁向普選打好基礎，現屆政府最重要的工作，是處理好二〇一二年兩個選舉辦

法，使選舉制度進一步民主化。我們將於明年上半年就二〇一二年的行政長官和
立法會產生辦法諮詢公眾。我希望社會各界及不同黨派能夠以務實態度，充分利
用這幾年的時間，就二〇一二年選舉安排達成共識。

2008 年 10 月 31 日
恢復致謝議案辯論

劉健儀議員動議的議案如下：

「本會感謝行政長官發表施政報告。」

（主席宣布就議案及各項修正案進行合併辯論）

（編者註：此議案在原始會議過程正式記錄中位於 2008 年 10 月 29 日本議案所有議員及獲委任官員發言之前，考慮到讀者方便及全書體例統一，特移到此處。）

（代理主席劉健儀議員代為主持會議）

李鳳英議員：

代理主席，在二○○四年的政改方案未能取得本會三分之二議員的支持，香港的政制只好原地踏步。在未來一年，特區政府又要為二○一二年的政改諮詢公眾意見，諮詢還未開始已炮聲隆隆，如何不會重蹈二○○四年政改方案的覆轍呢？我認為特區政府要汲取教訓，不同黨派也要汲取教訓。現時，我只見政府把二○○四年政改方案不獲通過的責任諉過於本會部分黨派，認為他們無視二○○四年的政改方案有約六成市民支持，言下之意，就像是政改方案不獲通過，責不在政府。我不同意政府這種態度，按基本法的規定，政改方案必須獲得三分之二議員支持才能通過，如果單純以民意的數量來衡量政改方案應否獲得通過，我認為那政改方案最低限度要獲社會上三分之二市民支持，如果能達到這個目標，政府便可以有更充分的理由批評議員拒絕民意。

代理主席，民意在政改方案的諮詢中是極為重要的，正因如此，不同的政治立場者都會努力把民意引向有利自己的一方，這亦是事實。政改方案的諮詢希

望在重視民意之餘，不同意見必須有良性互動，才能達成共識，製訂一個符合港人最大利益的方案，這不單考驗特區政府的智慧，同時考驗本會不同黨派議員的智慧。

吳靄儀議員（譯文）：

政府的制度必須改變，這是最明顯不過的事情。如果社會的需要和民情未能在制度內獲得一個在架構上和管治文化上也是民主的政府加以考慮，公眾的憤怒和挫敗感會一發不可收拾，成為一股洪流。

曾先生不能無限期地押後推行真正落實普選的計劃。他在施政報告當中，以近乎是形式化的方式處理這項核心而且根本的問題。這種態度確保無能的管治無可奈何地延續下去。

曾先生聲稱已爭取到普選時間表，他便是以這種說法作為擋箭牌。不論是時間表或普選，也是虛假的。他並沒有為普選帶來真正的進展，卻反而暗度陳倉地重新為普選下一個新的定義，令它失卻本來面目。這根本是欺詐，也有違原意。

最重要的問題是在行政長官和立法會的選舉當中，究竟會否保留功能界別。政府官員越來越強烈地暗示功能界別將會予以保留，而在行政長官的選舉當中，獲提名人只可以在提名委員會篩掉不受歡迎的獲提名人後，才能夠成為候選人。此外，一如現時的選舉委員會，提名委員會主要會由功能界別的代表組成。

我曾經以功能界別候選人的身份參選，深感這些功能界別必須廢除。香港人是願意接受功能界別作為一項過渡措施的，但其實它們早早便應該廢除。它們不單是名副其實的衰敗選區（rotten boroughs），也腐蝕公共決策的制度和文化，因為功能界別的候選人日益傾向以爭取業界更大的利益作為競選政綱。他們認為，為了當選，便必須這樣做。這種取態近乎承諾一旦當選，便盡用公職以求業界利益。鮮有候選人有勇氣在政綱內表明不把界別的利益放在首位，以及會投票支持完全廢除功能界別。自然而然地，結果便是只有那些願意維護既得利益才會當選。如果這些候選人當選，推選出這些人的選民當然也會拒絕放棄這項特權。

這種惡性循環只有清楚表明功能界別來日無多了，才會停止。如果政府願意，而中央也肯首，便可以做到這點，又或即使政府不願意，但民情洶湧，也可

以做到。我促請政府採取第一種途徑。我也呼籲所有功能界別內公正不阿的選民只投票給承諾會投票支持廢除功能界別的候選人。施政報告宣布明年會進行諮詢。在進行諮詢時,當局必須表明在任何形式的普選當中,功能界別也不會擔當任何角色。當局必須讓人民的聲音壓倒其他聲音。

（主席恢復主持會議）

石禮謙議員（譯文）:

在政制發展方面,二〇〇九年上半年,行政長官將會就選舉行政長官及二〇一二年立法會的組成方法諮詢市民。全國人民代表大會常務委員會已訂明達致〔至〕普選的清晰時間表。市民廣泛支持普選,我相信我們須重新審視二〇〇五年的經驗,並探討政制方案因何未能取得三分之二立法會議員的支持。在即將進行的諮詢當中,特區政府不僅要與政黨聯絡,亦應向市民及功能界別清楚解釋支持有關制度的原因。由於推動政制改革的工作相當敏感也有難度,即將推出的改革方案需要公眾支持及認同。政府應準備妥當,不得掉以輕心。

劉慧卿議員:

主席,我就劉健儀議員的議案提出了修正案。

行政長官施政報告提到,全國人大常委會去年確立的普選時間表,獲得香港市民廣泛認同及支持。主席,我覺得這是絕對漠視很多市民仍然支持二〇一二年雙普選的要求,所以,我不單要深表遺憾,亦反對這份施政報告。

主席,現時只是二〇〇八年,我們告訴市民在很多年後可能會有普選,這算是甚麼全國人大常委會確立的普選時間表?主席,這個時間表並不是太清晰的。我們要看清楚文字,當中指出二〇一二年一定沒有（雙普選）,這一點是最清晰的。二〇一七年可以有,但要看看二〇一二年有甚麼事情發生,主席,如果屆時發生了好像二〇〇五年的那一次,有一羣人「阻住地球轉」,發展不理想,便會沒有（雙普選）了。主席,即使有,可能也是在「鳥籠」中的一人一票,進行了揀選,不喜歡的便不准投票,還組成一個提名委員會,經它篩選清楚。屆時這樣

的做法，又可算是甚麼普選呢？

主席，談到二〇二〇年，這更要視乎二〇一七年的情況。因此，有這麼多關卡，這麼多未知之數，行政長官竟斗膽在施政報告寫着獲得廣大市民的認同和支持。這是怎麼樣的認同，主席，是怎麼樣的支持呢？

香港大學在今年一月所做的民意調查指出，即使全國人大常委會否決了，還有四成人要求在二〇一二年進行雙普選，而反對的只有三十多個百分比，即仍然有很多民意要求在二〇一二年進行。主席，儘管現時說已有時間表，但仍似乎是不盡不實的。我希望林瑞麟局長或其他官員可以說清楚，不要誤導或欺騙善良的香港市民——我是按新華社的說法。

大家還覺得有很多事情尚未討論，要詢問林局長，但這一屆只能討論二〇一二年，也不願意討論將來的事。對於將來，還存在着很多問號，現在卻無端說得到香港市民廣泛認同和支持。認同甚麼？支持甚麼？相反，如果問市民是否認同二〇一二年應有雙普選，我相信大部分人都會舉腳贊成。

劉慧卿議員動議的修正案如下：

「在緊接句號之前加上『，但鑒於很多市民支持在 2012 年實行雙普選，行政長官聲稱全國人大常委會於 2007 年年底確立的普選時間表獲得市民廣泛認同及支持的說法，是漠視廣大市民支持在 2012 年實行雙普選的訴求，本會對此深表遺憾』。」

（編者注：此修正案在原始會議過程正式記錄中位於五個辯論環節之後、劉健儀的答辯發言之前，並被單獨付諸表決。考慮到讀者方便及全書體例統一，特移到此處。）

（編者注：修正後的議案內容如下：

「本會感謝行政長官發表施政報告，但鑒於很多市民支持在 2012 年實行雙普選，行政長官聲稱全國人大常委會於 2007 年年底確立的普選時間表獲得市民廣泛認同及支持的說法，是漠視廣大市民支持在 2012 年實行雙普選的訴求，本會對此深表遺憾。」）

湯家驊議員：

主席，看罷整份施政報告，我們也看不到在政制發展方面有何方向。但是，方向其實很簡單。公民黨最近做了一項民意調查，而其中一條問題是「特首說會在明年就 2012 年行政長官和立法會選舉的產生辦法諮詢公眾，你認為特首應否提出普選的終極方案諮詢公眾？」主席，我們成功訪問了 964 位市民，其中表示應該，即應提出一個終極方案的百分比前所未有地高，達到 78.22%，差不多每十個人便有八個認為我們要有一個終極方案。

主席，現時民間，包括議會中很多同事也有一股非常強大的訴求，便是希望在二〇一二年進行雙普選。在憲制上，我們或會遇到阻撓，但如果我們未能在二〇一二年爭取到雙普選的話，政府是否最低限度也有責任告訴我們何時才走到這一步呢？單單談時間表是否一個答案呢？根本沒有人知道這個時間表的內容，是否大家一致認同的，正如特首所說，是「符合國際標準」的真正普選，根本沒有人知道。所以，如果特區政府甚至中央政府說香港人在二〇一二年不可以有雙普選，便請清楚說明何時才有和怎樣才有。

主席，這正是我剛才提到由香港人所提出的數據，即在每十個人之中便有八個想知道何時會有真正的普選和怎樣才會有。主席，這是很簡單亦相當符合邏輯的說法，大家都應該明白。如果我們不知道最終的普選模式為何，我們還談甚麼二〇一二年的政改呢？很簡單，如果二〇二〇年立法會的選舉辦法是要取消所有功能界別的話，那麼，說要在二〇一二年增加功能界別便是背道而馳。這是否存心欺騙香港人，待增加功能界別後才說普選不是要取消功能界別呢？這只是其中一個例子而已。

另一個例子便是特首的選舉。我們必須知道如何才能達致〔至〕不但一人一票選舉特首，而是每個人也有機會競選特首。那麼，二〇一二年應採用甚麼模式才能配合這個方向呢？如果特首不提出一個令香港人信服的方案，我相信我們的政治前途將是非常悲觀的。

主席，我在此懇請特首聽取這次香港人提出的意見，即每十個人之中便有八個人希望有終極方案。謝謝。

李卓人議員：

現時整個政制討論的最高指示只有一個字：「hea」，局長真的做得很好，「hea」得非常好。這數年來，局長兜兜轉轉，帶我們「遊花園」，遊完香港的「花園」，又帶我們遊全世界的「花園」，最後現在仍然甚麼也沒有。究竟將來的普選藍圖是怎樣的呢？是沒有的。

我很記得以前有一次跟局長在這裏討論政制，二○○五年的時候，我們否決了那個「非驢非馬」的方案，當時其中一個原因是沒有時間表。政府當時也沒有說要向我們提供時間表，我記得政府說不要談時間表了，不如先圖後表，先討論路線圖，但如何討論路線圖呢？便是發表「綠皮書」，徵詢全港市民究竟將來的政制模式應該怎樣。

我們竟然花時間替政府進行認真的宣傳，又跟市民解釋，浪費了我們的心機。我還設計了一個甚麼普選遊戲，讓市民參與，叫他們小心陷阱，不要選擇「假普選」。我那個時候真的「嘥心機，捱眼瞓」，做了這些無聊的事情。做完這些工作後，發覺原來「綠皮書」是假的，接着便已否決在二○一二年實行雙普選。政府繼而又說先不用說圖，可以先給我們一張表，變成是「先表後圖」，但後來卻連圖也沒有；而所謂「表」，則是在二○一七年普選特首，如果能夠在二○一七年實行普選，便會在二○二○年普選立法會。梁劉柔芬議員對此表示十分有信心，但究竟屆時的「貨色」是否真的呢？我真的沒有甚麼信心，因為我至今也不知道是甚麼「貨色」。

余若薇議員：

主席，我餘下的時間不太多，所以，我只簡單地代表公民黨發言支持劉慧卿議員的修正案。一直以來，我們都覺得香港應該盡早有一人一票、公平及真正的普選，這其實是解決很多問題和改善社會上不公義的一個基本要素。我不是說這樣便能解決所有問題，但這是一個很基本的元素，亦可協助解決現時香港社會經常出現貧富懸殊或不公平現象的基本問題。所以，我們絕對支持在二○一二年，甚至是更早實行普選，即在二○○七年及二○○八年實行雙普選。

主席，我們唯一不同的是，這並不代表社會上，除了這個問題外，其他問題便無須爭取。公民黨一直以來的立場是寸土必爭，主席，包括爭取每個功能界別的席位，目的是為了取消功能界別的議席。主席，今天，如果套用黃毓民議員說的話，在這個非常混沌、不公義的制度中，我們經過多年爭取，在今次施政報告中可能只能爭取兩粒「珠」，便是跨界別最低工資立法和「生果金」增加至一千元，可能只有這兩點，可是，我們覺得只要有機會爭取，便依然是值得爭取的。所以，可能便正是因為這兩粒「珠」，就施政報告中這兩件事，我們便支持整份施政報告。至於其他我們覺得不公義的地方，我們依然會繼續爭取。當然，亦有很多事情是特首同意的，或部分比較細微的議題是經多年跟進的，主席，我不在這裏重複了。我想解釋的，是稍後我們表決支持的主要理由。多謝主席。

劉健儀議員：

主席，我想重申自由黨對香港政制發展的看法。

自由黨是想香港在條件成熟下，盡快實現普選。過去數月，各黨派對普選時間表分歧很大，社會上爭拗不斷，以致在二○○五年，我們錯過了一次政制改革的機會。

人大常委去年就香港政制發展作出了決定，明確了本港普選的時間表，肯定了二○一七年可以先行普選行政長官，之後最快可在二○二○年實行立法會普選，令香港社會可以聚焦討論，加快就邁向全面普選的具體方案達成共識。

主席，我們認為現在大家應該集中精力，盡量減少分歧，為早日實現普選的具體方案一起努力。

政務司司長：

首先，我想談談在推動民主發展方面的工作計劃。

特區政府施政的宗旨是發展經濟、改善民生、推進民主。這十二個字放諸任何時候、任何環境，都是保持香港繁榮穩定的不二法門，而將民主放在這個高度，充分體現特區政府對推進香港民主制度的決心。

去年十二月，人大常委會對香港的普選問題作出決定，明確在二○一七年普選產生行政長官、二○二○年普選產生立法會的時間表，為香港的政制發展奠下堅實的基礎，也是穩步推進民主的進程中一個重要的里程碑。

在二○○八年至二○一二年這段期間，我們會致力將香港的選舉制度推動至一個中途站。今年上半年，我們已在策略發展委員會和立法會就二○一二年行政長官和立法會的兩個選舉辦法進行多輪的討論。

我們將於二○○九年上半年，就二○一二年兩個選舉辦法的可能方案諮詢公眾。我們的目標是在第三屆特區政府的任期內，落實二○一二年兩個選舉辦法，使選舉制度進一步民主化，為二○一七年和二○二○年落實普選打下基礎。

普選時間表已經訂定，我們相信這有助於立法會內不同黨派、獨立議員和社會各界與特區政府共同努力，謀求共識，使香港可以落實普選。

政制及內地事務局局長：

我想首先強調，人大常委會在去年十二月提出按照基本法的原則落實普選的時間表——在二○一七年可以普選行政長官、在二○二○年普選立法會，標誌着香港政制發展的重大突破和里程碑。這亦是行政長官兌現了他在競選期間表示會積極處理普選議題的承諾。

我有需要回應多位議員的意見。雖然李卓人議員現在不在席，但我首先要回應李議員的言論。大家在一九七○年代於香港大學一起讀書的，都知道李議員能言善辯，但我要告知李議員，如果是「交白卷」的話，會是這樣的白紙一張。但是，人大常委會在去年十二月所作的憲制決定，則是「白紙黑字」寫下了普選時間表——在二○一七年可以普選行政長官，隨後立法會所有議員都可以經由普選產生。這是鐵一般的憲制事實，請李議員不要再魚目混珠，扭曲這些言論。

其實，與各位泛民主派議員處理和辯論這問題，難度是頗高的，因為我發覺泛民主派議員在政治上「變陣走位」是很本事、很高明的。我在二○○二年至二○○三年最初擔任這局長職位時，大家說如果還未可以談普選時間表，那麼先談普選路線圖吧；如果普選路線圖未成熟的話，不如談方案吧。到了今天各樣都在談論時，大家依然不斷把——就如在踢足球時，把「龍門」拉闊一樣，不斷更改

遊戲規則。我們按照基本法逐步達致〔至〕普選，這是必然的，方向是明確的。

回顧特區政府自二〇〇四年年初成立政制三人小組後，我們是分數個階段處理普選議題。

首階段是在二〇〇四年，我們確立了，我們要按照基本法處理政制改革時，香港特區與中央應如何銜接；如何走這「五步曲」。在二〇〇四年四月，這「五步曲」的程序已經明確。

然後在第二階段，在二〇〇四年至二〇〇五年期間我們廣泛聽取意見，就二〇〇七年及二〇〇八年的選舉方案進行諮詢。我們在二〇〇五年提出了一套理念，便是把區議員融入「選舉委員會」，亦容許他們互選更多議員進入立法會。雖然當年我們未提到如何達致〔至〕普選的最終目標，但我們提出的方案有一定的民主成分，爭取到六成市民的支持。很可惜，我們當年未能爭取到三分之二的立法會議員通過那一套方案，導致今年（二〇〇八年）的立法會選舉要原地踏步。但是，因為開展了這套討論，為往後我們再處理普選這議題打下了重要的基礎。

所以，到了第三個階段，由二〇〇五年十一月開始，我們透過策略發展委員會討論普選時間表、路線圖、模式的議題，我們可以取得進展。經過一年多的努力，在第三屆特區政府成立後的十一日，我們發表了《政制發展綠皮書》，履行了行政長官在參選期間最重要的承諾，亦是香港有史以來第一次由政府牽頭，就落實普選的路線圖、模式和時間表進行公眾諮詢及討論。

所以，人大常委會在去年十二月所作出二〇一七年、二〇二〇年的普選時間表的決定，是得來不易的。各位議員不要抹煞了第三任行政長官及特區政府與大家一起作出努力所得到的憲制上的進展。這進展是比以前任何一屆的政府，包括一九九七年之前由彭定康先生領導的香港政府和九七之後由董建華先生領導的第一屆特區政府，我們都是站得比較前，也爭取得比較有成果的。

至於劉慧卿議員在其修正案中指稱行政長官漠視市民對普選的訴求，這完全與事實不符。我們回看行政長官在去年十二月向人大常委會所作的報告，當中有兩句非常關鍵的說話：「在 2012 年先行落實普選行政長官是〔的〕民意調查中，反映出過半數市民的期望，應受到重視和予以考慮。與此同時，在不遲於 2017 年先行落實普選行政長官，將有較大機會在香港社會獲得大多數人接納。」

主席，我要複述這兩句說話，便是希望指出兩項根本的事實。第一，香港市民希望盡早落實普選，這一套意見在去年已充分反映，我們在過去數年亦都有充分反映。第二，行政長官也作出了結論，說在不遲於二〇一七年先行落實行政長官普選，是可以獲得大多數人接納。

行政長官的結論是有數個重要的事實基礎的：第一，當時在立法會有半數議員支持在不遲於二〇一七年或在二〇一七年或之後先行落實普選行政長官，立法會普選可以隨後。第二，亦有超過三分之二的區議會通過議案，支持在不遲於二〇一七年或在二〇一七年先行落實普選行政長官，亦都是立法會普選隨後。第三，各方的民意調查亦顯示，有六成受訪市民接受，如果在二〇一二年不能實行行政長官普選，可以在二〇一七年實行。

所以，正如葉國謙議員剛才指出，除了香港中文大學，另一項調查機構在二〇〇八年年初進行的民意調查亦顯示，有七成市民接受人大常委會關於普選時間表的決定。就劉慧卿議員提出的另外一些論點，我再詳細談論一下這數項民意調查。

中大的民調的第一條問題是「2012 年不會實行雙普選，但在 2017 年可以普選行政長官，之後立法會全部議員亦可以實行普選」，就此，有 72.2% 的回應市民表示「接受」/「完全接受」。另一條問題是「有團體仍堅持 2012 年雙普選，並將發動遊行抗議，你是否支持這做法？」就此，有 56.6% 的市民表示「不支持」，36.3% 表示「支持」。

至於劉慧卿議員所引述的港大民意調查，有 43.8% 的市民支持在二〇一二年普選行政長官；有 48.5% 的市民支持在二〇一七年或之後落實行政長官普選。與此同時，有 40% 的市民支持部分人士仍然堅持爭取二〇一二年落實雙普選。

我較為詳盡的〔地〕解說這些民意調查，是希望劉慧卿議員可以看到，我們是全面地看過這些相關的民意調查，才在施政報告表示，大部分市民接受這普選時間表。

沒有任何黨派或人士擁有「追求民主以達致〔至〕普選」的專利權，「搞民主」不會是「只此一家」的。各位泛民主派議員多年來爭取落實普選是不容置疑，大家都很清楚。但是，我希望大家不要抹煞特區政府和其他黨派多年來亦堅持要按照基本法達致〔至〕普選。現時雙方的分歧有多大？只是五年之差而已。有人

繼續爭取二〇一二年，有人說二〇一七年也不錯，就這樣落實吧。有說「政治是可能的藝術」，與其繼續為早或遲五年普選爭持，我們倒不如把精神、時間和努力投放在為二〇一二年取得進一步民主化，為二〇一七年和二〇二〇年的普選鋪路。在二〇一七年落實普選行政長官，是香港社會、市民、北京都認同和接受的，我們按這條路來走是最好的。

行政長官在施政報告中表示，我們準備在二〇〇九年上半年內進行二〇一二年兩個選舉辦法的公眾諮詢。在今年上半年，我們透過策發會內外的討論，已經開始測試民間各方面的意見。雖然特區政府尚未有定案，但有數方面的重要意見已經反映出來。

第一，有很多意見認為，我們應該努力爭取在二〇一二年成立的「選舉委員會」可以在二〇一七年順利過渡成為「提名委員會」；第二，就二〇一二年的行政長官選舉，有很多意見認為應該保留八分之一的提名門檻；第三，二〇一二年的立法會選舉，有很多的意見都認為我們應該考慮增加立法會議席的數目，以使可以擴闊參政空間，亦為往後落實普選作好準備。

在不同場合，包括今天的辯論，有很多議員（包括泛民議員）曾表示，究竟二〇一七年、二〇二〇年的選舉是否「真普選」？我希望各位議員不要杞人憂天，不要把自己的臆測當作事實般向市民推銷。大家不應對自己的憲制權力及身份妄自菲薄，因為有朝一日，當特區政府提案以落實在二〇一七年普選行政長官及在二〇二〇年普選立法會時，各位議員，如果往後數屆你們自己或你們的黨派可以成功經選舉再次進入議會的話，屆時你們會有投票權、亦有否決權。政府可以提案，但是否獲得通過、能否獲得三分之二的立法會議員支持而以多數票通過，便要看各位議員及不同黨派的意見。當然，現在有了普選時間表，市民和社會是有期待的，大家很希望我們在二〇一七年和二〇二〇年可以爭取到共識，致使香港達致〔至〕民主化選舉的最終目標。

在今後十二年，我們要分三個階段做好這數方面的工作。

第一，在二〇一二年，我們要把香港行政長官和立法會的選舉帶至一個「中途站」。

第二個階段是要在二〇一二年和二〇一七年間特別為提名程序和「提名委員會」定案。我要特別一提的是，人大常委會在去年十二月所作的決定，明確了一

個很重要的規定，這裏是這樣說的：「提名委員會須按照民主程序提名產生若干名行政長官候選人，由香港特別行政區全體合資格選民普選產生行政長官人選，報中央人民政府任命。」是「全體合資格選民普選產生行政長官人選」，所以是「一人一票」，是普選，大家不要再次測度。

......

......其實，關於基本法第四十五條所提及「提名委員會」的提名程序，我已經全面向大家解釋過。我剛才強調的是，按照人大常委會去年十二月的決定，是由「所有合資格選民普選產生行政長官」，這是非常明確的規定。

至於第三個階段，在二〇一七年產生了普選的行政長官後，將由他帶領香港社會配合在二〇一六年產生的立法會，處理如何達致〔至〕立法會在二〇二〇年的普選，當中當然也要處理功能界別這問題。

簡單來說，在未來十二年，我們會分三個階段處理數個重要而關鍵的憲制問題，挑戰是大的，問題亦是艱深的，而分三個階段處理是切實可行的。我們非常明白大家都很關心如何落實普選，但第三屆的特區政府與第四屆的立法會當前的憲制責任是處理二〇一二年的兩個選舉制度，我們不可能為今後十二年將會產生的各任特區政府與各屆立法會作出所有的決定。我們逐步推動香港的民主化，按照人大常委會已經決定的普選時間表來進行。主席，我有信心香港會達致〔至〕普選，香港的憲制發展是會逐步成熟的。

2009 年 1 月 7 日
議案辯論：二〇一二年政制發展的公眾諮詢

吳靄儀議員：

主席，今天是二〇〇九年首個立法會會議，我代表全港爭取民主普選的市民，再一次重申我們爭取二〇一二年雙普選的決心。普選是我們的基本人權。二〇〇四年人大釋法，已經承認根據基本法，原則上香港特區最早在二〇〇七－二〇〇八年度已能實踐普選。功能團體早在一九八五年，英治時代成立，當時已明言是過渡安排，到了二〇一二年已有二十七年，為何過渡還未完成？

在香港市民堅持爭取之下，中央終於宣布了一個普選時間表，要到二〇一七年和二〇二〇年才達致〔至〕雙普選，即是功能團體過渡最少要四十五年！但是，我今天的議題沒有提到日期，而是集中在普選的定義。因為當局在承諾時間表的同時，開始推動言論攻勢，意圖改變普選的定義，永久性保留功能界別議席，永久性令行政長官的所謂普選，受制於一個封閉的篩選機制。如果真的如此，二〇一七年、二〇二〇年就完全失去意義。今天，我要當局當眾澄清，普選是不容功能界別存在的選舉，是不容預先篩選才得到提名的選舉。今年稍後就二〇一二年政改方案所作的公眾諮詢，文字之中也要清清楚楚表明：普選就是要廢除功能界別議席。

今天的辯論，更要現時的功能界別議席的議員清楚表明是否認同這個普選的定義。今天，公共專業聯盟刊登廣告，讓不同界別的選民及議員表示他們支持我的議案，這只是今年的第一步，往後，我們還要攻入功能團體的陣地，呼籲功能團體的選民，站在真正普選的一邊，令香港人清楚知道，業界是不會支持那些不肯廢除功能界別議席的政客的。當有過半數功能界別議員都不會維護反對民主的政府之時，試問當局保留這些界別還有甚麼意義？

從昨天開始，公民黨已在立法會大樓外舉行「20 小時 12 分」靜坐，在今天

下午結束，不過，他們會繼續進行簽名活動，並會派發小冊子，再次解釋在《公民權利和政治權利國際公約》第二十五條下，普及而平等的普選定義，再次駁斥林局長重複又重複的謬論，以便市民更深入瞭解功能界別的性質與普選背道而馳。為向公眾提供資料，我特別印備了一個表，列出過去一屆至今五十項因為功能界別反對而不獲通過的重要議案，讓大家可以看到功能界別如何拖慢香港在經濟、民生、保育及民主政制方面的進步。

主席，推行真正普選，不但是基本權利所在，更是改善管治所需。過去一年，特區政府管治上的嚴重失誤，接二連三，處處顯示基本問題是與市民的期望脫節，缺乏領導才能，對於如何平衡各方利益而訂立長久政策了無把握。擴大政治委任，不但無補於事，反而成為另一爭議的核心。過去，政府恃着在議會長期擁有以功能界別「打底」的大多數，到時到候，會確保民意反對無效，政府政策通過，但今天弱勢形成，以直選為基礎的政黨已不能盲目支持政府，反而要批得更狠，連帶這些政黨所取得的功能議席，也要跟隨反對。調查迷你債券，便是一個突出的例子。

普選行政長官和立法會全體議員，原本的作用是令民意能直接得到實踐，令一些苦口良藥的公共政策都可以得到支持，但一旦將真普選變成假普選，自欺欺人，就會無法達到原有的目標，管治必然會一直惡化，每次都要靠中央出手濟助，以挽救特首些微的民望。

長期保留功能界別議席還有兩個重大的惡果，其中之一便是令政黨得不到所需的發展，不能發揮正常的作用 —— 就是長期培訓從政人才，以及研究和推動長遠的公共政策，令所產生的政府行政高層，能夠目標一致地貫徹推行得到廣泛民意共識的願景。現制之下的所謂問責制，其實是各個部長各自為政，一遇到考驗，就潰不成軍。

另一個惡果，就是令專業團體和商會政治化，凡是支持民主的專業人士，皆被打為與政府對立，不願與政府對立，便不能公開支持民主。有不少界別，專業團體派人參選，與支持民主的候選人競選，立場分野，往往就是業界利益還是公眾利益為先：爭取民主，便是對抗政府，對抗政府，便是不利業界。這種威迫利誘，已逐漸令專業失去超然獨立的地位和公信力。在這方面，我感謝大律師公會昨天發表聲明，表達了支持廢除功能界別議席的立場。

功能界別議席，不但不利於香港的整體管治，其實對所謂業界的形象和利益都沒有好處。如果業界利益違反公眾利益，業界代表強為爭取，只能突出該行業與民為敵；如果符合市民整體利益，爭取的肯定不單是業界代表。舉例來說，就的士收費進行的辯論，我們有多位議員參與，不單是運輸業界的代表。

重要的是，每一個業界人士其實都是香港市民，良好管治是所有市民的重大利益，以業界的短期利益為題而妨礙香港的長治久安，明顯不划算，而真正所得益的未必是業界，可能只是撐着業界名義的個別政客或建制派團體而已。

姑且不說專業團體，即使是以工商界為例，工商界利益是否就是與保守派、建制派等同？工商業須不斷進步才能維持國際化和競爭力，保守派其實是藉政治勢力強行拖慢改革，自私地保存了既得利益者的特權，犧牲香港工商業的發展。如果工商界功能議席代表真能代表香港絕大多數從事工商業市民的意願與目標，便無須將選民資格限制於幾個商會組織。

兩位議員對我的議案提出了修正案。張國柱議員要一次過取消所有功能界別議席，我當然是無任歡迎；對於石禮謙議員的修正，我更特別感激，因為他替政府說出了政府不敢宣諸於口的心中話：二〇一七年及二〇二〇年的所謂普選，一言以蔽之，便是特首提名有限額並要經篩選、立法會選舉不會取消功能界別議席。這就是二〇一七年及二〇二〇年的所謂終極方案，石禮謙議員今天與我勢不兩立，誰站在哪邊，一會投票就會見真章。功能議席的存廢是真假普選的試金石，今天，市民會清楚看到，要達致〔至〕真正普選，首先要針對哪些議員和哪些界別。

更重要的是，如果石禮謙議員今天的修正案就是二〇一七年及二〇二〇年的終極方案，那麼任何二〇一二年的中途站地位也沒有任何價值；邁向真普選的方案，即使未曾到位，總算邁進一步，但如果只是邁向石禮謙議員那種政制，又有何值得我們考慮妥協之處？

林局長念念不忘的二〇〇五年政改方案，真面目原來便是邁向石禮謙議員的議案，借增加直選議席的名義，其實是在於增加功能議席，功能議席有加無減，永不取消，我們永遠渡不到彼岸。

吳靄儀議員動議的議案如下（譯文）：

「本會要求當行政長官按施政報告中的承諾，就改革行政長官及立法會的選舉辦法草擬方案，以便於今年初進行公眾諮詢時，行政長官會清楚表明取消功能界別議席，並會確保所提出的方案達致：

（一）就行政長官選舉辦法而言，一個公開及符合《公民權利和政治權利國際公約》第二十五條的提名程序；及

（二）就立法會選舉而言，取消功能界別議席，以及是普及而平等並符合《公民權利和政治權利國際公約》第二十五條的選舉。」

（主席宣布就議案及兩項修正案進行合併辯論）

石禮謙議員（譯文）：

主席，人大常委會的決定有助釐清具爭議性的普選時間表，而現時仍有待討論的便是普選路線圖及兩個選舉的細節。二〇一二年便是中途站。如果我們適當地處理選舉安排，我們便可為二〇一七年及二〇二〇年達致〔至〕普選奠定穩固的基礎。

因此，我們應致力在二〇一二年推動香港的選舉辦法向前，為達致〔至〕普選向前邁進一步。如果我們為了二〇一七年及二〇二〇年的普選方案而導致二〇一二年的選舉辦法備受掣肘，我們只會令大家的討論更複雜及更混亂，甚至可能重蹈二〇〇七年行政長官選舉及二〇〇八年立法會選舉陷入僵局的覆轍。這是與市民期望循序漸進推行民主相違背的。細看吳靄儀議員的議案，我們發現主題是「2012年政制發展的公眾諮詢」，而不是建議就二〇一七年或二〇二〇年的政制發展而進行公眾諮詢。所以，我們的討論應集中在制訂二〇一二年的選舉制度，以及就二〇一七年及二〇一二年〔二〇二〇年〕達致〔至〕普選所作的過渡安排。

由於二〇一二年是二〇一七年及二〇二〇年達致〔至〕普選的中途站，我們可以討論所有有關促進普選的議題，但條件是必須符合基本法及人大常委會在二〇〇七年十二月二十九日所作的決定。否則，我們的討論勢將淪為毫無建樹的空談，因此，我想就議案提出修正案。

主席，吳靄儀議員原議案的第（一）點建議，就行政長官選舉辦法而言，須有「一個公開及符合《公民權利和政治權利國際公約》第二十五條的提名程序」。我認為她的建議沒有考慮到香港的實際情況，也沒有顧及基本法的規定。

香港最終會推行普選是源於基本法而非公約。在一九七六年當公約引進香港的時候，當年的政府加入了保留條文，令香港無須依從公約第二十五條第一（丑）款。再者，根據中央人民政府向聯合國秘書長發出的照會，就基本法第三十九條的規定，這項保留條文繼續有效。此外，當基本法於一九九○年制定時，中央政府為回應香港社會的意見，規定終目的是達致〔至〕普選。因此，在香港落實普選是源於基本法，而不是公約。

由於上述原因，於二○一七年及二○二○年舉行的行政長官及立法會選舉，應按基本法的規定而進行。正如基本法第四十五條的規定，最終目的是由一個有廣泛代表性的提名委員會按照民主程序提名後，普選行政長官。所以，日後的選舉方案，不單會促進民主，而且也將於二○一七年的行政長官選舉中落實普選。讓我重申，提名委員會的組成及提名辦法應符合基本法第四十五條而非公約規定。

此外，我完全反對原議案第（二）點取消功能界別的建議。首先，由現在起至二○二○年落實普選立法會，尚有十多年，社會還有充分時間討論此事及作出決定。我看不到現在有何需要，必須立刻就二○二○年落實普選立法會的辦法及就功能團體的問題作出決定。

況且，功能團體的問題不能單靠行政長官或立法會數位議員便可以解決，只有透過廣泛的公眾諮詢及社會的深入討論才能達致〔至〕共識。選舉辦法如要修改，須經立法會全體議員三分之二多數通過，行政長官同意，並報人大常委會備案。原議案建議取消功能團體，既未獲得各界別的普遍共識，也不符合基本法附件二所頒布的規定。原議案在大眾共識及法律觀點上皆毫無根據。因此，我在修正案中強調必須按照基本法第六十八條循序漸進發展民主，而所有立法會議員將於二○二○年由普選產生。

石禮謙議員動議的修正案如下（譯文）：

「在『改革』之後加上『2012 年』；在『今年』之後刪除『初』，並以『上半年』
代替；在『表明』之後刪除『取消功能界別議席，並』；在『提出的方案』之後
刪除『達致』，並以『有助於達致推動民主的目標，同時』代替；在『（一）就』
之後加上『落實』；在『；及』之前刪除『選舉辦法而言，一個公開及符合《公
民權利和政治權利國際公約》第二十五條的提名程序』，並以『普選，須在 2017
年按照《基本法》第四十五條成立提名委員會，按照民主程序提名若干名候選
人，由全體合資格選民一人一票普選產生行政長官，以符合普及和平等的原則』
代替；在『（二）就』之後加上『落實』；及在緊接句號之前刪除『選舉而言，取
消功能界別議席，以及是普及而平等並符合《公民權利和政治權利國際公約》第
二十五條的選舉』，並以『普選，須按照《基本法》第六十八條循序漸進發展民
主，在 2020 年由普選產生全部立法會議員，以符合普及和平等的原則』代替。」

（編者注：此修正案在原始會議過程正式記錄中位於本議案所有議員及獲委
任官員發言之後、吳靄儀的答辯發言之前，並被單獨付諸表決。考慮到讀者方便
及全書體例統一，特移到此處。）

（編者注：修正後的議案內容如下：

「本會要求當行政長官按施政報告中的承諾，就改革 2012 年行政長官及立法
會的選舉辦法草擬方案，以便於今年上半年進行公眾諮詢時，行政長官會清楚表
明會確保所提出的方案有助於達致推動民主的目標，同時：

（一）就落實行政長官普選，須在 2017 年按照《基本法》第四十五條成立提
名委員會，按照民主程序提名若干名候選人，由全體合資格選民一人一票普選產
生行政長官，以符合普及和平等的原則；及

（二）就落實立法會普選，須按照《基本法》第六十八條循序漸進發展民主，
在 2020 年由普選產生全部立法會議員，以符合普及和平等的原則。」）

張國柱議員：

　　……但，我不贊成功能界別的制度，因為功能界別違反了民主及公平的原則。功能界別不單使一些人可有兩張選票，而大部分人則只有地區直選的一張選票，而不同功能界別的選民數目參差，例如有些功能界別有接近十萬名選民，但有些功能界別卻只有百多名選民，相差數百倍的情況，造成不同功能界別的選民的票值有極大差異，而且還不要將之跟直選議員作比較。所以功能界別根本是一個畸型〔形〕的選舉制度，只會造成社會上的不公平的現象。只要有功能界別的一天，立法會選舉都不是普及而平等的選舉，而只是一個假的普選。

　　我們等待立法會普選已經二十多年了，太久了。一次過取消功能界別的好處是可以盡快落實普選，不用再接受長時間的拖延。所以我不能支持石禮謙議員的修正案，因為他指出要到二〇二〇年才可以普選立法會，現在只是二〇〇九年，我們還要多等十一年嗎？我仍然認為二〇一二年是可以實行雙普選的，市民是有能力的，只要我們的行政長官和政府有決心，我相信二〇一二年的雙普選，是完全可以實現的。

　　我堅持要一次過取消功能界別的原因，便是為了反駁部分人認為可分階段取消功能界別的想法，分階段取消功能界別只會製造更多問題。首先，怎樣決定哪些功能界別值得保留，哪些要取消呢？單是這個問題已經會造成社會爭論不休，而且一小撮的功能界別只會令選票進一步集中在小部分人手上，令票值不均的情況更嚴重，離一個公平的選舉距離更遠。其實，要一次過取消功能界別的原理很簡單，因為只有所有議席都是直選才是真正普及的選舉，而有功能界別的議席，無論是一席或是多於一席至目前的三十席，都會污染了整個立法會選舉。

　　至於行政長官的選舉，我知道到了二〇一七年，我們可以一人一票選行政長官，但提名程序方面仍然是不清不楚，很難確保行政長官候選人真的有認受性。我希望每人都可以有機會提名自己心目中的特首候選人，不用再受提名委員會的限制。如果一定要有一個提名委員會，我認為要由全香港選民組成的提名委員會來提名這個候選人是最好的。民主制度選出來的代表，認受性較大，即使你不經意犯錯，我相信選民也會接受，但我們政府的支持度，越跌越低。其實如果行政長官是普選產生的，他就不會忽視民意，以致政府的政策要朝令夕改。

張國柱議員動議的修正案如下（譯文）：

「在『表明』之後加上『一次過』；及在『功能界別議席，並』之前加上『所有』。」

（編者注：此修正案在原始會議過程正式記錄中位於本議案所有議員及獲委任官員發言之後、吳靄儀的答辯發言之前，並被單獨付諸表決。考慮到讀者方便及全書體例統一，特移到此處。）

（編者注：修正後的議案內容如下：

「本會要求當行政長官按施政報告中的承諾，就改革行政長官及立法會的選舉辦法草擬方案，以便於今年初進行公眾諮詢時，行政長官會清楚表明一次過取消所有功能界別議席，並會確保所提出的方案達致：

（一）就行政長官選舉辦法而言，一個公開及符合《公民權利和政治權利國際公約》第二十五條的提名程序；及

（二）就立法會選舉而言，取消功能界別議席，以及是普及而平等並符合《公民權利和政治權利國際公約》第二十五條的選舉。」）

政制及內地事務局局長：

……我要開宗名義向各位議員表明，香港是會達致〔至〕普選的。但是，香港達致〔至〕普選這個最終目標是源於基本法，而並不是因為《公民權利和政治權利國際公約》適用於香港。

在席不少議員相信都會記得在一九七六年英治年代當公約適用於香港時，當年的英國政府加入了保留條文，香港無須依從第二十五條第一（丑）款，亦即是說公約不適用於當年的行政局和立法局的組成。亦根據中央人民政府在一九九七年六月向聯合國秘書長發出的照會，基本法第三十九條的規定，這項保留條文仍然是有效的，而香港在一九九七年回歸後，繼續可以根據香港的實際情況循序漸進地發展香港的民主政制。

事實上，如果大家回顧在一九八四年中英雙方簽訂的聯合聲明，當時對香港

在九七回歸後的選舉制度有很簡單的條款，規定只有兩方面：第一，行政長官經本地協商或選舉產生；立法會經選舉產生，並沒有提及普選這個最終目標。普選的目標是在一九九〇年北京為香港在回歸後定立基本法而訂定的。當年是由中央政府在香港社會經過多輪諮詢香港市民的意見，回應香港社會的訴求而訂下最終達致〔至〕普選這目標，所以基本法是較聯合聲明更為進取。

我們在回歸後逐步發展香港的民主政制，在二〇〇四年第三屆立法會開始，我們已有一半的議席經直選產生；在二〇〇五年特區政府提出關於二〇〇七年及二〇〇八年的方案，即「區議會方案」，我們獲得六成的市民支持，而在立法會亦有三十多票支持當時的方案，但可惜我們只差數票未能達致〔至〕按照基本法的規定，須爭取到三分之二大多數議員通過當時的方案。

在發展香港的政制及達致〔至〕普選方面，我們須按部就班來辦事。現屆政府在二〇〇七年七月上任後，在六個月內策動了一個突破。在發出《政制發展綠皮書》然後經過三個多月的公眾諮詢後，行政長官在年底前向人大常委會提交報告。在二〇〇七年十二月人大常委會亦作出了明確的決定：在二〇一七年香港可以普選產生行政長官，在二〇二〇年香港可以普選產生所有立法會議員，並且在二〇一二年兩個選舉辦法可以作進一步適當的修改。

我們在「一國兩制」及基本法的規定下，在香港發展民主，有需要多方面的共識：有需要獲得立法會的支持、行政長官的同意，以及中央的認可，我們才可以修訂基本法關於選舉制度的規定。當然，與此同時，我們每一次提出政改方案，大家都要努力爭取香港市民的認同和支持，但既然現在已有了普選時間表，我們便可以按部就班為香港發展民主政制。

今天依然有議員質疑，如果在二〇一二年不能夠提出雙普選的方案，特區政府對發展香港的民主是否有承擔、有誠意？我們的誠意其實在二〇〇七年行政長官參加第三任行政長官選舉時已經表明，當時他表明如果獲選為第三任行政長官，他會在任內處理好普選議題。所以，我們在上任後的六個月內已經策動到有普選的決定。既然我們現時已有了普選時間表，各位議員如果仍希望我們可以在未來三數年內一次過訂明未來十二年所有的憲制決定，這種捆綁式的做法究竟是否實際呢？走這一條路會不會反而令香港難以把選舉制度向前推動呢？

按照人大常委會在二〇〇七年十二月所作的決定，其實已經有了一個輪廓，

可以有一個普選路線圖配合普選時間表。我們有需要分三步走：第一步就是由現在起至二〇一二年把香港的行政長官和立法會的選舉辦法帶到一個中轉站；第二步就是在二〇一二年至二〇一七年期間，落實普選行政長官的產生辦法；及第三步，就是在二〇一七年由普選產生的行政長官配合在二〇一六年選舉產生的立法會來處理二〇二〇年普選立法會的方案。現屆政府與立法會不應越俎代庖，為未來十二年的政府和立法會作出所有的憲制決定。

普及和平等是今天議案辯論的一個重要課題。事實上，人大常委會的決定亦已認同了有相關的安排，在普選產生行政長官時是要符合普及和平等的原則。這項決定這樣說：在普選行政長官時，是由香港特別行政區全體合資格選民普選產生行政長官。這將會是一人一票的安排，自然是符合普及和平等的原則。至於二〇二〇年落實普選立法會，當然亦要符合這些原則。但是，這些原則是因為我們有基本法，而不是因為公約。

今天的議案辯論亦聚焦在功能界別的問題。功能界別選舉是在一九八五年第一次在香港出現，當年這安排其實是體現了均衡參與的原則。但是，我們將來如何處理功能界別的事宜，並不是今天某人說了一番話就能定案的，而是須在未來十多年，透過多次廣泛討論，包括屬不同功能界別的業界，以及市民大眾、香港社會在不同階段發表的意見，我們才能作一個恰當的決定。

談及功能界別的問題，有三個重要的考慮。第一，我們認為由在二〇一七年經普選產生的行政長官帶領香港社會處理如何落實普選這議題，以及如何處理功能界別的問題是最恰當的，因為他有足夠的公眾支持力。第二，現在距離二〇二〇年尚有十二年，我們無須今天就為這議題定案。第三，根據人大常委會在二〇〇七年十二月的決定，二〇一二年的立法會選舉，要維持地區直選和功能界別議員各半數的比例。

梁美芬議員：

今年增加了一些新元素或減少了一點「包袱」，我們希望今年或今屆真的有機會，大家能夠願意退一步。對自己一方而言，可能也不是一個理想方案 —— 肯定不會，因為妥協便不會出現最理想的情況，但最低限度可以有一個突破。

就這些原則，我在過往數年其實也嘗試向政府表達，很希望立法會在符合全體普選的目標上，真的可提供一個實質的時間表。

舉例說，我曾提出希望可以有實實在在的三步。第一步是在二○一○年不要再等待了，我們要擴闊所有功能界別選舉的基數，令香港市民真正能夠認同功能界別的選舉方式，最低限度有合理性。現時，一些功能界別事實上是在其功能界別內一人一票產生的。如果在這循序漸進的第一步階段，我們首先能夠擴大功能界別的選民，讓所有市民也可以達到一人兩票，甚至婦女界也參與功能界別的選舉，使她們在地區直選持有一票之餘，也可以在功能界別中多投一票。同時，擴大選民的基數，使一百萬至二百萬市民都可以參與功能界別選舉。

第二個階段，我希望在二○一六年真正能夠在功能界別中達到普選，使功能界別的候選人可以面向香港市民。這也是一個中途站，雖然候選人仍有功能界別的性質，但可符合堅持保留功能界別的起草委員的要求 —— 他們仍覺得功能界別有其必要性。在這中途階段，我們希望這些功能界別的所有候選人，要面向普選的洗禮。

這些候選人，既要符合公眾要求，也要符合功能界別的要求，其實是要符合更高的標準。如果我們可做到「1+30」的方案，我相信到了二○二○年，立法會全面普選已是水到渠成的事。這項建議也符合人大常委會所提的二○一七年最快實行普選行政長官，二○二○年可以普選全體立法會議員。

（代理主席劉健儀議員代為主持會議）

陳茂波議員：

我認為香港的選民具備迎接普選來臨的質素。對特首和立法會議員最終應經普選產生這目標，我與各熱愛民主的市民沒有分別，我也贊成最終一次過取消功能界別，但在具體實施的時間表上，我的看法不盡相同。客觀的現實是人大常委會已作出了決定，香港可以推翻這個決定的機會不高，而這決定所提的普選時間表，即二○一七年和二○二○年，還是可以接受的。在這情形下，我認為就二○一二年行政長官和立法會的產生辦法，我們所需要的是一個過渡方案。

代理主席，在此容許我衷心表達我的觀察所得。香港回歸這十一年來，政制

發展方面未能盡如人意，社會上對特首和立法會的普選時間和方法，爭拗不斷，造成極大的內耗。面對人大常委會的決定，不少港人感到不服氣，政改這問題困擾了香港社會一段長時間，妨礙了社會的發展和特區的管治。過往大家在普選這問題上的爭拗，源於香港社會跟內地政府彼此間的信任不足，令整件事情的進度顯得舉步維艱。

現時，既然大部分港人認為人大常委會已作出的二〇一七年先普選特首，二〇二〇年再普選立法會是一個勉強可以接受的決定，我認為大家不應再在雙普選的時間表這個問題上繼續糾纏，消耗過多的精神和時間，而應該把精神和時間投放在如何做好二〇一二年的過渡方案，為邁向二〇一七年和二〇二〇年的雙普選踏出重要的一步。在這個目標下，各方在整個探索和討論的互動過程中，可以將彼此強烈的互不信任逐漸收窄，為落實二〇一七年和二〇二〇年的雙普選鋪好路。

何俊仁議員：

……吳靄儀所要求的只是很簡單，我們現在告訴你們，人大說在二〇一七年可以普選行政長官，我便問是甚麼提名？是怎樣的提名程序？我們可否有一個共識，可否不要篩選候選人？如果要篩選候選人，便不是真正的普選，為何不能跟我們說清楚呢？第二，在二〇二〇年的立法會普選，不應該有功能界別，因為根據以往的經驗，功能界別的確使很多人無法投票，的確是保障政治的特權，或是在提名方面，對很多人造成不合理的限制，這些是不可接受的。

今天的議案提出《公民權利和政治權利國際公約》第二十五條，其實正正是想大家不要再玩文字遊戲，因為普選的定義是有世界標準的，我們想將這個普選的意思納入世界標準，作為一個引證，不要再讓人製造有中國社會主義特色的普選，便是這麼簡單，但這樣你也不肯做。梁美芬議員不斷說：「你們要妥協一下，討論一下。」妥協甚麼呢？我也不知道二〇一七年的方案是甚麼，也不知道二〇二〇年的方案是甚麼。其實，今天我們這羣人已告訴你，我們的耐性已等到完全磨滅，正如湯家驊所說，他那麼斯文也想走上街，他有很大的衝動要上街。其實，問題便是這麼簡單，還妥協甚麼呢？我們是願意考慮的，只要你說清楚二〇

一七年、二〇二〇年的方案內容，其實很簡單，如果有真正的路線圖，如果它真正可以令香港有普選，我們是可以考慮的，但連這一點也不能給我們，連這一點也欠奉，那麼你要我們還在等待甚麼呢？妥協甚麼呢？梁美芬所說的妥協，是否只是不斷在等待，不斷在後退，而不知道自己的底線在哪裏呢？

何鍾泰議員：

為落實有關的安排，政府應盡快開展就二〇一二年政改方案的諮詢。早前，在二〇〇五年所推出的政改方案以失敗告終，主要是因為諮詢不足。當然，在二〇〇五年提出的政改方案中，社會人士亦對部分建議是否合適提出質疑。其中的建議包括在地區選舉及功能界別選舉增加五個議席，以及把新增的立法會功能界別五個議席，全數給予區議會功能界別。當時，有論者認為，建議會令區議會在功能界別方面所佔的比例超過六分之一，他們的影響力將會大大增加，有可能超越基本法第九十七條所賦予的地區事務範疇的職能。對於二〇〇五年政改方案的失敗，政府必須引以為鑒。為使香港的政制發展能夠向前邁進，政府必須抓緊時間，提出切實可行的改革方案，早日讓公眾進行深入的討論。

政府不應再緊抱「行政主導」的施政理念，只顧以精英心態閉門造車，以致往往在政策制訂過程的最後階段，才匆匆拋出相關方案作諮詢，並憑藉在資源及資訊上的優勢影響諮詢的結果。政府這樣的行事方式除有違「以人為本」的施政方針外，也一直影響它與本會的合作關係。政府近期的連串政策失誤，其中包括副局長及政治助理任命所引起的風波、「生果金」的「轉軌」、外傭稅事件及董事禁售期的爭議等，均暴露了政府施政的弱點，更遑論有效管治。政府的行政霸道，只會令市民大眾更為反感，削弱其管治的威信及聲望，反而會令政府處於更被動的位置，可說是適得其反。

代理主席，政制發展對香港的未來是相當重要的。政府應把握時間，盡快提出切實可行的方案，並及早進行廣泛諮詢。所提出的方案也必須符合基本法的規定及人大常委會在二〇〇七年十二月二十九日就香港政制發展所作出決定的方案，因為這個決定所提出的方案，是一個憲制的決定，如果強調可不依從憲制的決定，是不切實際，自欺欺人，也是站不住腳的。

葉國謙議員：

其實，我們認為，原議案把二〇一二年選舉的諮詢工作與往後的普選模式，作出了捆綁式的諮詢。然而，香港各界現時對於提名委員會的提名程序，以及功能界別的存廢事宜，意見紛紜，根本難以在短時間內取得共識。如果我們現時進行捆綁式的諮詢，只會影響及拖延對二〇一二年選舉辦法的諮詢工作的成效，也只會虛耗社會的能量於長期的爭拗，不利於本港的政治、經濟及社會發展，加上香港現正面對金融海嘯、經濟陰霾的環境，特區政府理應集中社會力量，搞好本港經濟，相信這是廣大市民的期望。民建聯認為，政府在二〇〇九年上半年應把精力放在「創就業、展經濟、促消費」上，使香港能度過這次金融海嘯帶來的嚴冬。

（主席恢復主持會議）

原議案要求提名委員會的提名程序必須符合《公民權利和政治權利國際公約》第二十五條的程序，並按該公約的規定進行。對此，民建聯認為是沒有法律依據的，我們必須指出，基本法第三十九條清楚規定，「《公民權利和政治權利國際公約》、《經濟、社會與文化權利的國際公約》和國際勞工公約適用於香港的有關規定繼續有效，通過香港特別行政區的法律予以實施。香港居民享有的權利和自由，除依法規定外不得限制，此種限制不得與本條第一款規定抵觸。」

這裏已清楚表明，因為在一九七六年 —— 剛才林局長也有提及 —— 英國把該公約適用於香港時，特意就着第二十五條作出保留。根據國際法的規則，有關保留只有經締約國書面撤回才會失去效力。英國政府從未書面撤回該保留。因此，香港回歸前一直被排除在該公約第二十五條的適用範圍之外。所以，《公民權利和政治權利國際公約》第二十五條並不適用於香港，這是客觀存在的現實。所以，行政長官的普選必須依據基本法第四十五條的規定進行；亦因如此，我們支持石禮謙議員提出，按照人大常委會、基本法在這方面的決定來進行。

其次，原議案要求取消功能界別議席，雖然議案內沒有說明何時取消，但民建聯認為，如果是要求在二〇一二年的立法會選舉便取消功能界別議席的話，此舉是違反人大常委會的決定，因為人大常委會的決定明確指出，二〇一二年立法會經功能團體和分區直選產生的議員各佔半數的比例維持不變。

如果原議案只是希望在其後實行立法會普選時，才取消功能界別議席的話，民建聯則認為，由於各界對於功能界別選舉的處理仍存有不同意見，這一點應該透過社會各界繼續深入討論和探討，以便取得全部議員由普選產生的共識，但亦不應由一個不適用於香港的公約的第二十五條來規範。

劉慧卿議員：

參加了這公約，便要履行公約，公約在一九九六年和最近一次的二○○六年均提及，當局要採取即時的行動，更改我們的選舉方法，令其符合公約。是看哪一項呢？要看的有第二十三條、第二十四條、第二十五條，全部都是要履行的。葉國謙議員是引用政府當年的說法，在一九七六年說要有豁免，又說要有保留。主席，委員會已說過，政府是可以說有保留的，但一旦開始執行選舉，便不會有保留，說了那麼多次，特區政府還硬是要這樣說，葉國謙又不斷拾人牙慧。

但是，主席，既然我們參加了這項公約，我們便應該接受演繹公約的最高權威，那便是聯合國人權委員會，而不是葉國謙議員、林瑞麟先生或特區政府。所以，我真的感到很憤怒，政府不單不肯做，還要指鹿為馬，歪曲事實⋯⋯

黃毓民議員：

吳靄儀議員的議案，要求行政長官在今年展開政制發展公眾諮詢方案時 —— 當然，說的是二○一二年 —— 明確表示二○一二年政制改革必須符合《公民權利和政治權利國際公約》第二十五條的原則，要達致〔至〕普及而平等選舉的目的，取消篩選的制度。這是一個正確的普選路線圖，社民連是會支持的。但是，我們亦必須表明，我們既爭路線圖，亦爭時間表。所以，對於這項議案沒有提及二○一二年雙普選，我們表示遺憾。

當然，在其他的場合，公民黨仍然表示他們會堅持二○一二年雙普選，但亦有很多民主派的朋友讓我們覺得他們其實是，有的話便堅持，沒有的話也可以接受，且看看在二○一二年當局會給甚麼我們吃便是了。但是，我在這裏申明社民連的立場：就二○一二年雙普選，我們是堅持到底。今年才是二○○九年，有人

未爭先投降，我覺得這又是另一種「廢柴」。所以，我們會繼續堅持到底，要爭取二〇一二年雙普選，沒有任何妥協的餘地。

梁家傑議員：

主席，香港的政治權力向商界傾斜，忽略了中產、專業和基層，造成政策的不公道、不公平、不平衡情況，已經是不爭的事實。這麼一個不穩妥的政權架構，對香港造成壞的影響，真是無處不在。

其中一個最顯著的，當然就是曾班子管治能力的急速衰敗。⋯⋯
⋯⋯

主席，林局長不斷強調《公民權利和政治權利國際公約》第二十五條因北京給聯合國的照會而不適用於香港。但是，本人留意到，局長並未討論高等法院祁彥輝法官一九九五年在 Lee Miu-ling 一案中的判決。法官清楚指出，一旦成立經由選舉產生的立法會，第二十五條的規定就會適用於立法會的選舉。其後，聯合國人權事務委員會亦多次重申這個觀點。昨天，香港大律師公會亦確認了這法律觀點。因此，具有篩選作用的提名機制和包括功能議席的立法會選舉，顯然有違公約保障公民被選舉權的條文。

何秀蘭議員：

香港的民主進程一定要談及年份，其實現在已經是一拖再拖，從以往爭取一九八八年直選，至一九九五年劉慧卿議員的全面直選方案以一票之差輸掉，及至梁家傑議員剛才引述的蟻聯成員李妙玲訴香港政府一案中，得到祁彥輝法官的判決，以至我們以為基本法實施了十年便應該會有普選而爭取二〇〇七及二〇〇八年雙普選，但期望卻一直落空。到了現在說二〇一二年，其實已拖了很久，而政治特權和經濟特權帶來的深層次矛盾卻越來越明顯。今天的特首不管是姓董、姓曾，還是姓梁，在這樣的政制下，其實也解決不了這個矛盾，所以我希望、我亦相信很多香港人跟我一樣，希望盡快在二〇一二年實行雙普選，以解開這個深層次的死結。

除了談時間表外，我們還要談質素和內容。二〇〇五年的方案是一個倒退的方案，增加選委會和功能界別只不過是擴大政治的特權階級，令特權階級更難以去除，令將來特首選舉提名的門檻更不合理。談及提名，我想引述一份文件，這是聯合國人權委員會在一九九六年第一千五百一十次會議上對提名的一段意見，原文是英文，我要用英文讀出來："The right of persons to stand for election should not be limited unreasonably by requiring candidates to be members of parties or of specific parties. If a candidate is required to have a minimum number of supporters for nomination this requirement should be reasonable and not act as a barrier to candidacy."（譯文：「參選權利不得以候選人須為黨派或某黨派成員身份而受到不合理限制。假如候選人須按規定獲得一最低數目的支持者支持方能取得候選資格，則有關規定須合理且不能構成障礙。」）所以，關於提名的事宜，主席，希望局長明白，雖然人權公約中沒有清晰列明，但人權委員會的立場和意見是非常清楚的。不過，剛才局長也很有趣，當他可以借光的時候便引述人權公約，不能借光的時候則引述基本法，但根據基本法，通過香港的法律實施人權公約對我們的保障，香港的法律便是由行政機關提出，由立法會通過，議事廳內所有人都有責任確保香港的制度是合乎人權公約給予我們保護的標準，我們每一個人都不能卸責，局長，也不准「賴貓」。多謝主席。

葉劉淑儀議員：

今天的辯論主題是有關功能界別選舉。我個人很同意多位同事所說，功能界別目前的安排並不完美。的而且確，有部分人是一人數票，而部分人則只是一人一票。在功能界別，有部分是一人一票，而部分則只是公司有票或會員有票，但無論如何，功能界別也有其一定的作用，便是確保議會有均衡參與、有不同的聲音，以及社會不同階層和不同背景的人也可以參加議政。

最近，我看到一篇文章，便是《經濟學人》的一篇文章，讓我更看到均衡參與的重要。這是十二月二十日的最近一期《經濟學人》，當中有一篇評論美國國會參議院 shenanigans and seriousness，即有關美國國會參議院曖昧及嚴肅一面的評論。該文章指出，以美國作為一個超級民主大國，國會內也有很多不公平、不對

稱的地方，例如它的參議院，無論州的大小，也是兩位代表，導致只有五十萬人口的淮俄明州有兩名參議員，而有三千七百萬人口的加州也是只有兩名參議員。因此，在代表方面，對這些州絕對可說是不公平，對這些人來說也不公平及不對稱。

我相信很多市民從最近的報道也看到，美國有些非常曖昧的情況，便是經過美國總統大選後，有很多參議員職位出缺，結果如何？原來伊利諾州州長可把職位出售。香港還較它先進，我們有出缺便會補選，但它並不是，伊利諾州州長竟然想出售職位；而紐約州希拉里•克林頓的空缺，看來亦將會作為政治交易，由前甘迺迪總統的女兒代替。至於候任副總統拜登在選舉之後的空缺安排就更令人發笑，州長可能會委任拜登的老友接任先做兩年，讓他的兒子在伊拉克作戰回來後，便世襲他的職位。這些都可說是不普及、不平等、很曖昧的一種制度。

但是，為甚麼美國人不推翻這種制度呢？其實，它的憲制設計者是蓄意作出這種設計，讓國會或議會有不同聲音的。雖然有些議員會直接回應民意，很留意短期的民意波動，但亦讓某些議員 —— 因為他們無須直接及短期向選民負責，任期為六年，亦可能透過委任當選，他們便可以就長遠及整體的利益發言，就原則性的問題表態。例如《經濟學人》指出，雖然美國民意普遍支持政府打救汽車工業，但參議院內的共和黨議員卻以原則理由大力反對。由此可見，雖然功能界別透過其界別的議員作為代表，而且其選舉方法未必很完美，但事實上，我們議會亦須有同類的安排。

所以，我在近年參加了兩次選舉，也提出一人兩票。直至我們達致〔至〕普選那一天，我仍然會認為有需要公平地安排每名市民也擁有兩票，一票是投地區代表，另一票則應該以全港作為一個選區選出代表，讓我們可以透過一人兩票的安排，以比例代表制，可能會讓現時代表不同功能界別的專業人士再當選。換句話說，雖然同事剛才說以三十五年也未能演進到普選，但請想一想，在英治時代，一百四十多年也不推動普選，而在一九八五年開始有功能界別選舉後，在二十二年內有一個明確的時間表，已經毫不簡單，這是我們非常值得感到喜悅的。

香港其實還要作很多準備，才可以邁向成功的民主選舉，例如我們的政治人才仍然不足，無論是政黨或問責制高官，所以我贊成循序漸進。對於吳靄儀議員

提出這個課題，對她引述 ICCPR 第二十五條，我是有所保留的。所以，我會反對
她的議案。

陳淑莊議員：

主席，落實普選除了可以擴闊年青人的從政空間，還可以推動社會和諧，促
進經濟發展。我真的不能夠同意有些同事或前輩所提出的押後政改諮詢，專心搞
經濟的主張。今天，香港政府認受性低，市民有冤無路訴，引致怨氣沖天。如果
普選時間的問題一拖再拖，長遠而言，對我們的經濟完全沒有好處。

有人說，如果香港有普選，經濟便會差，社會便會不和諧，因為普選便會產
生一個只懂派錢的福利主義特首，也會選出像小布殊或陳水扁般犯眾憎的領袖。
但是，我想指出，正正因為有民主普選，萬眾期待的奧巴馬才可以執政。

民主普選不可以保證我們找到最好的領袖，但可以保證我們能令不稱職的領
袖落台。董建華在一片謾罵聲中順利連任，接着，在被形容為浩劫的數年後，因
腳痛落台，在普選的機制下，這個大笑話根本不會發生。只要我們將不稱職的人
請走，社會的怨氣便自然可以平息，我們就有更多精力、精神、時間，搞好香港
的經濟民生。相反，如果我們還要花時間掃除民主路上的無謂障礙，又要應付政
治特權階級的種種謬論，我們那會有心機搞經濟？……

劉健儀議員：

主席，自由黨是認同《公民權利和政治權利國際公約》第二十五條，內裏所
提出的「普及」、「平等」及「不受無理限制的參與政治選舉權利」等原則。然而，
任何的國際公約在本地應用時，均須切合不同地區或國家的實情，透過各自的法
律或既定程序予以落實。故此，本港的選舉模式是不能只顧照搬該公約的原則，
而無視、甚至藉此凌駕基本法及人大常委會的相關規定。

常言道：「無以規矩，不成方圓」。根據基本法第四十五條普選特首時，是要
由一個具廣泛代表性的提名委員會作出提名，並不是好像議案所言，只須符合該
公約的基本原則，便無須講求其他規定或程序。

同樣，原議案只要求取消功能界別議席，以符合該公約第二十五條，卻未有提及基本法第六十八條中「立法會的產生辦法根據香港特別行政區的實際情況和循序漸進的原則而規定，最終達至全部議員由普選產生的目標」的相關條文，同是犯了無視基本法的毛病，故此自由黨亦有所保留。

最後，我想就兩項修正案提出自由黨的意見。

人大的決定是表示二〇一七年及二〇一七年以後「可以」落實普選特首及立法會，換言之，最早可以在二〇一七年及二〇二〇年分別普選行政長官及立法會，但我們要知道，當中的修改程序基本上要過五關，首先須由行政長官向人大常委會提出報告；二是人大常委會對是否有需要修改作出決定；三是修改要經立法會三分之二多數通過；四是特首同意已經通過的修改；及最後，要經由人大常委會批准或備案。在五個程序中，特首只能決定當中兩個程序，又只要當中任何一關出了問題，如立法會未能取得三分之二多數同意，就沒法成事，故此，石議員的修正案用的字眼是「須」字，試圖展現更大的決心，其精神可嘉，而自由黨其實也很支持二〇一七年普選行政長官及二〇二〇年普選立法會，不過，正如我剛才所說要過五關，其實困難是存在的。不過，我們亦要以此為目標，但用了一個「須」字，便必須這樣做，就似乎是忽視了實際安排的要求，但這並非最重要的，石議員的修正案當中，刪去取消功能界別議席的陳述，難免予人有保留現有功能界別的想法，自由黨是有保留，並認為在這方面須作出修改。

對於張國柱議員的修正案，主張要「一次過取消所有功能界別議席」。我想指出，我們基本上同意現時功能界別的選舉模式，是不符合基本法第六十八條中立法會議席以「普選產生」的原則，但一步到位的做法跟基本法循序漸進的規定是不符合，也不符合自由黨一向的主張，即須循序漸進。所以，我們是不能接受的。

李永達議員：

為何我們要想一些方法，表面上是作出一些所謂的合理篩選，但其實卻完全是不合理的門檻，而這個門檻本身便是要限制不同政見的人的參與的呢？我們不知道將來會有些甚麼不同政見的人，大家別以為只有民主派、非民主派或民主立

憲派，即使在建制派中也有些人是中央政府不喜歡的，中央同樣可以不讓他成為候選人。

所以，我們經常說，如果最終的結果是只有數位政見完全相同的人讓市民選擇，這是否真正的普選呢？在我們一般的民主社會裏，選擇本身是指選擇不同政見和政治傾向的集團的代表 —— 即政黨代表，但現在是沒有的。第二，策發會最經常討論的便是功能界別的問題。石禮謙議員在策發會上也說過，他似乎是暗示 —— 我希望沒有猜錯他的心意 —— 希望功能界別能夠千秋萬世。他現在點頭，這表示我猜對了。他提出很多制度令功能界別不用取消，例如有人提議擴大選民基礎，然後限制提名，那麼日後便是由醫生提名醫生，然後由市民揀選，這便是所謂的普選嗎？還是由醫生團體或商會挑選數名候選人讓市民揀選。其實，這便是我們所說的不要限制。如果在揀選過程中已把某些政見或傾向的人刪除，這已不符合普選的原則。

我想向局長說的最後一點是，他經常說現屆政府會處理二〇一二年的選舉，而下一屆政府則處理二〇一七年的選舉，然後再下一屆的政府便處理二〇二〇年的選擇。這種說法是完全不合邏輯的。現時存在最大的鴻溝，便是真普選和假普選的爭論，而上一輪則是有時間表和沒有時間表的爭論。如果沒有一個最終的真普選的設計，別指望可以說服民主派接受只單獨就二〇一二年的選舉進行討論，這是很難討論的，因為我們這裏二十三人根本沒有一個可以說服其他人，二〇一七年、二〇二〇年的選舉是真正、完全沒有篩選且符合原則的普選。在沒有這個基礎之下，是沒有人會相信這個政府的，也沒有人相信中央政府是有誠意做到的。

謝偉俊議員：

……有些事情的而且確是要時間慢慢改變的，正如台灣問題或香港五十年不變、循序漸進等，這些概念都是由於我們不可以一下子改變，希望有些時間令大家對整件事的看法，由很主觀地認為是黑的變為沒有那麼黑，或由白的變為沒有那麼白，在中間落墨便是我們的現實生活及政治，這是第一點。

第二點是，以梵蒂岡為例，如果一下子要把梵蒂岡民主化，恐怕在初階段，

權力仍是掌握在很多神職人員手中,不會一下子被釋放出來。如果香港是農業社會,一下子要奉行民主,最初可能很多漁農界人士也會有票。香港作為高度的商業社會,在民主化路程的初段,難免有較多商界利益要保留權力,不可以一下子放棄,這是歷史的現實。即使美國這麼民主的地方,仍然有很多猶太人勢力,是不可以一下子完全沖淡的。這不是說甚麼特權,而是純粹指一個地方的民主政制發展一種必然的歷史因素。

第三點是,我們在談論民主時,最重要的便是談代表性,即是如何能在普及和平等的原則下物色代表,這正是我們現時最希望且同時符合有關國際公約所要求的原則。然而,不一定是直選才能符合這兩項原則。我在某程度上其實也同意石禮謙議員的說法,功能界別確有其優點,並不是甚麼洪水猛獸,必須馬上消滅。不過,現時的功能界別選舉確實存在很多缺點,必須馬上更正,例如代表性、選舉方法、選民人數及票數不平等方面,都是我們必須馬上處理的工作。我相信關於二〇一二年的選舉,政府也會在這方面多做工夫。

主席,無論我們說的是民主或法治,均不是黑與白的概念,而是原則的問題。落實這些原則的方法有很多,例如法治可以有英式的普通法治,也有大陸式的法治。推行民主也有很多方法,例如英國或美國式的地區選舉方法,甚至歐陸式的比例代表制,而德國更是兩種方法同時並用。在這方面,只要我們堅持普及和平等的原則,其實無論採用甚麼方法,也可以針對個別地方、個別背景慢慢斟酌。

鄭家富議員:

……可是,就政府而言,我不可以不交稅,政府一定要我付出公民責任。這個政府,我在某程度上應該是可以選擇的。香港人看到澳門派出包機,便說要移民澳門。他們是可以選擇的,不過,一旦選擇了你的政府,你便要履行公民責任,有權利必有義務。我有交稅的義務,便應該有選擇政府和議員的權利,這跟信仰不同。所以,我不希望再以這個理念扭曲普選的真理。

……

……可是,我希望葉太也要明白,她說的曖昧,例如州的大小不同,也有

兩個參議員席位；年期有長短，就是表達因為有不同議員應該處理民眾的短期需要，以及社會的長遠訴求。葉太也要明白，她剛才提出的兩點，不論長遠或短期的民意，都是公眾利益，並非香港的小眾 —— 工商界、大財團 —— 的利益，便是這麼簡單。為何她不說說這些呢？

　　最不幸的是，自立法會有了功能界別後，六十個議席中，有三十個是功能界別議席；此外，主席，我們還有一個荒謬的分組點票制度。功能界別已扭曲了民意，但竟然還要以分組點票來遏抑那三十名代表市民理念的地區直選議員，這樣也可以？……

余若薇議員：

　　談及普選的定義，林局長剛才發言時說《公民權利和政治權利國際公約》第二十五條不適用於香港。對於這種說法，我已多次說過，我也要特別在此對於黃仁龍表示非常遺憾，因為他是律政司司長。對於這個問題，特區政府一直表示，在殖民地時代的一九七六年，港英政府保留了對第二十五條的適用權。我希望黃仁龍司長回去翻閱一下，昨天香港大律師公會已發出一項聲明，清楚指出這一點，跟律政司司長和政府的立場是不同的。我亦希望他參看梁家傑議員剛才發言時提及的一九九五年 Mr. Justice Keith 就李妙玲一案所作的判決。我更希望黃仁龍司長聽到劉慧卿議員剛才發言時提到，解釋國際人權公約的最高機構其實便是聯合國本身，他們在一九九六年和二〇〇六年都有清楚說明，一旦開始了選舉，一九七六年的保留便不再適用。所以，對於這一點，我特別對黃司長感到非常遺憾。

　　主席，即使我們退一萬步，今天不談論基本法第二十五條，但基本法本身也有提及普選，而普選應該是普及和平等的選舉。功能界別真的是一個毒瘤，如果不盡早取消，這毒瘤只會蔓延，因為當要增加立法會議席時，同時也要增加功能界別議席。關於這一點，謝偉俊剛才提及甚麼特權，他說的是猶太，我不知道猶太跟香港有甚麼關係，但同樣是說政治特權只會蔓延。

　　我特別想一提《鏡報》一篇名為《工商界參政須未雨綢繆》的文章，其中提及現時工商界是安於現狀，對政府過分倚賴，當企業和勞工的利益出現矛盾時，

政府為了香港的繁榮穩定，自然會做一些平衡的工作，所以工商界不會擔心沒有免費午餐 ——是「免費午餐」，這是《鏡報》使用的字眼，我會稱它為「殘廢餐」。

政制及內地事務局局長：

主席，今天，有多位議員就我們如何落實普選和就《公民權利和政治權利國際公約》發表了很多言論。我覺得有數個重點須回應，亦有必要回應。如果大家只聽反對黨派議員的論點，會以為香港的管治是很不濟的、是很消極的，因此，有幾個重點有需要糾正。

大家可以看到，根據基本法和在「一國兩制」下，現在為香港作為一個特區作出了甚麼安排。我們有法治、有自由，亦可以逐步達致〔至〕民主。司法獨立在香港是一個已確立的制度，我們有終審法院，所有在香港的案件都在這裏審結。終審法院亦可以邀請世界各地先進的普通法制高層法官來港參與香港的司法工作，保證我們與國際的司法界有聯繫、有合作。

另一方面，香港作為一個自由、尊重人權的社會，我們在亞洲區內是首屈一指的。我們的傳媒是全面開放的，天天監察着政府。至於國際組織方面，例如「傳統基金」已連續十多年把香港評為全世界最自由的經濟。

談回大家最關心的政治體制。雖然今時今日我們還未達致〔至〕普選，但特區政府官員每天均須來立法會解釋我們的政策建議、法案、我們所提出的財政預算案，沒有各位議員的支持，我們是寸步難行的。所以，我們當下所有的憲制安排，在這方面是與先進、開放的民主國家相近的，行政、立法是互相配合、互相制衡的。

再者，我們是會逐步按照人大常委會在二〇〇七年年底所作出的普選時間表，邁向全面普選。我不希望大家繼續不斷地貶低香港，這樣妄自菲薄，對香港社會本身是不公平的。大家很關心我們將來落實普選行政長官時的提名機制會是如何，這將會是第四任行政長官在二〇一二年選舉產生後與第五屆立法會在二〇一二年組成後要處理的議題。他們要在社會上策動廣泛討論，提出方案，作出表決。

可是，有議員擔心提名機制會否變成篩選機制呢？主席，我認為這是杞人憂

天，因為不論下一任政府提出甚麼方案，都必須按照基本法提出，需要爭取這議會內三分之二多數議員表決通過。每位議員如果在下屆繼續參選，並成功返回議會的話，手中是握有否決或贊成票的。沒有大家的足夠支持，甚麼樣的提名機制都是不能確立的。會否支持在數年後新一任的行政長官和特區政府所提出的普選行政長官方案，是由不同黨派及獨立議員表決決定的。

再談一談立法會普選功能界別的問題。大家不應該對功能界別「一竹篙打一船人」。功能界別也並非單是為商界的利益服務，我們有專業的團體，有教師、有護士、有社工、有工會代表，他們都是功能界別的。多年來，功能界別人才輩出，較早期的有李柱銘、司徒華等前任議員，現在有張文光議員，劉健儀議員更是內會主席。經過功能界別參選，然後投身直選的議員亦有不少，上屆有田北俊議員和周梁淑怡議員，今屆王國興議員成功變身，繼續在議會內服務。

不過，我想重申一點，特區政府認同現有的功能界別選舉未能符合普選條件。這問題日後須處理，但並不是在今天處理，而是在二〇一七年至二〇二〇年期間處理。

說回二〇一二年的選舉方案，我認為有很多關鍵議題我們要考慮、討論、處理。其中一項要處理的，便是現時的立法會選舉競爭性相當大。如果我們回顧去年九月前的參選情況，是有點僧多粥少的情況，議席的數目並不太足夠，而議會內的事務亦很多。我們在處理日後二〇一二年的方案時，確實要考慮應否增加立法會的議席。

可是，當中有數個關鍵議題是不能輕易解決的：應該增加多少議席呢？如果增加的話，因為按照人大常委會的決定，是有一半一半的比例的，那麼，應增加哪些功能界別的議席呢？在增加這些議席時，如何可以有一定的民主成分，大家才願意考慮 —— 願意考慮 —— 和支持呢？主席，我不會低估達成共識的難度，但為着香港未來的發展，總要盡一切努力凝聚這套共識。

有議員特別問及我們今後的工作時間表。行政長官在施政報告中表示過，將會在二〇〇九年上半年開展關於二〇一二年政制發展的公眾諮詢。這兩天，我在議會內外聽到兩種意見，有議員認為我們要繼續在上半年開展這項諮詢工作，亦有黨派認為我們可以稍候。對於各方發表的意見，我們都會細心考慮，待我們有進一步關於諮詢工作的細節時，我們會向議會交代。

我希望進一步回應個別議員提出的意見。吳靄儀議員和梁家傑議員均提到我們的政治委任制度，以及現有管治情況的關係。我想重申，我們在過去數年發展政治委任制度，我們其實是想配合在二〇一七年落實普選行政長官這個制度。我們希望成立這個三層的政治委任架構，有局長、有副局長，以及第三層的政治助理。在二〇一二年所選出的行政長官，特別是在二〇一七年由普選產生的行政長官，他們會有足夠空間吸納不同黨派及背景的人士參政、從政。如果可以配合立法會議席數目的增加，今後在香港從政的渠道便會更闊、更廣。

余若薇議員和劉慧卿議員都特別提到國際人權公約及聯合國人權委員會的意見。究竟公約的第二十五條第一（丑）款是否適用於香港呢？我們的立場是鮮明的，是有保留條文。人權委員會所表達的只不過是意見，聯合國人權委員會並不是國際法庭，它不能取代在國際法上的立場和事實。中國外交部在一九九七年向聯合國秘書長所發出的照會，體現了國際法上的情況 —— 公約的第二十五條第一（丑）款是繼續不適用於香港。劉議員不應利用國際人權人士所表達的意見，扭曲國際法上的情況。

……

……在我上任初期，二〇〇二年、二〇〇三年期間，反對派議員要求我們談普選的前路，如果不談普選時間表，大家可以談一談方案、路線圖等。在二〇〇五年，我們提出二〇〇七年、二〇〇八年方案，便有反對派議員認為沒有普選時間表，所以難以支持那個二〇〇七年、二〇〇八年方案。今天我們有時間表了，但大家便說……

……

……今天有普選時間表，反對派議員要求我們一次過就二〇一二年的選舉方案，以及在二〇一七年和二〇二〇年……

……

……要求一次過就二〇一二年的選舉方案、二〇一七年和二〇二〇年如何落實兩套普選的方案，全面討論、表決。可是，如果這樣做，其實是不斷地捆綁時間表、路線圖及方案，我們會寸步難行。在二〇〇五年已經捆綁了一次，今次則是「加倍捆綁」，這並非香港之福。

回應何俊仁議員、李卓人議員和梁耀忠議員，他們問第三任行政長官所帶領

的特區政府，究竟為普選做了甚麼呢？我可以告訴大家，我們的努力，以及我們今天可以有的進度，是超過以往任何一任政府，無論是一九九七年前彭定康所領導的香港政府，或一九九七年後董建華先生所領導的特區政府，都未有可以達致〔至〕有普選時間表的立場，但我們今天已經達致〔至〕。我們亦會努力就二○一二年的選舉方案進行公眾諮詢，以及會提出方案。我們期望這可以為香港打下新的基礎，爭取新的進度。政治是可能的藝術，我們現在有了這個普選時間表，如果大家能夠有一種求同存異的心態，我相信在未來十二年，行政長官和立法會的選舉方案可以逐步更開放，達致〔至〕普選；行政和立法機關對市民的問責性可以提高，而香港則可以逐步邁向選舉、民主成熟，普選是可期的。

2009 年 2 月 11 日
議案辯論：拖延政制發展諮詢

何俊仁議員：

我今天動議譴責特首曾蔭權拖延政制諮詢，失信於民。以下這段說話，是我希望曾特首親耳聽到的：我譴責你，曾特首。不是因我想侮辱你，也不是因我想打擊你，我更不想打倒你。我譴責你，是因為我想喚醒你，我要刺激你，甚至我是想「撐」你。我希望曾特首有勇氣、有尊嚴、有誠信地「做好（他）呢份工」，正如他參選時所作出的承諾。

主席，我這樣說，並不是想曾蔭權因為政改工作艱巨、受過挫折，包括二〇〇五年時他的政改方案被立法會推倒而死心。哀莫大於心死，我們仍然希望，仍然相信他是一個有心人。我們還清楚記得，曾幾何時，曾特首曾說，他飲的是香港的水，他流的是香港人的血。他在二〇〇七年競選連任特首時，豪言壯語地說，要在任內徹底解決普選問題，無謂再搞中期方案，換言之，他要提出一個國際公認的普選方案。

（代理主席劉健儀議員代為主持會議）

二〇〇七年十二月，全國人民代表大會常務委員會再度決定否決二〇一二年雙普選，並同時指出二〇一七年可普選行政長官，以及在其後（即二〇二〇年）可以普選整個立法會。但是，我們理解，亦相信，而特首曾蔭權亦知道，普選問題並沒有因為人大常委會在二〇〇七年的決定而得到徹底的解決。因為這只是一個表面的時間表，但它卻缺乏終極方案的結構圖。這包括：

（一）二〇一七年的特首選舉的提名程序是否公平？會否設有不合理的門檻，導致只有中央認可的人才可以參選特首，而排斥中央不接受的人參選？

（二）即使二〇二〇年實施立法會普選，但普選的問題似乎又引起爭論。

對於這些觀點，中央的官員甚至公開表示，功能界別也可以說是普選的一種。如果普選的問題可以這樣解釋的話，試問這個所謂的終極方案又會是怎樣的方案呢？

所以，如果香港對上述問題是沒有共識的話，這個所謂的時間表 —— 即二〇一七年、二〇二〇年的時間表 —— 是虛假的，只是沙漠上的幻影。在沒有共識而持續爭論的情況下，即使在二〇一七年或二〇二〇年真的能提出一個終極方案，香港的政黨又是否能接受呢？

特首在去年的施政報告中作出清晰承諾，他知道政制問題會引起很大爭論，所以準備在二〇一二年的上半年展開諮詢，他並清楚指出會利用數年時間，就二〇一二年的普選安排達成共識。他知道這是有需要讓社會作出深入而全面的討論。當他承諾要在今年上半年進行諮詢的時候，他當然知道這項工作是艱巨的，亦要面對很多挑戰。

其實，在十二月，當特首就施政報告發言的時候，金融海嘯及經濟危機已經湧現，這些絕非突發性的事件，亦絕非不可預見的因素。但是，他卻突然在兩三個星期前表示要押後這項諮詢，而大家對他承諾要在今年第一季作出諮詢的說話，言猶在耳。更令大家難以理解，甚至感到憤怒的是，他竟然利用經濟理由來拖慢這項諮詢。試問他怎能取信於民呢？如果這不是失信，又是甚麼呢？

昨天，政制及內地事務局局長為了要面對今天這項譴責議案，匆忙發出了一個所謂的諮詢時間表，計劃在今年第四季開展一個為期三個月的諮詢，然後預計在二〇一〇年第四季完成修改基本法的程序，為立法鋪路。對政改這項如此具爭議性的問題，我們希望社會能夠作充分的討論，這又怎可能在匆匆三個月的諮詢期內完成呢？這個時間又怎足夠呢？

所以，我們不禁要問，這項諮詢是否有誠意的諮詢？是否真的諮詢？或是否特首心已死，他已無心再「做好呢份工」，只視作例行公事般推出諮詢，務求「快刀斬亂麻」，在短短的期間內，以「大石壓死蟹」的方式來解決這項棘手的問題，利用一些數字或中央的指示來壓倒社會上對民主的強烈要求？如果特首是這樣做的話，他便是已心死，他只是機械地充當一個奴僕來執行中央的旨意，這對香港社會來說，可能是較金融海嘯更嚴峻的危機，是一個極大的政治危機。

大家都明白，香港各政黨之間要就政改達成共識，其實並非完全不可能。在二〇〇〇年，香港當時的三大政黨 —— 民建聯、自由黨和民主黨 —— 一致同意，在我們的政綱裏列出二〇〇七年及二〇〇八年實行雙普選，這個共識在二〇〇四年不幸被人大常委會的決定所摧毀。但是，在香港市民對雙普選的強烈訴求的壓力下，我相信各政黨是仍知道有需要尋找和建立共識的。

最近，我留意到民建聯副主席葉國謙曾向傳媒提出一些看法，他在報章中說（我引述），「選舉終歸是選舉，中央應有量度接受不喜歡的人。」他又說：「在 2020 年，現時功能團體組別選舉必須取消。」

其實，曾鈺成主席，我們的立法會主席 —— 他現在不是主持會議 —— 曾以私人身份公開提出一些類似的說法，他甚至進一步引述一些報章的說法，他說：「2012 年的政改方案如果不討論 2017 年和 2020 年的終極方案，社會難以達成共識。」

如果民建聯採取以上較為開明的態度，我相信諮詢是有意思的。因為在諮詢過程中，各政黨可以有坦誠的交流和對話。我亦希望中央政府能夠參與，亦能與香港各界交流，磨合意見，達成一項中央和香港之間的共識。但是，當然，我希望民建聯的同事要有勇氣來堅持自己的信念，不要在中央另有指示時，便好像以往般，一而再，再而三地放棄他們的立場，放棄二〇〇七年和二〇〇八年雙普選的要求，放棄他們曾提出的二〇一二年的雙普選要求。

所以，代理主席，正如我剛才所說，只要各方、各界、各黨有最大的誠意，我們有充分的時間，而特首更要有心扮演積極主動的角色，扮演中介人應有的功能，我希望亦相信在大家共同努力下，香港真的能夠徹底解決這項長期爭論的政改問題，達致〔至〕政通人和，令香港能夠長治久安。

何俊仁議員動議的議案如下：

「本會強烈譴責行政長官曾蔭權先生沒有實踐在施政報告內許下的承諾，拖延政制發展公眾諮詢，失信於民。」

政制及內地事務局局長：

　　代理主席，「政通人和」是何俊仁議員剛才所談及的，我相信這是政府方面和議會方面各位議員的共同願望。但是，大家都知道，在香港這樣開放自由的社會，在這議會內，我們往往會就關鍵議題作出討論，有時候甚至會有所爭論。大家爭論的焦點亦不限於政策範疇和實質的措施，有時候也會就如何、何時作公眾諮詢辯論和爭議。

　　行政長官於一月十五日在立法會答問會上表明，決定將二〇一二年選舉方案的公眾諮詢稍為押後，由本年上半年延遲至第四季才開展。

　　當天，行政長官已向各位議員解釋過，他之所以作這個決定，是因為考慮到香港經濟困難的高峰期很可能會在本年上半年出現，而大家的主要關注是香港社會的經濟、民生問題。因此，在這階段，大家未必能夠集中精神討論三年後的政制問題。二〇一二年的選舉辦法是重大課題，有需要社會理性深入討論來凝聚廣泛共識。所以，我們認為現階段並非理想開展公眾諮詢工作的時候。

　　雖然金融海嘯在去年第四季已開始，但海嘯的來勢既兇且猛，是在早一段日子裏大家所未能完全預見的。大家都見到，香港近月來的情況已在惡化。例如去年九月至十一月香港的失業率為 3.8%，但十月至十二月的失業率已上升至 4.1%。

　　因此，作為負責任的政府的一份子，我們有必要按事情的先後緩急來作判斷，亦要審時度勢來作決定。我們完全明白，不論是議員或是市民，對公眾諮詢稍為押後都會感到一定程度的失望，但我們會積極處理政改這議題，不會放棄為二〇一二年行政長官和立法會選舉定出新的方案的決心。

　　何俊仁議員特別提到二〇一二年公眾諮詢的工作時間表，但我要作少許糾正。何議員剛才說政制及內地事務局很匆忙地發出這份工作時間表，其實實情並非如此。我們在一月份的政制事務委員會會議上已作出承諾，指會在二月發出這份工作時間表，以便在下星期的政制事務委員會會議上討論這議題。所以，這是我們所承諾的，亦是有計劃提出來的文件。

　　何俊仁議員在議案中提到要譴責行政長官，我認為何議員的議案是罔顧事實的。現屆特區政府要在任期內處理好二〇一二年兩套選舉的目標並無改變。我們必定會就二〇一二年的選舉安排作廣泛的公眾諮詢，並會確保這套工作有足夠時

間讓社會作充分討論和凝聚共識，以及處理好基本法附件一及附件二的修訂。

按照現時的工作計劃，我們將於本年第四季開展公眾諮詢。在諮詢工作完結後，我們會總結所收到的意見，並會向立法會提交有關基本法附件一及附件二的修訂建議。有關修訂須獲立法會三分之二大多數議員通過、行政長官同意及全國人民代表大會常務委員會批准和備案。我們希望整個過程不會遲於二〇一〇年第四季完結。

在二〇〇九年第四季至二〇一〇年第四季期間約有一年時間，這是足夠處理公眾諮詢、總結意見及處理基本法附件一及附件二的修訂的。

代理主席，我們準備在二〇一一年年初至年中處理相關的本地立法主體條文的修訂，這包括《行政長官選舉條例》及《立法會條例》的修訂。

隨後，我們會處理行政長官及立法會兩套選舉的實務安排及相關附屬法例的修訂。我們會在處理二〇一一年年中本地立法的事宜後進行跟進工作，使第四任行政長官在二〇一二年三月所進行的選舉及下屆立法會在二〇一二年九月所進行的選舉可以如期進行。

代理主席，在現階段，我們會繼續做內部研究，亦會留意社會上就二〇一二年兩個選舉產生辦法所作出的意見，為今年稍後所作的公眾諮詢做好準備。

何俊仁議員提到特首在競選期間所作的承諾，質疑承諾有否兌現。他是有兌現他的承諾的。行政長官領導的第三屆特區政府在二〇〇七年七月上任後的六個月內，已策動了綠皮書的公眾諮詢，並向中央提交了報告，亦爭取了人大常委會就普選時間表作出決定，使我們可以在二〇一七年落實普選行政長官及可以在二〇二〇年落實普選全體立法會議員。

我要重申，特區政府是有責任、有決心處理好二〇一二年這兩個選舉產生辦法的。香港目前面對逆境，在這時候，不論是政府、議會、社會各界或是市民，均有需要齊心協力來面對當下的挑戰。處理社會經濟民生議題如是，處理政制民主發展議題亦如是。所以，何俊仁議員一說他會「撐」特首，我們便非常希望當我們在二〇一〇年提出關於二〇一二年的兩套選舉產生辦法方案時，有機會爭取得何俊仁議員及貴黨的支持。在這議會內，不同黨派和獨立議員均可廣泛地凝聚共識，將香港這兩個選舉產生辦法在二〇一二年帶到一個「中轉站」，為二〇一七年普選特首和為在二〇二〇年普選立法會奠下廣闊而良好的基礎。

湯家驊議員：

代理主席，我認為曾蔭權先生有三方面是值得被譴責的。第一在誠信方面，第二在尊重民意方面及第三在缺乏領導決心或勇氣方面。

代理主席，先談第一方面。我在小時候讀書，老師已教導我「人而無信，非奸即盜」。當一個普通人已經有需要有誠信，更何況是一名政治人物或社會領導人。代理主席，這樣做更不是一個自稱政治家的所為。

代理主席，我所指的誠信，當然是曾蔭權先生在選舉時所作出的種種承諾 —— 他可能認為只是隨便說一兩句而已，何必這麼緊張？但是，在當時的場合，當他公開發表這些言論時，會令很多人產生一個憧憬，一個夢想，會視他的這番話為他當天看法的基礎。

代理主席，由於特首不是由普選產生的，我明白到我們不可把他的政治承諾說成是選舉承諾，因為選他的只是一個小圈子裏的人。不過，曾蔭權先生當天希望得到民意的支持，他說出種種令人感到認同，甚至有點令人振奮的言論，便或多或少有欺騙的成分存在。作為一位公眾人物，以這樣的手段爭取民意支持，已經不值得我們認同。代理主席，我認為，這點已是香港人絕對有權譴責曾蔭權先生的第一個原因。

代理主席，第二個原因，曾特首不單言而無信，而且完全不尊重民意。代理主席，他曾說「民意，我視之為浮雲」。我不知道他是拋錯書包，還是說出了心中的說話。無論如何，代理主席，我們都知道過去十多年來，特區曾進行種種不同的民調 —— 單是民主派已做了十二次民調 —— 這些民調很明顯地清楚表示，香港人希望盡快有民主，是真正的民主，不是假民主，以及盡快有普選。這是眾人都希望看見的一個發展，是一個嚴肅的議題。

代理主席，特首當天在本議事堂內表示要押後諮詢時，他用「狗噏」來形容這些討論，我不知道他真的是「狗噏」或「鬥噏」，但不管怎麼說，代理主席，這是非常粗俗的說話，不單侮辱了議事堂，也侮辱了所有香港人。對所有夢想民主的香港人，這是極之不尊重的。

他現在表示我們沒有需要緊急或即時諮詢市民，因為經濟環境令我們不可以專注，這也是另一個不尊重。我相信香港有非常多人認為經濟歸經濟，民主發展

必須繼續進行 —— 我們不是一些只求溫飽的動物，我們不是只要吃得飽穿得暖，便可忘記我們社會價值的人 —— 對這些人，特首是非常不尊重的。

第三，特首缺了領導的意願，他一向的態度是「你們搞掂佢啦，你們大纜都扯唔埋」。特首有否嘗試過拿出任何方案，要求立法會就這個方案進行討論，希望達成共識呢？他從來有否表達意見？他除了誇下海口「要玩鋪勁」，發表「要在任內徹底解決普選問題」這些引人遐思的言論外，有否提出實質的建議或方案，或盡了任何力量，將民主派和建制派的距離拉近？

梁美芬議員：

代理主席，何俊仁議員的議案是要譴責特首，主要因為諮詢的時間要被拖延，我與大家一樣，對於特首宣布拖延諮詢感到非常失望，我相信大家都十分雀躍地等待諮詢文件能盡快出現。

時間是十分重要，但同樣重要的是諮詢文件的內容。……

……

……我希望再次向政府及各位議員推銷策發會曾正式提出的「1+30」方案。方案的中間點是要求所有功能界別的候選人，均須在二〇一六年透過普選產生，要他們一同經歷普選。如果大家基本上認同此中間方案是可討論的方案的話，二〇二〇年是有機會可全面取消功能界別的。我相信，既然基本法已訂明循序漸進這個框架，大家亦須面對，所以中間點是，我們必須願意就着一至兩個方案進行討論。

我個人極為願意在可行的情況下，協助政府進行游〔遊〕說工作，但原則上，我是全力支持二〇二〇年全面普選立法會這個目標的。正如我剛才所說，政府現在延遲提出諮詢文件，我是感到非常失望的，但希望政府可利用這個延遲，即時與各黨各派展開討論，並把我們的意見反映在諮詢文件內，使這個方案最低限度可成為一個折衷辦法。其實，政府亦可參考我們在策發會中提出的方案，並收錄在諮詢文件內。

葉劉淑儀議員：

在這種情況下，我完全認同多位同事所說，我們有必要盡快檢討政制及進行諮詢。可是，目前要押後諮詢，是否嚴重至要本會譴責的地步呢？我認為不是的。事實上，只不過是押後數個月而已。以目前的形勢來看，雖然特首說會在今年上半年進行諮詢，最早也不會早於上半年的第二季，而他亦承諾會在今年年底前進行諮詢，即最遲亦不會超過今年的第四季。換言之，只是押後數個月而已。我覺得押後數個月是可以接受的。無論如何，我希望林局長在這裏聽了我們發言，要認真考慮我們的意見，即要進行一次很認真的諮詢，以及打破目前的政制困局。

其實，無論是特首選舉或整個立法會選舉，均有需要加強民主的元素。在選舉特首方面，我覺得特區政府其實無須太擔心。如果有一天香港人可以「一人一票」選舉特首，我覺得，選錯特首或選出一個完全是譁眾取寵而沒有工作能力的人的機會比較低。相反，我們可以看看美國的經驗。如果是經選舉洗禮而獲選，選舉一方面可以改變一個人、磨練一個人，而他由於挾持了強大的民意支持，以英文來說是 empowering，那會增加了他的政治能量。如果我們有一位得到一二百萬票或更多票支持的特首，他來立法會怎會怕被「掟蕉」？怎麼怕一位議員自稱取得四五六七萬票支持，便以為自己的民意授權較他高很多，他沒有合法性？同樣地，立法會選舉盡快民主化亦是有必要的。我也曾在我所發表的文章中指出，一方面，立法會全盤民主化有助整個立法會更有問責性，另一方面，我們亦有需要研究一些制度，以達致〔至〕均衡參與及制衡，令立法會不會像外國的一些議會般純粹是民粹，而能確保各行各業的聲音及不同階層的聲音，均可讓政府聽到。所以，我亦呼籲林局長考慮我和很多同事在策發會內提過的「一人兩票」的方案。這個「一人兩票」的方案較一人三十票簡單很多。如果三十個功能議席或將來四十個功能議席都由普選產生，以確保有均衡參與，那是太複雜了。一人三十一票亦太複雜，「一人兩票」，一票用於地區選舉上，另一票則用於全港九及新界作為單一選區的選舉上，我覺得是可行的。

梁耀忠議員：

代理主席，我支持何俊仁議員的議案。最主要的一點是，特首今次說要押後政制發展諮詢，正如葉劉淑儀議員剛才所說，只是押後數個月而已，差異是否那麼大？真的有需要押後嗎？此外，他說要集中精神處理經濟困難，改善民生。大家也知道，特首自己其實也說過，經濟問題並非在短時間內能夠解決的，一定要經過一段長時間。大家看不到數個月後經濟環境一定會有很大改變，屆時是否不再處理民生問題呢？我相信不是這樣的，同樣會處理。所以，這並非一個很好的藉口，而是非常敷衍、牽強的。不過，話說回來，政府拖延諮詢的技倆，對市民來說是不足為奇的，因為就這個問題，市民經常看到政府這樣做，總是理由多多，不肯面對現實，這正正是問題所在。

……

何俊仁議員今天提出這項議案，希望政府懸崖勒馬，不要再這樣做。大家都關心民生問題。財政司司長不久將要公布財政預算案，那也是解決民生問題的一個途徑。既然有這樣的做法，為何我們不同時就政改進行諮詢呢？這是可以做到的，沒有衝突，為何不這樣做呢？所以……我反對政府拖延。我謹此陳辭。

何鍾泰議員：

（主席恢復主持會議）

當然，本人對這個決定感到失望，因為本人一直認為，本港未來政制發展的公眾諮詢，應越快開展越好，讓社會上不同人士充分表達意見，以便取得共識。無可避免，政府的決定已引起社會上不同人士的揣測。對於政府背後真正的考慮，我們無法得知，亦因為這個原因，各式各樣的陰謀論便有了市場。

對於這次全球金融海嘯所引發負面的經濟影響，現時正在本港一一浮現出來。這次危機，不論在受影響地區的廣泛度還是在經濟層面上，都是前所未有的。政府對現時整個形勢的判斷是否過於保守呢？相信沒有人能夠說得準。但是，既然政府沒有信心在這關鍵時刻，同時處理好經濟問題及政制發展的公眾諮詢，我們也只好無奈接受這個現實，希望政府能夠先決定當前的經濟危機，然後

緊接妥善處理政制發展的公眾諮詢，這總比政府低估形勢好，最少也可以避免香港同時陷於金融海嘯及政制發展爭議漩渦的可能。

儘管押後未來政制發展的公眾諮詢並不符合本人對盡早開展公眾諮詢的期望，但考慮到二〇一二年距離現在還有一段日子，即使公眾諮詢押後至本年的後期才進行，這亦應該有足夠的時間讓公眾討論。事實上，有關當局亦已向本會的政制事務委員會提供最新公眾諮詢及立法程序的工作時間表。

對於政府未能在本年上半年落實未來政制發展的公眾諮詢，市民大眾感到失望是可以理解的。但是，面對百年一遇的全球經濟危機，政府希望減少社會上的紛爭矛盾，共同克服這個挑戰，我們亦應該視之為在部署上的調整。但是，其成敗關鍵在很大程度上是需要市民的理解及支持的。主席，政府應該向市民作出清楚的交代，盡量減少社會上不必要的揣測。主席，本人謹此陳辭。

馮檢基議員：

主席，當局以經濟問題為理由，包括甚麼減少社會紛爭矛盾，針對經濟危機等，意圖拖延政制發展，這些理據大家實在耳熟能詳，顯示出借「集中發展經濟」等條件來淡化政改需要的重彈老調，又再一次表示經濟發展和政制改革不能夠同時進行和處理，並將它們對立起來，將政改束之高閣，這究竟是甚麼道理呢？

主席，政治學裏有一句說話，便是「既有的」政治制度有其抗拒變化的惰性，當權者傾向對改革一拖再拖。我相信大家記憶猶在，當年政府和建制派人士均提出「條件論」，認為香港須符合某些條件才可發展民主。這些匪夷所思的條件，包括「先搞好經濟」、「政黨發展不成熟」、「民智未啟」（不知是否包括他自己在內呢？）、「普選不能解決所有問題」和「香港是一個不折不扣的經濟城市，只應集中搞經濟」等。這些理由眾所周知，相比起很多民主國家，我們已擁有較好的客觀條件，包括經濟、認知能力、擁有私人物業，以及良好的法治制度、穩固的經濟根基、成熟的公民社會，相對於不論是一九五〇年代、一九六〇年代的歐洲、美國，我們都比他們好；而多次的請願遊行的情況，特別是二〇〇二年及二〇〇三年超過五十萬人的遊行，均反映出香港人有優良的人文素質，以及新聞和資訊流通等自由，這正是搞民主的最好基礎。

主席，我實在無興趣再墮入所謂「條件論」的爭拗中，這些論據其實涉及政治學上的比較，甚至一些統計和現象分析，而且多流於「事後孔明」。然而，現實政治告訴我們，世界上沒有一個國家是要等到所有條件成熟才實施民主的。況且，這些條件中，究竟哪些才算是與民主有關係，究竟由誰決定這些條件是否成熟，亦是一個問題。

退一步來說，只要政府存有拖延態度，對民主存在嚴重偏見，建制中人繼續戀棧既有政治免費午餐，我相信無論香港經濟處於順境或逆境，當局也有千千萬萬個抗拒和拖延推動普選的理由。

主席，政制改革根本上是刻不容緩的。香港人要的是一個公平、公正而穩定的政治環境，要特區政府帶領全體市民面對經濟逆境。過去由於「重商主義」主導整個香港社會發展，政制的定向基本上是由政府、財團和建制派所壟斷，致令普羅大眾沒有機會參與，更沒有機會分享經濟的成果，但在有問題、有困難的時候，他們卻是首當其衝。至於在政治體制上，無論是功能界別，以至法定組織和諮詢架構，均為「既得利益者」度身訂造，找他們出任成員，令結果自然地傾向於他們一方，最終造成社會資源不公平的分配，低下階層長久以來為主流所排斥，社會分化，決策者和民意間出現嚴重落差。

主席，在這長期政治不公平的情況下，政治制度嚴重滯後，所衍生問題，我們在董建華時代已一一領教過，而近在咫尺的，便是去年年中從委任副局長開始帶來一系列管治危機，包括在豁免外傭稅事件上急就章、逆民意提出為「生果金」引入資產審查機制、雷曼迷你債券「爆煲」的死不認錯、處理港人滯留泰國問題反應遲鈍等。我真的想問一問特首和多位局長，特別是林局長，市民對這個政府還有甚麼指望？究竟你們如何才能把香港管治好呢？你們是否仍然有能力帶領香港衝破現在的困境和即將來臨的經濟問題。政府的認受性問題，以及政府向既得利益者傾斜問題，都是政府必須解答的。

主席，希望政府真的能夠老老實實告訴我們，究竟你們是否還相信二〇一二年可以實行普選，或是將來我們真的會有普選的一天？不要只說，也希望你們切實地落實。

何秀蘭議員：

其實，將政改及金融海嘯的議題放在一個互相對立的位置，是抹黑民主的做法。這帶給社會的信息是：談政改便不能對抗金融海嘯，談政改便不能發展經濟。這些言論，我們大抵已聽了三十年，但他們至今還是這樣說。其實，香港特區政府有十五萬名公務員，再加上總共三十名政府任命的官員，難道這些人全部只在進行應付金融海嘯的工作嗎？如果因為金融海嘯而不把具爭議性的議題提出來，那麼，為何《淫褻及不雅物品管制條例》的諮詢卻仍然繼續呢？為何醫療融資的諮詢又一定要繼續呢？

主席，讓我提出一個很簡單的例子，如果我們真是需要那麼多人去處理金融海嘯，為何局長今天還坐在這裏談政改，而不是被調配與劉吳惠蘭局長或勞工及福利局局長一起工作，以處理就業問題呢？所以，主席，這些扭曲的說話，其實不單是抹黑了民主，還是愚弄了香港市民。

我們看到過去的民意調查，其實，一直以來，有超過六成的香港市民希望盡快看見普選。雖然我們對普選的訴求，一次又一次被人大釋法，以及被特區政府否決，但二〇一二年距離我們現在還有足足四年，我們應該有足夠時間來好好進行諮詢。所以，我希望政府能夠真的盡快在第二季馬上展開諮詢，以便民意及特區政府可以進行互動，就第一階段收集得來的意見進行個總結，然後進行第二個階段，然後再慢慢談基本法的附件一、附件二。之後，留下足夠的時間來審議我們那三項有關選舉的法例。

李卓人議員：

主席，整項議案最重要的精神，是特首「失信於民」這四個字，這令市民非常失望、憤怒和為香港感到很悲哀。特首竟然沒有誠信，即政府沒有誠信，沒有誠信又如何管治呢？今次也並非第一次是這樣，在政改的問題上，我們已被曾蔭權「跣」了多次，最重要的一次是他在選舉時，對香港人承諾要「玩鋪勁」，有終極方案，他出任特首便會徹底解決普選的問題。他說會在任內徹底解決普選的問題。他解決了嗎？他現時表明在任內不會處理有關二〇一七年及二〇二〇年的

任何政制討論，只處理二〇一二年，這明顯是不會有民主進步成分的討論，因為人大已經釋法。我們現時正是反對人大釋法，亦會繼續反對人大釋法，希望民主在二〇一二年有一個進步。

但是，如果特首只處理二〇一二年，即根據人大釋法後的框架，根本不可能有民主進步，亦不可能徹底解決普選問題。因此，他當年的承諾已經「跌」了香港一次，他的誠信在那一刻已破產。然後，今次是另一次在政改問題上欺騙香港市民，他本來承諾在二〇〇九年年初進行諮詢，現時延後至二〇〇九年第四季，也是失信於民，而這是誠信的問題。最大的誠信問題是甚麼？便是他所說的理由，大家也知道根本不成理由，真正的理由一定不是這樣。他現時提出的理由是因為面對金融海嘯，大家要集中精神應付，所以要延後政改的諮詢。

有人問政府，金融海嘯在二〇〇九年第四季已過去了嗎？情況可能更嚴重，屆時政府怎麼辦？政府表示會照樣進行政改諮詢。如果是這樣，這便不是一個理由了。老實說，如果政府以這個作為理由，可能數年內也無須做事，因為金融海嘯是會一直持續下去的，第一波完結後可能還有第二波，也不知何時有第三波，金融海嘯至何時才完結呢？沒有人知道。如果政府以要集中精神應付金融海嘯為理由……老實說，主席，當局並沒有甚麼有效措施應付金融海嘯，卻以此作藉口來耍香港人。

葉國謙議員：

主席，當我們在立法會辯論政制發展諮詢的時候，大部分市民正在關注金融海嘯第二波的殺傷力，以及金融海嘯對香港的經濟和社會造成多大的沖〔衝〕擊，不少市民更為了不知能不能「保住份工」、「保住份糧」而擔憂。

今次金融海嘯影響之廣、沖〔衝〕擊之大，前所未有，全球各國政府都將應付金融海嘯擺在治國理政的首要位置，事實擺在眼前，金融海嘯對香港的負面影響，已陸續浮現出來。春節過後，裁員減薪壞消息接踵而至，滙豐銀行、電訊盈科這類過往被市民認為是「金飯碗」的大公司，近日也掀起裁員減薪潮，可能會有數千名員工受到影響；一些銀行雖未裁員，但近月卻提高了營業指標，不達標的員工已人人自危；其他行業也不容樂觀，如酒店業，傳聞多間五星級酒店也將

會要求員工放無薪假。

……在這危急關頭，普羅大眾期望政府首要處理好金融海嘯對香港的沖〔衝〕擊，我相信這是不爭的事實。

……

主席，民建聯認為，事有緩急輕重，目前全社會凝聚一心來應付金融海嘯才最重要的，如果經濟受到重大的沖〔衝〕擊，社會不穩定，又如何能推動政制發展？在保證有足夠時間完成二〇一二年政制安排的前提下，民建聯同意政府政制發展諮詢期延後數個月，讓特區政府集中精力，發起社會力量，一起抗擊金融海嘯。所以，民建聯反對何俊仁議員的議案。

陳偉業議員：

整個政改涉及七百萬名香港市民的基本權益，涉及我們香港下一代的發展，特別是佔政治發展及人才培訓一個很重要的環節。政改並非誰出任特首的問題，也並非簡單地說誰是特首的問題，亦不是哪一個政黨可以操控的問題，而是整個政治架構的重組及設計的問題。

……

政改是整個社會未來發展一個很重要的環節。政府現在表示因為金融風暴，所以不處理政改。然而，美國在金融風暴、金融海嘯期間進行了十二個月的總統選舉活動，又不見這個國家倒下來？……

政制及內地事務局局長：

我想就各位議員所發表的意見分為五六方面的回應。首先，多位議員特別再提出，我們在二〇〇九年第四季才開展這項公眾諮詢，究竟在往後的兩三年有沒有足夠時間處理好我們有需要做的諮詢，特別是對基本法附件一、附件二的修訂和本地立法的工作？我可以很肯定地告訴大家，時間是足夠的。

我們在處理二〇〇七、二〇〇八方案的時候，我們已在二〇〇四年十二月發表《第四號報告書》，這是一份諮詢文件；然後在二〇〇五年十月，亦是在第四

季開始的時候，我們提出《第五號報告書》，向大家建議二〇〇七年行政長官選舉和二〇〇八年立法會選舉時，基本法附件一、附件二可以如何修訂，當年我們有足夠的時間處理這套工作。現在我們在二〇〇九年第四季開展這項公眾諮詢，我們向大家表示，在二〇一〇年第四季之前──不遲於二〇一〇年第四季處理基本法附件一、附件二的修訂，時間應該是足夠的。

何秀蘭議員特別問及，如果我們在二〇一一年上半年只是處理《行政長官選舉條例》和《立法會條例》的修訂，那麼《區議會條例》的修訂又如何呢？我想向何議員和其他議員表明，區議會的組成是不受基本法附件一和附件二的規管。當然，現時在基本法附件一關於行政長官選舉委員會和基本法附件二關於立法會的組成這兩套安排之下，香港十八區的區議員有一定程度可以參與這兩套選舉辦法，但他們的參與不受區議會本身的選舉和組成所影響。我們只須在《行政長官選舉條例》和《立法會條例》內訂明，區議員可如何參與這兩套選舉，便已經是恰當和可行的。我們會在未來的日子，分別平衡並進地處理行政長官選舉、立法會選舉和區議會選舉的檢討和立法安排。

第二方面，梁耀忠議員、李卓人議員和其他多位議員都提到，究竟香港特區政府是否在同一時間內只可以處理單一的議題？當然不是。香港是一個現代化和高度發展的社會，我們每天都須共同處理各項政治、經濟、社會民生的議題，否則立法會亦不用召開這麼多會議。但是，作為特區政府，我們確實須審時度勢，須按照香港的最新情況調校我們的施政議程。所以，在面對這麼嚴峻的經濟困境，行政長官決定特區政府整體首要的責任和任務，便是要「穩金融」、「撐企業」和「保就業」。

我想回應張宇人議員，便是在這方面，我們在過去的一段日子確實有開展新的工作，例如對中小企的援助，特區政府提出了為他們的銀行貸款提供擔保額，提出一個新的計劃。

第二方面，我們亦在推動基建及各方面的服務上，配合企業、商會和工會推動香港可以有新的就業機會，為大家開創新的機遇，使不論是年青或年長的人士都有就業機會。

第三方面，大家亦有問到，政制及內地事務局除了處理政制議題外，其他議題還有沒有新的工作要做呢？確實是有的。我們下星期會在香港首次召開一個

「粵港澳」會議，共同研究探討推動如何落實《珠江三角洲改革發展規劃綱要》的工作，這只是其中一個例子。然而，長遠而言，我們落實這項《規劃綱要》其實對香港的經濟發展和服務行業如何在廣東省內、珠三角中「先行先試」，繼而進軍到其他內地省市，這是一項重要工作，以及香港今後在各方面，包括航運、物流和香港本身的基建如何與內地配合等，這些都與我們如何落實《規劃綱要》是重要的。

　　主席，我想說的第三方面便是，有數位議員，包括甘乃威議員、張國柱議員和其他議員特別提出，我們現在因為金融海嘯經濟情況不利，所以便把二○一二年的公眾諮詢押後至第四季，但到了第四季，如果就業情況仍然不理想或進一步惡化，那又如何呢？行政長官在一月十五日會見各位議員後，再與傳媒代表見面時，已經非常明確地表示，到第四季時縱使經濟情況不利，我們依然會開展關於二○一二年政制發展的公眾諮詢，因為時間方面，到那時候是有需要開展這方面的工作。

　　第四方面，我想稍作回應的是，關於功能界別的問題。李永達議員和葉國謙議員均就這議題發表了意見。特區政府方面已多次表明立場，英國政府在在〔在〕九七之前，即一九七六年的時候，把這項國際人權公約，即《公民權利和政治權利國際公約》適用於香港時保留了條文，無須把《公約》的第二十五條（B）款適用於香港。中央政府在九七回歸前向聯合國秘書長所發出的照會亦表明，原有公約適用於香港的條款將繼續適用，並表示了這項保留條文繼續生效。所以，在香港落實普選，我們是按照基本法，亦是源於基本法才會有這個普選的安排，我們可以按照人大常委會在二○○七年十二月所作出的決定，在二○一七年落實普選行政長官，二○二○年落實普選立法會。當我們落實普選的時候，不論是行政長官選舉或立法會選舉，都要符合普及和平等的原則。至於我們如何按部就班落實普選，這便是第五個課題，第五項議題。

　　我們現在有了二○○七年人大常委會的決定，我們會分三個階段來推動未來十一年至十二年香港的政制發展。第一個階段，便是在二○○九年至二○一二年期間，處理二○一二年兩個選舉辦法的公眾諮詢、基本法附件的修訂，以及本地立法的工作。特區政府的整體目標是希望這兩個選舉辦法，可以把香港的民主發展帶到一個「中轉站」，把二○一二年的選舉辦法做好，從而為二○一七年和二

〇二〇年達至普選打下基礎。第二步，便是在二〇一二年和二〇一七年期間，由第四任行政長官和第五屆立法會來處理關於如何落實二〇一七年行政長官普選的問題，當然亦要處理二〇一六年第六屆立法會的選舉產生辦法。第三步，便是由二〇一七年經普選產生的行政長官和二〇一六年組成的立法會來處理在二〇二〇年如何達至立法會普選的這個方案。

所以，在此回應葉劉淑儀議員，我很贊成在二〇一七年經普選產生的行政長官，將會有充分的公信力及公眾的支持，是 empowered 的，是有條件、身份、資格來率領、帶領香港社會處理這個最關鍵和最具爭議性的議題，那便是如何普選立法會。所以，我們認為現屆政府及現屆立法會是不可能為今後十一二年的所有憲制決定做所有的決定，這是不可能、亦是不恰當的。

我要回應的第六項議題便是，何俊仁議員特別提出的，究竟我們是按照人大常委會的決定是會有真的普選，抑或是未能「到位」呢？我可以很肯定地回應何俊仁議員，這一定會是個真真正正的普選，是會符合普及和平等的原則。在未來十一年至十二年，如果大家可以在下一屆立法會選舉成功爭取返回議會的話，大家更會有份作出決定。我們當下希望能夠討論和可以決定的，便是二〇一二年的行政長官選舉委員會如何組成。我們亦期望如果大家能夠達致〔至〕共識的話，二〇一二年選舉委員會的組成，可以成功過渡為二〇一七年行政長官普選的提名委員會。那麼，我們在二〇一二年至二〇一七年期間須作出一個關鍵的決定，那便是按照基本法第四十五條，我們要定出一個怎麼樣的提名程序？不論是提名委員會的組成或提名程序，大家按照基本法附件一，都是有權、有責進行表決，亦須在這個議會獲得三分之二多數議員的支持，才可以落實普選行政長官。大家既然有這個憲制上的權責，大家便是最好的保證，香港這套普選行政長官的辦法，自然會是普及和平等的。

最後，回應一下數位議員提出，究竟特區政府處理這套政制發展的這議題決心有多大？張文光議員和馮檢基議員曾問及，黃毓民議員也提過這方面的論調。今天想對大家說的，不是「叫價」而是談決心，在香港處理這項政制發展的議題殊不簡單，也不容易。我們在二〇〇五年經過差不多兩年的努力，只差數票未能夠爭取到三分之二的多數議員通過當年的二〇〇七、二〇〇八方案。但是，特區政府並沒有放棄，行政長官在二〇〇七年參選期間已經清楚承諾，會在第三

屆特區政府任期內，處理這個普選議題，我們也在上任後六個月內爭取到普選時間表。這個爭取、這個成果是超越了香港歷史上任何一屆政府所能夠爭取到的。主席，我們絕對不會低估，不論是在二〇一二年要爭取到有足夠的共識，推動香港民主進程有進步，或往後的歲月要落實普選的挑戰的難度。不過，我可以很明確地告訴在座各位議員，特區政府的主要官員和公務員同事是永不放棄的，因為我們這批同事，有很多曾在過去四分之一世紀參與訂定香港未來的憲制安排。在一九八〇年代初我們曾參與處理中英聯合聲明的準備工作；在一九九七年前，我們曾參與令香港順利過渡的安排和準備；在一九九七年後，我們曾共同應付亞洲金融風暴和 SARS 的來臨；時至今天，我們共同迎戰這次國際金融海嘯。然而，不論時代怎樣變，不論當下的困難有多大，我們一樣會繼續聚焦。我們知道要達至基本法所訂最終普選的目標，要循序漸進和按照香港實際情況，繼續努力推動香港的民主。我們希望可以落實這套安排，因為我們對香港有信念。無論在議會內外有多少贊成、反對的聲音，意見如何多元化，要凝聚三分之二多數支持這一套方案難度有多高，我們也會堅持做好這套安排。所以，行政長官在一月中表述的立場，是一個負責任的領導人的立場。

2009 年 10 月 14 日
行政長官施政報告

　　二〇〇七年十二月全國人大常務委員會審議我提交的報告後，決定香港在二〇一七年可以實行行政長官普選，在二〇二〇年可以實行立法會全部議員普選，並對修訂二〇一二年行政長官和立法會兩個產生辦法的有關問題作了規定。人大常委會的決定不僅為香港未來的政制發展訂下了明確的時間表，同時也指出了明確的方向。人大常委會的有關決定是我們處理香港未來政制發展問題所必須遵循的憲制性規定。對於這個決定，我相信社會各界是認同的。

　　根據二〇〇七年人大常委會的決定，本屆政府須對二〇一二年行政長官和立法會的產生辦法作出修訂。我們準備在下月就這問題開始進行廣泛公眾諮詢。政府將以包容、開放的精神，認真聽取社會各界的意見，並在此基礎上，向立法會提交有關的法案。我很希望最終形成的法案能在立法會獲得三分之二大多數通過，以便推動香港政制的民主發展。

2009 年 10 月 30 日
恢復致謝議案辯論

劉健儀議員動議的議案如下：

「本會感謝行政長官發表施政報告。」

（主席宣布就議案及各項修正案進行合併辯論）

（編者註：此議案在原始會議過程正式記錄中位於 2009 年 10 月 28 日本議案所有議員及獲委任官員發言之前，考慮到讀者方便及全書體例統一，特移到此處。）

（代理主席劉健儀議員代為主持會議）

梁耀忠議員：

代理主席，施政報告中只有兩段提及香港的政制發展，這種做法不單令人失望，更反映出當前的特區政府在處理香港的民主發展方面既沒有心，也沒有力。我重申，二〇一二年雙普選是大多數香港市民的訴求。對此，特區政府及中央政府不能，也不可以繼續置之不理，否則，政制問題仍會成為香港未來重要爭議的議題，而且對社會各方面均是有害而無益的。如果政府想再次「翻叮」推出二〇〇五年方案，我在此表示強烈抗議。同時，我更重申，我會反對二〇〇五年方案或類似的修修補補方案。

湯家驊議員：

……回看特首只用兩段 —— 寥寥不足二百字，在施政報告中，這並不是對

香港民主訴求的任何一個回應，他很簡單地說會諮詢香港市民。

代理主席，我有時候感到很奇怪，為何特首這樣說，甚至民主派的同事也這樣說：要諮詢市民。諮詢甚麼呢？問他們仍要民主嗎？代理主席，二○○五年的政改是否因為諮詢不足或沒有諮詢而失敗呢？如果二○○五年泛民主派是逆民意而行，為何二○○八年贏取的直選議席卻更增加呢？代理主席，諮詢市民當然是一個堂而皇之、一定沒有錯的說法。但是，我有時候又覺得究竟所謂「問市民」，是否只是作一個玩弄民意的調查，選擇性諮詢，為阻礙民主進程找一個藉口的行動呢？代理主席，我覺得民主是舉世認同的核心價值，推動民主無須市民要求才推動，這是發自內心的。我不覺得特首心向民主，擔任特首可能是為了一時的光榮。

代理主席，我昨晚有一個奇想，我希望是錯的。我自問為何香港二十年沒有民主，我們的貧窮情況十多年來與日俱增。特區政府是否故意不解決貧窮問題，令香港人每天都要為口奔馳而無力爭取民主？很多民意調查告訴我們，民生的議題較為重要，民主不重要，排在第十多、二十多位，政府便理直氣壯地先處理民生問題。但是，政府卻沒有處理民生問題，代理主席，我們已經辯論兩天，認為這份施政報告一文不值。可是，代理主席，我覺得這種想法是錯的，我相信曾特首不會那麼惡毒，他只是無能。

然而，問題的癥結便是民主與民生其實是息息相關的，市民可能不明白這個道理，並不等於他們不心向民主。因此，我們要爭取民主，不是基於市民的想法，而是我們認同這個核心價值。代理主席，我今天站在這裏，我知道二○一二年的政改要脫離二○○五年的命運是非常難以避免的。我剛才接到一個電話，令我非常灰心。但是，特首始終要面對市民，我們也要面對市民。我在此很誠懇地跟曾蔭權說，在今次的政改千萬不要心存僥幸，不要恃着得過且過的心態，只希望剛好有足夠票數通過一個倒退的方案。因為心存僥幸並不可以達到剛才所說的市民所想、舉世認同的核心價值的目標，將來只會為曾蔭權在香港歷史上留下永遠的臭名。

代理主席，我真的不知道我們在這一刻可以做甚麼來圓香港人的民主夢，我只希望特首在這一刻瞭解到政制改革並不是空談那麼簡單。

何俊仁議員：

代理主席，香港在二〇一二年實行雙普選是理所當然的，是市民根據基本法及基本法所確認的《公民權利和政治權利國際公約》所應享有的權利。

大家都一直熟悉香港的政治發展，瞭解歷史的人都知道，其實在二〇一二年實行雙普選已經太遲，香港一早已有條件，也符合市民的期望，在更早時候，甚至在二〇〇七年、二〇〇八年或在回歸時，根本我們已可以實行全民普選。一拖再拖，回歸十年，市民基本的公民政治權利仍受到剝奪，我們對這點感到非常痛心。

其實，二十多年來市民已透過不同的形式、在各種民意調查中很清楚表達一個主流意願，我相信在政府官方的紀錄內也很清楚記載這點，便是超過六成以上，很清楚是超過六成以上市民支持香港實行雙普選，立刻實行雙普選，這點很清楚，是不能抵賴的事實。

代理主席，現在到了就二〇一二年作出政改決定的時刻，但政府仍然告訴我們，只能接受一個人大的鳥籠方案的決定，叫我們死心，不要再想一些不設實際的要求。我們相信香港市民會繼續堅持我們合理的訴求，人大應要重新檢視，重新考慮，以及糾正在二〇〇七年錯誤的決定，現在還有時間，絕對可以將錯誤經過糾正，從而令香港回到正軌，使香港透過一個真正負責的民主制度，改善整個社會的施政。

代理主席，現時我們面對最近一些消息，不單是二〇一二年沒有雙普選，差不多已告訴我們這是現實，甚至告訴我們二〇〇五年當年曾經被本會所否決的方案將會重提，即所謂「翻叮」方案，這方案可能只作出若干些微的修補。倡議「翻叮」方案的人（或可能包括特首）會說，當年我們否決二〇〇五年方案時，提出要有時間表，現時特首已交出了時間表，在這裏還有甚麼埋怨，為何還不肯接受現時這項安排呢？

代理主席，我們可以看看，即使當年真的很多人提出交代時間表是一項我們接受一個政制發展安排的必須條件，但我們真的有一個時間表嗎？看看施政報告及特首的發言：我再三在這裏強調，香港已有一個時間表，這個時間表是人大常委的決定，這決定是立法制定的程序，所以香港在二〇一七年和二〇二〇年可以

落實普選特首和普選全體立法會議員。

但是，代理主席，我們每人都知道，而政府也不應告訴市民這是一個時間表，這不是一個時間表，因為人大常委的決定，即表示二〇〇七年可以普選行政長官，接着可以考慮普選立法會，這「可以」也包括了「不可以」，「不可以」的意思是指甚麼？如果沒完成基本法內所規定的立法程序，便可以不實現，這是很簡單的。所以，其實「可以」這點，只是人大在所謂決策的框架內所訂立的其中一個程序，這個時間表是虛幻的，因為屆時立法會內會否有三分之二議員支持一個香港人所接受的方案，是沒有人知道的。

大家得知，二〇〇〇年時，各個政黨一同爭取二〇〇七年及二〇〇八年雙普選；但亦很快看見本會內一些政黨很快改變了主意，二〇〇四年後告訴我們，香港人不成熟、政黨不成熟，於是他們轉為支持在二〇一二年實行；他們（包括民建聯和自由黨）轉瞬間指我們不成熟，所以在二〇一二年也不應有雙普選。所以，這個所謂時間表是虛幻的。

第二點，就這個時間表，如果沒有加上清晰的終極方案，我們便無法知道究竟將來會達到一個甚麼的制度、一個終極的制度，這個制度可能包括普選內有功能界別，可能有很高門檻的特首選舉。所以，在這情況下，政府怎可能告訴我們，已有時間表了，並呼籲我們接受「翻叮」方案？

我在這裏再次重申，在二〇一二年實行雙普選是我們應有的權利。如果政府要說服我們，接受另外任何安排，究竟當局如何告訴我們，二〇一七年和二〇二〇年的安排便是一個終極的民主制度呢？

余若薇議員：

其實道理很簡單，要社會和諧，便一定要有公義。正如吳靄儀議員剛才所說，其實我們談民主，所談的是甚麼呢？最終是談公平、社會公義和社會參與，是談大家的政治權力要均衡。達致〔至〕這個條件的時候，社會便自然能夠和諧，大家便能夠公平競爭。但是，現在的情況並非如此。

因此，如果說民主可以慢慢推行，拖着香港的後腿，永遠不解決這個問題的話，那些深層次的矛盾便不能解決。何俊仁議員剛才說，雖然特首在答問大會

上已表示解決了問題及已爭取了時間表，但他認為這個時間表是虛幻的。我想指出，不要與曾蔭權爭辯時間表是否虛幻。曾蔭權在特首的答問大會上說，當時民主派只要求時間表，但沒有要求路線圖，現在民主派又轉移視線要求路線圖。他這說法實在是說謊。

歷史其實很簡單，大家只須翻看四年前的歷史。在二〇〇五年十月，特首發表施政報告後，民主派在致謝議案中加入一項修正案，要求盡快提出普選時間表和路線圖。這是歷史的紀錄，當時的要求便是這樣。

根據嶺南大學在二〇〇五年十二月進行的一項調查，有六成市民認為政改方案要包括時間表和路線圖。雖然公民黨當時還未成立，但湯家驊代表四十五條關注組接受訪問時已表示，即使政府取消委任區議員，亦不能取得關注組的支持，因為時間表和路線圖是必需的條件。此外，李卓人議員於二〇〇五年十一月在香港電台「香港家書」節目中說，有普選時間表和路線圖的政改方案才是港人的要求。但是，當時政府怎樣說呢？便是「先圖後表」，即先要完成路線圖才談論時間表，當時更有一個「積木論」。

當時政府的第二把交椅及負責政改的許仕仁表示，要拼出普選路線圖便好像砌積木般，沒有時間表不要緊，最重要的是要有積木，路線圖便好像一幅積木，當大家一起將積木砌出來，便是路線圖。此外，曾蔭權在二〇〇五年十月二十六日出席紐約一個午餐會時也是這樣說：普選後的立法會以甚麼結構及政治人才不足等問題，要把積木砌好才討論時間表。

許司長在二〇〇五年十月又以神舟六號的升空比喻本港的政制發展。他說，事前政制的基礎要準備充足，才可定出普選的時間表。他回覆李卓人議員在「香港家書」的提問時又說：各界有需要就實施普選後的政治模式先有充分的討論，有了這個普選路線圖，時間表便指日可待。

當時政府說要先談時間表，現在卻反過來說，時間表已給了你，所以現在與你討論普選路線圖是先易後難的 mission impossible。政府完全在說謊、推搪、拖得就拖，拖着香港的後腿。我希望曾蔭權真的要向中央表達，這是一個很重要的問題。

葉國謙議員：

特首在今年施政報告的整體思路是以發展經濟為主調，只有穩定的經濟發展，才能有利於解決社會民生及政治上的問題。民建聯認同這一思路。

香港政治體制能否按照基本法循序漸進發展民主，仍需要香港市民，包括立法會所有同事的共同努力。如果有個別人士意圖推翻或漠視全國人大常委會的決定，將二〇一二年和二〇一七年及之後的選舉辦法作一個捆綁式諮詢，甚至有意阻撓或破壞二〇一二年的政制諮詢，我們認為都不利於民主政制發展，更不利於香港整體的穩步發展。

既然人大常委會已經為香港的政制發展定出框架，民建聯及我亦希望二〇一二年的政制能夠在這個框架內向前發展，在兩個選舉中進一步推進民主，不致原地踏步。在這個情況之下，我們要有一個過渡方案，讓社會可以接受，使它能為將來的普選打下基礎。這是非常重要的。如果政府今次提出以優化的「05 方案」為基礎的方案，民建聯是會認真考慮的。

就未來兩個普選的終極模式的討論，在未來仍有充分的時間和廣闊的空間。在二〇一二年的兩個選舉中進一步加入民主元素和兩個普選終極模式的討論，兩者並無衝突。

民建聯將會全力參與二〇一二年兩個選舉方案的討論，以理性包容的態度，諮詢及聽取社會各界及市民的意見，而我們亦期望立法會內的其他同事，能夠抱着求同存異的精神，共同商討二〇一二年的兩個選舉辦法，務求能夠通過一個具有民主成分，又符合本港實際情況的選舉方案，為即將來臨的二〇一七年行政長官及二〇二〇年的立法會普選，打下良好的基礎。

（主席恢復主持會議）

黃毓民議員：

主席，社民連提出「五區總辭，全民公決，2012 年雙普選」，是希望讓香港市民得到一次參與直接民主的經驗。公民黨也提出「先談判，後補選，再總辭」的策略，先不論其方案與社民連的分歧，它最少有一個重要的象徵意義，便是重

新界定甚麼是激進。不止是親建制政團，連政壇裏的泛民中人也說「辭職補選」是激進的行為，大家視為是理所當然似的。但是，到了強調「理性思考」的一輩以專業人士為主的民主派人士都支持辭職補選和爭取民主時，大家才驚覺，由辭職到市民為補選而投票的一天，中間沒有牽涉到任何「掃場」、「掟蕉」和「講粗口」。「五區總辭」原來是和平得不得了，可以好像是七一大遊行般，展現香港人極高素質的另一次和平抗爭的手段。

眾所周知，北京權者欽點、小圈子推選的特首，曾蔭權先生在位五年，剛愎自用，朝令夕改，政治誠信早已蕩然無存。另一方面，對「北大人」又卑躬屈膝，極盡阿諛奉承之能事，亦是有目共睹的。但是，市民面對一位如此的特區首長，竟然慢慢對這個特區政府的惡行變得麻木，而且開始習非成是，這是曾蔭權成功地令香港市民視政治綱紀敗壞為常態，亦可以說是民眾厭惡政府，但卻充滿無力感的表現。這樣下去，對我們下一代的遺禍是非常嚴重的。

……

北京中央政府在二〇〇三年七一大遊行之後，對民主發展重重設障。中央政府公然違背「港人治港」、「高度自治」的承諾，於二〇〇四年四月六日，出其不意地以釋法的名義改動基本法。人大釋法將修改基本法的權力完全收歸小數的統治集團，並於四月二十六日通過決議，剝奪基本法所訂明，港人在二〇〇七年、二〇〇八年應該得到的民主普選權利，而且還讓特區政府其後推出一個既無時間表復缺路線圖的二〇〇五年政制發展方案，以各種公開的壓力及暗中的利誘，企圖令民主派接受，造成港人甘願屈服的既成事實。如果不是港人在關鍵時刻站出來令民主派歸隊，這個如「雞肋」般的二〇〇五年政制方案，早已如填鴨般填進港人的喉頭裏。

但是，二〇〇五年的政改方案遭否決，特區、中央，以及一眾親共輿論，一直將政制發展原地踏步的責任推給民主派，但後者卻苦無良策，來作有力的駁斥。面對沒有二〇〇七年、二〇〇八年雙普選的既成事實，民主派只好祭出爭取二〇一二年雙普選的旗號，以向市民交代。但是，旗幟猶在，爭取的策略和勢頭卻付之闕如。中央政府當然食髓知味，眼見民主派對扭曲式釋法沒有作出有力的反抗，於是又再於二〇〇七年十二月三十日，人大常委再次作出決定，否決二〇一二年雙普選，但為了緩和港人一而再被侮辱與愚弄所產生的可能反彈，於是

便虛與委蛇，拋出了所謂「可以在 2017 年普選行政長官，可以在 2020 年普選立法機關」。但是，二〇一七年和二〇二〇年的時間表與二〇一二年的政制發展方案，能否被民主派接受掛鈎？

面對這樣一個困局，民主派只有一個行動，便是將議會內的民主派及全港市民和民間社會聯繫起來，讓人民可以清楚表達對普選的意願，同時也令議會內的民主派獲得人民意願的授權，繼續向當權者爭取普選的落實，這就是「五區總辭，全民公決，2012 年雙普選」。藉着辭職觸發補選，並在補選中以「2012 年雙普選」作為單一議題，讓全體選民在補選投票中表態，達到全民公決的目的。這不單足以打破困局，也凸顯了議會內的民主派在民主運動上所能發揮的帶頭作用，為整個本土民主運動注入新動力。

「五區總辭，全民公決」如果能實施，將重挫特區政府的合法性。五名立法會議員代表全體民主派辭職，是在體制內的不合作運動，對特區政府拒絕落實雙普選的嚴重控訴，其目標的正當性毋庸質疑。特區政府將政改原地踏步的責任歸咎民主派否決二〇〇五年的政改方案，即將進行的政改諮詢，特區政府林先生必然故技重施，聲稱民意支持二〇一七年才落實沒有路線圖的虛幻「普選」承諾。全民公決的結果，是全民意志的體現，具有凌駕所有民調的事實及道德約束力，特區政府不能再以似是而非的民調作狡辯。如果全民公決的結果支持二〇一二年雙普選，但特區政府仍拒絕雙普選，即與全港市民的意志為敵，由小圈子選舉產生的特區政府再無合法性和權威可言。

劉慧卿議員：

主席，落實二〇一二年雙普選，其實並不是市民想要的，市民是想在二〇〇七年、二〇〇八年實行的。豈有此理，自由黨和民建聯最初都支持的，但之後又反反覆覆，這些做法應該受到香港人的唾棄。民主黨一定不會改變立場，一定要求在二〇一二年落實雙普選。主席，現在才是二〇〇九年，你怎知道數年後會發生甚麼事呢？我已說過很多次，可能屆時共產黨會倒台。我們為何這麼笨，現在便把這些東西拋棄？我亦沒有得到市民的授權來拋棄。因此，我們是一定要爭取的。

最近有一位的士司機跟我說，他是來自中國的，他說：「不好了，你知不知道民主的東西是要用鮮血來換取的？」主席，在很多地方也是一樣。香港人現在便恐怕未曾有這種準備。主席，可能有些人是有的，可能這種準備是越來越充足的。當然，我們亦不會有甚麼幻想，覺得民主是會從天掉下來，然而，我們要盡力爭取，因為我們是有理想和有原則的。

特區當局不將市民的意願很強烈地告訴中央，這是完全失職的，是絕對失職。主席，我不知道它在下月將推出甚麼方案。然而，大家都不會存有厚望。其實，沒有人想原地踏步，即使落實普選，也不是一步登天的。已經說了這麼多年，為何不跟中央說呢？何俊仁議員都說得很清楚，他說人大常委〔+ 會〕是決定了，但決定了便不能再改的嗎？為何不能夠改呢？它在開始作出決定時，已漠視了香港的民意。特區政府是有責任代表大部分香港人告訴中央，香港人仍然是希望落實普選的。

主席，為何要落實普選呢？現在只要看看特區政府的管治是如此不堪，便應該知道了，即使是魯平，現時也走出來發表意見，說要發展政黨政治，當年這建議在這裏被扼殺，可能也把香港害得太慘了。有些東西是錯了，便應該糾正。看着這個問責制，不斷在公務員中挖角，已退休了的人又給找回來，他們在拿取退休金之餘，又可再賺錢，胖得連襪子也穿不上。究竟有沒有弄錯？推行如此的制度，市民怎會接受？因此，主席，整套制度是有連繫的。如何推選政府和組成管治班子是連繫着，是扣在一起的。此外，又不准許有政黨政治⋯⋯民建聯如果取得到足夠選票，便來管治香港吧。做得好的，便可以繼續做下去；做得不好的，便要下台，情況應該是這樣，而不是好像大家現在來到這裏便扮作反對派，尤其對甚麼電燈膽和迷你債券等問題，覺得不妥當的便批評。其實，大家應該團結在一起。你組成了團隊，而你又得到市民的授命，便即管來管治吧。

因此，在整件事上，特區政府要向中央解釋，現時的有關決定會阻礙香港，不准許香港有一個可以加以發展的政黨，不准有政黨政治，不准有普選，這對香港是沒有益處的。民建聯剛才說只要經濟發展得好，其他方面也會很好。有甚麼好呢？主席，你現在問市民，無論是基層或中產的市民，即使是富有的人，大家看到現時的政制和整個政局，都會十分生氣。因此，主席，我希望我們能盡快落實雙普選。

劉慧卿議員動議的修正案如下：

「在緊接句號之前加上『，但對於行政長官並無履行責任，向中央政府爭取落實 2012 年普選行政長官及全體立法會議員表示遺憾』。」

（編者注：此修正案在原始會議過程正式記錄中位於五個辯論環節之後、劉健儀的答辯發言之前，並被單獨付諸表決。考慮到讀者方便及全書體例統一，特移到此處。）

（編者注：修正後的議案內容如下：

「本會感謝行政長官發表施政報告，但對於行政長官並無履行責任，向中央政府爭取落實 2012 年普選行政長官及全體立法會議員表示遺憾。」）

詹培忠議員：

在立法會，我們一向也有辯論政制問題。就二〇〇五年的政制，我當天跟特首說，每個人也會排第六，如果前面那五個說好了，那麼每個人也會排第六，這是甚麼意思呢？經過二〇〇五年的表決，大家都已瞭解到，我無謂解釋得這麼清楚。主席，二〇〇五年的方案要求增加五席區議員議席，我是不同意的。故此，現在傳媒說區議會有可能在二〇一二年增加五席，我個人也是抱着反對的態度。道理很簡單，便是基本法第九十七條已經明確指出沒有第二個權力中心，區議會只不過協助管理當地的體育文化及其他一切地區性的事情。故此，我們要很清晰。雖然葉國謙議員剛才說區議員的代表性應該跟立法會看齊，但我個人是不同意的。然而，在這個世界，各人的政治意念、思維、思想不同，我們也應互相尊重、互相理解。

主席，我個人認為香港不是一個獨立的國家，始終是中國一個特別行政區。當然，我也無須為中國政府作任何解釋。如果我們確定民主的定義是有普選、直選，那麼，我們應該承認，香港仍未有民主，因為香港事實上未有正式普選，也未有正式的特首等的直選。我們有三十位直選立法會議員，所以可稱為一半民主。

但是，我們要同時欣賞香港有極度的自由，我們要瞭解，主席，香港人有思想的自由、有言論的自由，更有行動、行為的自由。這些自由其實是不簡單的，我個人認為是要建基於四個字：愛國愛港。我們要瞭解，中國有數千年歷史，我們沒有資格、沒有義務、沒有條件愛黨。中國共產黨只不過管治了中國六十年，它有八千多萬名黨員，無須香港七百萬人中的有關人士來愛它，除非他們與黨有其他很密切的關係。所以，我們爭取民主自由的，要更愛港。為甚麼呢？一切改革或爭取的目標、目的，一定要基於愛港，為香港市民爭取。如果利用市民的意念、意欲，而作出違背事實、違背他們利益、誤導他們的事情，我個人認為是不應該的。

我昨天下午……當然，我不是整天坐在這裏開會的，昨天下午，我和傳媒界的朋友聚會，我也說過——我沒有說明是誰——只要有所謂五區總辭，我個人會排第六個辭職，而且會出來參與普選，多給市民一個選擇。我絕對沒有意圖挑戰任何政團或有代表性的人物，但大家要緊記一點，政治是個人的選擇，香港既然號稱在爭取民主方面有極度的自由，我也有我個人的自由、個人的選擇，故此，我並無針對任何政團或任何人的意圖，我自己謹代表我自己，為甚麼呢？我是很自由的，我無須向任何政黨或任何政治團體作出交代。我個人的意念是，任何人的信念均值得尊重，在尊重之中，不可以利用市民的感情、不可以誤導市民，應該作出英明及勇敢的決定。過分利用市民的感情會導致香港的分裂或對抗，對整體是沒有幫助的。

因此，主席，我個人作出決定，只要有機會辭職參與普選，讓市民多一個選擇，我一定會在香港這邊參與普選。我的信息很明顯，你認為我支持直選也好，支持甚麼也好，我已經開出我的期票。當然，我期望其他有關人士作決定，只要勇敢作出決定，所作的決定也是值得尊重的，各人有各人的選擇權力。在立法會也是一樣，大家表達自己的信念、自己的意願，是要向自己負責，向我們的選民負責，向我們的思維、思想負責，這便是香港人的好處，便是要有思想、言論和行動的自由。我再次強調，任何人利用市民的選票，利用市民的感情而令部分市民受誤導，這些行為在我方面，是必須受譴責的，但在他們方面，對某些人士來說，他們是必須撫心自問的。

梁家傑議員：

主席，也許你亦曾聽聞公民黨為了要爭取一人一票的真普選，建議了一個三部曲的方案。首先是談判，接着是五區補選，如果不行，便是總辭。剛才聽到詹培忠議員的發言，令第二階段的憂慮減少了。可惜的是，他所選的並非九龍東而是香港島，這令我稍感失望。

主席可能也聽過一個理論，便是如果建制派或持不同意見認為特首應該是有篩選的，或是立法會應該保留功能界別的人不站出來跟他競選，那麼怎可以透過票箱，讓市民直接參與爭取真普選的機會呢？現在最少已有一區不怕會出現這情況，因為有詹培忠議員，我相信民主派的工作小組一定會繼續跟進研究此事。

主席，曾特首在二〇〇七年行政長官選舉期間，曾經在競選論壇中表示不排除在二〇一二年進行雙普選，其後亦曾公開承諾要徹底解決普選問題，並同意不應把普選問題交由下一屆特首處理。然而，在短短兩年時間內，曾特首便推翻了之前所有莊嚴的承諾。

主席，我很記得大概在兩星期前，特首在此宣讀施政報告時，曾蔭權先生輕佻且不負責任地說：「成功爭取時間表便等同兌現了徹底解決普選問題的選舉承諾。二〇一七年和二〇二〇年的選舉安排將會交由下一屆特首處理。」這種自欺欺人的說法當然是為市民所唾棄，民望插水，其實也應在其估計之內。政府不斷強調二〇一二年的政改方案不會處理終極普選方案，主席，但我想問，如果連終點站在哪裏都不知道，市民如何判斷二〇一二年的政改安排是否符合中途站的要求呢？

主席，最近一份報章引述消息人士透露，即將推出的政改方案諮詢，最終的結論其實只是「翻叮」二〇〇五年的區議會方案。由此可見，政府在過去四年埋首處理的政改工作，始終與市民的想法嚴重脫節。區議會方案將會令立法會邁向區議會化，議員為了爭取市民支持，往往以地區利益作為首要考慮。立法會將須處理更多地區問題，而難以專注處理於香港的大議題、大政策。

主席，除此之外，公民黨也反對擴大原有三十個功能界別的選民基礎，因為此舉既不可以改善現時歪曲的制度，更會讓更多人成為不公義制度下的既得利益者。

面對具爭議性的政策，功能界別的選民會運用在立法會內的特權，向他們所屬界別的議員施壓，左右政策走向，結果立法會將會變成不同既得利益者的角力場，更難尋求共識。功能界別議員參選時的政綱，大多數是以行業利益作主打的。在當選後，要他們抵擋業界選民的壓力，立足於香港整體利益出發，實在不容易。即使他們真的這樣做了，恐怕市民亦未必相信他們正在這樣做。這樣一來，社會撕裂的情況將會加劇，而政府在推動政策時也會遇上更大阻力。

其實，民主派早已要求全面廢除立法會功能界別的議席，如果政府要建議擴大功能界別選民基礎，根本是背道而馳的。

主席，香港人爭取一人一票的公平政治權力分配，並非務虛的意識形態追求，而是務實地為香港政通人和出謀獻策。曾特首一再違背選舉承諾，作政改逃兵，取巧地逃避處理普選路線圖的責任，嚴重有負市民的期望。這個困擾香港超過二十年，令香港無論是經濟或民生政策均裹足不前，並令香港人感覺不快樂的困局，在這個不負責任且相當窩囊的特首的領導下，恐怕會繼續成為香港的夢魘和詛咒。

梁家傑議員動議的修正案如下：

「在緊接句號之前加上『，但對於行政長官沒有在施政報告中提出普選路線圖，以及未能履行其「徹底解決普選問題」的競選承諾深表遺憾』。」

（編者注：此修正案在原始會議過程正式記錄中位於五個辯論環節之後、劉健儀的答辯發言之前，並被單獨付諸表決。考慮到讀者方便及全書體例統一，特移到此處。）

（編者注：修正後的議案內容如下：

「本會感謝行政長官發表施政報告，但對於行政長官沒有在施政報告中提出普選路線圖，以及未能履行其『徹底解決普選問題』的競選承諾深表遺憾。」）

林健鋒議員：

主席，我想發表經濟動力對現今社會在政制爭論方面的一些看法。其實，每位愛國愛港的人都希望香港發展出一套適合自己的民主制度。工商界亦支持走向民主，可是，好像做生意一樣，我們應將每件事考慮得仔細一點、設想得周全一點和穩妥一點，並預計其後果，然後才去做的。

世界上的民主制度各地也有差異，我有一個不錯的例子，想跟大家分享一下。我們到街市買餸，街市式式俱備，有菜、有肉、有海味，包羅萬有，但我們總不能全部都買。因此，我們只會選擇配合自己口味的。對於一些對健康無益的食物，便會減少進食。例如高血壓的人，應該少肉多菜，因此要多買新鮮蔬菜，而不是「人買我買」，看到有好的便買，因為身體可能承受不了。在「一國兩制」的實驗地 —— 香港，對於這個只有二十多年選舉經驗的地方來說，這是非常值得參考的。

主席，基本法已經很清楚列明，要根據香港的實際情況及循序漸進的原則發展民主。人大常委會亦明確表示可於二〇一七年先行普選行政長官，其後香港便可普選全體立法會議員。

我認為大家應該實事求是地向前看，認真討論如何加添二〇一二年兩個選舉辦法的民主成分，為香港日後落實普選做好準備。大家應該放下歧見，共同商討怎樣修改二〇一二年的選舉安排，否則，香港的民主仍有可能是原地踏步。

梁國雄議員：

我側聞主席在政制方案勢均力敵時可能會運用投票權，因為你認為很重要。我現在首先告訴你，主席是不可以這樣做的。為甚麼呢？因為特區政府也說這個不是重要法案，即不是重要到要主席投票。我們要求當局提出一個重要法案，讓我們可以否決和罷免，它卻不願意。

所以，我很恭敬地請主席不要運用投票權，因今年可能會出現這個情況。我知道你未必會聽我說，但我有言在先，免得說遲了。我現在重新向你說，你不能這樣做，是因為特區政府已表明這不是重要法案，主席沒可能破壞傳統。請你自己考慮，你即將結婚，也是「大個仔」了，沒理由這樣的，對嗎？

第二，我要向本會的同事說，尤其向泛民主派的同事說，唯一能令特區政府和其背後的主子重視香港人意見的，是五區的辭職而形成的變相公投。

梁愛詩司長曾在這裏指出，就基本法第二十三條立法，是頭上的一把刀。這個變相公投也是所有專制政權頭上的一把刀，因為專制政權，倚賴的是它指民眾想甚麼，而並非民眾可以表達他們的所想。

有人指出，小弟反中亂港。小弟是中國人，也知道有位國父孫中山先生。讓我引述一篇來自《新華日報》的文章，現時新華社在香港很了不起，《新華日報》是共產黨的報章，這篇的內容是甚麼呢？在《民主的正軌：毫無保留地還政於民》這一篇，第二段寫着，「甚麼是主權在民，依照孫中山先生的民權主義，是人民對政府有選舉權和罷免權，對政制法律有創制和複決之權。只有人民真正得到了第四種權，才算具備了民主國的基本條件」，這只是基本。

我說的只是複決權，仍未有創制權，對嗎？公決是複決而已，政府說沒有，我們便看看有沒有。未有創制權，是不能修改基本法的。所以，我奉勸所有指我反中亂港的人，記一下共產黨莊嚴的宣誓，記一下孫中山先生在差不多一百年前說過甚麼。

各位，我們是無所諱忌的，因為主權本身應屬於香港市民，中國的主權應屬於中國人民。我們今天或將來呼籲的，其實是人類的普世價值，它不能實現，固然是由於專制者肆虐，但另一點亦是被統治者的懦弱。五區辭職變相公投，是一個非常和平及莊嚴的方式，讓所有人投一票，告訴中央政府和特首，香港人究竟要些甚麼。

劉健儀議員：

主席，對於即將公布的政改方案，自由黨是十分重視的，因為在二○○五年，我們已錯失了一次政制向前邁進的機會，而人大常委會早已說明香港最快可以在二○一七年落實普選行政長官及最快於其後二○二○年普選立法會。所以，二○一二年的政改方案可以被視為邁向上述終極目標的中途方案。

所以，我們期望二○一二年特首及立法會的兩個選舉方案，均必須較二○○五年方案進步，不可以只是一個「翻叮」方案。當中的民主成分都必須加強，例

如選舉委員會的代表性、功能界別的選民基礎等，均要加強或擴大。

自由黨希望社會各界都能以理性和務實的態度，就邁向普選終極目標方案而努力和達成共識，亦相信這是港人普遍的期望。

政務司司長：

行政長官在施政報告中明確表示，本屆政府會按照人民代表大會常務委員會在二〇〇七年十二月所作出的《全國人民代表大會常務委員會關於香港特別行政區 2012 年行政長官和立法會產生辦法及有關普選問題的決定》，對二〇一二年行政長官和立法會的產生辦法作出修訂。我們將在十一月就此展開廣泛的公眾諮詢。按照基本法，特區政府和立法會均有憲制上的責任處理二〇一二年的兩個選舉辦法。行政長官將在下星期分批會見立法會全體議員，以聽取各政黨和議員對政改諮詢的意見。

香港社會普遍希望看到二〇一二年的政制能邁出實質的第一步，為二〇一七年和二〇二〇年落實兩項普選鋪路。政府將以開放和包容的態度，聽取社會各界的意見，以最大的誠意來謀求社會共識。我們亦衷心希望同樣肩負這項憲制責任的立法會能抱着理性務實的態度，以推動香港政制向前發展為最大的依歸，求同存異，使最終形成的條例草案能在立法會獲得三分之二多數通過，形成社會、立法會及政府三贏的局面。

政府管治是一項大課題，而我首先想談談我們身處的大環境。

大環境之一，便是社會進步。香港是一個發展比較成熟及比較多元的社會，各個界別、各種力量均會有不同的理念和價值取向，市民普遍也越來越重視個人的權益和表達自己的訴求，這是公民社會的正常發展。

其次，市民對政府施政的公平性和透明度有很高的要求，加上享有高度新聞和言論自由的傳媒對政府施政的監察，容易凸顯在施政過程中個別思慮不周或執行不力的地方。

此外，我們雖然正在盡最大的努力來推進民主，但客觀的現實是我們的政制目前尚未達致〔至〕普選，這便無可避免地會被部分人士借此作為切入點，將一切問題均與政制掛鈎，通過對個別施政問題的批評來服務其他的政治訴求。

政制及內地事務局局長：

主席，讓我談談政制的問題。特區政府一直以務實進取的態度及求同存異的心態，希望推動香港的民主發展，以期邁向普選。我們在二〇〇七年爭取到全國人民代表大會常務委員會作出《全國人民代表大會常務委員會關於香港特別行政區 2012 年行政長官和立法會產生辦法及有關普選問題的決定》，定出普選時間表，即在二〇一七年可以普選行政長官及在二〇二〇年可以透過普選產生所有立法會議員，為香港今後的政制發展定下明確的目標。現在，特區政府及立法會雙方皆有憲制上的責任，為香港社會及香港市民落實普選。

劉慧卿議員及梁家傑議員今天分別提出修正案。劉慧卿議員認為行政長官未有向中央政府爭取在二〇一二年實行雙普選，而梁家傑議員則認為行政長官未有在施政報告內提出普選的路線圖。

不過，大家似乎忘記了一項事實，便是行政長官已經爭取到普選時間表，而行政長官在過程中已經向中央如實反映了香港市民對普選的訴求及希望有普選時間表。

我們在二〇〇七年七月十一日，即第三任行政長官及第三屆立法會上任後的第十一天，已經發表了《政制發展綠皮書》，讓香港社會可以討論普選的模式、路線圖及時間表。行政長官在二〇〇七年年底向中央提交的報告中，已經清楚表明在二〇一二年先行落實普選行政長官，是過半數市民的期望，這意見是應該受到重視及予以考慮的。與此同時，在不遲於二〇一七年先行落實普選行政長官將有較大機會在香港社會獲得大部分人士接納。

所以，回應劉慧卿議員和梁家傑議員的說法，我們在二〇〇七已充分反映了香港的民意。人大常委會在審議行政長官提交的報告後，明確了普選時間表，在二〇一七年實行普選時，可以由全部合資格的選民（即一人一票）選出行政長官。到了二〇二〇年落實普選立法會時，選舉的模式便要符合普及和平等的原則。

我們現在簡單地回顧一下，香港的政制發展在過去二十多年間經歷了三個非常關鍵的階段：

第一個階段，是在一九八四年中英聯合聲明發表時有兩項規定：第一，是香

港在回歸後的立法機關以選舉產生，而行政長官則可以經選舉產生或經本地磋商產生。

到了一九九〇年 —— 這是第二個關鍵階段 —— 便是在訂立基本法時，訂明了我們的最終目標是透過普選產生行政長官，以及透過普選產生全體立法會議員。

第三個最關鍵的時刻，是行政長官在二〇〇七年提交報告後，人大常委會作出了關於普選時間表的《決定》。我們在二〇〇七年辦得到的，便是在一九八四年中英談判後未能作出的規定，也是在一九九〇年訂立基本法時未能明確的時間表，而在二〇〇七年十二月，我們便爭取得到。所以，行政長官確實為落實普選盡了他的努力。

主席，隨着我們現在有了行政長官爭取到的普選時間表及人大常委會作出的《決定》，有不少議員依然爭取要即時有普選路線圖。但是，普選的具體模式，我們今天是不可以定到的，那是要按部就班，也是分為三個階段來做的：

第一個階段是在現屆政府和現屆立法會的任期內，即由現在至二〇一二年期間，我們要處理二〇一二年的選舉安排，並要注入新的民主元素，為普選鋪路。

下一個階段是在二〇一二年至二〇一七年期間，由第四任行政長官和第五屆立法會一起處理有關二〇一七年普選行政長官的制度。

第三個階段，是由在二〇一七年經普選產生的行政長官與第六屆立法會合作，處理如何落實在二〇二〇年透過普選產生所有立法會議員。由這位經普選產生的行政長官來處理這項最關鍵的議題，是至為恰當的，因為他是經普選產生的，所以他有充分而全面的公眾支持。

湯家驊議員和其他議員在現階段仍然提出希望爭取二〇一二年雙普選。政府方面其實是十分尊重及明白他們的意見，但我們不能忽視以下數項事實。

首先，人大常委會已就普選時間表作出憲制上的決定，我們須按憲法來辦事。

第二，現在與其繼續爭持二〇一二年是否有普選，我們倒不如為二〇一二年的兩個選舉辦法注入新的民主成分，為二〇一七年普選行政長官鋪路。說到底，大家雙互之間的立場分歧只是相差五年，即只是相差一屆而已。

第三，大家要明白，根據基本法，以及人大常委會在二〇〇四年的釋法，

政府每次為選舉制度作出改動均要經過「五部曲」。行政長官在二〇〇七年向人大常委會提交報告後，人大常委會在十二月作出了《決定》，我們現時只為二〇一二年的選舉安排走了首兩步。但是，為二〇一七年和二〇二〇年選舉安排所需的「五部曲」是從未進行過的。所以，現任特區政府當下只是獲得授權來處理二〇一二年的兩個選舉辦法。

第四，大家要緊記一項政治現實，便是我們要處理二〇一二年的兩套選舉安排已經夠複雜，如果把二〇一二年、二〇一七年和二〇二〇年三套選舉安排捆綁處理的話，難度會非常高。讓我舉一個例子，大家如果要在今天就將來如何處理功能界別的議題取得全面共識，我相信在這個議會內是難以得到三分之二的票數支持的。

所以，話說回來，主席，我們在十一月便會開始進行關於二〇一二年政改的公眾諮詢。在諮詢期間，大家要共同討論如何處理一些最關鍵的議題，例如選舉委員會的委員人數是否要增加呢？立法會議席是否要提升，從而可以擴闊參政空間，以及注入新的民主元素呢？就這些問題，我們將會於公眾諮詢期間廣泛聽取立法會、區議會，各黨派、不同團體及社會上個別人士的意見。在總結收集到的意見後，我們會按照基本法提出對附件一及附件二的修訂，亦希望屆時能夠獲得立法會三分之二多數議員通過及行政長官同意，從而可以向人大常委會提出批准或備案的建議。我們希望能在二〇一〇年內完成這個程序。

2009 年 12 月 2 日
議案辯論：政府向市民交代普選路線圖並承諾不遲於二〇一七及二〇二〇年落實真普選

梁家傑議員：

主席，中央政府先於二〇〇四年否決二〇〇七年和二〇〇八年在香港進行普選。到二〇〇七年，人大常委又再否決二〇一二年雙普選，但今次卻提出一個模糊的普選時間表。不少香港人仍然希望中央能回心轉意，在二〇一二年實行雙普選；但一向實際和善的香港人亦接受，如果二〇一二年真的辦不到，最遲在二〇一七年和二〇二〇年也必須實施行政長官和立法會的真普選。

（代理主席劉劉健儀議員代為主持會議）

香港人這樣有理有節、合情合理的態度，本應得到中央政府積極回應才是。可惜，特區政府在剛發表的政改諮詢文件建議大家考慮的二〇一二年選舉安排，是一個比「翻叮」二〇〇五年建議還要糟糕的方案，全無給香港人真普選的意圖和承擔；當中通往真普選的路線圖當然欠奉，完全沒有方向，只帶着我們遊花園。這是一個機關算盡、立心不良的設計，跟着它走，最好的終點也只會是一個保留了功能界別議席的假普選。中央辜負了香港人的好意，我們有理由感到徹底失望。

代理主席，判斷最終普選假與真，要看功能界別的存與廢。政改諮詢文件完全沒有討論如何廢除立法會功能界別議席的安排。就這一點，已足夠判定既得利益者無意放棄政治特權，而當權者亦願意繼續透過與他們作利益交易以換取權力。這個向工商界嚴重傾斜，忽略基層、中產和專業的政治權力分配機制一天保留下來，香港的公共政策必不能平衡，政府就民生問題取態必不能公道。再用時間在這份文件上，只會是浪費。

《公民權利和政治權利國際公約》早已為選舉作出清楚界定，我引述：「選

舉應是普遍的和平等的並以無記名投票方式進行，以保證選舉人的意志的自由表達。」（引述完畢）聯合國人權委員會早已明確表示，功能界別違反平等原則，並不完全符合該國際公約的第二十五條。過去十多年，功能界別猶如將香港市民的權利等級化。代理主席，試舉例，本人在現時的立法會選舉制度下，同時擁有港島區選民及法律界選民兩張選票，而慈雲山張伯則只有一張九龍東地區直選選票。大家同為香港市民，本人卻有權選出兩位代議士在議會內發聲，但張伯只有一張選票，所以只能選出一位代表。在文明的社會中，我們絕不能容忍這種不平等的政治權力分配制度，任由小部分人享有特權的。

代理主席，以人的功能決定其選舉和被選舉權的制度，絕不可能符合普及而平等的原則。也許是這個原因，最近有基本法起草委員譚惠珠女士開腔，指出普選的定義須由中央政府決定，而非國際人權公約所說。港區全國人大代表劉佩瓊女士表示普選可以是「普及而不平等」；國務院發展研究中心港澳研究所副所長饒戈平更認為功能界別可與普選並存。這些言論根本是為保存功能界別保駕護航，炮製具中國特色的「假普選」，與市民期望看見的「真普選」有很大的落差。香港人實在應擦亮眼睛，不要再希望這諮詢文件中的方案能帶我們到達「真普選」而心存僥幸和妄想。

代理主席，本人在議會工作超過五年，深切體會到這個有欠公平的議會運作模式是如何荒誕。功能界別議員的選民基礎只局限於某一個功能界別，他們在議會的角色主要向這小部分選民負責。相反，由地區直選產生的議員，有責任要照顧不同人士的需要，平衡各群體間不同、甚至互相衝突的利益，在考慮各項民生政策議題時，必須以大多數市民利益為依歸。

功能界別加上分組點票方式，使本會經常上演多數人服從少數人的荒謬情況。即使出現議員議案沒有人反對，但只要功能界別議員棄權，就可以出現四十四票贊成，十五票棄權，但議案卻不獲通過的最不公道的情況。換言之，即是二十二萬特權階級可以否決三百多萬普羅市民的意願。第三屆立法會就有四十三項關乎大多數港人福祉的議案因此無法通過。

香港現時只有二十二萬名合資格的登記選民享有功能界別的投票資格，其餘三百多萬名選民都沒有這種特權。縱使社會上有一部分人認為功能界別仍有存在價值，他們的論點不外乎是「功能界別佔國民生產總值的八成」、「維持議會專業

聲音」或「該等界別對香港有長遠利益」等。代理主席，本人認為這些都是自圓其說的藉口，全世界只有香港實行功能界別的議會選舉，其他民主國家和地區都不會採用這種不民主的方法，難道英、美等議會就沒有維護該地的界別利益嗎？難道該地的立法機關就缺乏專業聲音嗎？更何況現時立法會內三十名直選議員中亦不乏專業人士。

我們實在沒有保留功能界別以「維持議會專業聲音」的必要。功能界別議席更會引起現時沒有特別的社會界別，爭相要求設立新的功能界別，讓自己成為「既得利益者」行列，另闢捷徑尋求更多的特權。

代理主席，如果要讓香港達致〔至〕真正和諧的局面，必須盡早廢除功能界別議席，重新制訂符合「普及而平等」的政治制度。既然聯合國早已針對普選作出清晰的界定，本人期望市民認真關注今次政改方案的建議，集合大家的力量，向這種不公義、不民主的制度說「不」，一起爭取「真普選」。

代理主席，公民黨於九月已經提出一個切實可行的普選路線圖，就立法會選舉方面，我們建議於二〇一二年合併性質相近或選民人數較少的功能界別，以產生三十名議員，二〇一二年選舉後則盡快取消分組點票。不遲於二〇一六年增加普選議席，並同時減少功能界別議席。就行政長官選舉方面，公民黨建議擴大選舉委員會的選民基礎，在選舉委員會加入所有直選區議員，增加民主成分，取消現時選舉委員會的「區議會代表」席位，同時修訂《行政長官選舉條例》，取消政黨成員不能擔任行政長官的限制。

代理主席，其實除了公民黨外，亦有很多學者、智庫及民間組織都曾經提出邁向普選的路線圖，但政府一意孤行，「翻叮」二〇〇五年的政改方案，令人十分失望。從政府發出的諮詢文件中，竟然沒有詢問市民是否應該取消傳統功能界別，而政府更漠視市民多年來取消功能界別的訴求，反建議於二〇一二年增加功能界別，當局砌詞掩飾這是增加民主成分的建議，卻暗地裏為功能界別永久存在而鋪路。今次政改諮詢讓香港人更清楚地認識「真普選」和「假普選」的分別，本人相信絕大部分市民會站在「真普選」的一邊，力拒「假普選」禍害香港。

代理主席，要撥亂反正，政府必須透過有憲制約束力的宣示，清楚承諾最遲於二〇一七年實行普選行政長官，提名門檻不高過二〇〇七年的一屆；最遲於二〇二〇年實行立法會普選，屆時將不會再有功能界別議席。明確了方向和終點，

二〇一二年的安排就要為達致〔至〕兩個真普選鋪路。

這是香港民主運動的歷史時刻，香港人應該清楚向功能界別說「不」。本人亦呼籲既得利益者能拿出勇氣，不做政治「二世祖」，向政治特權說「不」。

梁家傑議員動議的議案如下：

「行政長官曾蔭權曾於 2007 年競選期間，公開向港人承諾會徹底解決普選問題，但行政長官在今年的施政報告中，沒有提及完整的普選路線圖，完全違背其選舉承諾；因此，本會強烈要求政府把握政改諮詢的機會，向市民交代普選路線圖，並承諾不遲於 2017 年及 2020 年落實真普選方案，而方案必須具備以下原則：

（一）行政長官及所有立法會議員的產生方式須符合國際公認的「普及而平等」的選舉標準，市民應享有自由選舉的權利；

（二）行政長官選舉提名委員會組成的基礎，須具有廣泛的民意，提名門檻不應過高，在推動開放普及的提名程序前提下，不應有篩選候選人或為排斥某些政治力量參選而訂出的安排；及

（三）立法會選舉要全面取消功能組別議席，以達至公平選舉為目標。」

（主席宣布就議案及兩項修正案進行合併辯論）

劉慧卿議員：

代理主席，香港市民等得很不耐煩了，很多市民要我在議會內替他們發聲。代理主席，很多市民均感到很憤怒，他們憤怒是因為特區政府一次又一次的〔地〕漠視民意。代理主席，本來這項諮詢是應該在本年年初推出的，有人卻扮烏龜躲藏起來，等到現時才拿出來 —— 代理主席，我發覺也不是的，諮詢推出後便一石激起千重浪。

……

代理主席，我們循很多途徑收到信息，知道市民是很想實行普選。民主黨最近做的民意調查發現，超過五成的受訪者是要求在二〇一二年實行雙普選，遲

一丁點也不可以的。民主黨的立場很清楚，我們向局長說過，對行政長官說過，跟願意聽的人也說過，就是要在二○一二年實行雙普選；萬一真的不行，民主黨也願意商討。然而，政府便要說出所謂中央提出二○一七年和二○二○年的普選是如何選的，因為這些理念是龍還是鳳，只要拿出來便已經知道的了，這就是所謂「見光死」的，代理主席 —— 我當然不是說你，我是說那些理念，只要拿出來看看便可知道的了。如果大家看了覺得很安心，發覺那是按照聯合國國際公約行事，在二○一七年真的會實行普選，到二○二○年也會是這樣的話，民主黨會很樂意與它商討這個所謂的中途方案，是會與它商討在二○一二年和二○一六年的做法的。

劉慧卿議員動議的修正案如下：

「在『行政長官曾蔭權』之前加上『市民爭取落實全面普選已超過了 20 年，』；及在『機會，』之後加上『爭取在 2012 年落實行政長官和立法會普選，若不能實行，政府亦必須』。」

（編者注：此修正案在原始會議過程正式記錄中位於本議案所有議員及獲委任官員發言之後、梁家傑的答辯發言之前，並被單獨付諸表決。考慮到讀者方便及全書體例統一，特移到此處。）

（編者注：修正後的議案內容如下：

「市民爭取落實全面普選已超過了 20 年，行政長官曾蔭權曾於 2007 年競選期間，公開向港人承諾會徹底解決普選問題，但行政長官在今年的施政報告中，沒有提及完整的普選路線圖，完全違背其選舉承諾；因此，本會強烈要求政府把握政改諮詢的機會，爭取在 2012 年落實行政長官和立法會普選，若不能實行，政府亦必須向市民交代普選路線圖，並承諾不遲於 2017 年及 2020 年落實真普選方案，而方案必須具備以下原則：

（一）行政長官及所有立法會議員的產生方式須符合國際公認的『普及而平等』的選舉標準，市民應享有自由選舉的權利；

（二）行政長官選舉提名委員會組成的基礎，須具有廣泛的民意，提名門檻

不應過高，在推動開放普及的提名程序前提下，不應有篩選候選人或為排斥某些
政治力量參選而訂出的安排；及

（三）立法會選舉要全面取消功能組別議席，以達至公平選舉為目標。」）

何秀蘭議員：

代理主席，政改不是憑空討論的，而大家提出政改，也不是為改而改的，更
不是為了符合人大的《決定》而做一些跟進工作。背後必須有民生的需要和管治
的需要。……

……

民主選舉未必能夠立即解決貧富懸殊的問題，但一定會為我們選出一個明白
甚麼是貧窮的困境，而且有心也有誠意為香港解決貧富懸殊問題的行政班子。

……

這些問題現已迫近眉睫、水深火熱，我們必須盡速解決，並由問責政府為我
們尋找公平、公道和合乎公義的解決方法。二〇一二年亦已迫近眉睫，香港人已
不可以再等，而這些問題也不可以再拖十年，待二〇二〇年才有由普選產生的立
法會和行政長官，現在便須急速解決。

代理主席，很多人會問，現在已經有了時間表，還談甚麼二〇一二年呢？何
以現在便要談路線圖或要立即進行雙普選呢？代理主席，是有必要的。如果我們
今天接受這個方向錯誤的改變，或是如果我們今天的方向會令不公義的功能界別
千秋萬世，越變越大，那麼民主進程便會越來越艱難。所以，我們這一代是有責
任在今天說出香港的需要的。

代理主席，任何政府的改革建議是否合乎民主進程，其實是有方法量度的，
其中包括兩項原則和四個方向。兩項原則是：第一，市民的權力有否增加，以及
第二，選出的議員和所組成的議會向市民的問責性有否增加。

區議會方案是不能通過這兩項原則的。局長經常說，這批區議員是向三百
多萬人問責的。可是，他說漏了兩個字，便是分別或各自，是數百人「各自」向
三百多萬人問責。然而，各人在區內其實只有一千數百票。透過這麼小的選區取
得進入立法會的入場券，這制度會迫使他們將所屬小選區的權益放在公眾利益之

上。在他們當選並取得入場券之後，要問責的第二層是誰呢？尚未輪到香港人，而是造就他們的政黨和西環辦事處，總之，就是還未輪到香港人。讓我舉出一個例子，如果甘乃威再次競選區議員，我們問他會否支持提名余若薇競選立法會議員，他當然會誓神劈願說願意。怎料，余若薇最後落選，但很不幸，是暗票的，敗在誰的手上根本無從得知。當立法會的選舉團只有區區四百人時，其實，政治利益的交換是小選區的選民和公眾無法監察的。所以，這個區議會方案並不符合那兩項原則。

至於立法會走向民主化的四個方向，是第一，取消或最低限度減少現時的傳統功能界別——我參考局長的說法，以傳統來區分。但是，現在的建議並不是循這個方向走的。第二，即使保留這些功能界別，也要把選民基數擴大至 337 萬人，但這些傳統功能界別並沒有相關的改革方向。第三，取消立法會的分組點票機制。剛才梁家傑議員也說過，即使沒有人反對也可以通過，真的不知道這是甚麼機制。第四，取消對議員提交私人條例草案的限制。人大的《決定》沒有這項限制了吧？為甚麼不可以提出以進行改革呢？在在都顯示到了最後，不管是甚麼政改，底線便是要操控。如果說是泛民不妥協，令民主沒有進程，我們也可以反過來說，如果中央政府不放棄操控的話，民主進程亦是寸步難移。

代理主席，我還提出了一項修正，便是特首選舉的提名機制。其實，很多機制都可以被扭曲，因此，當有這種危險的時候，最好便是把權力直接交回市民。所以，我提出，凡取得 3% 登記選民提名的人士把提名交給將來的提名委員會——我們是確立這個提名委員會的存在價值的——提名委員會便須確立其候選人的身份。為甚麼是 3% 呢？因為我們的投票率通常不超過六成，而政府的選舉事務處也確認取得 5% 的選票的候選人，是嚴肅認真的候選人，可以取回保證金。在這六成投票率中的 5%，剛好是合資格選民的 3%，我們便是這樣計算出來的。如果參選被視為嚴肅認真的話，實在沒有理由拒絕他成為一個候選人的。

代理主席，談到承諾，局長今天回應我時表示，這種經常被騙的心態對我毫無幫助。但是，大家看看，如此具體、堅實的基本法，對香港人的承諾，也可以在二〇〇四年的釋法及二〇〇七年的《決定》中，施加重重障礙。這些釋法和《決定》其實是一黨專政的產品。我們倚靠一黨專政的中央放手，讓香港有民主進程，真的是緣木求魚。所以，代理主席，我是很悲觀的，直至有普選的一天，我

才會相信。今天大家提出這麼卑微的要求，要求有法律效力的具體承諾，但卻未必能夠實行。

何秀蘭議員動議的修正案如下：

「在『本會』之後刪除『強烈要求政府把握政改諮詢的機會，向市民交代普選路線圖，並承諾不遲於 2017 年及 2020 年落實真普選方案，而方案必須具備以下原則』，並以『認為當局應以 2012 年落實普及平等選舉為基礎，並在政改諮詢中聆聽市民意見，設計合適香港的政制，方案必須包括』代替；在『民意』之後刪除『，』，並以『；』代替；在『前提下，』之後加上『設立市民提名機制，凡取得 3% 登記選民提名的人士，提名委員會必須確立其候選人的身份；並』；在『安排；』之後刪除『及』；及在緊接句號之前加上『；（四）取消立法會分組點票機制；及（五）取消對議員提交私人條例草案的限制』。」

（編者注：此修正案在原始會議過程正式記錄中位於本議案所有議員及獲委任官員發言之後、梁家傑的答辯發言之前，並被單獨付諸表決。考慮到讀者方便及全書體例統一，特移到此處。）

（編者注：修正後的議案內容如下：

「行政長官曾蔭權曾於 2007 年競選期間，公開向港人承諾會徹底解決普選問題，但行政長官在今年的施政報告中，沒有提及完整的普選路線圖，完全違背其選舉承諾；因此，本會認為當局應以 2012 年落實普及平等選舉為基礎，並在政改諮詢中聆聽市民意見，設計合適香港的政制，方案必須包括：

（一）行政長官及所有立法會議員的產生方式須符合國際公認的『普及而平等』的選舉標準，市民應享有自由選舉的權利；

（二）行政長官選舉提名委員會組成的基礎，須具有廣泛的民意；提名門檻不應過高，在推動開放普及的提名程序前提下，設立市民提名機制，凡取得 3% 登記選民提名的人士，提名委員會必須確立其候選人的身份；並不應有篩選候選人或為排斥某些政治力量參選而訂出的安排；

（三）立法會選舉要全面取消功能組別議席，以達至公平選舉為目標；

（四）取消立法會分組點票機制；及

（五）取消對議員提交私人條例草案的限制。」）

政制及內地事務局局長：

代理主席，今天梁家傑議員提出的議案是要求政府利用政改諮詢的機會，向市民交代普選路線圖。就此，特區政府有需要表明兩方面的立場：第一方面，這次公眾諮詢的目的，是要使二〇一二年兩個選舉辦法可以進一步民主化，並就這套方向聽取市民和社會上的意見；第二方面，在二〇一二年實行雙普選並不符合人大常委會在二〇〇七年的《決定》。由現屆政府提出普選路線圖，亦超越了我們目前所獲的授權。

有關普選的議題，其實人大常委會於二〇〇七年十二月作出的《決定》，明確了我們可以在二〇一七年普選產生行政長官，並在二〇二〇年普選產生立法會，而在二〇一二年我們便可以對兩個選舉產生辦法作出適當修改。所以，現時我們的第一步便是要為二〇一二年爭取民主進程，為普選鋪路。

這次我們在諮詢文件提出的，包含了新的民主元素，計有以下三方面：第一，我們已在二〇〇七年爭取到普選時間表；第二，雖然我們要維持在二〇一二年功能界別及地區直選議席各佔一半的比例，但我們已經表明不再增加傳統功能界別，並建議增加民選區議員互選產生進入選舉委員會及立法會的空間，以加強這兩套選舉的民主成分；及第三，我們會進一步提升由民選區議員參與立法會內的互選，把地區直選或間選的議席提升至六成。

大家繼續談論普選的原則，並提到普及和平等。這些辯論，不論是現在或是今午的口頭質詢時段，皆令我有似曾相識的感覺，因為我們自二〇〇七年七月開展《政制發展綠皮書》公眾諮詢的工作，已展開了這方面的討論。

梁家傑議員今天再次特別提到《公民權利和政治權利國際公約》，特別是當中的第二十五條，我也要重提，英國政府在一九七六年將國際公約適用於香港時，已就第二十五條（丑）款訂定保留條文，而中央政府在一九九七年向聯合國秘書長做照會時，亦表示當年的保留條文繼續適用於香港。因此，根本的道理是，香港會達至普選並非始源於國際公約，而是由於基本法本身有最終達至普選

的規定。

至於普及和平等的原則，我們在二〇〇七年就《綠皮書》進行公眾諮詢及特首向人大常委會提交報告時，已表明要符合以下三方面的考慮和原則：第一，國家對香港的基本方針政策；第二，政制發展的四項原則，包括要兼顧社會各階層的利益，要有利於資本主義經濟的發展，要符合循序漸進的原則及要適合香港實際情況；及第三，普及和平等選舉的原則。

因此，關於普及和平等，我們對這套原則是有相同的認識的。

《綠皮書》表明，我們在符合國際上對「普選」概念的一般理解之餘，也要因應人民的特別需要和訴求、社會經濟的獨特情況，以及有關地方的歷史，實現及發展我們的選舉制度。

特區政府已多次強調，在落實普選時適用的選舉模式，必須符合普及和平等的原則，這一點是不容置疑的。

至於有關行政長官的普選，根據人大常委會二〇〇七年的《決定》，已明確表明會在二〇一七年實行一人一票的行政長官普選。《決定》表明在二〇一七年普選行政長官時，提名委員會可參照選舉委員會的現行規定組成，亦表明提名委員會在按照民主程序提名產生若干名候選人後，將由香港全體合資格選民（即一人一票）普選產生行政長官。

所以，我們在現階段妥善處理二〇一二年選舉委員會的組成，將有助於今後在二〇一七年之前，把選舉委員會轉化為提名委員會。我們餘下須處理的問題，只是如何訂定二〇一七年的提名機制的民主程序。

我認為在座議員無須擔心屆時的民主程序及提名機制是否可以接受，因為第四屆特區政府提出的任何方案，均須獲得立法會全體議員三分之二通過。如果各位議員屆時依然在議會的話，手中將會掌握支持或否決這方案的關鍵一票。

至於立法會的普選模式，我們在二〇〇七年進行《綠皮書》公眾諮詢時已清楚交代，在完成公眾諮詢並進行總結時，我們已表示有關取消功能界別的議題，在議會內外依然眾說紛紜。時至今天，這情況依然存在。

人大常委會就行政長官的普選模式勾劃了輪廓，但對於立法會的普選模式，卻沒有作進一步的明確。對於功能界別的存廢問題，並非香港社會一時三刻可以達成共識的。

今天，我們看到議會之內最少有兩方面的意見。有議員認為應該即時取消傳統功能界別，或建議擴大功能界別至三百二十萬名選民。不過，也有議員認為應繼續增加傳統功能界別。

所以，關於這個問題，我們此時此刻仍未能達至一套共識。面對這種情況，特區政府在現階段提出了區議會方案，為二○一二年立法會的組成爭取更大的民主空間。

其實，大家可以看到，我們是在現有三十個功能界別的議席中，選擇了區議會界別——這是最具民主成分和選民基礎最闊的界別——以擴闊二○一二年立法會的組成。至於其他二十九個功能界別的議席，我們則會凍結，因為我們相信這樣將有助於逐步邁向立法會普選。

代理主席，今天何秀蘭議員亦提出了另一些建議。她提出由市民提名行政長官候選人的機制，但我必須指出，基本法第四十五條並沒有這樣的機制，提名委員會將會提名行政長官候選人。

何秀蘭議員亦要求在二○一二年取消立法會的分組點票機制，以及取消立法會議員提出私人條例草案的限制。其實，前者並不符合人大常委會在二○○七年的《決定》，即在二○一二年維持現有的表決機制。後者亦涉及基本法第七十四條的規定，不論是人大常委會的《決定》或現有的基本法條文，皆屬憲制性法律，是不能輕言修改的。

總括數點，特區政府理解市民希望早日達至普選的訴求，行政長官在二○○七年向人大常委會提交的報告中亦已明確反映，根據民意調查，有過半數市民希望可以在二○一二年達至雙普選，而行政長官亦向中央表明，這套民意應該受到重視和予以考慮。

可是，與此同時，當時有約六成市民表示，如果在二○一二年未能落實普選行政長官，亦會接受在二○一七年實行。

既然我們現已根據二○○七年人大常委會的《決定》，有了二○一七年和二○二○年的明確普選時間表，而且亦為香港社會所廣泛接受，大家目前要努力做的，是在二○一二年為香港的民主進程踏進一步，不要原地踏步。

李卓人議員：

　　我想讀出當年一篇文章，看看香港現時的境地，倒退至今天這個地步，有多悲哀。想當年，一九九三年三月十八日的《人民日報》發表了當時國務院港澳辦主任魯平的談話，指出「第三屆以後立法機關如何組成，將來完全由香港自行決定，只要有三分二立法會議員通過，行政長官同意，報全國人大常委會備案就可以，不必要中央同意。將來香港如何發展民主，完全是香港自治權範圍內的事，中央政府不會干涉。」歷史記錄了當年的承諾。可是，現在倒退至怎樣呢？我們當天聽到唐英年說來說去只有一句，便是「人大的《決定》是嚴肅的決定」，前後說了四五十遍，只此一句。其實，這根本是將香港任何的討論空間和諮詢空間壓縮至沒有，一定要由人大決定。

　　可是，人大的《決定》對嗎？當年魯平已承諾不作干預，由當年的三步曲變成了現在的五步曲。難道現在倒退了我們也要接受嗎？難道香港人一定要啞忍嗎？

　　所以，剛才劉慧卿議員也說，何秀蘭議員也說，真的是被欺騙得太多了。他油頭粉臉，像薄倖情郎一樣對着那些被騙的少女說「是被欺騙得多了，那又如何呢？」事實便是這樣，根本完全沒有嚴肅地對待究竟那個框架是否正確及應否欺騙那麼多次的問題，完全不是這樣的。現已倒退至把人大的《決定》視為偶像，是不可改變的。我真的想問，香港人的權利往哪裏去了，局長？

　　第二個倒退，便是這次整個討論比上次二〇〇七年的討論還要倒退。我們要求最低限度也談談普選路線圖和討論二〇一七年及二〇二〇年的普選模式，正如我經常說要討論總站的問題，暫且不談中途站。然而，唐英年那次卻顯然是說，人大並未授權香港處理二〇一七年和二〇二〇年的普選模式。但是，翻查歷史紀錄，他這樣說再次違背了上次在立法會所說過的話，便是在二〇〇七年時，當局曾在立法會辯論期間承諾，會討論普選時間表和路線圖。喬曉陽也表示歡迎各界討論普選路線圖，希望可以達成共識，繼而啟動香港無數的討論。可是，這次比上次更差勁，提也不可以提，變成完全不可以處理，這不是更糟嗎？

　　第三點是，局長有時候膽小得連甚麼是普及平等也不敢說。在今天的口頭質詢時段，我聽到局長說有人希望一人一票，也有人希望一人兩票。局長接着說

民主派反對一人兩票，認為這並不普及平等，以及剝奪被選舉權。然而，他卻不敢作聲，膽小得連自己有何立場也不敢發表。他敢說這不是一人兩票剝奪被提名權，也不是普及和平等嗎？他又不敢說。所以，根本沒有人知道當局的立場，它永遠不敢表態。但是，如果當局不表態，試問我們怎會相信它呢？

因此，最後的結論十分可悲，便是可能被民建聯的譚惠珠說中，普選的定義由中央決定。聽罷，我又要為民建聯英文名稱正名，DAB 是 Democracy According to Beijing，果然名不虛傳，因為它已表明是由中央決定的。

張國柱議員：

代理主席，等了四年，政府再次推出政改方案，很可惜，再一次令人失望。經過漫長的四年，香港人的民主訴求已越來越強烈，高呼普選的聲音越來越激昂，但政府卻倒行逆施，推出開倒車的政改方案，意圖打造一個由政府操控的假普選，將民主推入萬劫不復的深淵。

政改方案值得批評的地方可謂多不勝數，但我作為功能界別所選出來的議員，相信最有資格批評這個制度的不公平、不公義的地方。我代表社工總工會及業界同工明確表示，我們絕對不戀棧這特權，我們絕對贊成全面取消任何形式的功能界別選舉，包括政府建議未來以區議會互選出來的功能界別的議員。

功能界別選舉有甚麼不公平，論據實在是不勝枚舉。我們現時地區直選的三十名立法會議員，是由超過三百萬名選民基礎所選出來的，但三十名功能界別立法會議員呢？選民基礎只得大約二十多萬人，其中看到數個界別，例如金融界、保險界、鄉議局、漁農界及航運交通界，代理主席，團體票選民人數只有一百多名，每個界別也如是。這些只由百多人選出來的立法會議員，他們在議會所擁有的權力，卻竟然與平均有十多萬名選民選出來的直選議員是沒有分別的！

再者，不少界別的議員，在回歸以來，在完全沒有競爭對手的情況下自動當選，可想而知，這個選舉是如何小圈子。難聽一點，這是由政府賜予他們的議席，他們在議會內完全可以替政府的政策及議案護航。

事實上，彭定康的「新九組」的功能界別於一九九五年降臨立法局時，九個界別的登記選民人數，也有超過一百萬人，是今天的五倍。為甚麼回歸後的政

府，比一個殖民地的政府更不民主？

再說，一名稱職的立法會議員所關心的議題，理應是以全港市民的利益為大前提，他們的着眼點，是要為香港整體利益出發。但是，功能界別的議員，由於他們的畸形生態，只須向自己界別的選民交代便可以，即使這個界別的利益有違全港市民的意願亦沒有所謂。

有支持功能界別的人說，引入不同界別的人士在議會內，有助社會平衡各界不同利益。但是，這些藉口只能美化政府為何要賦予這些人士特權，而無法解釋這個選舉制度不平等之處。例如我們看到擁有近九萬名選民的教育界，為何與擁有一百三十二名選民的金融界，同樣都擁有一個議席呢？是否金融界的聲音，是大過其他界別呢？

現時登記成為功能界別的二十多萬名選民，事實上，他們亦比普通市民有更大的權利，因為他們手中可擁有兩票或以上，而選出的立法會議員，無非是扼殺了一人一票公平選舉，製造政治特權份子的小圈子，這亦衍生到「一人多票」的荒謬情況。由於功能界別的公司或團體票，使份屬同一商業機構的子母公司可向選舉委員會作多重登記，令一間公司在界別內可擁有多個投票權，亦即只要子公司夠多，他在界內的影響力越大。

其實，早於一九九五年，聯合國人權事宜委員會已對香港的選舉制度作出批評，指功能界別的選舉違反了《公民權利和政治權利國際公約》條款，亦明顯向商界利益傾斜。因此功能界別的存在顯示了它的不公平，亦是普選的最大障礙。

我想強調，我不滿意的，只是現時功能界別的制度，我沒有特別針對任何議員的意圖。因為我們看到有不少功能界別的議員，有些其實也是盡心盡力為香港人服務，並非單單只為自己的界別着想。選民的眼光亦是雪亮的，現時功能界別的議員在議會內有好的表現，有心為香港人做事，相信轉戰直選亦同樣有勝算，無須貪圖嗟來之食。

（主席恢復主持會議）

梁耀忠議員：

今次特區政府提出的政改諮詢，不但無視大多數香港人要求落實「2012 年雙

普選」的強烈訴求，連普選路線圖亦拒絕交出，只有一個完全「無終站」、「終點不明確」的「假中途站方案」。政府今次的諮詢，不但是「鳥籠諮詢」，更是「自我閹割的諮詢」，因此，我是絕對不會支持的。

我呼籲支持民主的香港市民，在一月一日的元旦日大遊行中，一同爭取我們早應享有的普選權。

主席，今天在這裏，我特別要反駁政府近期不斷散播的兩大謬誤。第一，就是特首曾蔭權多次提出「人大常委會已經否決 2012 雙普選，因此再要求 2012 全面雙普選是『沒可能』的」。

主席，我要提出，即使根據中國憲法及相關法律，人大常委會的《決定》亦不是不能修改的。舉例來說，中國憲法第六十二條第十一項，便規定全國人大有權「改變或者撤銷人大常委會不適當的決定」。此外，人大常委會作為一個國家權力機關，當然亦有權隨時更改他們先前通過的決議。

其實，作為一個負責任的政府，特別是特區政府，特首是責無旁貸，要不時把香港人的意願向中央反映，而人大常委會亦沒有禁止特首再次提交有關香港人對普選立場的報告，令人大常委會可以更及時和準確地瞭解香港人的意願，以及作出合乎港人利益的最新決定。因此，特首更有必要再次向人大常委會重申香港人要求二〇一二年雙普選的堅定立場。

撇開二〇一二年雙普選的問題，特首更不能夠卸責的，就是不能推卸向中央反映香港人要求有明確普選時間表及路線圖的責任，我認為這做法只是卸責的表現。

關於普選路線圖，事實上早在二〇〇六年特首改組策發會時，便曾公開表示要在策發會討論政制發展，計劃在二〇〇七年年初提出普選路線圖（即邁向普選的步驟及普選方案）；但到了近日，特首竟然指他無權提出普選終極方案，這說法是否「以今天的我打倒昨天的我」呢？

更令人印象深刻的，是當特首二〇〇七年競選連任時，曾經公開向全港市民宣稱要在政制問題上「玩鋪勁」，這可說是深入民心的。他並且在特首論壇上明確承諾，倘若當選連任，將在未來五年徹底解決普選問題。「徹底解決普選問題」，但現在怎麼樣？連我們希望要有的普選時間表、路線圖及普選模式，至現時為止，究竟到哪裏去了？事實上，曾蔭權竟然向我們說會拒絕提出「普選終極

方案」，不能夠拿出來讓我們討論。這些是甚麼承諾呢？

主席，我再次翻看二○○七年人大常委會的決議，決議當中其實亦有指出，「要求特首在合適時間向人大常委會提交報告，令人大常委會確定雙普選的具體內容」。所以，我完全看不到特區政府有甚麼藉口拒絕在當前這個關鍵時候，將香港市民要求二○一二年雙普選、要求明確普選路線圖的呼聲，向人大常委會作出清晰反映。我相信只有要求人大常委會重新考慮雙普選問題，才能夠有效打破當前的政治僵局。

主席，特區政府近期提出的第二個謬誤，就是林瑞麟局長提出的，他說：「政府已經回應了二○○五年泛民要求的普選時間表，以及不讓委任區議員選出立法會議員，所以泛民應該支持政府現時的方案，而不能夠不斷提高叫價。」

主席，我要清楚指出，香港市民及民主派並沒有提高叫價，我們的立場和要求，是一貫、明確及堅定的。

如果大家沒有忘記，二○○五年時主要民意和民主派的要求，是「07、08 雙普選」，政府最低限度要拿出普選時間表和路線圖讓大家討論。即使到了二○○七年，政府就政制發展作出諮詢時，政府提交予人大常委會的總結報告中亦承認，主流民意是要求二○一二年雙普選；因此，我們現時堅持二○一二年雙普選，只是繼續我們過去的訴求，亦是延續我們多年來要求盡快落實雙普選的立場，又怎會是「不斷提高叫價」？

主席，政治是眾人的事，政制民主化發展的前提，就是要反映大多數香港市民的明確要求。因此，我希望政府不要再迴避民意，更不要扭曲民意，否則，民怨的聲音只會不斷擴大，政府要維持誠信及在管治方面將會更困難。主席，我謹此陳辭。

吳靄儀議員：

主席，我們今天為何要談普選的路線圖、為何要談真普選的路線圖呢？正因為假普選的路線圖其實已慢慢出現，我們正逐漸看見這個鋪排。主席，我們在二○○五年已提及普選的路徑圖，正因為我們擔心每次只走一步，不知會走到何時，但在二○○七年，我們尚未真正懷疑政府竟會說普選可與功能界別議席共

存，我們只是指出很多人未能注意到普選的真正意義，所以，我在上個立法年度
曾提出一項議案要求政府澄清時，我重印了一本小冊子，指出普選便是普及而平
等的選舉。當時，政府已慢慢圖窮匕現，顯出它有這樣的意圖，真正暴露出來的
是二○○七年七月的綠皮書，該處有很多方格。我不知道泛民議員是否還記得，
我們當時要四處向人解釋，為何要這麼複雜呢？便是當中做了一些手腳，增加了
一點元素，使我們覺得普選的定義不是普及而平等。所以，當時亦有人寫文章，
陸恭蕙於二○○七年十月在《南華早報》撰寫文章，指出這項加入的元素是為將
來歪曲普選定義鋪路的。接着，我自己在二○○七年七月二十七日亦有就綠皮書
的意義撰文，指它是將普選重新定義。

　　當然，言猶在耳，人大釋法是在何時作出的呢？是在二○○七年十二月
二十九日，就是給我們二○一七年及二○二○年的時間表的當天，張曉明已告訴
我們功能界別是很有價值的，它涵蓋的行業代表了 90% 的國民生產總值，是應永
遠存在的。因此，我在辯論時才會提出，中央當局一面承諾二○一七年及二○二
○年的行政長官及立法會選舉可進行普選，但同時，中央和特區政府卻隱隱然在
改變普選的定義，這是不可接受的。

　　因此，凡事一定要說清楚，立此存照。由二○○七年的綠皮書、人大釋法
鋪路已經逐漸是這樣說。政府這次在推出政改方案時，唐英年司長坦白承認，功
能界別與普及和平等原則不符，那便要問唐司長，既然這與原則不符，而且政改
方案也要為將來普選鋪路，司長又做過甚麼？人大釋法容許減少功能界別議席，
這方面有何答案呢？現時的新答案是甚麼，主席？便是現時不能解決，要在二○
一七年普選產生特首後才可以解決。即是說，由現時開始，我可以老着臉皮說，
我是不符合原則的，但我同時可提出一種說法，便是直至二○一七年普選行政長
官前，大家也不用奢望。這些便是潛台詞、這些就是伏筆、這些就是英文所說
hidden agenda，是潛在的路線圖。因此，我們今天必須高聲說出甚麼是真正的普
選路線圖，便是二○一七年普選行政長官不能夠有篩選，二○二○年普選立法會
時要全面取消功能界別議席，否則，政府便一直會說謊、冤枉人及混淆視聽。多
謝主席。

何俊仁議員：

　　……最早的時候，我們談民主的優劣，它是否適合香港和有利繁榮穩定，甚至有一些工會，例如當時的工聯會，談論它會否嚇走資本家，會否取得選票而失去飯票等。

　　到了後來，當大家知道民主這個潮流和民主代表人權這個普世價值是不可以抗拒的時候，便不敢再爭論民主的優劣，而是爭論甚麼是民主的意義、民主所包括的選舉是否就是一人一票，以及「普及和平等」是否就是代表民主的一切？主席，這其實是常識的問題。在進步文明開放的社會，沒有人會再爭論這些，今天局長竟然還有顏面站起來爭論這些。很多人都會問，如果還在爭論這些，究竟這是智商的問題，還是人格的問題？我當然知道，局長坐在這裏，沒有辦法，屁股指揮腦袋，但請他提出一些較符合邏輯的說話和符合常識的道理，向全香港、全世界論述，但我相信他沒法做到。

　　今天，黃成智議員的口頭質詢，我覺得是沒有機會問得出甚麼的。但是，其實，很簡單而已，普選和功能界別，怎可以融合呢？如果真的有民主的普選制度，究竟有甚麼需要和有甚麼可能，可以容納功能界別這種怪胎，這種扭曲的特權式的選舉呢？今天，局長在回答問題的時候，他一方面重申普及和平等的概念。當然，普及是很簡單的，他腦中想的是最多便是一人一票或有些人有第二票。至於平等，便是每個界別也一人一票，還不平等嗎？其實，他遺漏了一個概念，是他不敢提出來的，便是更重要的、不可分割的平等概念，便是基本上等值的一票。他敢提出這一點嗎？是否全部等值呢？這個字眼是他不敢提及的。

　　如果選票不等值的話，便根本不是平等的選舉。這個所謂的普及，也沒有甚麼意義，因為本身便是不平等。我經常聽到這些辯論，談到平等的時候，我真的會想起 George Orwell 的《動物農莊》，雖然所有動物都是平等的，但有些動物卻「更平等」，有一些「大佬」、「大哥」是更平等的。這是扭曲一般文字，扭曲一般常識，以權力代替真理的畸怪現象。

　　我們從局長今天的答覆中的第二段，已經看到當中端倪，看出背後究竟有甚麼龍鳳和做些甚麼手腳。原來除了普及和平等的概念外，還要「就個別地方而言」——我現在讀出他今天的口頭答覆——「也可以因應人民的特別需要和訴

求，社會經濟的獨特情況，以及有關地方的歷史現實而發展其選舉制度。」

主席，我當然知道全世界的民選制度有不同的形式，但始終貫徹的，便是一定要普及和平等，這個平等要包括等值，每一票基本上要等值，不需要談甚麼人民的特別訴求。

對於人民的訴求，如果一些人比其他人特別平等，便成了設計這個選舉制度的因素。社會獨特的情況，是否便是如張曉明所說的，有些資本家在功能界別中因為佔了我們的 GDP 或我們的經濟生產力一個重要的成分，所以他們要更平等呢？大家知道「更平等」是甚麼意思吧？便是要有更多特權。

何鍾泰議員：

首先，在普選的定義上，有些人認為是一人一票的地區直選選舉，也有人認為每人兩票，一票在地區直選議席，另一票在功能界別，也是符合普及而平等的原則的。事實上，立法會功能界別的專業界別，現時只限於專業界別內的合資格選民，其選民人數也不少。以我代表的工程界別為例，合資格的選民也接近一萬四千人，同樣是一人一票，而合資格選民也分布於港、九、新界及離島不同的區域。在這個層面上，也可說是相當普及的，而且代表性也不一定比地區直選議席差，所以定義有很多爭拗。以二〇〇八年立法會選舉為例，在地區直選勝出的候選人中所獲票數最少的，也只有約一萬九千多票。事實上，我在過去每一屆的選舉，都要經過激烈的競爭才勝出。

由於基本法沒有提供清晰的答案，我們必須盡快展開有關普選的定義及功能界別是否符合普選的定義的相關討論。

政府先前提出有關二〇一二年行政長官及立法會產生辦法的建議，我正在諮詢工程界的意見。在現階段，我對諮詢文件的建議有些看法。在二〇一二年行政長官產生辦法方面，諮詢文件其中一項建議是選委會四大界別各增一百席，即委員人數由八百人增至一千二百人。其中，政界界別新增的一百席，大部分將分配予區議員，選委由四百位民選議員互選產生，但委任議員不可參與互選。此舉令委任區議員淪為二等區議員，而委任區議員一向也同樣為區內事務盡心盡力，這選舉安排實在是對他們不公平。

在特首參選人提名門檻方面，諮詢文件建議維持在八分之一，即由現時一百人增加至一百五十人。為鼓勵更多人能夠成為參選人參加選舉，政府可否考慮將提名門檻調低至一百人，當中參選人必須從每個界別最少獲得十五人提名。至於其餘的四十個提名，可從任何一個界別取得。為免一些參選人壟斷參選提名，並阻撓其他參選人獲提名的機會，政府應考慮在提名人數方面，設定二百人為上限，或不公開提名人的身份等。

在二〇一二年立法會產生辦法方面，諮詢文件建議立法會議席數目由現時六十席增加至七十席，新增的十席由功能界別和地區直選組別均分。新增五個功能界別議席連同原來的一個區議會功能界別議席，全部六席只限民選區議員互選。按這樣的安排，區議會功能界別議席的六席，將佔總數三十五席的 17%，其影響力將如同一個政黨。區議員功能界別的性質，嚴格來說，是有別於專業界別，跟工商界別等的功能界別不同，政府的建議會否因此影響功能界別與地區議席在立法會內的平衡，因而不符合「均衡參與」的原則？再者，民選區議員只要取得區內一定數目的選民支持，便可以當選。因此，有時所得票數不太高，也可以當選，而且他們有機會互選，循直選進入立法會。

我們不希望將來看到，由於由區議員選出的立法會議員佔很大比例，出現一些比較細微的事務在立法會議程上佔一個相當重比例的情況。

事實上，人大常委在二〇〇七年已定出時間表，指出二〇一七年後普選行政長官，立法會議員可以有機會在二〇二〇年全部由普選產生。如果是這樣，我覺得現階段應該盡量擴大選民基礎，而不能停滯不前。如果在二〇二〇年能通過立法會普選的話，便應該一次過取消所有功能界別。在未來數年，如果為了增加、減少或合併某些界別而出現很多爭拗，這情況並不理想。因此，我認為功能界別要在適當的時候取消，如果立法會能在二〇二〇年由普選產生的話，便應該一次過取消，以避免過程中不斷有爭拗，影響香港的氣氛，也對香港不利。

余若薇議員：

我現在想舉出另一個例子，說明為何我們指被人欺騙。今次我舉出的例子，主席，是引述自中共中央黨校出版社出版、由王叔文先生主編的《香港特別行政

區基本法導論》（「《導論》」），當中有提及普選的問題。因為我們現在不時爭拗，普選應沒有功能界別，但政府則反問基本法哪裏提及？更指出普選可以由間選產生。

主席，我翻閱由王叔文先生主編、由中共中央黨校出版社出版的《導論》，在第二百七十頁第二節，提及立法會的產生辦法和任期。《導論》提及應當如何決定直接選舉和間接選舉的比例，指基本法對此作出原則規定，接着引述基本法第六十八條：「立法會的產生辦法根據香港特別行政區的實際情況和循序漸進的原則而規定，最終達至全部議員由普選產生的目標。」它提出三點，第一點是實際情況，第二點要兼顧各界階層利益，而第三點，主席，是循序漸進。

《導論》指出，「香港特別行政區的選舉制度既不能在香港 1991 年立法局選舉制度上停滯不前，也不能發展過快。如果維持不變，就沒有照顧到香港居民中的一部分人要求更多民主參與的要求，也忽視了將來香港特別行政區立法會的議員最終應做到由普選產生的目標。」它指出，「因為不逐步採取直接選舉的辦法，一步步地創造條件，讓香港居民增加參政意識，積累選舉經驗，就不能實現這個目標」，即普選目標。它說：「要求立法會立即採用全民普選方式產生，即一人一票直接選舉產生立法會議員也是不行的。」即不能一下子跳到一人一票直接選舉的最終目標。

《導論》指出，「選舉方式是民主政治的一種形式，必須符合社會發展的水平和目標」。文中又指出「香港立法局自 1843 年設立以來，百多年無選舉議員，卻要求香港特別行政區一成立，立法會議員完全採用普遍直接選舉，沒有一個循序漸進的過程，發展過快。」所以是很清楚的，主席，這裏提到普選的最終目標是直接選舉和一人一票。

此外，《導論》第二百七十三頁也提及甚麼叫循序漸進，文中舉出一些例子。為何要循序漸進？是因為直接選舉產生的議員人數是循序漸進的，第一屆佔 33%，第二屆佔 40%，第三屆佔 50%，是逐步增加的。為了貫徹循序漸進的原則，基本法對此作出規定。

基本法對立法會首三屆是有規定的，所以逐漸擴大直選比例應循序漸進，在這裏已清楚說明。可是，香港基於人大常委會的《決定》，變成不能前進，因為直選和功能界別議席的比例不能改變。所以，當政府指我們叫價越來越高時，是

絕對抹黑的，因為民主派原本提到二〇〇七年及二〇〇八年實行普選。根據這些解釋，根據基本法，在二〇〇七年及二〇〇八年是應有普選，應有兩個普選的。

主席，貴黨的黨綱原本也是這樣寫的，大家的理解也是這樣。當然，當人大常委會釋法後，變成在二〇一二年實行普選；但現在又取消，指出或在二〇一七年可以實行，接着在二〇二〇年可以實行。但是，我們問「普選」的定義時，局長和其他一些人表示，可能包括功能界別，但也不確實，要討論才行。然而，翻看紀錄是很清楚的，主席，由中共中央黨校出版社出版、王叔文先生主編的《導論》，很清楚說明普選本來的構思是由直選產生，不是間選，而且是一人一票的。

林健鋒議員：

主席，全國人民代表大會常務委員會於二〇〇四年四月二十六日對香港政制發展所作的《決定》中，說明了「有關香港行政長官和立法會產生辦法的任何改變，都應遵循與香港社會、經濟、政治的發展相協調，有利於社會各階層、各界別、各方面的均衡參與，有利於行政主導體制的有效運作，有利於保持香港長期繁榮穩定等原則」。

此外，於二〇〇七年十二月，人大常委會就香港何時可以普選的問題上，亦作出了《決定》，人大常委會副秘書長喬曉陽於說明會上肯定了功能界別的價值，他指出：實踐證明，功能界別的制度「有利於香港各階層、各界別均衡參與，有利於資本主義經濟的發展」。

事實上，功能界別的選舉制度自於一九八五年成立以來，功能界別的議員憑藉其本身的專業知識和豐富的人際網絡，為市民大眾向政府出謀獻策。在推動本港整體經濟發展、促進就業，以及監察施政方面，功能界別的議員均貢獻良多。

香港是一個多元化和外向型社會，市民要以不同的聲音來反映他們的意見，以及推動社會發展。功能界別議員代表了社會多個層面和界別，以及聯繫和凝聚各界的功用，在議會政治上起了平衡的作用，令議會在不同議題，尤其是專業議題上，有更深入的探討，而政府亦可以聽到不同界別的聲音，以致在制訂政策、法例、資源調配，能夠平衡各方的意見，照顧到社會各界的利益。

主席，事實上，香港過去經歷了數次的經濟危機，功能界別的議員都能夠發揮了他們的作用，在他們各自的專業領域上協助重振香港經濟。例如於二〇〇四年一月開始實施的 CEPA，是不同的功能界別發揮了羣策羣力的精神，共同爭取的成果。多年來，我們向政府表達有關需求，而政府亦積極向中央爭取落實有關安排。功能界別的議員是最瞭解自己業界所面對的問題的，所以他們可以有效地提出解決的方案，協助令 CEPA 得以圓滿落實，並且推動 CEPA 不斷擴大涵蓋範圍。

主席，功能界別絕對有其存在的價值，很多市民亦認同這一點，並支持保留功能界別議席。原議案提出功能界別應該廢除，因為它不符合普選的原則，未能達致〔至〕國際公約所定的「普及而平等」的要求。我想指出，普選並不限於一人一票的地區直選，普選是可以有不同的模式的。事實上，社會上亦有人提議用普選模式產生功能界別，過去亦有不少民調都顯示有超過 50% 的市民是支持這個方案的，證明了這個方案值得我們深入探討。我不明白為甚麼有人要一口否定功能界別的作用，並且拒絕討論這些獲得市民一定程度支持的方案，完全沒有商榷的餘地，這絕對無助於議會就政改問題上達成共識。

假如將功能界別一筆勾消，立法會議席全部由地區直選產生，很多人都會擔心立法會會缺乏了很多界別的聲音，這又是否符合民主和均衡參與的精神？立法會屆時又是否具有充足而廣泛的專業知識，以幫助推動香港的經濟發展呢？

陳淑莊議員：

早前，唐司長叫香港人停止爭拗，盡快登上一七、二零民主號列車。老實說，聽完之後我有點起雞皮疙瘩。政改方案並無提及落實路線圖，至於如何取消功能界別，亦完全沒有提及，請問如何教香港人相信中央和特區政府有誠意推行真正民主的普選呢？我們怎樣相信一七、二零民主號列車所談的是真民主、真普選呢？……

　　……

事實證明我的擔憂不無道理。自從政改方案提出之後，便開始有一些攻勢，開始看到一些不同的人出來說一些有關功能界別的說話，包括我們的港區全國人

大代表譚惠珠女士率先化身為護法，她說：「如果功能界別的產生符合平等和均衡參與的原則，便屬於普選，而普選的定義後一定是由中央政府決定的。」基本法委員會內地委員饒戈平先生說得更明白，他說未來香港推行的普選是有中國特色的普選，還暗示很有可能保留功能界別。但是，事實上，功能界別與普及而平等的原則背道而馳，我們公民黨或泛民的朋友也說了很多，人大的一七、二零普選承諾，原來只不過是 A 貨普選的承諾。一心以為快要有普選的香港人，真的要清醒一下。

其實，有關這個部分，我覺得年青人要關心一下。當我年青的時候，我以為最遲到了我現在的中年，便已經有普選，但原來我現在還在爭取普選。在十二年後──我給政府十二年時間來取消功能界別，也可能不能取消，到了我的老年時候，我還不知道會否有普選。

功能界別根本便是違反民主的原則，任何企圖保留功能界別的方案都是假普選。上星期的「議事論事」就功能界別進行了一個計算：根據一九九八年人權監察組織的報告，有一位香港商人竟然可以有三十一票，類似的例子是大有人在的。普通市民只可以有一張選票，但權貴階級便可以擁有多張選票。部分界別，好像商界、勞工界，有錢人可以成立多間公司和工會，坐擁數張甚至數十張選票。在分組點票的框架下，香港人的意願往往被少數特權階級騎劫，被迫多數人服從少數人。根據立法會議員天主教監察組二〇〇七─二〇〇八年度監察報告的資料，上屆立法會最後一年有四十三項關乎民生利益的議案沒有辦法獲得通過，例如「改善貧富懸殊」、「規管專營巴士票價」、「立法加強管制一手樓樓宇買賣，保障買樓人士消費權益」等，到了今天，剛才有一項口頭質詢還在問這事宜，也是沒有成效的。這種制度怎可能算是普及平等呢？

主席，我們覺得功能界別只會分化香港的利益，個別界別的選民人人數非常少，例如航運交通界一百七十八個、金融界有一百三十二個單位，大多數亦只是公司、商會和組織的票。我們不提那些專業界別了，這些機構可以向所屬的議員施壓，為求保障本身界別的利益，甚至只是他們老闆的利益，便要求議員否決關乎全港民生的議案。

黃定光議員剛才也有提及中小企貸款，大家都知道，在功能界別的分界中，是看不到中小企的界別的。很多人會問：「一方面說均衡參與，另一方面又說平

衡利益，為甚麼不平衡我們的利益呢？」為甚麼沒有年青人的界別、中小企的界別？在商界界別中，第一和第二加起來，說的是 1,040 位加 1,814 位，但大家都知道，中小企在香港企業中佔了九成，九成的公司都是中小企。我相信中小企的登記不止是 2,854 個，但為甚麼他們沒有份呢？為甚麼他們不可以有自己界別的議員呢？這樣的劃分根本便是完全不公道，為甚麼只可以代表少數人的利益？這根本不是均衡參與，又不是平衡利益。再說中小企貸款，其實我有參與有關的事務委員會，湯家驊議員也一樣，我相信大家如果是緊張市民的利益的話，根本不分你是代表甚麼界別，大家都會努力爭取。我們都是直選的議員，當然會爭取，不會說這只涉及中小企或其他人的利益。但是，根據過去的紀錄，確曾出現多數服從少數的情況。

有功能界別便根本稱不上民主，任何保留功能界別的選舉都是假普選。我很希望香港人在這一刻醒一醒，不要再被中央和我們的特區政府欺騙。剛才無論是吳靄儀議員或余若薇議員也提及很多證據，證明香港政府已變成了「大話精」，有很多事說過不算數，聽了也不記得。

馮檢基議員：

主席，我嘗試就「功能」和「普選」兩個字眼，憑我的理解或我在學校所學到的，憑我多年的記憶向局長稍作解釋。其實，功能團體的選舉在西歐國家及所謂民主國家，以往是存在的，特別是在第二次世界大戰前，英國和美國也有。我記得在第一次世界大戰前，在美國，女性是不能投票的，英國也如是；在第二次世界大戰後，便全人類均可以投票了，男性、女性也可以。以往英國也有功能團體的選舉，但在第二次世界大戰後，便把功能團體的選舉取消。如果功能團體的選舉本身是直選及普選的話，我覺得西方所謂民主的國家，便不應該及不會認為功能團體選舉不合理、不公道和不公平而取消。

功能團體選舉有數種特性，無論用一人一票選出來或由三百六十萬人選出來，均有以下的本質：第一，現時說的香港功能團體選舉，是有職業的界別。我們現時的選舉有兩種，一是以職業劃分，另一是以地區劃分，亦即區議會。以往區議會未有直選前，區議會是代表地區的利益，而功能團體是代表職業的利益；

為甚麼在一九八〇年代有這種改變呢？我記得港英政府說，有關委任是按這兩種重要的功能來委任立法局議員，一是職業功能，另一是地區功能；最後將委任轉為選舉，才有功能團體選舉及每一個區議會互選議員，當年我們亦曾補選一名人士進入立法局，後來區議會的互選便演變為地區直選。

很明顯，就功能團體的選舉：第一，如果用傳統職業來劃分成為功能的話，是涉及職業的利益及界別的利益。第二，要有篩選的程序。全港有數十萬個不同職業，究竟選擇哪一個呢？選了這個便不能選那個，選了那個便不能選第三個。所以，在決定選擇哪個職業時，其實在某程度上，便是認為該職業有特別的功能，所以賦予它特別的權力，讓它進入立法局作決定、表決影響政府的政策，這是第二個特點。第三個特點是，如果功能團體選舉不是普選的話，換言之，有關人士除了可在功能團體中投票外，在普選中亦有一票，因而導致同時有兩種不同的選舉，但有人只有一票，而有人會有兩票。

我看到功能團體選舉的特性，也看到民主國家的普選的特性，便是公平及平等，所謂平等，是一人一票，不會有人擁有一票，但有人則擁有兩票。所謂公平，便是每票等值，或每一票也差不多等值，不可以真的達致〔至〕1 比 1，有時候是 1 比 1.01 或 1.02，譬如某地區有一百萬人，另一地區有一百二十萬人，雙方的選舉議席會相差少許，這情況是會出現的。但是，不會像我們現時所說般，有人擁有一票，但有人則擁有兩票。

除了公平和平等外，還有一項特性是，總之是合法訂明為選民的，他們的投票權、提名權和參選權均是一樣。普選可以做到這一點，但如果有功能團體的選舉，便不能做到了 —— 我不是在這功能團體的，我不能被提名；我不是在這功能團體的，我不能投票；我不是在這功能團體的，更不能參選。

因此，我們很明顯看到，功能團體的選舉與普選有性質上的分別。我同意普選有直選與間選之別，例如美國競選總統，是間接選舉的普選，或普選內的間選；又例如菲律賓選舉總統，可能是直接選舉的普選，在普選內的直接選舉。所以，我不會與你爭拗這是直選還是間選，但我會與你爭拗的是，普選一定不是功能團體的選舉，因為我剛才說的數個性質，功能團體是沒有的。有時候，就性質而言，功能團體剛好與普選的性質相違背，方向是相反的。即使將功能團體的選舉變成一人一票的普選，都會出現我剛才所說的一人一票或一人兩票的情況。此

外，是有提名權和沒有提名權、有參選權和沒有參選權的問題，這些是解決不到的。如果解決不到的話，依我理解，大家可以翻查所有政治學的書籍。如何能將功能團體的選舉說成是普選呢？我認為是說不通的，除非這是出自共產主義、共產黨的字典當中，說功能團體選舉等於普選。我讀了多年政治學，但我也可能要返回中大問一問，究竟是否中大弄錯？是中大的教授弄錯，還是中大在選教科書時選錯了另類教科書呢？我真的不明所以。

我希望特區政府，包括中央政府，當要在香港建立一個民主體制時，對於一些基本價值、基本定義、基本理解、基本看法及基本的做法，在世界上已非新生的或新認識的事物，大家要從事實說道理，擺事實出來。如果道理正確，我們便贊成；如果道理不對，我們便要更正。我覺得如果有人還堅持有功能團體也等於普選，無論功能團體以甚麼方式投票也好，都等於普選的話，我是不能理解的，這亦解釋不到，因為事實不是這樣。……

陳茂波議員：

在考慮二〇一二年行政長官及立法會的產生辦法時，我們不得不考慮在二〇〇七年十二月底人民代表大會常務委員會通過的《關於 2012 年行政長官和立法會產生辦法及有關普選問題的決定》。在憲制上，《決定》具有法律約束力，規限了我們在上述問題上的變動空間，亦提及如果要增加立法會的議席，分區直選和功能界別各佔半數的比例便要維持不變。

我首先想談談二〇一二年立法會選舉辦法。對於增加立法會議席，我認為有好處。我在當了一年立法會議員後，體會到在立法會內的工作相當繁重，會議有時甚至會撞期，使人分身不暇。適當增加議席，讓更多有心、有能力的人士分擔工作，這有助於提升效率。此外，增加議席對促進香港政治發展，也有好處，因為將有更多人可以參選和被選，為香港培養更多政治人才。

至於增加哪些功能界別，我認為不論在現有功能界別上考慮，還是新增任何代表不同利益的界別，皆不是好事，因為會造成「易給難收」的情況。至於給予哪個新界別，社會上亦有很大的爭議，也不容易達致〔至〕一個客觀及令人信服的結論。以醫學界為例，中醫和牙醫均曾提出要有一個功能界別議席。然而，在

面對其他界別的同樣要求時，我們應否增加醫學界的議席呢？我們如果真的要讓醫學界增加議席，那麼，應該增加中醫還是牙醫的議席呢？

《諮詢文件》現時提出將五個新增的功能界別議席，分配予區議會，並考慮全數由民選區議員互選產生。這項建議雖然並不理想，但坦白說，我想不出其他更好的辦法。故此，我會慎重考慮。這項建議的好處，是民選區議員始終經過民主選舉的洗禮，他們須面對選民。我注意到在過去兩星期以來，社會上就這項方案提出了很多不同的意見。對於該等意見，我很留心，亦會小心考慮。可以說，在諮詢期內，如果有其他更好的方案，我是一定會考慮的。

有人擔心這項建議會令立法會「區議會化」，並認為由民選區議員互選產生的立法會議員在考慮問題時，會受地區利益影響。我雖然認為這擔憂是有道理的，但這亦非絕對的。我作為會計界功能界別的立法會議員，雖然關心業界的事情和發展，但在立法會工作上，我絕大部分的精力和時間是投放於處理全港事務方面的。進入立法會後，很自然便要面對全港議題，民選區議員如果在晉身立法會後，只着眼於地區利益上，他又怎麼可以面對下次的選舉呢？因為市民不會認同這些議員的，在議會內，他亦不會有前途。

因此，我雖然贊成經過民主選舉洗禮的區議員可以參選和投票，但我絕不贊成讓委任區議員或其他人循此途徑參選。

至於二〇一二年行政長官選舉，不論選舉委員會的人數是一千二百人或一千六百人，其實皆不是可論證的神奇的數字（magic figure）。重要的，是確保有合適的提名門檻，讓持不同政見的有志之士可以參選，並確保選舉過程公開、公平和公正。對於《諮詢文件》建議把提名門檻維持在選舉委員會總數的八分之一，我認為雖然可以考慮適當地再放寬一些，但同時亦不能把門檻定得太低，因為行政長官選舉始終是一個嚴肅的選舉，不能過分兒戲。

我在未來會就《諮詢文件》舉辦座談會，並會邀請不同政黨或團體的朋友及代表出席。我們會計界全人會分享看法和意見。由於政府提出的是《諮詢文件》，並在完成諮詢後才會提出方案，因此，我會等待政府在提出具體方案時，才全面諮詢我的業界的投票傾向，再按業界的主流意見投票。

主席，至於功能界別方面，我雖然贊成在二〇二〇年「一次過」把它全面取消，但我知道在這個問題上，我的界別的意見存在着極大分歧，爭議亦很大。因

此，在這個問題上，即功能界別議員的存廢，我同樣地會先全面諮詢我的業界，然後按我的業界的主流意見作出決定。

葉國謙議員：

民主是一件好東西，我們之所以希望發展民主政制，是因為希望能建立好的民主制度。近年的政制發展，特別是最近一段時間內圍繞着政制諮詢的事件，均讓我們知道，激進的、專橫霸道的、攪「密室政治」的、攪「四人幫」的、推動無政府主義的，以及高舉民主大旗反民主的，均不是好東西。我們在發展民主的過程中，要小心避免民主政制的列車被人騎劫，走上歪路。

民建聯認為，發展民主政治要按照基本法來進行；要結合社會的實際情況，循序漸進；要尊重各方面市民的意見；要珍惜社會各界過往的努力，以及要把握發展的機遇。各方均要有誠意，以及要負起應盡的責任，才能切實地推動雙普選的落實。

今天，香港再次到達了可以進一步發展民主的關鍵時刻。在二〇〇五年的政制發展原地踏步後，經過兩年多的社會討論，在二〇〇七年終於成功爭取二〇一七年和二〇二〇年可以落實雙普選的時間表，亦成功爭取二〇一二年可以擴展民主成分的機遇。政制發展的「五步曲」走了兩步，現在走到第三步。立法會和香港社會各界均應珍惜這得來不易的成果，就二〇一二年的兩個選舉辦法，提出意見和建議，務實地推動民主政制的發展。

政府提出的諮詢方案，建議將五個新增的功能界別議席，全部納入區議會界別，並由民選區議員互選產生，社會對此產生了不同意見。民建聯認真考慮過這一項方案，認為民選區議員的選民基礎由三百多萬名選民組成，方案因此可令民主成分得到很大程度的提升。

……

這項諮詢方案，針對二〇〇五年政改方案中政府被指責作出種票的行為，故此，讓委任區議員不再參與功能界別內的立法會選舉，民建聯覺得這將有助社會各界爭取最大的共識。

民建聯贊成適當擴大選舉委員會的人數，亦希望二〇一二年的選舉委員會可

順利過渡成為二〇一七年普選特首時的提名委員會。對於選舉委員會人數應擴大至多少人，社會上目前尚未達成共識。民建聯認為擴展至一千二百人較一千六百人，更有利於在二〇一七年的過渡。

在諮詢期內，民建聯將認真研究及收集社會民意，只要是有利於在立法會取得三分之二的支持，以及是有利於促進民主發展的方案，民建聯均會積極考慮。

對於普選路線圖，民建聯認為，全國人民代表大會常務委員會於二〇〇七年頒布的《關於香港特別行政區 2012 年行政長官和立法會產生辦法及有關普選問題的決定》，在確定了落實雙普選的時間表後，普選的路線圖便可依據基本法進一步具體化。在二〇一二年，我們可增加行政長官選舉委員會和立法會內的民主成分，而在二〇一七年，則可以落實雙普選，包括行政長官在內，以及在二〇二〇年可以落實普選立法會。我們希望立法會的同事能一同努力。

劉健儀議員：

主席，自由黨一向支持香港政制要向前發展，不可以一直原地踏步，這個立場是很清晰的。對於政府上個月公布的政改諮詢文件，我們認為基本上可以推動民主前進，是值得肯定的。自由黨最近做的一項民意調查亦顯示，逾半數（51.5%）受訪者認同整個政改方案合乎循序漸進原則，增加了民主的成分。

自從泛民議員在二〇〇五年否決了當時政府提出的政改方案，令本港政制發展被迫原地踏步以來，相信不少人都感到十分失望，也寄望今次政改能有所成就，能令我們的政制按基本法所規定的循序漸進的原則，向前推進。

但是，很可惜，部分泛民議員，不肯討論一些擺在眼前的事情，不肯聚焦討論二〇一二年的選舉安排，反而要堅持先討論二〇一七年及二〇二〇年的具體安排，甚至擺出不談長遠未來，即使原地踏步也在所不惜的姿態。我相信這個傾向是欠缺建設性，亦不是很多市民大眾所願意看到的。

至於原議案要求特首選舉方案要符合國際公認的「普及而平等」的選舉標準，這一點驟聽起來沒甚麼問題，但正如條條大路通羅馬，要達到上述普及和平等的目標，是否只有一套方案呢？我不是攻讀政治學的，即我不是像馮檢基議員般攻讀政治學的，但亦有攻讀政治學的朋友對我說，其實還有可以探討的空間，

普選並非像泛民或民主派議員現時所說的，只有一套方案而已。由現時至真正落實普選立法會，還有十二年，當中我們一定有很多時間，應該仔細討論究竟如何達致〔至〕立法會可以普選的目標。但是，現時泛民議員或民主派議員表示，他們很包容和願意聽取意見，但事實並非如此，他們提出的意見只有一套，如果不同意他們的意見，便會被扣上不民主的帽子。因此，我又覺得不是太民主，反而感覺到很專制。我不知道是否這樣，但我相信民主應該是大家可聽取別人的意見及有討論的空間。

況且，香港的選舉辦法是以基本法作為法理的依據，並不能單看國際標準。基本法第六十八條二款有關立法會選舉產生辦法是這樣寫的：「立法會的產生辦法根據香港特別行政區的實際情況和循序漸進的原則而規定，最終達至全部議員由普選產生的目標。」二〇〇四年的人大《決定》已表明：「選舉辦法應遵循與香港社會、經濟、政治的發展相協調，有利於社會各階層、各界別、各方面的均衡參與。」可見本港的政制發展是必須同時兼顧循序漸進和均衡參與等原則。

但是，原議案似乎無須理會基本法和人大《決定》所提出的原則，只理會國際標準便可以。那麼，我恐怕這是行不通的。

至於功能界別的存廢問題，這個問題一直爭拗了多年。自由黨亦早已說過，現時的功能界別選舉的方法，在二〇二〇年是必須修改的，無論如何也是須修改的，我們也同意增強其代表性和認受性。所以，多年以來，我們也爭取擴闊功能界別的選民基礎，因此，最新的政改方案沒有提及擴大現有功能界別的選民基礎，我們也覺得是問題，也感到非常失望，希望政府稍後在聽取意見後，能從善如流，作出更改。

不過，如果一旦談到功能界別便認為不妥，指功能界別是一種原罪的話，我便真的不能苟同。因為功能界別就是要網羅社會上不同的專業和不同特定範疇的人士 —— 不單是律師 —— 為香港社會服務，貢獻他們的專長。但是，原罪的觀點是抹煞了功能界別議員多年來的貢獻，很不公平。因此，自由黨是不贊成原議案的。至於兩項修正案，由於都持與原議案同樣的觀點，而且還糾纏於大家都知道不可能的二〇一二年雙普選，所以自由黨是不會支持的。

自由黨反而認為，大家應該實事求是，集中討論二〇一二年的選舉方案。政府的方案雖然有進步，但當中仍有不少地方很值得斟酌。例如所謂的「區議會方

案」，新增的五席功能界別議席全數由民選區議員互選產生，便令外界不少人擔心此舉會令立法會「區議會化」。正如自由黨的調查發現，有四成四的受訪者有此擔憂，並贊成區議員應只有選舉權而沒有被選權，以廣納社會有才能之士加入議會。

至於新增的五個地區直選議席，我們的電話調查顯示，近七成市民是一面倒的〔地〕支持他們應由一個全港性的大選區選出，不贊成的只有一成受訪者，所以就這方面的意見，希望政府認真考慮。

梁美芬議員：

……正如我也同意，民主其實是一個普世價值，也是一個理想，但當民主在不同的國家和地區體現出來時，是會有不同的面貌 —— 在印度、台灣、美國，甚至西歐，每個國家所體現的都會不同。所以，我始終認為香港的民主道路，真的要靠自己香港人走出來。我不同意有說法指香港將來的普選制度是完全由北京決定，我認為不是這樣的。我認為香港將來的民主面貌和政治制度，始終也是由香港人自己創造出來。可是，我們會創造出一個怎樣的面貌呢？怎樣才能證明民主的道路，在香港是行得通？怎樣才可讓市民和中央也喜歡香港這種民主？怎樣才可讓民主成為一種可愛的東西，而不是令人很害怕、很討厭的東西？我想這些應該是我們要思考的方向。

有關今天的主題，多位同事對於普選的時間表、路線圖都有一些期望，他們也說得很清楚、很詳細。我其實想提出兩方面的觀點。第一個是法律的觀點。讓我們看看人大常委會在二〇〇七年十二月二十九日所作的《決定》，因為這始終是所謂的框架內的時間。我最近不斷聽到，而政府亦似乎是這樣說，便是二〇一二年的選舉制度，跟二〇一七年和二〇二〇年未必有必然的關係；時間表似乎是很確定，二〇一七年一定可以普選行政長官，二〇二〇年便可以普選全部立法會議員。

讓我們看看當中的具體文字，它是這樣寫的：二〇一七年香港特別行政區第五任行政長官的選舉可以實行由普選產生的辦法，至於立法會，人大常委會的《決定》是：香港特別行政區立法會的選舉可以實行全部議員由普選產生的辦法，但這要是在行政長官由普選產生之後。所以，我們便推斷有二〇二〇年的說法。

可是，如果根據法律的用語，按照中國的法律來看甚麼是「可以」，「可以」其實可被理解為最早；如果我們努力，便可以得到。所以，我想指出，那其實不是必然會發生的。二〇一七年和二〇二〇年的普選不是必然會發生，而是我們真的要很清楚，自己要真的努力付出，才能走上普選的路。

第二，二〇一二年是否跟二〇一七年和二〇二〇年沒有關係呢？我個人亦不同意這種說法。我們每走一步，其實便是為下一步鋪路。無論這條路是走錯了或走對了也不要緊，我們要面對在二〇一二年究竟會走一條甚麼路，屆時將會是有質變。此外，我亦認為香港的普選或香港的政改，必須由量變發展到質變。現在坊間有很多提議，例如第一步可否是將功能界別合併，或功能界別的議席可否每屆遞減？第一，我認為將功能界別合併其實是不大可行的，因為功能界別是很難合併的。第二，循序漸減也是不大可能，因為沒有一個界別肯自行先取消。所以，我一直認為先要從質變改革功能界別，由選民的基數開始。我甚至覺得一人兩票並不是妖魔鬼怪，如果那只是一個中途站。如果每名市民一人可以有兩票，如果可以在一個大家認為相對不完美的中途站再走出下一步，我便更希望能夠將來真的可達到一人多票。

我經常鼓勵功能界別的議員，特別是那些現時是來自功能界別，但本身卻堅信普選的議員，例如李國麟議員、「李國柱議員」、張文光議員、張國柱議員、吳靄儀議員等，我覺得如果他們出來參與普選，便可以經歷一下普選其實是甚麼一回事，由他們帶頭吧。我覺得他們無須再停留在功能界別佔據議席。我們真的要有人走出來，要有多些功能界別的議員走出來，他們當了一屆後有膽量走出來，那其實便是質變。一旦有質變，他們其實便可影響其他界別的人，令他們沒有那麼大的抗拒，將來也沒有那麼害怕普選。

我自己是法律界，我亦同意在功能界別或一些專業界中，他們的文化其實是看不起普選，到了現在，我還看到有一些人在嘲笑我們出來參與普選的人。他們是嘲笑、很看不起我們的。我希望我們可以從文化深處證明這個制度是好的，當中必須經歷過渡。因此，我認為如果現在要求立即取消所有功能界別才會同意，那麼，在二〇一二年是永遠不可以走出第一步。根據我判斷，二〇一七年亦不會好像大家所想般，一定會立即普選行政長官，在二〇二〇年便會普選立法會，這亦必然會循序延遲。

陳偉業議員：

多位議員捍衞功能界別，他們說功能界別的議員有貢獻。委任議員亦同樣有貢獻，對嗎？香港七百萬名市民沒有貢獻嗎？他們有沒有膽量說委任議員、功能界別議員的貢獻大於七百萬名市民？如果他們有膽量便說出來。香港是誰建立的？是那羣功能界別的議員建立的嗎？他們的錢從何而來？他們的工作是誰提供的？誰是營商者的顧客？所以，說功能界別的議員對社會有貢獻，難道香港七百萬名市民便沒有貢獻嗎？那些沒有權利在功能界別選舉中投票的市民，難道便對香港沒有貢獻嗎？所以，這些邏輯可說是廢話連篇。

談到政治制度，便要說說制度是否普及、平等和合理。從前人們說毛澤東對中國很有貢獻，有些人則說文革造成很大損害；如果選擇性地談論某一個問題，必然會有偏差。不過，主席，這制度便是這樣的，人們一旦抓到一個位置便不會放。所以，我經常描述功能界別是政治寄生蟲。寄生蟲的特色是自己沒有能力獨立生長和傳宗接代，一定要寄生於一些生物、母體，然後才能繼續生長。……

⋯⋯

主席，有些議員說區議員很具代表性。主席，我從一九八五年當區議員至今，看到區議會在不斷腐化，可說是成為了政治腐敗的溫床、藏污納垢的溫床，烏煙瘴氣。不少區議員利用區議會職位取得公帑進行政治分贓。在我那一區，凡到聖誕、中秋及新年等節日，區議員便會輪流派禮物，他們利用一些地區問題取得公帑，在地區上進行政治分贓，輸送利益，他們也會舉辦一些敬老活動，利用公帑在地區上建立自己的人事網絡。當然，不少區議員仍然有理想，仍然想為居民爭取權益，問題是制度上並沒有賦予他們真正權力，讓他們為居民爭取權利。區議會仍然是一個諮詢組織，政府喜歡時便視區議會為神，不喜歡時則視區議會為糞便，加以踐踏。政府最了得的是在有需要區議會支持時便奉承區議員，否則便不會聽其意見。區議會通過了很多議案，政府都沒有聽取。如果政府真的認同區議會，為何很多沒有得到區議會支持的事，政府也依然照做，特別是有關地區的問題、地區的發展的事宜？

所以，如果你們真的認同區議會及區議員的地位和代表性，便應該正式把政

治決策權交給區議會，讓它成為一個真正的地方行政議會，而不是在法律上仍只
是一個諮詢組織。

劉秀成議員：

主席，要探討功能界別的存廢，首先要弄清楚兩個問題：第一，就是普選的
定義 —— 不是直選，是普選，以及功能界別選舉能否符合普選的原則；第二，就
是功能界別議員的角色及功能。

基本法第六十八條明確指出：「立法會的產生辦法根據香港特別行政區的實
際情況和循序漸進的原則而規定，最終達至全部議員由普選產生的目標。」全國
人民代表大會常務委員會在二〇〇七年十二月二十九日亦作出《決定》，立法會
功能團體和分區直選產生的議員各佔半數的比例維持不變，直至二〇二〇年可以
實行全部議員由普選產生。由於基本法第一百五十八條規定，人大常委會擁有對
基本法的最終解釋權，因此，二〇二〇年可以開始普選立法會的目標是明確而無
須爭議的。

今天的議案所爭議的問題，是功能界別選舉究竟能否符合普選的原則呢？
原議案動議人提出，根據《公民權利和政治權利國際公約》第二十五條，凡屬公
民，均應有權利及機會在選舉中投票及被選。選舉權亦須普及而平等。但是，這
並不是基本法。

事實上，反對功能界別的意見主要認為，目前二十三萬名在功能界別擁有
選舉權的選民，較整體三百四十萬名選民多一票的安排，並不符合「普及而平
等」的原則。相反，亦有支持功能界別的意見提出，把功能界別的選舉權擴闊
至「人人有一票」。如果能做到全港市民每人兩票，一票選地方代表，另一票
選功能界別代表，又可否符合「普及而平等」的原則呢？這方面又是否值得研
究呢？

主席，另一方面亦有不少意見，即今天的議案所提出的，全面取消功能界別
議席便能符合普選的原則。但是，我想指出 —— 這正正是我剛才提出的第二個問
題 —— 功能界別議員在立法會內的角色與功能究竟是甚麼呢？

從歷史角度來看，當局在一九八五年引入功能界別選舉的目的，是要代替以

往委任商人及專業人士進入議會的做法，為議會加入民主成分，但這些議員的角色仍然是反映香港市民的意見，以及利用他們的專業知識提供專門意見，為社會作出貢獻。事實上，當年引入功能界別選舉時，正值中英談判膠着的時刻。不少學者均認為，最終能夠落實的三十個功能界別議席，正好反映中、英雙方同意這個組合能夠平衡各界利益 —— 即所謂均衡參與 —— 確保香港在主權回歸後繼續保持繁榮穩定的其中一個元素。

事實上，由一九八五年起，功能界別的組合亦經歷了數次改動，以配合經濟領域及專業界別方面能夠維持市民對香港未來發展的信心。於是，有意見提出，功能界別議席的歷史意義不斷在變，今天是否應繼續保留，或是要全面取消來適應時代變遷呢？

但是，現實問題是，功能界別已經成為既定事實，基本法亦規定必須三分之二的立法會議員通過，才能作出任何有關立法會選舉產生辦法的修訂。作為功能界別的議員，要同時兼顧全港市民和業界選民的利益，並不容易作出廢除功能界別議席的決定。所以，正如行政會議成員張炳良教授亦曾表示，已發放的權力並不容易收回，這個正是英國議會多年來仍未能取消上議院的原因。英國又是否有普選呢？

李永達議員：

第二，我覺得劉秀成議員剛才所說有關英國是否有普選的問題，並非完全是錯誤的。很多國家的普選在某程度上，也有某些層級的議會，並非全部由普選產生。不過，希望劉議員留意，英國上議院的權力受到很大的限制。自從貝理雅上台後，其實已取消了很多以貴族身份出現的所謂上議院議員的議席，現時的上議院只得一個所謂「拖延立法」的過程。除非劉議員認為他建議日後功能界別議員所擔當的角色，是不會與普選議員擁有相同權力 —— 請緊記這一點，上議院的權力並不相同，所以不要把這種說法混淆。

我不想重複很多民主派朋友就功能界別問題所提出的意見。我覺得民主黨研究這問題時是很積極的。我們在二〇〇三年、二〇〇四年向政府提交有關全面普選的方案時，我們所設計的建議是一個德國式的普選方案 —— 林瑞麟局長也明白

我們為何要這樣做 —— 我們明白議會的運作是應該有各類型的代表的。然而，我們認為，如果我們有普選產生的議員，亦同樣可以透過這方式，產生工商界專業人士的普選議員。其實，我們的議會也有，只是較少出現而已。以往有田北俊和周梁淑怡，又有黃震遐醫生，其他的功能界別也有出現。我不知道有何歷史因素令這種參與減少了。我也不覺得其他實行普選的國家的議會內，全部都是教師，我不認為情況是這樣的，也不見得所有人都是社工。為甚麼其他國家和地區做得到，但香港卻做不到呢？原因是我們的功能界別太受保障，我也不想用一些很強烈的字眼形容。然而，我認為如果進入議會的方式這麼具有保障性，自然不會嘗試一些相對地較辛苦和冒險的方法。

劉健儀的前主席也是由普選產生的，她較為辛苦。那當然是辛苦，因為如果想不辛苦，除非是委任的，對嗎？還有一點，政府經常不回答一項問題，便是有功能界別選舉的議會很難組成一種集體力量，無論是與政府合作或是監督政府。這個議會其實是很奇怪的，有時候，我對局長說，民主黨待他也不錯。怎樣不錯呢？因為無論民主黨支持或反對他，他都只須跟一個人討論，等於一次過跟九個人討論，這不是很好嗎？民建聯也好，因為它也有十二名議員 —— 抑或十一名議員？我很少看到有地區或國家的議會經過數十次討論，仍無法取得主流意見。其實，這是香港管治的大問題。我不知道劉江華和譚耀宗有何看法，這是個很大的問題，因為一個政府沒有恆常或穩定的支持力量（或是聯盟），是很難運作的。有時候，我看到王國興罵政府比我罵得還要厲害，也許我近來已較為斯文。我也不知道這個集團或組合是支持還是反對政府的力量。政府想不到的問題，便是只要有這些由個別利益或行業所產生的功能界別，便不可能促成一個穩定的政府聯盟支持政府的政策。

民主黨的想法是，我們不介意有一個大的聯盟政黨支持政府，而我們則充當反對黨，因為這樣才能構成有理性的討論。否則，那些保皇黨有時候會向政府「抽水」，但罵得厲害時又要分野，我看到這些支持政府的人，真的覺得很「頭痕」。

因此，我希望政府會從長遠的角度思考這個問題，這不單牽涉選舉辦法，政府的管治質素日益下降，其實與界別選舉及這種分野的形勢是有關的。

陳鑑林議員：

　　主席，我們經常說，香港政制發展的大原則必須以基本法和人大《決定》為前提。人大決定了香港二〇一七年可實行行政長官普選，二〇二〇年可實行立法會普選。此《決定》是人大對香港實行政治改革表示支持和信任，以一個明確的時間表為香港最終實現普選提供保證。梁家傑議員在開始時表示諮詢文件只是提出一個模糊的時間表，我覺得這是錯誤和歪曲事實的，作為一位高級知識份子和尊貴的專業大律師說出這樣的話，令我們難以置信。中央定出了普選時間表後，讓香港用一個開放的態度，就具體的政制方案進行討論，商討如何一步一步邁向雙普選，由香港人自己來設計香港政制改革的路線，是對香港的充分信任，以及積極回應港人對民主的訴求。梁家傑議員說中央辜負了港人，此話是怎麼說的呢？是否又想借此離間港人與中央的關係？機關算盡、立心不良的，正正就是梁家傑本人。

　　其實，基本法第四十五條和第六十八條明確規定了行政長官和立法會的產生辦法，須根據香港特區的實際情況和循序漸進的原則，最終達致〔至〕普選。因而，「循序漸進」仍是香港實行普選的一個法律要求。

　　循序漸進即按照一定的次序與步驟逐漸推行，它離不開一個由淺入深、按部就班的過程。二〇〇五年的政改方案沒有獲得通過，如果二〇〇九年政改方案再被否決，即表示香港政制一直卻步不前，二〇一七年及二〇二〇年的普選就成了一步到位，違反了基本法的循序漸進要求。

　　此外，通過二〇一二年的政改方案，不僅是香港實行普選的法律要求，更是香港政改發展的客觀要求，並且符合香港的實際情況。任何結果都要有一個過程的積澱，沒有過程的結果是沒有體驗、沒有深刻理解的結果。循序漸進的過程，更可以保證雙普選制度最終出台的時候，是一個經過實踐、試驗和成熟的方案。我們不希望好不容易才能夠爭取得來的一個普選方案，最後還要爭吵如何不合理，如何修改，這樣只會將民主改革的戰線拉得更長。二〇一二年是一個不可避免的中途站，如果我們再在中途站徘徊不前的話，實現全面普選的終點只會離我們更遠。

　　世界上任何一個民主政制，都必須經歷一個發展的過程。香港的政制發展，

有其歷史因素和客觀原因，也不可能一步到位。香港的現實情況決定了政治發展只能是一個和平演進的過程，方可避免對香港社會造成大的波動。二〇一二年的政改方案可為香港政改提供一個過渡，讓香港的政改可以順利向前邁進。這是全香港市民樂於看到的發展，不是個別激進黨派的意志可以轉移的。

政制及內地事務局局長：

近日有不少議員和傳媒對我們在二〇一二年政改方案的如何處理立法時間表表示關心。我在這裏作說明。我已在立法會政制事務委員會上表明，政府希望可以在二〇一〇年第四季提出有關修訂《行政長官選舉條例》和《立法會條例》的法案。我們亦希望能夠在二〇一〇─二〇一一立法年度能夠完成本地立法，這樣我們就會有足夠時間為二〇一二年兩個選舉的實務安排作好準備。因此，我們亦希望可以在二〇一〇年立法會夏天休會前，能夠在立法會內完成處理關於修訂基本法附件一和附件二的程序。

另一方面，今天亦有不少議員提到希望可以早日就普選的選舉模式提出意見。雖然今次的諮詢文件是集中為處理二〇一二年兩個選舉產生辦法提出方向作諮詢，但我們亦在諮詢文件中表明，如果大家希望就二〇一七年普選行政長官及二〇二〇年普選立法會的模式希望提交意見和方案，我們也是歡迎的。我們會把這些意見梳理和作總結，留待二〇一二年第四屆行政長官和特區政府可以考慮處理行政長官普選的模式；亦留待在二〇一七年經普選產生的行政長官和第五屆特區政府可以考慮如何落實二〇二〇年普選立法會的意見。

接着，我會對個別議員表達的意見作回應。梁家傑議員特別提出功能界別的議員只處理功能界別內的利益，我認為他這言論是「差之毫釐、謬以千里」。我們環顧現在這議事堂內，由不同功能界別選出的議員，當中有很多是有能力、有幹勁、有承擔的表表者。劉健儀議員已經當內務委員會主席多年；李鳳英議員出任專責小組主席，傳媒、黨派都認為她公正嚴明，她是獲得好評的。在過去多屆立法機關選舉，我們也有不少議員原本是在功能界別產生，接着做直選議員的。近日重新在媒體發表很多言論的前議員司徒華，還有前議員李柱銘，而王國興議員原本是工會代表，現在亦當了直選議員。所以，我們不能夠「一竹篙打一

船人」，亦不可以一下子抹煞功能界別議員多年來對香港的貢獻及對議會工作的熱誠。

　　劉慧卿議員着心着意的〔地〕表達說民主政制不單是選舉，我完全贊同。民主的體制除了選舉還須有法治、自由和人權的保障，特區政府要向市民、向立法會負責。這些元素其實已經完全根據基本法在香港落實，是有基有礎的。所以，我們相信，如果在二〇一二年我們能夠共同爭取為香港的選舉制度注入新的民主成分，這是我回應劉慧卿議員及其他議員的，將會把我們拉近至達致〔至〕普選的最終目標。我很歡迎劉慧卿議員回來聆聽這項辯論。

　　湯家驊議員談及數個有關法律的問題，但我必須指正他有些立論與事實不符。他說不知道行政長官在二〇〇七年的報告中究竟向人大常委會提交了甚麼意見？這完全是沒有事實根據的。因為事實就是，在二〇〇七年十二月行政長官把這份報告提交北京、提交了人大常委會，這份報告是公開的文件，亦充分反映了市民對普選能早日落實的訴求。

　　湯家驊議員亦質疑為甚麼會有「五部曲」的程序。其實，基本法第一百五十八條已經表明，基本法的解釋權屬於人大常委會；國家的《憲法》第六十七條亦表明，人大有解釋法律的權力，所以這「五部曲」確實是有憲制基礎的。

　　湯家驊議員亦特別提到基本法第二十五條和第二十六條，他特別提出香港永久性居民要有投票權和被選權；接着他質疑為甚麼會有功能界別，以及功能界別的選舉。答案很簡單，基本法的附件二已表明第一屆、第二屆、第三屆的立法會是有功能團體的選舉。基本法附件二亦表明功能界別和法定團體的劃分由立法會通過的《選舉法》加以規定。所以看憲法和基本法是不可單看一兩條而斷章取義，而是要看整本的基本法來解讀。

　　李卓人議員是很「精叻」的，他永遠都有一些把戲。他今天談到「翻炒」，如果單是「翻炒」，為何我們在二〇〇七年十二月後會有普選時間表出現呢？為何會有二〇一七年、二〇二〇年的普選時間表呢？無論你如何說，李卓人議員，你也必須承認，這是新的元素、亦是重要的元素。

　　李卓人議員問：香港特區處理政改議題的權力究竟在哪裏？其實，按照基本法，香港特區本身有部分的「話事權」，因此，特區政府可以提案、立法會可以三分之二多數票通過我們的建議方案，而最後在經過行政長官同意後，才會提交

人大常委會批准及備案。所以，我們在香港之內要有共識，香港與北京之間亦要有共識。但是，由於香港不是一個主權的體制，因此重大的憲制改革是不會單由香港說了便算，中央確實是有最終的決定權的。

談到這兒我有需要回應李永達議員，他問我們是否可以再次明確說出，縱使二○一二年的政改方案沒有進度，都不會影響在二○一七年普選行政長官。我可以這樣明確表示，因為按照我們的理解，人大常委會二○○七年的《決定》是二○一七年可以落實普選行政長官，而二○一二年要有進度並非先設的條件。

如果我們重看人大常委會二○○七年的《決定》，在第一段已說明：「2017年香港特別行政區第五任行政長官的選舉可以實行由普選產生的辦法；在行政長官由普選產生以後，香港特別行政區立法會的選舉可以實行全部議員由普選產生的辦法。」這個普選時間表是十分明確的。

接着，人大常委會的《決定》在第二段中表示，在實行行政長官普選前的適當時候，行政長官須啟動「五部曲」。第三段亦表明，在香港特別行政區立法會全部議員實行普選前的適當時候，行政長官亦須啟動「五部曲」。因此，這三個段落的《決定》是在二○○七年人大常委會嚴正的決定，是合憲、合法的決定，先決條件並不存在。

今天我提出似曾相識的言論引發了不少回應。但是，在過去的日子裏，我其實已多次表明，特區政府有兩個非常重要的立場。第一，普選立法會必須符合普及和平等的原則。第二，對二○二○年普選立法會時如何處理功能界別，目前未有定案。我相信這些辯論在未來的年月會繼續，不過，我認為泛民主派的議員要面對的政治現實，便是如果你們表示今天要取消所有功能界別，現時就要作出決定，爭取在議會內的同事 —— 代表功能界別的議員，看看究竟是否有整體三分之二的議員願意今天就作出決定，取消功能界別。

......

主席，在作總結前，我有三方面的觀點，希望向各位議員表達一下的。

首先，在處理香港的重大議題，特別是在推動民主進程方面，我們要達成共識的難度是高的；如果要求同存異，各方都要努力把立場拉近，而非越拉越遠。

我記得在二○○五年討論二○○七年及二○○八年選舉方案時，泛民主派的議員提出兩方面的訴求：第一，要爭取有普選時間表；第二，要剔除委任區議員

的參與。

　　我仍記得在二〇〇五年十一月九日的議案辯論中，何俊仁議員在立法會大會上表達了，我引述：「⋯⋯ 新加入的功能界別又有委任議員 ⋯⋯ 容許行政長官『種票』。」

　　在同一天，前議員李柱銘亦表示，我引述：「⋯⋯ 政府最少也應向我提供一個較現實的時間表。如果政府認為二〇一二年也不行，便儘管提出一個時間好了。」

　　湯家驊議員亦在同一場辯論中提出，我引述：「⋯⋯ 我們現時要求的，只是一個清晰的時間表。在這個問題上，各大黨派的意見其實是一致的 ⋯⋯ 」

　　這些是立法會大會的逐字紀錄。我重提這些紀錄並不是要翻舊帳，而只是希望表明特區政府在過去數年已盡了最大努力，爭取到人大常委會二〇〇七年關於普選時間表的《決定》。我們現在亦提出了二〇一二年的選舉方向，建議剔除委任區議員的投票權和參與權，只由民選區議員參與行政長官和立法會的選舉。

　　吳靄儀議員特別提出當年在二〇〇五年曾印製小冊子，這個我也記得。但是，我要說清楚，我並不是說你們當年沒有提過普選路線圖和模式，主席，自從我在二〇〇二年出任這範疇的問責局長以來，民主派議員多年來所首要爭取的是普選時間表。我很記得有一年，楊森議員對我說：如果現在談不了普選時間表，就談談普選路線圖吧；談不了普選路線圖，就談談普選的方案吧。

　　主席，今天的局面是，我們不單是已有了普選時間表。雖然現在仍未是時候就普選路線圖和模式作決定，但我們仍很願意接收大家的意見，留為後用。所以，我認為大家要共同努力拉近距離，而非越走越遠，否則我們難以達成共識。

　　第二方面，有一重點，便是在處理這些重大的政制議題時，我們爭取到多少空間，便要利用多少空間。我還記得在二〇〇五年我們爭取立法會支持二〇〇七年及二〇〇八年的方案，如果當年方案獲得通過，我們今年的起步點便會是七十個立法會議席，是在二〇〇八年九月已選出七十席。當年我向大家強調，大家希望爭取普選時間表，這跟當年考慮通過二〇〇五年所提出的二〇〇七年及二〇〇八年的方案，兩者並無矛盾。所以今天我向大家說同一個道理：通過二〇一二年的政改方案，這跟大家繼續爭取二〇一七年普選行政長官模式，以及爭取二〇二〇年普選立法會模式，亦是沒有矛盾的。大家沒有需要捆綁，阻礙香港的民主

進程。

第三個我想向大家提的論點是，政治不是烏托邦，是有一定的限制的；政治是可能的藝術。香港不是一個獨立的主權個體，並非所有事情均由我們自己說了便算。香港的政制發展也有其獨特的歷史背景，不是從一張白紙開始的。「一國兩制」本身就是高度政治藝術的妥協，所以香港不是實行社會主義而是實行資本主義；所以香港不是實行內地的法律制度而是延續普通法；所以香港雖然不掌管自己的外交，但在對外事務上有很大的自主權，可以加入世貿、APEC；亦所以今天我們爭取到在二○一二年的政改有多少空間。縱使有某些黨派認為這是妥協，我們依然應該努力充分利用這些空間。

最後總結再提一提，就是張文光議員提到「香港的悲哀」。主席，我很明確地表示，若然我們今時今日看到香港在二○一二年可以有民主的進度，縱使有黨派認為不完全理想，但這是實質的民主進度，我們要把握這機遇為香港向前行一步，不要原地踏步，否則在二○一二年再次原地踏步，那就是「香港的悲哀」。

2009 年 12 月 9 日
議案辯論：五區總辭，全民公決

黃毓民議員：

主席，今年九月中旬，社會民主連線發表「五區總辭，全民公決」爭取二〇一二年雙普選的政治說帖，兩個月來，民主派陣營眾說紛紜，爭議不斷。今天，本人在議事堂上提出「五區總辭，全民公決」爭取二〇一二年雙普選議案，期待民主派的盟友能夠以香港民主發展大局為重，對相關議題條分理析，雄辯滔滔，讓真理越辯越明。社民連嚴肅對待爭取雙普選的競選承諾，而且坐言起行，不惜由社民連全體立法會議員辭職觸發補選，透過在補選中提出單一議題，實現變相公投，將政制發展決定權還給人民，使香港人在沒有公投法的情況下，可以體驗直接民主。

香港人爭取民主已走過二十多年的漫漫長路。上世紀的一九八〇年代中期，為了爭取八八直選，民間在一九八六年十月成立民主政制促進聯委會，發表一九零方案，支持普選行政長官，以及一九九七年最少有半數立法會議員由直選產生。翌年，港英擅專政府公布政制檢討綠皮書的結果公然扭曲民意，與今天特區的專權政府如出一轍。彭定康後來吐實，說這是中英雙方聯手扼殺八八直選的結果，撫今追昔，足證要求未經人民授權的統治者主動改革，然後賜予港人民主，無疑是與虎謀皮。

八九的六四慘案發生後，民主派開始積極參與議會選舉，催生民主黨的前身——香港民主同盟，在各級選舉節節勝利。一九九四年立法局進行一九九五年政制大辯論，最終彭定康的新九組方案獲得通過，而劉慧卿的全面直選的私人法案，因為匯點的三位直選議員——李華明、黃偉賢和狄志遠對議案投棄權票，結果是二十一票反對，二十票贊成而被否決。今天，劉慧卿和李華明已分屬黨友，話說至此，真的不無感慨。

自此之後，中方另起爐灶拆毀直通車，迫使民主派在回歸之初全面撤出議會。一九九八年的選舉讓民主派重返議會，一方面繼續監察政府防止民主倒退，另一方面積極爭取二〇〇七年和二〇〇八年雙普選。但是，有功能界別及分組投票此緊箍咒，根本無法阻止特區專權政府繼續倒行逆施。直至二〇〇三年，特區政府為了就二十三條立法，蠻幹到底，香港人在七一遊行，顯示人民的力量，才能首次挫敗長官意志，並且成功捍衞人權自由、法治等核心價值。

民主派一直鍥而不捨爭取民主，盡力捍衞自由與公義，其貢獻不容否定，市民亦有目共睹。只是香港的政治建制是由共產極權及其卵翼下的保守工商界利益集團所操控，工商界向北京輸送政治忠誠換取政治特權及經濟利益，使特區政府施政不得不向利益集團靠攏。長此下去，香港若要以免於沉淪，社會上更需要堅定不移的反對派，這樣才可加強監察專權政府的力度，但若要更進一步爭取民主，便必須沖〔衝〕擊不義的政治建制，是以，如果民主派仍然沿用殖民地議會那種英式紳士的議政方式，實在無助打破困局，這便是社民連採取和平抗爭的手段，沖〔衝〕擊專權政治的理由。

社民連不但進行議會抗爭，還堅持在議會外公民抗命，並且透過司法覆核，挑戰政府的權威，雖然疊遭打擊，但依然一以貫之。如今特區兩面三刀，意圖以二〇一七年和二〇二〇年的雙普選空頭支票瞞騙渴望政制有所寸進的善良市民，如果此計得逞，又將此政制原地踏步的罪名栽在民主派頭上。加上建制派明目張膽在普選的意義上偷換概念，形格勢禁，我們必須推動香港人支持「沒有抗爭，哪有改變」的新民主運動，才可令民主派及其支持者日新又新，迎難而上。

公民黨和社民連楬櫫新民主運動大旗，推動變相公投，與全港市民一起實施本地有史以來首次可讓市民體現直接民主的創舉。簡單來說，民主可以分為兩種：其一是我們追求的所謂間接民主，以代議政治的形式呈現；其二是法國啟蒙時代的哲學家盧梭主張的直接民主，盧梭反對一切形成的議會政治及政黨政治，他認為主權不可出讓，民意不能代表。主權應該緊緊掌握在人民手中，立法權屬於全體人民，要使法律體現公義，當然，在現實中，他的主張充其量只可能局部實現。

若干民主國家設有公投法，容許人民就重大事件全民公決。在香港的周邊只有中華民國台灣地區有公投法，台灣已進行過數次全國性及地區性公投，至今

尚未有一次得以通過。但是，以最近澎湖縣就應否開設賭場所作的公投為例，它的過程使社會上具有極大爭議的決策得以聚焦討論，正反雙方也有對等的平台鋪陳理據，最後以投票讓全民為自己的決定負責，爭議亦因為有公認的標準可以定案，避免社會撕裂。

中華民國國父孫中山先生當年提倡「人民有權，政府有能」，人民擁有政權，政府擁有治權，政權包括對人事上有選舉及罷免之權，對法律有創制及覆決之權。這些便是直接人權。諷刺的是，孫中山先生稱為法治發源地的香港，整個世紀以來，連間接民權亦得不到落實。民意代表無從制定法律，立法會議員提出的法案受基本法第七十四條的限制，在此之上更有分組投票，環顧全世界間接民主的代議政治，也找不到類似香港的立法機關。它的成員無法直接立法，更遑論大多數人的福祉要由人民自行決定，而非由統治者決定的所謂普及而平等的標準。

當一個社會達到非變革不可時，如果改革的力量受到頑固的舊勢力阻撓，甚至封殺，通常它會經過一個左傾的極端。共產黨奪取政權前的中國社會，便是一個頑固保守的勢力抗拒變革，封殺變革，令變革的力量激化，最後取而代之。香港主張全面直選的人只止至鼓動風潮，造成時勢的言論層面，他們並非猶如列寧所說，利用步槍、刺刀，以及其他有威力的工具，迫使另一部分人民依照他們意志行動的革命行動。

香港具備建立普及自由選舉的客觀條件，卻有人以中國大陸客觀情勢發展作為標準，硬說香港要求全面直選是一種偏激急進的政治主張，會令香港帶來動盪。殊不知「一國兩制」觀念的發明便是承認香港具備比中國大陸實行普及自由選舉更優越的條件。香港現階段的社會環境，與當年共產黨向國民黨奪權的客觀情勢不同。香港是一個多元、開放、繁榮、進步，以中產階級為主軸的社會，讓香港一人一票選出立法會議員，不會變成暴民政治，不會使社會結構有任何根本的改變。以上一段說話是引述本人在十四年前所寫的一篇文章的部分論述，仍然適用於今天我們對民主的討論。本人沒有因為先知先覺而喜，反而為香港民主停滯而悲。

文化評論家陳雲在十一月二十二日的《明報》撰寫長文 —— 困局之內爭民主。其中一段說話，真的「於我心有戚戚然」，他說：「目下香港人如要民主，只能運用自己僅存的制度資源，民主政黨、言論自由和文化想像力來爭取，這是

個艱難的歷程，也是香港成長的必經之路。香港的民主進程不能總是靠英美的照顧及中共投鼠忌器式的放權，香港要離開特權的護蔭，如世上最終爭取到民主的人羣一樣要自己付出努力，付出代價，頂得住北京的威嚇，頂得住親共爪牙的辱罵，頂得住本地部分變成鷹犬的警察和特務的滋擾。要視香港為家，便要以沉靜的、柔韌的，有時要犧牲或者支持人家犧牲抗爭。有激進的人願意出面承受犧牲的代價，是勞苦民眾的福氣。勞苦大眾不應背棄或戲謔出來抗爭的義人。香港的窮人服膺於和諧社會，是住進牛棚當奴隸而已。香港的家已被富人抄了，石崗菜園村、領匯的統治商場和無數舊區重建的例子，便是窮人被抄家的歷程。我不是要香港的義人上街暴動，恰恰相反，在中共強勢高壓之下，義人要尚智好學，要沉靜思考，認識國際情勢，認識香港社會壓榨的真相，認識孤立無援的困局，堅決而柔韌地持續抗爭。不是要犧牲，而是要犧牲來博取成功，博取的成功條件未足夠，不可輕言犧牲，而應集結正義的力量。」

社民連正是希望以犧牲來博取成功，雖知道按照現時事態發展，社民連全體立法會議員必須總辭才能促成「五區總辭，全民公決」。對一個初生的政治組織，如果完全失去立法會這個平台，大有亡黨之虞，但為了達到「五區總辭，全民公決」，我們的議題一樣兼容並包，一方面堅持爭取二〇一二年雙普選，另一方面亦不排拒要求路線圖，這是求同存異，真誠地與我們的盟友並肩作戰。

若論「五區總辭，全民公決」的倡議是分化民主派，這看法確實「只見樹木，不見森林」，我們今天要為相同而團結，不是為團結而相同。一些人甚至說全民公決會觸怒北京「阿爺」，民主派為了得到中央政府和港人的信任，難道便可以犧牲對民主自由這價值的堅持嗎？若然如此，它還算是民主派嗎？美國獨立宣言的草擬人 —— 美國第三位總統傑佛遜 —— 說過一句說話，十分精采，他說如果國民不經常提醒統治者他們依然具有反抗精神，這個國家又怎能保持其自由於不墮呢？

今年二月初，日本著名作家村上春樹獲得以色列政府頒贈耶路撒冷文學獎，他的演說中有一句十分精采，他說：「以卵擊石，在高大堅硬的牆和雞蛋之間，我永遠站在雞蛋一方，無論高牆是多麼正確，雞蛋是多麼錯誤，我永遠站在雞蛋者一邊，誰是誰非，自有他日時間及歷史來定論。」如果小說家，無論何種原因，寫出站在高牆者這一方的作品，這作品還有何價值可言。

　　我在此懇切呼籲對「五區總辭，全民公決」的成效仍然存在疑慮的市民，尤其是那些聲稱擁有知識的學者，即使始終認為我們有多少困難，在共產政權的專制高牆前，永遠站在雞蛋一方。眼看祖國的維權人士、異見分子因為言論或行動捍衞良知及爭取公義，一一受到國家機器的暴力威脅，身在香港的中國人，沒有暴力威脅的環境下，仍然故步自封，實在愧對內地這羣仁人志士。歐盟之父庫登霍夫說：「所有偉大的歷史事件都是作為烏托邦開始，以現實告終。」今天，我們這個不是烏托邦，是可以實現的理想。謝謝主席。

黃毓民議員動議的議案如下：

　　「本會呼籲全港市民全力支持『五區總辭，全民公決，爭取 2012 雙普選』運動，以直接民主的方式，把政制發展的決定權還給人民；並強烈要求特區政府，藉政制改革諮詢的機會，向北京政府反映港人意願，爭取 2012 年落實雙普選。」

　　（主席宣布就議案及兩項修正案進行合併辯論。）

梁耀忠議員：

　　主席，我提出要求政府透過公投的方式，讓香港市民決定二〇一二年及以後的香港政制安排，是最民主，亦是最徹底解決政改問題的做法。換句話說，我的提議，是真正的「以民為本」，同時亦是曾蔭權特首曾經承諾過的：他說「玩鋪勁」；如果能夠全民公決的話，現時這種做法便是最佳的體現。所以，如果政府不是自打嘴巴，便沒有理由拒絕透過公投方式，讓香港全體市民來決定未來的政制方案。

　　談到公民投票或全民投票，大家均知道這是直接民主的表現，亦是以民主方式來決定影響市民大眾的公共事務，亦是每位公民所應該有的基本權利和政治權利。

　　主席，明天（星期四）是十二月十日，是「國際人權日」，目的就是紀念六十一年以前由聯合國大會通過的《世界人權宣言》。《世界人權宣言》第二十一條第一款規定，「人人有直接或通過自由選擇的代表參與治理本國的權利」，而公

民投票，就是直接參與治理國家的基本權利。有關的政治權利規定，亦反映在適用於香港的《公民權利和政治權利國際公約》第二十五條之中。

主席，「政治是眾人之事」，政改的發展步伐及選舉制度的安排，更影響着每一位香港市民的利益和權利，而大家亦知道，政改問題長期以來都是在社會上有非常大爭議的。正因為這種理由，政府更有必要透過公投的方式吸納民意，令政改問題能夠有一個明確，以及反映大多數市民意願的決定。

主席，我記得在四年前，梁國雄議員亦曾經提出過一個要求政府以公投方式決定「2007 年、2008 年雙普選」的議案辯論。當時林局長表示，現時透過立法會選舉，已經有地區和功能界別的代表參與香港的政事，因此已經符合《公民權利和政治權利國際公約》第二十五條的規定。主席，我覺得局長的說法，其實更凸顯香港人有需要透過公民投票來決定政改發展的重要性和必要性，因為現在我們的立法會，普羅香港市民只能夠選出一半的議員，另外一半的功能界別議席，便掌握在社會上的既得利益階層之上，這是絕對不能夠代表，甚至是扭曲了整體香港市民的意願。所以，在當前，特別是在這種不民主的代議政制下，透過公民投票來決定香港的民主發展安排，我覺得是絕對必要及應該的。

主席，過往林局長提出反對透過公民投決來決定政改的理由，亦包括說「香港並不是一個主權體制，所以在處理政制問題上，唯一符合憲制和法律的途徑及程序，便是應該按照《基本法》附件一及附件二的規定處理」。主席，我必須指出，林局長這種反對公投的說法，是似是而非、顛倒黑白，也是不恰當和不合理的。

首先，即使基本法附件一及附件二有相關的規定，但完全無阻立法會和特首在決定如何修改政制安排的事情上根據民意行事；而事實上，如果透過公投來確定主流民意，立法會和特首可以更有效達成共識，這對推進政改方案是更有利的。其實，如果按照局長的邏輯，即基本法附件一及附件二規定以外的事便完全不能夠做的話，我便覺得很奇怪。如果局長真的要堅持這理念的話，請待會回答一個問題：如果真的要根據附件一和附件二的所有方法，然後才算是合乎憲制方法，而其他均是不對的話，政府現時對於政改方案作出的諮詢，又是否符合憲制規定呢？這是否符合基本法附件一和附件二所規定的程序呢？如果不是，為何政府又可以進行這項諮詢過程呢？

　　主席，公民投決所表達的意願，其實與現時諮詢的程序是一模一樣的，只是形式更落實，能夠表達民間意願，而不是作出一個假諮詢，在聽完意見後便了事，並沒有一個落實的具體答案，而全民表決則可以達致〔至〕這個效果。

　　因此，說到我們要透過公民投決來決定政改發展，其實並不是我們民主派首先提出的。當年基本法在草擬過程時，起草委員會曾提出《基本法（草案）》諮詢稿所提出的政改方案，即是當時所謂「查良鏞方案」，建議在一個適當時間，便應該透過香港全民投票以多數來決定，然後交由人大常委會通過。其實，這種說法並非我們今時今日才提出來的，而是過去在《基本法（草案）》那段期間已有人提出，但當然這是沒有做到。然而，沒做到不等於不可以做。對於這一點，我希望林局長能重新考慮這個問題。

　　主席，我們過去其實已有這樣的概念存在，既然當年連北京也想到香港市民可以透過投票方式來決定何時落實雙普選，所以公投絕對不是很多人所說的所謂「洪水猛獸」。對於過去很多人指全民公決是「洪水猛獸」，是不應該做的，我真的不明白、也不能瞭解。

　　我們如果放眼世界，超過半數有憲法的國家和地區，均有舉行公民投票決定重要政治議題的經驗；公投並不限於處理全國性事務，不少地區性事務其實亦是透過公民投票來作出決定。黃毓民剛才提到，鄰近香港的台灣，眾所周知他們訂有《公投法》，而除了全台灣的公投，最近澎湖縣就是否「開賭」的問題，也是透過公投來作出決定。美國各州，更幾乎每年都有大大小小的公投議題。可見公投不僅是公民的基本政治權，亦是國際社會處理爭議性問題的大趨勢。

　　說到底，政府反對透過公民投票來決定政改，唯一的理由只有一個：便是「怕民意」。由一個不民主產生的特首、一個由功能界別議員佔一半的立法會來決定七百萬香港市民的民主發展步伐，不但是對香港市民的侮辱，更是對民主權利的極大諷刺。

　　主席，因此我重申一次，我一定要堅持爭取「2012 雙普選」及希望盡快「還政於民」。主席，有人會這樣問，為何我今天無緣無故提出公民議決，而不是談論有關五區總辭呢？其實，我剛才的發言已回應了，因為我覺得以全民投票來解決一項政改問題，是一種恰當且能讓每位市民有機會表達意願的最好方法，也是能正式及確鑿地讓每位市民透過投票的方式來表達不同的意願。因此，我覺得這

種做法應該是每位香港市民均支持的，也希望香港特區政府支持這種做法，而不要再推搪。如果政府每次在諮詢完畢後，也不斷在自說自話，指市民支持甚麼，這只是空談而沒有實在的。如果能夠全民公決的話，便不但可以實在地告訴香港市民，亦能告訴北京政府，究竟有多少人支持政改方案。因此，希望政府能夠聽到我們的聲音。

梁耀忠議員動議的修正案如下：

「刪除『本會呼籲』，並以『鑒於政制發展是關係全港市民福祉和利益的重大議題，本會呼籲特區政府透過公投方式讓』代替；及在『全港市民』之後刪除『全力支持「五區總辭，全民公決，爭取 2012 雙普選」運動，以直接民主的方式』，並以『決定 2012 年及以後的政制安排』代替。」

（編者注：此修正案在原始會議過程正式記錄中位於本議案所有議員及獲委任官員發言之後、黃毓民的答辯發言之前，並被單獨付諸表決。考慮到讀者方便及全書體例統一，特移到此處。）

（編者注：修正後的議案內容如下：

「鑒於政制發展是關係全港市民福祉和利益的重大議題，本會呼籲特區政府透過公投方式讓全港市民決定 2012 年及以後的政制安排，把政制發展的決定權還給人民；並強烈要求特區政府，藉政制改革諮詢的機會，向北京政府反映港人意願，爭取 2012 年落實雙普選。」）

梁家傑議員：

主席，在回歸後首年，特區政府堅持成立臨時立法會，結果一眾泛民主派議員「落車」以示抗議。其後，於一九九八年的立法會選舉中，市民透過票箱表態，一方面支持泛民主派議員重返立法會，另一方面顯示他們對臨時立法會的不滿。

特區政府先後於二〇〇三年及二〇〇四年倉卒擬就基本法第二十三條立法及

否決二〇〇七年及二〇〇八年的雙普選。其後，到了二〇〇四年的立法會選舉，市民又透過票箱表態，一方面支持以二〇〇七年及二〇〇八年雙普選作為政綱的泛民主派議員，令我們在立法會內奪得二十五個議席，另一方面顯示他們對於盡快落實民主政制的堅持。

雖然全國人民代表大會常務委員會於二〇〇七年再次否決二〇一二年雙普選，但到了二〇〇八年的立法會選舉，市民再一次透過票箱表態。泛民主派在地區直選的三十個議席中，共取得十九席，充分顯示出他們對中央政府否決二〇一二年雙普選的不滿。

主席，歷史不斷重演，但香港人的眼睛是雪亮的，市民除了支持泛民主派議員進入議會，以彰顯人民力量外，他們亦會利用每一次立法會選舉的機會，就民主訴求作出清晰的表態，這往往已經造成變相公投的效果。

面對當權者和既得利益集團在議會內擁有的特權，香港的民主運動一直依靠議會內的力量和議會外的力量結合並進，並發揮最大的影響力。泛民主派在議會內與保皇派角力，而香港市民則在制度外透過多次遊行、集會及示威表達民主訴求，彼此互相支援及互相呼應，從而壯大民主運動。透過議會內、外兩條路線爭取普選的運動模式，也是公民黨的信念。

主席，二〇〇六年三月十九日是公民黨創黨的日子。公民黨當時發表了一份創黨宣言，當中第一段作出了以下的表述：「香港回歸中國。踏入新紀元。我們從此負起一個新的歷史任務，就是在中國主權之下，按照『一國兩制』原則，建立真正由港人治港、高度自治的新制度，在《基本法》規定之下，以普選產生行政長官及立法會、維護法治、並確保所有香港居民均享有受到有關國際公約保障的一切自由和權利的制度。這個歷史任務，是每一個香港人的任務。」公民黨深信，要完成這一項歷史任務，是不能單靠議會內的聲音的，還要依靠每一個香港人共同參與。

主席，民主運動已經到了關鍵時刻，市民只想前往真普選的終點站。但是，中央政府卻無情地將市民推入假普選的不歸路。當泛民主派未能有效地透過代議制度來達致〔至〕真普選的目標時，我們便有需要採用「五區總辭、變相公投」的方法，策略性地離開議會，為廣大市民拉開立法會的大門，讓民意直接走進建制內，並讓每一個支持真普選的市民皆可以成為立法會內的泛民主派。

主席，公民黨支持「五區總辭、變相公投」的態度，是因為我們理解到香港人期望泛民主派發揮領導能力，爭取更大的妥協空間，令香港政制能夠向真正普選邁進一步。主席，我們深知沒有民眾力量作為後盾的談判，是沒有結果的，而沒有原則的妥協則只會走向淪落和黑暗。

我們所需的，是一項全面的羣眾運動，以提供平台，讓每一位市民均能夠直接參與和決定結果。我們設立的議題，便是「落實真普選、取消功能界別」。這項議題既合情合理，又切合民意，而在五區辭職後補選，是合憲、合法及合乎民主精神的方法。我們的建議並非激進極端，而是和平及理性，亦是經得起考驗的。我們謹向全港市民及所有民主友好真誠推薦。主席，我可以代表公民黨表示，公民黨成立的日子雖然淺，規模亦小，但我們卻會全力以赴，將一票還給香港人，並將議題帶入民間，這應該是我們一致的願望。

主席，面對曾蔭權推翻競選承諾，繼而有親北京人士表示功能界別可以跟普選並存，甚至有人大代表認為普選只須普及，但不須平等，而政府在剛公布的政制改革諮詢文件中，更厚顏無恥地「翻叮」二○○五年的方案，這實在令人感到憤怒和痛心。主席，要分辨普選的真偽，關鍵在於功能界別的存廢。這次「五區總辭、變相公投」，正正可以為全港市民創造機會，讓他們透過票箱，就香港應該落實真普選還是假普選，作全民表態。公民黨明白「五區總辭、變相公投」是一場硬仗，但我們既然從羣眾中走進議會，便應該信任和尊重市民的抉擇。

主席，公民黨跟很多香港人一樣，希望盡快於二○一二年落實雙普選，我們也接受全民公決作為讓市民直接參與爭取民主的手段。故此，我們認同黃毓民議員提出原議案的精神。不過，我們亦明白有不少市民由於知道爭取二○一二年雙普選因面對人大常委會的決定而變得困難，所以願意為普選時間表設下了最後時限，便是在二○一七年及二○二○年分別落實真的特首和立法會雙普選。無論是哪一年成事，公民黨最關心的，始終是香港會落實真普選，而不是假普選。

主席，為了在「五區總辭、變相公投」的新民主運動上團結更多市民，公民黨希望透過「落實真普選、取消功能界別」作為議題，以拉闊民主光譜，並用包容的態度，創造機會，讓更多民主派支持者在這次運動中表態。

公民黨和社民連在「五區總辭、變相公投」的議題上已達成共識。同時，我

們懇切呼籲泛民主派團結一致，共同參與這場全民新民主運動，並動員最多的市民向中央政府、特區政府和既得利益集團，清楚直接地表達我們的立場：落實真普選、取消功能界別。

梁家傑議員動議的修正案如下：

「在『五區總辭，』之後刪除『全民公決，爭取 2012 雙普選』，並以『變相公投，爭取落實真普選及取消功能組別』代替；及在緊接句號之前刪除『2012 年落實雙普選』，並以『落實真普選及取消功能組別』代替。」

（編者注：此修正案在原始會議過程正式記錄中位於本議案所有議員及獲委任官員發言之後、黃毓民的答辯發言之前，並被單獨付諸表決。考慮到讀者方便及全書體例統一，特移到此處。）

（編者注：修正後的議案內容如下：

「本會呼籲全港市民全力支持『五區總辭，變相公投，爭取落實真普選及取消功能組別』運動，以直接民主的方式，把政制發展的決定權還給人民；並強烈要求特區政府，藉政制改革諮詢的機會，向北京政府反映港人意願，爭取落實真普選及取消功能組別。」）

政制及內地事務局局長：

就各位議員在原議案及修正案中所表達的意見，我要作五方面的回應。

首先，對於部分立法會議員於今時今日依然希望可以爭取二〇一二年雙普選，我已多次表明，這並不符合全國人民代表大會常務委員會在二〇〇七年所作出有關普選時間表的《關於 2012 年行政長官和立法會產生辦法及有關普選問題的決定》。

人大常委會在二〇〇七年作出有關普選時間表的《決定》時，已充分考慮香港社會及香港市民對普選的訴求。特區政府於二〇〇七年七月進行了關於普選的《政制發展綠皮書》公眾諮詢。

行政長官及後向中央全面反映了香港市民所表達的意見。要在此時再次爭取人大常委會改變二〇〇七年的憲制性決定，是不切實際的。人大常委會有關普選時間表的《決定》其實是穩如磐石，不容遷移的。今時今日，最務實的做法，是爭取在二〇一二年民主有進度，不再原地踏步。

第二方面，我想提出的，是對於長遠如何處理功能界別的問題，大家有很多不同的意見。政府方面很理解這些不同的意見，我們雖然清楚聽到泛民主派議員希望取消功能界別，但亦有其他黨派和人士表示要保留功能界別。這問題由現在至二〇二〇年在立法會內外，均會繼續討論和辯論，我們要在現時至二〇二〇年期間，充分討論這個問題。

不過，我們在當前亦不能忽視一個政治現實，便是立法會現時六十位議員中，有一半是來自功能界別，另一半是來自地區直選的。我們要在這個議會中得到三分之二大多數議員通過一套建議，便須爭取功能界別和地區直選的代表達成共識，並共同支持一個方向。

所以，特區政府在現階段提出的方向，是最實際的。我們希望在二〇一二年有一個由七十個議席組成的立法議會，當中由地區直選或由間選產生的議席可達到這七十個議席中的六成。從現在至二〇一二年、二〇一六年及二〇二〇年期間，我們要努力爭取每一屆的立法會在民主上均要有進步，在二〇二〇年要達致〔至〕符合普及和平等的原則來組成立法議會。

我要談談的第三個方面，是在二〇〇七年十二月人大常委會所考慮，並由行政長官提交的報告，當中已反映了在二〇〇七年的民意調查中，有過半數市民支持在二〇一二年實行雙普選。行政長官亦向中央表明，這些意見應受到重視和予以考慮。

與此同時，當年亦有約六成市民表示，如果在二〇一二年未能落實行政長官普選，他們亦接受可以在二〇一七年如此實行。

所以，人大常委會確實已充分考慮了社會和市民的意見，才明確在二〇一七年普選行政長官，以及在二〇二〇年普選立法會。

第三屆特區政府的任務雖然是要處理二〇一二年的兩個選舉辦法，但如果在這三個月的公眾諮詢期間，有黨派、議員、團體及市民向我們提及落實普選行政長官及落實普選立法會的方案，我們也會就此作出歸納及總結，以留待在二〇

一二年產生的第四屆特區政府及在二〇一七年產生的第五屆特區政府作參考及處理行政長官及立法會普選的模式。

　　我想談談的第四個方面，是梁耀忠議員再次提到以公投作表決。可是，基本法已清楚訂明，我們要就政制發展的議題達成共識，是須有三方面的：要立法會全體議員三分之二大多數通過、行政長官同意及人大常委會的批准或備案。特區政府的立場非常清晰，我們推動政制發展的事宜要完全按照基本法辦事，而基本法當中並沒有公投的安排。梁耀忠議員剛才特別提及，我們當年就基本法草擬作諮詢時，曾經有一份徵求意見稿提及可以考慮公投的方案。不過，在一九九〇年四月訂立的基本法中，便訂下現時附件一及附件二要具有三方共識的安排。因此，在當年訂立基本法時，是剔除了公投的方案的，即沒有此項方案。

　　我想談談的第五個方面，是黃毓民議員及梁家傑議員均呼籲市民要支持五區總辭。黃議員亦重提泛民黨派對民主的堅持，並表示這是不同黨派的理想。在這議事堂內，不同的黨派對於如何達致〔至〕普選，其實均有不同理念，大家也有一定的執着。我們在香港為市民辦事，要推動香港社會朝着民主方向往前走，大家真的要求同存異才可以。

　　我今天給黃毓民議員及各位議員的回應，其實很直截了當，我們一方面達成共識，為二〇一二年的兩個選舉辦法注入新的民主成分，以達成共識。另一方面，不同的黨派其實可以繼續爭取大家認為值得支持的二〇一七年普選行政長官的模式，以及二〇二〇年普選立法會的模式。支持二〇一二年民主要有進度，與大家繼續爭取落實二〇一七年及二〇二〇年的普選模式，是沒有抵觸，亦沒有相互間的矛盾的。今時今日，無論是甚麼黨派，均無須否決在二〇一二年民主要有進度，不要原地踏步。

張國柱議員：

　　我是贊成以公民投票的方式來決定是否全民普選行政官和全體立法會議席的，因為這是一項關乎香港未來的重要議題。這項議決，絕不能由特首曾蔭權只說一句：「我的意見便是市民的意見」，便決定香港未來民主發展的命運。

　　公投是一種直接民主的體現，能讓公民直接參與公共事務。透過選舉制度產

生的議會代表，由於只屬間接民權，因此在一些重大的議題中，始終未能全面及直接反映選民意見，所以，社會才會出現公投的理念。不少民主國家和地區現時已有公投法，以解決一些重大的政治紛爭，甚至憲制問題。我們聽到黃毓民議員剛才提及，台灣對於一項民生議題也會拿出來公投。

可惜的是，香港由於沒有公投法，市民因此沒有這個直接表達意見的權利，加上我們現時的立法會，有一半議員是來自功能界別的，這令整個議會根本沒法全面反映市民的意見。在沒有辦法的情況下，我認為以全港五區總辭，令市民在補選中支持自己所屬的議題，便是變相全民公投。在沒有公投法的情況下，無可否認這是一個折衷的方法。

我想指出，「五區總辭、變相公投」與真正的公投，在形式上雖然確實有分別，但兩者的目的是一樣的，便是給選民一個機會，就議題作出表決。只要立法會在五區補選時，代表泛民的候選人定出一個清晰而明確的議題，讓市民清楚知道補選的目的，便可達到公投的效果。至於變相公投的結果如何定奪，這只是一些小問題，因為只要參考各地區及各國公投的做法，我們便可以得出結論，而社會亦自有公論。

此外，我相信五區總辭能夠沖〔衝〕擊香港的政治文化，從而喚醒更多市民對政治的關注，尤其是對下一代引起教育意義。如果推而廣之，這次變相公投不單可以引起國際關注，對於我們的國家應該如何給予人民平等，亦能發揮示範作用。

我深信這次五區總辭的行動能將市民的傾向性帶出來，讓特區政府和中央政府知道市民的真正訴求，打破政府所說的「未得到大部分市民支持」的不盡不實的民意假象。

說得坦白一點，這項政改諮詢是一項鳥籠諮詢，只談及二〇一二年的選舉方法，但對於何時取消不民主的功能界別議席和分組點票機制，諮詢文件卻隻字不提，意圖遏制香港的民主進程，甚至將香港引導進入一個假民主的政治生態，我因此想不到建議方案有甚麼進步的地方。政府想知道市民的意願，想知道是否真真正正得到大部分市民的支持，為何不直接一點，來一個全民公投呢？局長剛才說基本法沒有提及公投，其實沒有提及便是否代表不可以進行呢？沒有提及公投，是否代表我們不可以設立呢？沒有提及公投，是否代表我們不可以在香港定

出來呢？公投結果如果顯示市民真的不要二〇一二年雙普選，我便會欣然接受，絕對不會輸打贏要。

何俊仁議員：

作為一位已在香港參與了二三十年民主運動的行動者，我首先發表對「五區總辭」行動計劃的立論分析。據我理解，立論是有兩點的。第一，這項方案透過辭職，以造成一項變相公投，並就一項特定議題，希望市民用一人一票的方式來表態；及第二，無論這項變相公投的結果如何，倡議者覺得已經取得勝利，因為已將決定權交還人民。大家均理解到，人民所得的，實際上只是一項發聲權或表態權。無可置疑，這項行動綱領的目標，是擴大社會言論及公眾參與的空間，因此具有其吸引力及可取之處。可是，倘若我們不顧及或完全不顧及這項變相公投的成敗得失所帶來的後果及影響，我便不能苟同。

社會民主連線在九月所發表的說帖中，有一句話說得相當清楚，（我現在引述）：「我們認為，若市民現階段決定接受政府的方案，通過實質的全民公決表達暫不爭取全面直選，泛民主派只有尊重民意」。換言之，如果這次投票結果證明倡議者的議題失敗，參與者亦要支持此結果，這實在事關重大。正因如此，政府也很緊張這次所謂成敗得失的界定，甚至詢問倡議者如何界定。

我對這種做法感到不齒，因為政府明明準備輸打贏要，所以便以這種態度來看待公投，這實在是立心不良，居心叵測。可是，我們不能不正視這種情況，因為倡議者亦要知道，我們要信守承諾，處事亦要嚴肅及認真，不能兒戲了事。所以，我重申，我們不能不考慮此行動有可能會失敗的風險，因為失敗不單會輸掉議席，更會輸掉議題，包括輸掉否決權，甚至是參與者要被迫支持我們認為不值得支持及倒退的政改方案。在客觀上，我們亦認為這項所謂變相公投的遊戲規則並不公平，因為參與者如果輸了，便要被迫認帳，但贏了的話，政府卻會視若無睹。所以，我們不參加並非因為怕輸，而是為了拒絕不公平。

民主黨過往進行了十次黨內的公開黨員研討會，亦進行了三項至四項民意調查，而黨內的區議員及在地區工作的人士，每人則進行了最少三十次至五十次家訪，有些甚至多達一百次，以瞭解民意。最後，我們發現民意對這次行動的倡

議，在他們瞭解……我們向他們清楚解釋後，發現他們意見紛紜。我必須說，即使是民主派的支持者，支持和反對的比例相若。我不敢說反對的一定比支持的多。因此，在這種情況下進行這項行動，風險確實不少。

我覺得民主派今天應該做的事，其實是有需要穩守二十三票的否決權，在議會裏繼續爭取與政府談判及與北京對話，以及在民間繼續推動羣眾運動、彰顯民意，以及爭取民主。沒錯，我們進行遊行、集會及絕食等公開抗議的行動雖然已有二十多年，但大家不要以為這些抗爭沒有作用。如果沒有以往二十多年的運動來保衞我們的公民社會，以及捍衞基本自由和權利，恐怕香港今天已變成澳門化或深圳化了，甚至是第二管治隊伍早已上台，就基本法第二十三條所制定的法律亦已橫行無忌。所以，我們千萬不要輕看自己以往所作的努力。

且看看我們今天的局面是怎麼樣的。在解放軍圍城的偏安格局下，民主的抗爭無法不顧及環境的局限。我們既不應因為一時的偏激浪漫而盲目冒險，孤注一擲，亦不應因為缺乏毅力意志而輕易棄局，集體辭職。我們有需要保持耐性及韌力，以進行持久戰，亦有需要堅守崗位，寸土必爭，以持續爭取民主空間，從而迫出民主新天地。我們堅信正義在我們這方，民主必勝。

梁美芬議員：

作為立法會的其中一員，我絕對尊重其他同事因不滿政府的一些政策而最後選擇以辭職表示抗議，我認為我們對此是要尊重的。然而，我不能同意其中一種說法，便是五區總辭之後的補選，等於一個變相的公投。

首先，基本法內真的沒有提及公投，現在輿論一直渲染補選的結果，並簡單數字化地指這次補選的結果，等於就某一項議題進行公投，例如二〇一二年雙普選有多大比例的市民支持，我認為這是不符合法律的。

政治上可以這樣說，傳媒可以這樣說，但我認為要正確理解這次補選，我們今天必須說清楚。補選本身可能包含了很多因素，即使參加補選的候選人只有單一議題，也會有喜歡他的選民，包括梁國雄議員，選民可能不是因二〇一二年的問題而喜歡他，而是喜歡他激進的表達方式，又或另一位議員，有很多方面，選民不想立法會失去這位議員，於是便會積極投票，希望這位議員能返回立法會。

所以這跟一般只有一項議題的公投是不同的，因為這公投將與一名失去席位的議員捆綁起來，我認為這種捆綁方式對選民來說是不合理的。

第二，我本人很尊重立法會，這是現時成文的制度。我認為四年的立法會任期不是隨便制訂的，而是大家也瞭解當一個社會全面進行選舉的時候，很多議題也不會討論。即使我本人在競選時也是很集中的，任何事情皆為選舉服務。很多社會的重要議題或經濟議題，在選舉年均不會成為重點。因此，每四年一次的選舉其實會耗用大家很多人力、物力，甚至市民和傳媒的關注力，因為那已經淪為一種競選競賽，大家都只顧不斷發掘對手的不是之處，繼而互相攻擊。

我們每四年便會經歷一次選舉，但我看到在現時的機制下，《立法會條例》的確容許議員無需給予任何理由便可以辭職，亦沒有禁止同一議員辭職後立即參加選舉。因此，理論上，不同的議員真的可以因一項議題而選擇辭職。在這情況下，當我重新再看五區總辭的建議時，我便會考慮究竟這個先例一開，會否鼓勵其他人或同一批人日後再以相同方式進行抗爭行動，甚至在所屬黨派中，某些議員在任期間的知名度不夠高時，選擇透過補選，押下整個陣營的資源。我們在二〇〇七年葉劉淑儀和陳方安生那次補選，便可以看到這情況。

其他議員不應只做看官，並說沒辦法，大家都必須參與其中。因此，所有人的時間表都會受這次補選所影響。當然，提出五區總辭的議員可能正是這樣想，但由於我們是被迫參與這種補選機制的，故此我要提出我們的反對聲音。

現時的《立法會條例》規定，在知悉職位空缺的二十一天內必須公布有關空缺，然後進行補選。按照過往的慣例，我也聽過以往有議員過身或有刑事紀錄，都是很快在三個月之內進行補選的。但是，如果是基於其他原因或議題而辭職的話，究竟立法會有沒有就補選訂定一個很清晰的時限呢？其實，我過往所看到的似乎只是一種慣例，而不是必須的事情。

我很想跟已經打算或即將參與集體請辭的同事說 —— 我也收到這一份，我想我屬於第三者，因為我不會參與總辭 —— 市民對於總辭耗用公帑的做法是不支持的，最少我所收到的或是我問過市民應否支持，又或是撥款的問題，似乎沒有任何人支持總辭，還要市民的錢進行補選。這次是五個，下次會不會有更多，並須花更多錢呢？

有一種說法是，事實上議員只會花五萬元，但其實不是的。我想最昂貴的，

是要宣傳推廣呼籲市民投票。關於這方面的公帑，我想留待局長詳述。基於這個原因，我是有所保留的，我絕不會鼓勵亦不會支持我們的同事因在單一議題上不滿意政府，便進行總辭或日後有更多人集體總辭。多謝主席。

吳靄儀議員：

主席，我首先想說，公民黨的梁家傑議員今天提出的修正案，是關於爭取落實真普選及取消功能組別的。

我們以往也解釋過為何社民連當初提出「五區辭職、變相公投」，公民黨並不支持。原因是當時社民連提出的議題是二〇一二年雙普選，而公民黨認為我們能夠當選，已證明市民足夠支持二〇一二年雙普選，故此無須再行測試。可是，由於政府提出了一個更欺騙市民的方案，說這是普選，但當中卻有功能界別的議席，因此，我們認為有需要把議題更正為「爭取落實真普選及取消功能組別」。我們很慶幸能與社民連有一個共同的議題，把「普選公投」推進一步。

民主黨剛才提到我們的否決權是很重要的，但我們認為單單行使否決權是不足夠的，因為這只能否決不好的方案。要推進民主，我們必須付出更大力量。

為何要提出辭職補選的方法呢？我們一向認為香港的民主運動必須轉型，無論是抗議或遞交請願信，均屬請願性質的政治運動。到了這個階段，我們應該提升我們的公民社會到另一種民主運動，便是參與性質的政治運動，親自以票來表達自己的意願。不單是在正常的選舉中，即使是就重大的議題，我們也可以這樣做。多方面的阻撓令香港市民不能以公投方式直接表達意見，其實這補選便是其中一種形式，讓市民各自手執一票，表達自己的意願。不單表達自己的取向，亦令這些取向得以決定。如果用英文的詞彙，便是由 petition politics 變為 participatory politics。我認為觀乎這進度，現在香港已是成熟的時候。

主席，在這過程中，很多朋友也勸諭我們為何要冒這種險。如果公民黨少了兩個人，又如果敝黨的梁家傑未必能爭贏其他黨派那些甚有民望的議員，這樣會否影響二十三名議員的共同否決權呢？究竟對公民黨有甚麼好處呢？

主席，我感到非常驕傲的是，公民黨內絕大部分黨員都不是問這樣做對公民黨有何好處，而是問面對這種不公平的制度，公民黨的原則是甚麼。我們的原則

是要消除社會上的不公平，爭取一個公平的制度。現時提出的政改方案，我們認為是非常不公平的。不單是不公平，令我們感憤怒的，便是明知不公平，也承認它不公平，表明功能界別並不符合普及和平等的原則，但依然甚麼也不做，反而繼續保持保障這些特權的態度，我認為公民黨是不能夠坐視的。因此，我們認為一定要盡我們所能做到的，推進公平的制度。

所以，對我們來說，取消功能界別議席是一個非常重要的議題，我們應盡我們一切的力量。我亦很高興看到公民黨的黨員十分願意秉持公平的原則，為民主推進一步。多謝主席。

梁國雄議員：

我覺得五區總辭，全民公決是委曲求全的做法。在我本人方面，我曾寫了一本《公投法》送給政府，但它不接受。其實，今天指責我們，問我們為何不堂堂正正以全民投票的方法來爭取民意，以最直接、普及而平等的方式來表達的朋友，你們有否想過我們也曾經爭取過這方面的權利？雖然法律亦已擬妥了，最後卻被政府否決了。

社會民主連線在這問題上，是義無反顧的。我們知道我們的權力來自人民，我們的第一件事就是要對人民負責。我們知道香港市民在十二年來，不能夠就政制改革，發表最簡單、最直接、最普及而平等的聲音。特區政府拒絕承認泛民主派長期取得六成選票的原因為何？就是說議題旁雜，不能夠代表民意。今天我們辭職，醞釀成今天這項變相公投，就是要在這個基礎上，向它作出回應，我們要就單一議題，讓選民來投票。……

詹培忠議員：

主席，二〇〇八年的選舉結果，是泛民主派的議員 —— 我恭喜他們 —— 獲得十九席，較我預測的十七席多出兩席，這足以證明香港市民，特別是年青一代承認並同意泛民主派議員的政治意念和主張，這是無可否認的事實，亦已代表他們的勝利，包括看着我的湯家驊議員，他犧牲其律師身份參加直選是有代價的，

獲得支持，真的是頂呱呱。不過，主席，現在可能有五位泛民主派議員響應五區總辭，在這情況下，這五個人如何對得起他們的選民呢？他們主張二〇〇七年及二〇〇八年的雙普選，但未能做到，於是便拼命爭取二〇一二年雙普選。拼命爭取能否取得成功，大家也不知道，但他們辭職是很應該的。為甚麼呢？他們未能履行對選民的承諾，所以便要辭職。他們要辭職便辭職好了，為何還有資格說：第一，他們總辭卻要把別人也拖下水。那五個預備總辭的人可能 —— 我也是從報章和傳媒得知，故此也不敢說是否屬實，但如果這是事實，也只是代表他們個人或是「被屈」，他們從未說過願意辭職。為甚麼呢？因為很多人對選民的服務和所作的承諾，仍未做得到。他們仍然虧欠選民，哪有資格這樣說呢？被強行抬上轎、被迫下嫁或王老虎搶親是有的，但怎會有被迫辭職的呢？在現今這個時代竟然還會發生這種事情，主席，我覺得是香港的選舉出現了問題。

基於上述原因，這些無理的辭職其實是有負選民的，把選民當作傻瓜。為甚麼呢？因為他們所提出的政綱均很偉大，特別是那些專業人士，故此獲得選民的支持，但他們勝出後卻因抗拒這種選舉辦法而辭職。他們當時曾否向選民承諾，如果未能爭取二〇一二年雙普選便必定辭職？如果有，那便很合理；如果沒有，便是欺騙他們的選民。不過，欺騙選民亦沒有所謂，因為這個世界裏，不是你騙我，便是我騙你。有人願意被騙，騙得到別人的便是成功。夫妻如是，社會如是，選民和候選人亦如是，有何分別呢？

陳淑莊議員：

發展民主運動，必須以人民的權利為本。面對強大的保守勢力，爭取民主的朋友要學習靈活變通，混合不同的策略。政黨、民間社會、議員因應不同的位置分工合作，向共同的目標推動民主。

民主運動最重要的力量，不應該是黨派的席位或個別的領袖，而應該是人民本身。

我們在二〇〇三年的七一大遊行中，見證了人民力量的偉大。這跟我們公民黨的成立也是息息相關的，因為公民黨是從二〇〇三年的七一而起，為推動民主而立，為真理而奮鬥，為公義社會的理想而發聲的。我們為議政、論政所做的每

一件事情，均與我們的生活息息相關，是實實在在，而不是抽象的。

公民黨的「公民」，是以公民的權利為本，以實踐「還政於民」為己任的政黨。無可否認，我們的思辯能力可能較組織能力強，黨友中爬格子的人較爬鐵馬的人為多。然而，對民主運動的責任心，我們不比其他民主派的朋友缺少。在民主大道上並肩作戰，我們要對下一代負責，也要對上一代負責。

對今天的香港人而言，在「一國兩制」、「港人治港」、「高度自治」、「五十年不變」的約定下，民主的目標似近還遠，但管治的質素每下愈況。我們的而且確站在十字路口，身處爭取民主普選的關鍵時刻。

人大常委會說，香港在回歸二十年後可以普選行政長官，二十三年後便可以普選立法會。不過，中央始終不願說、不想說又或是不敢說達致〔至〕真普選的路線圖。我們要做的事其實很清晰，便是要確定普及而平等的選舉和被選舉權，有真正競爭的特首和立法會選舉，以及可以落實政治問責的選舉方法。

事實擺在眼前，不單是承諾會交代終極方案的曾蔭權食言，林瑞麟局長依然故我，連唐英年司長也是嘻皮笑臉的，交出一個不知所謂的「2012 方案」，將普選願望置諸不理。

公民黨主張先談判，只要中央對普選的理解合乎公認的標準，中途的安排是可以商量的。至今我們仍然是對着空氣說話，這怎能叫人釋出善意、建立互信呢？相反，鋪天蓋地的心戰和統戰工作早已展開。當權者捉着不少市民的無奈和無力感等心理，消磨大家的意志，並企圖分化和陰乾民主運動。當越來越多人民害怕原地踏步、害怕錯過了由唐英年司長操控的所謂普選號列車、怕抗爭沒有效果，又怕自己不夠堅定時，便會半推半就地墮入了假普選的陷阱。

要擺脫這個悶局、克服懼怕及從這些精神束縛中釋放自己，便只有行動，發動羣眾齊聲表達對民主的熱愛。

「五區請辭」的策略是合法、合理的，可以讓市民強而有力地用實在的一票、寶貴的一票、莊嚴的一票，直接參與爭取真普選、取消功能界別的新民主運動。這有何不可呢？為的是向所有支持民主的朋友和同路人說：「現在由你們作主！」

湯家驊議員：

五區總辭，全民公決，是可以令人慷慨激昂的，連陳淑莊議員的發言也如此慷慨激昂，這是非常有吸引力的。五區總辭是一項羣眾運動，但羣眾運動最基本的條件是萬眾一心和團結。團結是真團結，而不是迫出來的團結。甘地說過，真正的團結是能夠抵受壓力而不會分裂的。假的團結其實只是將重大的問題埋於團結的表面之下，而這亦最可能是失敗的原因。

主席，我今早收到一封署名是香港市民的來信，給我的信當然是要罵我。信中的內容與黃毓民議員的發言同樣慷慨激昂，它說「全體泛民必須拿出勇氣、當仁不義，切勿畏首畏尾，共同進退，打出出路，勇氣磅礡，伸張民意，集匯全民力量，做一個有尊嚴、有氣魄及對得起後世子孫和鼎天立地的人。」給我這封信似乎是要告訴我，我並沒有這些質素。

上星期，我看到一位資深傳媒人陳惜姿所撰寫的一篇文章，也是同樣的激動。她所寫的心態，正是我在過去數月，差不多每天在地區與市民接觸及與身邊的朋友聊天所得知大多數人的心態。她說：「身為每次都投票的選民，我對目前的爭論越來越反感，這些民選議員，是如何走入議會的？不是我們一票一票地投嗎？好了，他們現在要請辭，有沒有問過我們？」他們說「留在議會已沒用了，有的也只是否決權，多麼卑微，你們不稀罕。我想問，『議會無用論』是何時開始的？若是沒用的，怎不一早告訴我？每一個泛民中人入局，大家花了幾多心力爭回來……現在一句『沒用』，便棄如敝屣……你要我為普選表態，我告訴你，我每年七一都有遊行，我的『態』已表了很多次，甚至出現『表態疲勞』。你們若是再要辭職，讓三山五嶽，磨拳擦掌的人來分一杯羹，我今次會表的『態』，是－－不支持、不投票。」

主席，當不單是泛民之間，而是連市民的意見也有如此強烈對比的時候，我們是否還可以談全民公決嗎？我們還可以說我們是真正團結的一羣嗎？主席，團結是香港人爭取民主必要的基礎，陳惜姿或跟她心態相同的人並不是要放棄民主，也不是他們沒有像陳淑莊議員那樣慷慨激昂並希望爭取民主的心態，他們只是對所用的手法和策略，即今天的議題，有強烈的歧見，就像我一樣。

主席，我們今天討論的並非泛民有沒有原則或決心爭取民主，我也不希望泛

民中有任何議員抱有這種心態。我想說的是，我們要團結，而我所說的團結是真正的團結，並非虛假的團結，也不是將我們不同的看法埋藏於慷慨激昂的言論之下的團結。我希望每一位心向民主的人，仔細咀嚼真正團結的意思。

李卓人議員：

對於「五區總辭，變相公投」，我原則上是不反對的，因為有正面的效果，最少可擴闊討論，引發社會上很廣泛的討論，令社會上把現在的政改，又可以說「炒熱」起來。大家對民主普選的訴求和追求，最低限度可讓市民一起討論。

第二，它當然亦有正面的意義。如果做到的話，香港每一個人可以直接參與，直接投票，但當然也有它危險的一面，便是它的風險。這議題可能很容易被扭曲，大家之間的爭端，可能引致民主派支持者的分化，這些都是我們要小心防避的地方。

我們要避免扭曲，才可以真正做到公投的效果，但要做到避免扭曲，其實差不多是 mission impossible，但只要我們團結，這個 mission impossible is possible。對於這件事，我經常覺得團結便有可為，不團結則不可為，所以希望泛民主派之間認真考慮一下怎樣團結，以做好這個民主運動。

「五區總辭，變相公投」，對市民的要求其實是很低的，坦白說，也是要求大家投票。其實，我自己覺得這個要求是太低。對於那麼低的要求，我並不反對，但更重要的是，除了投票外，香港市民真的要給予熱情。如果大家沒有那種熱情，沒有那種追求夢想、追求民主的決心……我並不是要大家「拋頭顱、灑熱血」，但血還要熱一點。所以，除了「五區總辭，變相公投」之外，我覺得其實還有很多工作，以前做過的，例如靜坐、遊行、絕食等，甚麼均要做，未做過的，也要做，直到成功為止。

余若薇議員：

……主席，我想你也看到民調顯示，有三成人支持採用五區請辭的方法，但有四成人反對。所以，無論是站在三成或四成的一邊，也會有不同的意見，因

此，希望不單是團結議會內的人，也團結外邊的市民。李卓人說團結便有可為，大家要有熱情。大家剛才聽了陳淑莊和湯家驊發言，發現他們也是非常熱情的，兩方面也慷慨激昂。

主席，我是站在他們兩人的中間，我覺得民主運動的確須有羣眾。現時民主派面對的問題是，如何推進民主運動。當然，李卓人剛才說所有可以做的事情，一定可預公民黨的一份，我們一定會參加。但是，他同時不能否定的是，的確有一羣支持民主的朋友希望可以直接參與。那麼，既然公民黨說寸土必爭、盡我們的努力，這便是我們可以做的其中一件事情。

其實，公投的議題並非首次在立法會討論，已討論了多次，最初由張超雄提出，在每次的討論，民主派也支持公投，所以，這絕對不是甚麼新事物。有人說公民黨十分溫和，為甚麼要攪抗爭呢？這似乎很大逆不道。正如梁耀忠剛才說，基本法其實以前也提過公投這件事。林瑞麟回應時卻表示沒有，指那不過是初稿而已，既然已被否決及剔除，便不算數了。

其實，我想告訴林局長，這並非初稿，而是獲得通過的。我手上這份是《基本法（草案）》的決議，在一九八九年二月二十一日以三分之二的比數獲得通過，是公布中華人民共和國特別行政區《基本法（草案）》的決議案，有關附件一及附件二。對於特首選舉，附件一是怎樣說的呢？「在第三任行政長官任內（即指我們現時），立法會會擬定具體辦法後，通過香港特別行政區全體選民投票，以決定是否由一個有代表性的提名委員會，按民主程序提名後，普選產生行政長官。」附件二則提到立法會的選舉，亦同樣訂明：在第四屆立法會任內，立法會會擬定具體辦法，通過香港特別行政區全體選民投票，以決定立法會議員是否全部由普選產生，投票結果由全國人民代表大會常務委員會備案。

但是，後來發生了六四事件，在十八位港區草委當中，有十一位致函要求加快民主步伐，取消分組點票，因此導致有後來的附件一及附件二，目的是希望在二〇〇七年及二〇〇八年可以有普選。所以，剔除全民公投並非因為它有甚麼大逆不道，當時本來有全民公決的，只是在一九八九年的六四事件後更改了，目的是為了加快民主的步伐。可惜，事後當然有很多扭曲的做法，包括將「三步曲」改為「五步曲」，亦把普選的原來定義更改。我亦想一提的是，當時的基本法第六十八條訂明立法會的選舉，原本是第六十七條的，在一九八八年十月，基本法

草稿的原文是這樣寫的：「立法會會議由混合選舉產生」。所謂混合，便包括間選和直選。可是，在有關的討論中，有人提出意見，如果寫明混合選舉，以後便永遠也不可以有普選，其中第六十七條的有待澄清問題是：「如條文所述，香港特別行政區立法會成員由直接選舉及間接選舉混合產生，這是否意味着在 1997 年後特別行政區沒有全民普選？」所以，這項待澄清的問題，後來便澄清了，變成現時的第六十八條，很清楚地說明最終達致〔至〕普選。

我在上次發言時曾舉出王叔文這本書的第三稿，這裏說得很清楚，便是要在一人一票直選的基礎上才能做到普選。今天因為時間的關係，我不可以重複讀一次，但我真的呼籲香港市民前往圖書館，不論是立法會的圖書館還是北角圖書館，均有這本書，但這本書是很難買得到的，這是《香港特別行政區基本法導論》第三版，由王叔文主編，是中共中央黨校出版社刊印的，清楚說明當時普選的定義是一人一票直選，但政府現時推出的這份政改諮詢文件，把普選改變為功能界別。我亦想指出，當年在政治體制專題小組的第十七次會議紀錄，有人提出刪去「最終達致〔至〕全部議員由普選產生的目標」這一句，為甚麼要刪去呢？便是要保留功能界別，這裏是這樣寫的：「有些委員認為，立法會不一定最終全部普選，如果對香港有利，應保留部分功能團體或其他成分。」但是，有些委員認為這句不宜刪去，最終便沒有刪去。

因此，普選的定義非常清楚，這也是為何當政府不願意進行公投時，我們惟有委曲求全，進行變相公投的原因。多謝主席。

劉慧卿議員：

我本人亦有憂慮，因為正如何議員剛才所說，我們不止是談論「否決權」，而是與它有關的論述。主席，我在去年才參選回到立法會，我參選的政綱是「2012 年雙普選」。我去年參選時，並沒有告訴我的選民我將會辭職，亦沒有說過會放棄二〇一二年雙普選。故此，在今天的各項修正案中，有些修正案是刪去了二〇一二年雙普選 —— 這裏提到要告訴北京當局，香港人仍然要二〇一二年雙普選 —— 如果刪去了的話，我是沒辦法接受的，這亦是去年，很多議員參選的政綱承諾。

主席，現在只是二〇〇九年——我在議會廳中已經提出超過十次——我們在二〇〇九年，又怎會知道二〇一二年不能舉行雙普選？主席，共產黨屆時也會有可能下了台吧？故此，我們民主黨和很多支持我們的市民均不會接受刪去二〇一二年雙普選的修正案。

在民主黨進行的民意調查中，超過一半受訪者都表示會支持——會堅持——二〇一二年雙普選。我們現在正進行「一人一信」，在街上到處呼籲市民簽名。市民一看到我們作出呼籲後，馬上便說「2012！」。「2012」，便是可以喚來最多市民的一個口號，主席，這是我們民主黨所堅定相信的。我們將於一月一日舉行遊行及其他行動，全部是為了堅持二〇一二年雙普選。

「公投」這詞，以往是梁耀忠、張超雄和很多議員多次提過的，它是洪水猛獸嗎？我只是曾經支持台灣人民的意願，便已被追擊了很多年。為何不可讓人民投票決定有關自己的事情呢？我認為特區政府是非常可恥的。公投，是香港很多市民所希望得到，所以，我們會支持梁耀忠議員的意見，希望香港人有朝一日可以進行公投。公投即是每個人都可以就一項事情進行投票，而我相信市民都是相當成熟及理智，是絕對可以處理這件事情的。

馮檢基議員：

我為何當年會參選呢？在一九八〇年，政府就地方行政推出了綠皮書，說明區議會是怎樣成立，而在成立的時候，三分之一議員是分區直選，主席由民政專員出任，其他三分之二是委任議員。推出文件時我還在英國，我研究文件，究竟我們是否要參與那個選舉呢？我考慮了當時歐洲一些議會政治的發展，特別是一直強調革命、顛覆政府的共產黨，在歐洲都改變為所謂奪權的方法，由革命、顛覆轉為議會政治。

其實，在一九七〇年代，歐洲有兩個國家的共產黨做得非常好，一個是法國的共產黨，另一個是意大利的共產黨，它們透過議會政治取得市民支持，拿取選票，從而進入議會取得議席。透過增加議席，他們在國家的政策上增加影響力，甚至希望有機會在議會中取得過半數，在總統選舉上取得總統的權位。當然，能否成功爭取，一直發展至現在，大家是可以看到的。這不是我要討論的，我想討

論的是，議會政治是否取代了以往一些所謂的革命政治、顛覆政治，以暴力奪取政權的方法？

社會越來越文明，越來越說道理，人也因為社會富庶而變得越來越鄙視暴力。所以，我看到長遠來說，如果要參政，朝議會政治的參政，是一個適合的方向。

……

在某程度上，我認為總辭跟我這個方向剛好相反：我是要爭取羣眾支持，搞政黨，入議會，但總辭卻是要我放棄議席。當然，放棄議席是否會令我們得到另外一些更大的政治位置、政治影響力，甚至更大的壓力呢？對此，我認為是要研究、分析，然後再作結論。不過，對我來說，在現階段做這件事，我現在已經面對三個甚至是四個難題，可以與大家分享。

第一，到今天為止，由於這並非由政府推動的一項公投議題，即使現在是有兩個政黨，但無論是公民黨或社民連，大家到今天為止都是一黨一項議題，社會還是有兩項議題要討論。當然，我相信兩個政黨日後會把兩項議題變成一項議題。然而，大家會看到當兩項議題變成一項議題時，再距離投票時間，是否有足夠時間讓社會及市民掌握？

第二，公投的認知問題。在要投票時，那不是一項議題，而是選票上有數張大頭相，市民揀選的是一個人，並不是一項議題。當然，你可以總動員、總宣傳，令整個社會都明白這件事。如果能夠這樣做當然好，但能夠令三百多萬名選民都知道，那並非一件容易的事。

第三個難題是光譜。泛民本身也有一個光譜。我以九龍西為例，我自己是最溫和，「毓民」最激進，當年投票時，投票給我們的不會投票給「毓民」，投票給「毓民」的不會投票給我們，如何做好這個光譜呢？總的來說，便是要泛民真心真意團結一致才會成事，稍為不團結也是比較困難。

第四，關於這數個月的分歧，我知道大家理解，我們「民生連線」的四名民生派呼籲大家團結，在八月初我們呼籲大家開會時不要爭拗。在於九月二十七日舉行的會議上，我們四人閉嘴，不再說話，因為大家團結，但最後，你看到這數個月其實還是在爭拗。

我在 Facebook 上收過 email，也曾收過信，有人說：馮檢基太溫和了，所以

以後不再投票給我；也有人寫信、致電話給我，告訴我要「企硬」，他們說一定
不會再投票給那些人。這兩羣人都是泛民的支持者，這個分歧已變成分化，問題
是出現了，如何處理呢？大家要多加留意。

當然，我最後同意何俊仁剛才所說，策略上，我們是握着否決權，但今次
的總辭卻是把否決權也「擺上檯」，如果贏了，我們並沒有着數，輸了的話，政
府可以不理睬我們，我們更有機會連否決權也失去。所以，我認為現在最重要的
是拿穩這二十三票的否決權。如果大家想走一步，如果政府想走一步，如果北京
政府也想走一步，請跟我們談判。在談判過程中，請讓我們清楚看到我們是走了
一步。

陳偉業議員：

在民主派領導下，七百萬名市民應該衝破這制度，透過抗爭爭取香港有民
主。世界各地的民主派人士均以各種手段和方法，爭取他們地方上的民主。可
是，主席，我跟從了香港民主派二十多年，深刻感受到香港的民主派是生病了，
民主運動裏足不前。這是我今天發言的主題。

民主派主要患上了三種重要的病，第一是失憶症；第二是自戀型的人格障
礙，第三是失智症。這三種病令民主派在過去多年，特別是現在，對爭取民主運
動裏足不前。

主席，失憶症的其中病徵是記不起他們很熟悉的事情。很簡單，對於爭取
民主，有些人過去曾說會支持公投，但突然間卻可以說記不起來；他們有些可能
是患上選擇性失憶，有些則可能是因老化而失憶，導致忘記做很多應該要做的事
情。失憶症的第二個病徵和特性是，無法記起新學習的知識。民主派這二十年是
重複又重複地辦簽名、絕食和遊行，但也是不成功，他們會否學習一些新的東西
來刺激這制度，為香港人爭取民主呢？因此，失憶症是民主派的第一大病。

第二大病是自戀型的人格障礙。對一些批評，他們的反應是十分憤怒。他們
可以責罵政府，但如果市民責罵他們，他們便要「翻檯」，對嗎？還有，他們很
喜歡指使別人做事。我記得當我在民主黨的年代，有一名不是全職的副主席說我
們那些全職議員要多參與會議，因為他有別的事要忙。他竟然可以這樣說。我問

他為甚麼不當全職？他自己不當全職，卻指使我們的全職議員多參與會議；他說我們時間多，應多參與會議。主席，這是 100% 的事實。

第三種病徵是過分自高自大，對自己的才能誇大其辭，希望受到別人特別關注。他們說自己過去為民主運動貢獻了很多，把自己說為是香港民主運動的先鋒，其他人則是「殘廢」的，過了二十年也未能爭取民主。請不要繼續有這樣的自戀狂。他們堅信他們所關注的問題是世界獨有的，他們不可被其他人士取代和瞭解，亦對無限的成功、權力、榮譽、美麗、理想和愛情有非分幻想，經常想着要攀附權貴，認為親近政府便會有所得益，親近財團便會有所得益。好像剛才在一名民主派議員發言後，詹培忠便拍掌，這可能是這類病態的一種顯示。他們認為自己應享有他人沒有的特權，只有他們才能領導民主運動。他們渴望持久的關注和讚美 —— 他們在過去十多年可能被讚美得太多了，以致自己也不知道自己的位置。他們缺乏同情心……

……

……缺乏同情心，例如民主派竟然反對最低工資、支持領匯上市、支持社福界一筆過撥款。他們也有很強的妒忌心，例如指摘別人奪去道德高地。

第三種是失智症。主席，這是一種綜合症。失智症是一羣徵狀的組合，他們的記憶力、定向力、判斷力、計算力、抽象思考力、注意力、言語等的認知能力和功能均出現了障礙，同時亦可能出現了若干干預行為、個性改變。主席，民主派的人士獲取徽章，這也是一個象徵。此外，妄想和幻覺等象徵，均嚴重影響了他們的工作能力。香港市民依靠患有這些病徵的民主派帶領，民主運動還有甚麼希望？因此，一定要糾正這些病態，香港的民主運動才會有一線生機。

何秀蘭議員：

政改的迫切性在於，我們有很多需要迫切地以公平方式解決的問題，例如廣深港鐵路計劃造價達 669 億元這麼昂貴的工程，如果我們的行政機關及立法會均由普選產生，須向市民問責的話，一項這麼昂貴的工程、一個影響這麼多居民的方案，又怎可以繼續在下星期五到議會這裏來申請通過撥款呢？因此，主席，民生和管治問題已經到了水深火熱的階段，到二〇一二年才落實雙普選，其實已經

太遲了。

我們日常按代議政制行事，由一羣議員在議會內處理很多問題，但來到重要而影響深遠的議題時，便應由所有香港人一起作出一個負責任的決定，應該拿出來以公投形式決定政制。部分市民可能支持二〇一二年普選，部分市民可能接受政府所說的二〇一七年或二〇二〇年，那便由市民大眾清清楚楚地透過公投表態，清楚地告訴中央政府。特別是政制改革這麼重要的議題，更應由我們所有人一起討論，一起投票決定，而非由二十多位民主派議員，更非由沒有民意認受性的行政班子代替七百萬人決定。因此，我贊成辭職引發補選，引發變相公投，這是在眾多限制中有效地讓市民參與的方法。

劉健儀議員：

首先，甚麼是「五區總辭」呢？是否五個選區，全部二十三名泛民議員總體一起辭職，便是「五區總辭」？若否，究竟這是總辭，還是簡單而言是請辭？五區中各有一名泛民議員請辭，這基本上不算是總辭，最多是請辭。

至於請辭的名單，根據傳媒報道，其實我也是閱報才知悉的，當中的人選經常有變化，先後亦有數張名單。初期，有些名單甚至連議員自己也表示不知悉及未被諮詢，因而招徠外間批評指與理性討論、互相尊重的民主精神相違背。

談到為何要有「五區總辭」，同樣是人言人殊，的確有點像秀才遇着兵，有理說不清。例如數月前社民連最初拋出總辭方案的時候，當時有報道指公民黨率先提出質疑，說兩年前港島區舉行補選，由前政務司司長陳方安生對前保安局局長葉劉淑儀，同樣是以單一議題進行普選，最終對爭取雙普選的作用不大，所以，當時報道指公民黨質疑是否要再來一次。雖然公民黨現時轉為支持社民連總辭，但同樣屬公民黨的湯家驊議員至今仍堅持反對，他剛才慷慨激昂的發言，大家都聽到了。

此外，反反覆覆的程序亦很不清楚，與傳媒報道的密室政治有甚麼必然關係呢？究竟有沒有呢？公眾其實很有興趣知道，便如追看連續劇般。何況民主黨亦一直質疑，總辭只是補選，並非公投；而且有民主派的議員指把投票行為簡化為全民公投，只是自我感覺良好、一廂情願的做法。我本人亦真的難以信服，所謂

2009 年 12 月 9 日

「五區總辭」便等於公決或公投，這根本是兩回事，不應混為一談。

至於所謂關鍵的公投議題，如果是為了爭取二〇一二年雙普選，根本大家也知道是不可能的，正如我們早前多次的辯論亦談過，人大常委會已經作出了決定，我們在二〇一二年根本不可能有雙普選。如果現時強行要做，因實行「五區總辭」而進行補選，政府要花費一點五億元，有人會覺得是勞民傷財。如果把這筆錢用於其他方面，例如長者的醫療券，便可以把醫療券的數額倍增，令每名年滿七十歲的長者每年可領取的醫療券值倍增至五百元。

至於時間方面，最初說是政府公布諮詢方案當天便總辭，之後又推遲說等民主黨決定後才總辭，後來又說在明年五月，前天又指下月總辭。總之是一時一樣，令市民感到非常混亂，更重要的是香港根本沒有全民公投這回事。因此，總辭之後只會是補選，強行說是公投，甚至加上「變相」兩字，亦不能改變補選的本質。

再者，不少民調都顯示市民反對「五區總辭」，香港過渡期研究計劃、香港研究協會、《明報》，以至自由黨所進行的民調，都得出一致的結果，便是反對「五區總辭」比支持者多。既然民意清晰，社（民連）、公（民黨）聯盟又何苦要逆民意而行？自由黨認為總辭的目的並不清楚，強說是公決的理據薄弱。因此，自由黨奉勸社、公聯盟不如省下精力，聚焦如何增加二〇一二年政改方案的兩項選舉民主成分，為過渡至二〇一七年、二〇二〇年普選鋪路。所以，自由黨今天不能支持原議案和兩項修正案。

政制及內地事務局局長：

首先，陳淑莊議員表示，她認為行政長官沒有按照他的競選承諾辦事，就此我有三點回應。第一，人大常委會在二〇〇七年明確可以在二〇一七年普選行政長官，以及在二〇二〇年普選立法會，這確實是第三任行政長官和特區政府盡了努力而爭取得到的一個重要里程碑和成果。這成果標誌着香港在未來十多年逐步達至普選的最終目標，亦標誌着今屆政府在推動民主所獲得的進度較一九九七年前後任何一屆政府為多和明確。人大常委會的《決定》除了表述清楚普選時間表外，對於落實普選，特別是普選行政長官，是有一個輪廓的：成立了提名委員

會後，提出若干名行政長官候選人，然後可以由所有合資格選民普選產生行政長官，亦即是名副其實的「一人一票」。

就立法會的普選模式，在二〇〇七年行政長官向人大常委會提出的報告指出，如何落實普選立法會，當時在香港立法會內外眾說紛紜。時至今天，這依然是我們面對的政治現實；但這並不表示我們就此停留在這個階段，甚麼都不做，不爭取進度。

因為有了普選時間表，有了二〇二〇年的最終目標，不論是政府或議會，亦要為香港市民落實普選，所以我們在二〇一二年、二〇一六年、二〇一七年和二〇二〇年亦要爭取民主有進度，不可以原地踏步，要達至雙普選。

余若薇議員特別再提出在一九八八年、一九八九年期間，有關我們處理基本法的草擬。主席，我想透過你向余若薇議員說，她指出當年的「通過」，是通過了一份徵求意見稿，而按照該徵求意見稿在香港社會進行了再一輪的討論。但是，香港的憲法安排是依照一九九〇年四月四日人大通過的基本法來訂定，是以已獲通過的基本法為準。所以，現在我們再進一步推動香港的政制發展，便要按照基本法的附件一、附件二，以及人大常委會在二〇〇四年四月的《解釋》來推動。這亦表示我們要有三方面的共識，我剛才已解釋過：要在立法會有全體議員三分之二多數通過，要行政長官同意，以及要人大常委會批准或備案。我們達至立法會二〇二〇年普選的方案，亦要按照這「五部曲」來辦事。

吳靄儀議員提及普選立法會時表示，她認為特區政府犯了「欺騙」之嫌——這一點我不敢苟同。雖然我們目前未達至普選，但特區政府的立場是明確的，我們已經多次表示，現時組成立法會的功能界別選舉並未達至普及和平等的原則。正因如此，我們要爭取在二〇一二年立法會的組成擴大民主成分，我們便揀選了在三十個功能界別議席中最具民主成分及選民基礎的區議會功能界別，擴闊這界別在二〇一二年立法會組成當中所佔的比例，以致在二〇一二年的立法議會可以有六成議席經由地區直選或間選產生。

回應梁美芬議員再次提及如果議員辭退五區議席，應否容許辭退的議員重新參選？我們已經在立法會政制事務委員會上討論過這項議題。主席，我要重申的是，按照基本法及本地法例，如果議會出現空缺，特區政府有憲制責任安排補選。按照《立法會條例》，選舉管理委員會有需要宣布立法會議席出現空缺，並

且進行補選。

梁美芬議員亦曾經提到，如果有議員主動請辭，是否容許這些議員重新參與補選呢？當然，大家可以表示意見。特區政府接收了意見後，會作充分的考慮，但有一項根本的考慮是：基本法第二十六條訂明香港永久性居民享有選舉權及被選舉權。如果我們貿然修訂《立法會條例》，不容許已請辭的人士重新參與補選，便可能受到法律的挑戰。無論如何，按照現有法例，如果立法議會出現空缺，縱使要動用最少一點五億元公帑，我們也須依法辦事。

回應詹培忠議員，他特別提到香港要有「天時、地利、人和」。我認為香港一向是福地，已經具備「天時、地利」。至於「人和」方面，只要不同的黨派、政府及立法議會合作，是可以達致〔至〕的。

劉慧卿議員非常強調香港的核心價值，是自由、人權和法治。對此，特區政府完全認同。我們也認同達至普選、爭取民主。在已有的自由、人權和法治的基礎上，我們可以逐步達至普選的最終目標，這是香港人所期待的。因此，最重要的是，我們不要容許由於政黨間的不同意見而導致香港民主裹足不前，我們要爭取在二〇一二年香港的兩個選舉辦法向前邁進一步，為二〇一六年、二〇一七年、二〇二〇年進一步發展民主、達至普選打下廣闊的基礎，為達至普選鋪路。因此，主席，我呼籲各位議員反對原議案及修正案。我謹此陳辭。

2010 年 3 月 3 日
議案辯論：積極參與補選以實現真普選

余若薇議員：

五月十六日，特區政府會依法舉行全港五區補選。但是，「五一六」的選舉不單是一場補選，亦是五位原本是現任的立法會議員排除萬難，不怕打壓，以「三合一非」，即合理、合法、合憲、非暴力的方法，創造一個平台，達致〔至〕變相公投的效果，目的是要求凝聚民意和量化民間力量，迫使當權者正視公民社會爭取盡快實現真普選及廢除功能界別議席的正當訴求。

不同意公民黨政見的人，大可光明磊落地打一場選戰，透過選民的選票，讓選民定奪。不過，過去一個月以來，建制派因為怕輸、怕面對選民的意願，又怕喪失功能界別帶來的特權，便玩杯葛，逃避與民主派的候選人在選舉中公平對決。

（代理主席劉健儀議員代為主持會議）

更為離譜的是，我們的特首竟然一反慣例，在接受傳媒訪問時表示可能在補選中不投票。政制及內地事務局局長林瑞麟亦心領神會，暗示特區官員也要跟從特首的政治取態，考慮會否在補選中投票，實質上是層壓式向政府人員施壓，造成很壞的先例。

所以，我今天提出這項議案，是要抗衡這種抵制民主選舉的做法、抗衡這種逃避選民、拒絕面對選民、不信任選民的做法。

「五一六」選舉是「合法合憲」，因為基本法第四十五條和第六十八條提出兩個原則達致〔至〕普選，一個當然是「循序漸進」，而另一個是「社會實際情況」。變相公投正是要透過「一人一票」和平量化香港支持真普選的實際情況。

為何稱為是變相公投呢？這實在是沒有辦法中的辦法。因為如果政府有公投法，真正聆聽民意，我們作為議員可名正言順要求政府推公投。但是，大家也記

得在二○○四年十月十八日，張超雄議員提出就政改舉行公投卻被蕭蔚雲和建制派口誅筆伐，而最終亦被否決。梁國雄議員亦在二○○四年提出《全民投票條例》私人草案及在二○○九年六月十七日提出議案落實公投，均遭建制派和政府反對。所以，我們惟有考慮民間或社會公投。

有人批評社會公投，為何要動用公帑，質疑會否浪費金錢。首先，要看看變相公投背後的重大意義，二○一二年的兩個選舉安排，即使未能達致〔至〕二○一二年的雙普選，也要確保二○一二年有一個可以循序漸進達致〔至〕真普選的中途站，而不是民主倒退或走歪路的方案。所以，政府是有責任交出路線圖及承諾終站是達致〔至〕真普選，這是最低限度的底線。可惜政府逃避責任，只建議中途增加功能界別議席，但絕口不提將來如何取消。公投比政改諮詢能更清晰地量化民意，以「一人一票」踢走功能界別，所以這筆公帑是非常值得的。

我特別要告訴王國興，雖然他現時不在議事廳內，錢並非掉進鹹水海，而是製造許多就業機會，在每次選舉中，政府均要聘請許多臨時工，包括非政府組織的庇護工場員工，做拆信、入信、釘裝等工作，當然亦包括廣告、印刷及租場等，全部金錢都是用於香港，投入本地經濟體系。

今次變相公投的議題是盡快實現真普選及廢除功能界別議席。首先，如何才算是真普選呢？便是行政長官的選舉不可以有篩選，而立法會全體議席最終必須按普及而平等的原則選出，功能界別必須被廢除。每名選民都可以享有同等的選舉權和參選權，以及每一票都是差不多等值，這才是普選。從法律角度而言，無論大律師公會、律師會或法律界選委，均多次分別指出，功能界別的本質，無論如何改變，都不能符合普選的定義。

政改諮詢文件第 5.12 段提及，改革現行功能界別議席是因為涉及太多利益和無法達成共識。其實，改革從來均牽動不少既得利益，如果今天做不到，政府憑甚麼要市民相信十年後，即二○二○年的時候，有把握取消這種不公義的制度呢？

政府避而不談的，是這些改動須獲立法會內三分之二議員同意。但是，要求佔議會內一半議席的功能界別議員放棄其特權，根本是無法做到的。這亦是為何公民黨要推動變相公投，因為我們不可以單靠議會，而是要靠市民發揮力量，表態支持真普選，亦是要求這運動植根民間，成為民間可以直接參與和推動的一

項新民主運動，使更多市民明白政制不公，直接影響民生，立法會內有許多影響民生的議案辯論，例如回購領匯、立法規管一手私人住宅物業交易、公平競爭法等，儘管超過半數出席議員支持，但由於有功能界別及分組點票機制，以致最終不能獲得通過。

其實，公投並不可怕，亦不會導致社會動亂。試看看歐洲各國，加拿大、美國加州及台灣等地均有公投，也沒有出現社會動亂，葉劉淑儀 —— 她今天不在席 —— 曾在報章上撰文批評加州很亂，因為有公投。然而，當地的問題在於公投太多，而香港絕對不是因為有太多公投，相反，根本上，我們連一次也不願進行。所以，我想指出，在一九八九年一月通過的基本法第二稿，亦訂明有名為「全體選民投票」的公決機制，以決定二〇一二年行政長官和立法會的選舉辦法。因此，可見公投在當時也被認為是解決政改爭端的一個可行或可採取的最終決定辦法。不過，由於一九八九年發生六四事件，港區大部分代表均希望盡快實現雙普選，在二〇〇七年及二〇〇八年可以進行雙普選，無須經過公投。所以，有關公投的部分才被刪除。後來自由黨和民建聯的政綱都表明支持二〇〇七年、二〇〇八年雙普選，一直到二〇〇四年人大釋法才有改變。

政制民主改革這一議題，我們已談了四分之一個世紀，如果再等十年，到了二〇二〇年，其實已是香港回歸後的二十三年，如果說回歸後五十年不變，那麼二十三年已差不多是一半。所以，在這個時候，我們要說清楚，功能界別議席必須廢除，以達致〔至〕真普選，政制不能再向既得利益毫無節制地傾斜，否則只會增加市民對現有體制的不信任，令社會更分化，深層次矛盾無法解決，政府施政亦舉步維艱，導致政府、立法會、市民三輸的局面。

最近，前立法會主席范徐麗泰表明，要中央保證真普選是不可能的，由此可見，市民更要爭氣，更要站出來，要為自己，亦為下一代，爭取真民主，這是要靠每一位香港市民的努力。

余若薇議員動議的議案如下：

「本會呼籲全港選民積極參與即將舉行的五區補選，透過投票和平地量化民意，以達致變相公投的社會效果，爭取盡快實現真普選及廢除功能組別。」

政制及內地事務局局長：

代理主席，今天的議案關乎即將為填補立法會五個出缺的議席而舉行的補選，我希望就此先談談補選及所謂「公投」之間的關係。

特區政府的立場是十分明確、清晰及一致的。有關二〇一〇年立法會五個地方選區的補選，我們須依法安排以填補這些空缺，我們是要依照相關的本地條例來處理的。基本法本身並沒有任何「公投」的制度，所以推動所謂「公投」與基本法處理政改的程序是不相符的。無論補選的結果如何，亦不會影響政府處理二〇一二年政制發展的程序。所謂「公投」是沒有法律效力的，特區政府亦不會予以承認。

我們亦注意到，近日，香港社會及香港市民對「五區請辭」的意見基本上是不認同的。所謂「公投」只會分化香港社會，對政府當下要處理二〇一二年政制發展的一套意見，以及就提出的方案凝聚共識並沒有幫助。因此，特區政府的一貫立場認為，這次「五區請辭」是沒有需要，亦不符合市民的期望，因為市民本來的期望是，在二〇〇八年九月獲選的六十位議員（不論是透過地區直選產生或功能界別產生）均應在議會內為市民服務四年，亦應在這四年任期內處理大小事務，包括二〇一二年政制發展的議題、目前正審議的財政預算案，以及一系列有關社會、經濟和民生的議題。

代理主席，我們安排這場補選的最重要考慮，並不是要遷就兩個策動請辭的政黨或這五位前任議員，而是特區政府有責任確保香港七百萬市民、三百三十多萬名登記選民在議會內有足數、充分的代表 —— 共六十位議員 —— 為香港市民及社會辦事。

選舉管理委員會已在二月二十二日公布五月十六日為立法會補選的日期。選管會會按照法例及選舉指引，安排這次公開、公平和公正的補選。至於每位登記選民如何參與這次補選、是否前往投票，是由每位登記選民自行決定的。

接着，我想談談關於政制發展的議題，因為今天這項議案亦提及要實現普選。關於政制發展方面，全國人民代表大會常務委員會在二〇〇七年十二月作出了《決定》，明確了在二〇一七年可以普選產生行政長官，隨後亦可在二〇二〇年經普選產生所有立法會議員。人大常委會二〇〇七年的《決定》亦訂明，

二〇一二年行政長官及立法會的產生辦法，可以作出符合循序漸進原則的適當修改。

特區政府在去年十一月十八日發表了二〇一二年兩個選舉辦法的諮詢文件，並剛剛在二月十九日結束了三個月的公眾諮詢。我們現正努力分析及總結所收到的意見，除了在立法會的聽證會聽取不同黨派及議員向我們提供意見外，在區議會亦有十八次會議，當中不同的區議會均通過支持二〇一二年政制要向前邁進的議案，而局方亦收到超過四萬份書面意見。我們現時正在總結這些意見，並希望在這個立法年度完結前，可以將基本法附件一及附件二的修訂，以及關於二〇一二年兩個選舉辦法的方案提交立法會予各位議員審議，並在這個立法年度完結前，就附件一及附件二所建議的修訂進行表決。

隨後，我們希望可以在二〇一〇年秋季立法會復會時，向議會提交修訂《行政長官選舉條例》及《立法會條例》的法案。我們希望在二〇一〇—二〇一一年度盡快就這兩項條例作適當修訂，以便我們可以在二〇一一年及二〇一二年期間，安排相關的數場選舉。

然而，談到政改問題，我們當前最重要的，是要腳踏實地，按照基本法及人大常委會二〇〇七年的《決定》，推動香港的政制向前發展。

按照基本法的規定，我們確實要爭取三方面的共識：在立法會審議特區政府提出的方案後，我們要爭取全體議員三分之二多數通過方案，以及行政長官同意向人大常委會提交獲通過的方案，讓人大常委會予以批准或備案。

香港本身不是一個主權體制，我們辦事要完全按照基本法來處理，這亦包括政制發展的議題。基本法本身並沒有「公投」的安排，所以香港特區不能自創「公投」制度。但是，余若薇議員剛才所說，如果要改變立法會的組成，基本法的要求是要經過三分之二多數議員通過，但她認為這是無法做到的。對此，我不能認同。

雖然我們有一半議員（即三十位議員）是由地區直選產生，另一半是透過功能界別產生，但多年以來，我觀察到在這議事堂內不同黨派、獨立議員和不同界別的代表，對香港政制能夠往前發展，在二〇一二年能加入進一步的民主成分，並且在二〇一七年及二〇二〇年可以達致〔至〕普選這個整體共識，是越來越可以凝聚得到的。所以，代理主席，在這議會內要爭取到經三分之二多數議員通過

一項議案或一套建議，是有先例可援的。例如在過去數年，我亦曾在此見證預算案得到超過四十位議員的支持。

　　代理主席，余若薇議員特別提到，自一九八五年，香港的立法機關已經有選舉，並已開始討論如何在香港推動民主發展。到了今天，已度過了二十年。到了二〇二〇年時，我們希望不單可以落實普選行政長官，亦可以落實普選立法會。由一九八五年起開始計算，屆時將會事隔三十五年，大約三分之一個世紀。有人會認為這時間是長，亦有人會認為是短，但我認為推動香港民主不分先後，達者為先。我們既然現時已經具備在二〇一七年普選行政長官及二〇二〇年普選立法會這明確的普選時間表，便應以此為依歸，共同努力，推動香港的政制在二〇一二年可以往前走一步。

何鍾泰議員：

　　……對於他們的做法，本人是絕對不認同，亦認為既不符合基本法，亦不負責任和不合理的。

　　首先，全國人民代表大會常務委員會在二〇〇七年十二月二十九日作出《決定》，為落實香港特別行政區行政長官及立法會普選訂出了明確的時間表。人大常委會的《決定》清楚表明，香港可於二〇一七年普選行政長官，《決定》亦同時清楚表明，隨着行政長官普選後，立法會全部議員亦可以由普選產生，即是在二〇一七年實行行政長官普選後，最早可於二〇二〇年實行立法會全部議員普選。因此，他們就「2012 年實行雙普選」的要求是完全藐視人大常委會的決定，而且亦漠視基本法這部「小憲法」對相關安排所定出按「實際情況和循序漸進」的規定。

　　第二，他們的辭職是不負責任的。基本法沒有提及議員可以自動辭職，而在基本法第七十九條提及立法會議員如果出現訂明七種情況中的任何一項，則由立法會主席宣告其喪失立法會議員的資格。但是，有關的情況並不適用於請辭的議員。他們自動辭職，實在是鑽空子。既然選擇自動辭職，怎麼又會立刻參加補選，最少也待新一屆立法會選舉才再參選，本人認為這是完全不負責任的體現。當然，他們的不負責任的行為，則要其他人替他們「埋單」。首先，特區政府要

花上一點五九億元的公帑進行補選。此外，不同的立法會委員會因為議員的辭職而出缺，必須作出相應的安排。還有，由立法會議員互選的中大校董職位也因此而出缺，須作出補選。

第三，他們的行為亦不符合他們在加入立法會時所作出的誓言。按誓言，他們定當擁護《中華人民共和國香港特別行政區基本法》，效忠中華人民共和國香港特別行政區，盡忠職守、遵守法律、廉潔奉公，為香港特別行政區服務。可惜，他們既沒有擁護基本法，也沒有盡忠職守，而選擇了自動請辭。考慮到今次議員濫用請辭而迫使補選的舉行，特區政府應盡快修訂相關的條例以阻塞漏洞，使相關的法例能更合理化及規範化。

此外，所謂「五區總辭，變相公投」，是既不合法，也不合理的。不論在中國憲法或香港的法律上，都是沒有支持上述安排的理據。香港特別行政區不是一個國家，亦不是一個主權體制，全民公投是一件十分嚴肅的事情，並非兒戲，不能只由數人定出的定義和規則便算數。因此，市民對公投的反應冷淡，是不難理解的。至於有人提出「全民起義」作公投的宣傳口號，則更是無意義的舉動，也是相當負面及非理性的表現。

何俊仁議員：

⋯⋯雖然民主黨今次不參與請辭行動，但我們覺得大家今天應支持余若薇議員提出的議案。

我提出以下數點，第一，政府有責任依法舉行補選，同時有責任支持有關的撥款，任何否決撥款的行動，其實是障礙政府履行其法律責任。除非同事說這項有關補選的法律不公平，並提出公民抗命，否則，任何阻礙政府進行補選的行動，均是罔顧法治的態度。

第二，在任何選舉及補選舉行時，作為香港公民，我們覺得我們有公民責任要前往投票。特首或任何高官如果帶頭表示不應投票，我覺得這是很壞的公民教育，我要加以嚴厲的批評。

第三，我們希望泛民成員透過今次補選，能夠重返立法會，行使基本法所賦予他們的權利，監察今次的政改及參加有關辯論，並在有需要時行使基本法所賦

予我們的否決權。

　　大家都知道，自從人大相繼兩次否決香港在二〇〇七年、二〇〇八年及二〇一二年實施雙普選，更進一步規定在這兩次政改中，由普選產生及功能選舉產生的席位不能夠改變，這些決定所帶來的後果，使香港政改無法向前發展，從而違反基本法第四十五條及第六十八條要求香港政制循序漸進的規定。至今，香港市民仍然熱切希望香港能盡快實現雙普選，在二〇一二年實行已經太遲，其實早應該在二〇〇七年及二〇〇八年在香港實施。

　　因此，政府或局長今天再三強調，人大提出一個所謂普選的時間表，應該使我們感到滿意。我相信我也能夠代表很多泛民朋友再三強調，這個所謂時間表，實際上有很多不清晰的地方，甚至很多不確定的地方。我們今天在決議支持二〇一二年的政改方案前，有需要得到澄清，以至確定。我們所要求的是，在二〇一七年及二〇二〇年實踐真正的普選制度，包括在二〇一七年普選特首時，提名程序必須不能設有任何不合理的篩選制度；第二，我們更希望清楚明確指出，功能界別應於二〇二〇年或之前廢除。如果這項在二〇一七年及二〇二〇年的終極發展目標能夠確定的話，我們在二〇一六年，以至二〇一二年的過渡方案能夠加以設計，確保它能順利銜接，不會出現不接軌的後果。

　　代理主席，其實，以往很多政制上的爭論，造成了香港不單面對深層次的社會矛盾所帶來很多的政策失誤，甚至使香港在這種環境下，真的難以凝聚市民的團結力量，來面對種種挑戰。我們希望在今次政改的關鍵時刻，中央政府和特區政府能夠面對香港人訴求，作出清晰決定，以確保二〇一七年及二〇二〇年是真正達致〔至〕終極普選的時間表。

　　代理主席，我再次強調，功能界別的辯論不應該繼續成為發展終極普選目標的障礙，功能界別早應廢除。其實，在一九九八年，香港政府就實施《公民權利和政治權利國際公約》向聯合國遞交的報告書清楚指出，我現時引述第 461（b）段：「功能界別制度，只是一種過渡安排，一如《基本法》第六十八條所訂明，香港政制發展的最終目標，是要全部立法會議員皆由普選產生。」

　　代理主席，這是香港政府向聯合國遞交報告書中清楚作出的表述。這份報告書既構成中華人民共和國遞交聯合國報告書的一部分，是應該得到中央政府所肯定的。政府今天告訴我們功能界別可以千秋萬世、可予以保留，其實是出爾反

爾。局長，稍後請你回應，你現時是否想否決或撤回一九九八年向聯合國所提出
報告書的這部分？謝謝。

葉國謙議員：

代理主席，為期三個月的政改公眾諮詢已於二月十九日結束，政府總共收到
超過四萬份意見書及一百六十萬個簽名，代表了眾多市民的聲音，其中大部分都
支持政府提出的方案。這些實斧實鑿的數字，足以科學化地量度民意。

基本法沒有公投機制，兩黨卻高舉「公投」旗幟，分明擺出一幅對抗姿態，
是一場違憲的鬧劇，為社會帶來了極大的危害，不但浪費公帑，其激進和極端的
手段更只會加劇破壞社會安寧、激化社會矛盾、分化社羣、阻礙政制向前發展、
破壞中央與香港特區的關係。

對於一場違憲的「變相公投」，我真的想不出有甚麼理由要立法會呼籲選民
積極參與。余若薇議員硬說「公社黨」的所謂「公投運動」並沒有違憲，我對這
番強詞奪理的說話沒有感到太大意外，正如她把「自動當選」說成「不戰而勝」
一樣，余議員總有她自己的一套邏輯。

民建聯反對並譴責這場政治鬧劇，表明不會參與「補選」，余若薇亦把民建
聯的不參與硬要扭曲為「不敢應戰」、「懼怕民意」，其實，公道自在人心，香港
市民早已有清楚的結論。民建聯是基於事件的本質，出於維護社會公義，維護政
制不可偏離法治的前提下，放棄參加補選議席的機會。我們知道這項決定是會帶
來鼓吹公投人士無窮無盡的惡意謾罵和攻擊，而事實上這情況亦正在發生，但民
建聯作為對香港有承擔的政黨，必須堅定我們的立場、堅定我們的原則，對香港
整體社會負責，對全體香港市民負責。事實也證明，民建聯的決定是符合社會的
民情民意。多項民意調查顯示，大部分市民都反對今次「總辭」及所謂補選，主
流民意已經清楚明白。民建聯呼籲公社兩黨，與其繼續遮遮掩掩地逆行苦行，不
如痛改前非，回頭是岸。

爭取盡快實現普選，這是大多數市民的意願，也是民建聯最終追求的目標。
事實上，基本法早就規定了行政長官和立法會議員最終由普選產生，而全國人民
代表大會常務委員會也為香港制訂了普選時間表，這其實亦回應了前民主黨主席

李柱銘先生等人士及政黨的要求。我們目前要做的，應該是按一系列指導原則和從現實出發的可行性考慮，在普選形式上尋求共識，然後研究如何一步步落實，這是推動政制邁向民主的務實可行的做法。

民建聯認為，普選必須〔＋是〕有質素和可持續的，所以必須合乎基本法，必須與社會發展狀況相適應，必須得到社會最大多數人和中央政府的認同。所以，普選只會在理性討論中取得社會最大共識下而產生，普選也只能在基本法和人大常委會《決定》的框架下產生，普選亦只有在循序漸進中不斷地發展和完善。

民建聯衷心期望更多的政黨和議員，順從民意，放棄以攻擊污衊的惡劣手段，回到以擺事實、講道理、尊重歷史的理性對話上，共同推動香港政制向前發展。

至於功能界別的存廢問題，民建聯已一再表明，現時的功能界別選舉是未符合普及而平等的原則，這是選舉安排。現時有泛民學者也開始就功能界別選舉如何達致〔至〕普及而平等作出研究，並提出了一些具體的看法，今天我在報章上亦看到她再寫出一些本身的具體意見，民建聯對此開放態度甚表歡迎。

民建聯認為在未來十年是有充裕的時間，透過廣泛諮詢討論，制訂出一個既能兼顧均衡參與、又符合普及而平等、為社會廣為接納的普選方案，故此，民建聯不單反對余若薇的議案，更在此呼籲香港市民杯葛這個浪費一點五九億元公帑的違憲鬧劇。

劉慧卿議員：

……我們民主黨在去年十二月十九日舉行黨大會，當時我們的議題是「民主黨參與五區辭職以爭取 2012 年雙普選」，反對的有二百二十九票，支持的有五十八票，棄權的有一票。我們黨的立場非常清楚，但我們很希望數位同事可以在五月的選舉後返回議會，我們也希望市民會參與。

代理主席，我們民主黨希望盡快有普選。我劉慧卿爭取普選已經太久了，香港市民爭取普選亦太久了，所以何俊仁議員剛才說得很好，在一九九八年，當時特區政府本身也說了出來，還走到國際舞台上來說，但到了二〇一〇年，卻仍在原地踏步，這是令人非常憤怒的。

　　就局長準備的這份諮詢文件，其中附件五真的是醜態百出。我到學校四處告訴別人，讓我讀出來……代理主席，不好意思，這也關乎你的。在二十八個功能界別中，如果有少於一千名選民的，代理主席，是有十一個；即使少於一萬名選民的，也有九個；如果單是團體票，不是個人票，代理主席，在二十八個界別之中，是有十八個。這些是甚麼東西？我相信說到「天腳底」，也沒有人可以為這些事情辯護，但林瑞麟卻在這裏辯護了這麼多年，還要說現在這是不符合的；不過，日後可以在「整色整水」後又符合的了，代理主席。因此，我們真的 —— 正如胡國興說 —— 真的很「殼」。現在不是「大龍鳳」，不過，我們真的很「殼」，也「殼」了很久，所以我也可以代表很多市民說，真的「殼過辣雞」。香港三百多萬人，每人只有一票，那二十二萬人卻每人有多一票。但是，情況也並不是這樣，代理主席，如果有些人擁有很多間公司，他們每人其實會有數十票。怎可以有這種制度的呢？

　　我近來經常到學校向學生演講，他們抓破頭皮也不明白特區政府、中央政府為何一定要硬塞一個這樣的制度給香港，硬要我們接受，而且無論如何也不肯修改。本來主席的黨民建聯也支持二〇〇七年及二〇〇八年普選的，後來又放棄，放棄後現在完全沒有下文。說在二〇一七年及二〇二〇年有普選，有誰知道是真的？要求他說清楚也不肯，代理主席，要求他說清楚、寫明在二〇一七年及二〇二〇年會取消功能界別，是一個低門檻的選舉，但他也不肯。我們還要爭取多久？我們真的還有多少個十年，代理主席？人生會有多少個五年呢？

　　所以，我相信很多市民是很希望……我們很支持有公投，如果你說有公投法，這是最好的，我們相信市民很希望可以盡快……我更希望主席跟有關人士今晚聽過意見後，他們乘飛機到北京後，可詢問北京政府為何這個二〇〇七年的決定不可以修改？如果聽到民意……今天，代理主席，我不知道補選的結果會是怎樣，我相信補選後也沒有人會站出來說香港市民不要二〇一二年雙普選，最為甚麼？因最為二〇〇八年的選舉……二〇〇四年的選舉一直以來的選舉，市民也是要求盡快普選的，我們全部在二〇〇八年參選時也說要爭取二〇一二年雙普選，市民沒有改變過。即使是上月中文大學的調查報告，也說有超過一半受訪者要求爭取二〇一二年雙普選。所以，我不理會有甚麼投票，香港市民已很清楚說希望二〇一二年有雙普選，我也不希望林局長或任何人會在未來走出來說，香港市民

不要二○一二年雙普選；而特區政府是有不可推卸的責任，把香港市民要求普選的意見 —— 況且，主席也有不可推卸的責任，還有數名既是人大，又是政協的坐在這裏，大家也有責任告訴中央，這個是大部分香港市民的意願。

黃定光議員：

代理主席，對於公民黨和社會民主連線自編自導的五區補選，坊間多項民調均顯示，絕大多數市民是不支持的，亦有評論認為這只是兩黨為將來爭取選票所作的政治秀。這兩個政黨於宣傳時甚至採取「起義」及「解放香港」等具有顛覆色彩的字眼，把香港推向一個危險的政治位置。立法會在香港憲制中擔當着一個重要的角色，如果支持這麼一場具爭議的政治秀，實在是極不負責任和極其危害的。

對於原議案提及的爭取實現「真普選」，基本法規定香港的政改步伐要循序漸進，而全國人民代表大會常務委員會亦於二○○七年提出香港的普選路線圖。我認為，我們應該集中處理好二○一二年的兩個選舉辦法，使香港的民主步伐向前行一步，然後再處理之後的選舉辦法，使香港終達致〔至〕「真普選」。因此，我認為香港能否盡快實現「真普選」，關鍵在於政府最終推出的政改方案內容，以及如何能令本會通過這項即將出台的政改方案。

至於功能界別的存廢，本會在三個月前已曾作出討論。我當時已說過，「在各界未能達成共識的情況下，現時訂下必須全面取消功能界別議席實在是過於草率。由於人大已表明最早實現普選立法會的年份是二○二○年，所以仍然有足夠時間討論，我認為這個問題可留待將來繼續討論」。到了今天，我仍然重申以上觀點。

代理主席，我認為功能界別議員對平衡香港各階層的利益，以及維護「一國兩制」，作出了重要的貢獻。首先，香港的政黨政治尚未成熟，全部議員如果直接由地區直選產生，香港便會變成一個選票導向的社會。大家皆可以預期，議員為求取更多選票，必定會在議會上爭取各種不同的社會福利，這會使香港成為一個福利主義主導的城市。在這種情況下，庫房在社會福利方面的支出將會大大提高。然而，錢從何來呢？

事實上，功能界別議員對香港經濟發展，一直起着十分重要的作用。正如我於三個月前亦在此說過般，「正因為有業界的代表在議會內外發聲，議員在制訂政策時向政府及社會各界解釋業界的情況，香港才能保持一個良好的營商環境，有助於經濟發展」。因此，功能界別議員其中一個重要作用，便是保持香港營商環境穩定，從而為香港及為政府「搵錢」。試問如果沒有人懂得「搵錢」，庫房又如何能負擔增加的社會福利開支呢？因此，功能界別議員有助於平衡香港各階層的利益。

此外，從公民黨及社民連提出的「五區請辭、變相公投」行動中可以看到，香港部分政客及議員的心中只有「兩制」而沒有「一國」的概念，這不符合基本法「一國兩制」的原則。香港作為中華人民共和國的一個特別行政區，是沒有獲授權來進行公投的。港澳辦公室早前發出的聲明也表示，「以任何形式對未來政制發展問題進行所謂『公投』，與香港特別行政區的法律地位不符，是從根本上違背《香港特別行政區基本法》和全國人民代表大會常務委員會有關決定的」。他們提出的「起義」及「解放香港」等字眼，更凸顯出有人妄圖使香港走向獨立，這完全違背基本法「一國兩制」的原則。我認為我們不但不能支持這場政治秀，更應該予以譴責。相反，功能界別大多數議員均是支持特區政府按照基本法施政的人士，他們在一些重要的決策上往往以「一國兩制」及「港人治港」為首要原則，這對維持香港社會穩定能發揮重要作用。

在現時反對功能界別的理由中，不外乎指出現有的功能界別議員的產生辦法不夠民主，或功能界別議員只懂吃政治免費午餐，對議會和香港沒有貢獻，有人甚至將功能界別「妖魔化」。我雖然同意現時的功能界別的選舉制度有改善空間，是可以使有關制度更民主的，但我重申，功能界別議員對香港的貢獻，是毋庸置疑的。

除此之外，我認為以上的原因只是表面原因，他們反對功能界別的更深層次原因有兩個。第一，是在現時的功能界別議員中，愛國愛港人士的數目較多，他們在關鍵時刻能「頂住」偏激的決議；及第二，是基本法附件二規定的分組點票對在功能界別中沒有太多議席，以及為反對而反對的議員不利。因此，我認為部分不滿功能界別的人的用意，並不是反對功能界別的價值和作用，而是反對功能界別議員的產生方法。我認為，政府在將來處理功能界別問題時的其中一個方

向，便可着眼於如何使它更民主，從而讓更多人能公平地參與不同功能界別的選舉。

吳靄儀議員：

代理主席，何鍾泰議員剛才終於說出不符合基本法，他說為甚麼變相公投不符合基本法 —— 因為我們也在等待有人告訴我們如何不符合基本法 —— 他說，第一，我們違反人大的議決。我沒聽過違反人大的議決便等於違反基本法，而且它並不是違反人大議決，他說，公投的議題是二〇一二年雙普選，而人大已說年期不同。試問這又如何是違反基本法呢？

第二，如果你要攻擊和批評別人，也要弄清楚別人的基本議題是甚麼。基本的議題根本不是二〇一二年雙普選，而是真正的普選，要廢除功能界別，要有普選的路線圖。何鍾泰議員說不符合基本法是因為基本法不容許辭職，但《立法會條例》第十四條是容許辭職的。《立法會條例》並不違反基本法，當中有補選安排、有喪失資格的安排等，當中沒有說如果議員辭職後補選便喪失資格。這是法律。何鍾泰議員在批評別人之前，請看看究竟我們是違法或合法。他說我們違反誓言，因為沒有擁護基本法，便自動辭職。如果他弄清楚法律是甚麼，弄清楚基本法是甚麼，便不會說出這些有人不擁護基本法的說話。

何鍾泰議員本人正點出現時功能界別存在在立法會，引起市民不滿及令特區政府喪失公信力的理由。大家可以從反高鐵事件中看到，因為外面的團體指何鍾泰議員可能有利益衝突，所以他在那次工務小組委員會會議要避席，不當主席，不主持會議，改由梁家傑議員補上。這些事件在功能界別常常如此，特別是很多功能界別的候選人在競選時均要聲明他們為業界爭取利益，要爭取業界利益，以業界利益為先，而不是以公眾利益為先。

功能界別與公平社會確實有直接衝突。葉國謙議員說我們為何違憲呢？他說基本法裏沒有公投的機制，而我們進行補選，變相公投，便是一種對抗的姿態。原來對抗的姿態便是違憲，難怪劉曉波也要坐牢。如果姿態對抗便已足夠構成違憲，對不起，我們仍是一個講求法律的社會，我們不認為對一些事不滿意，對抗一些不公平的制度，在法律框架裏所做的事，便是違憲。

其實，究竟民建聯是因為普選、是因為公投違憲，所以不參加，還是因為收到上頭一些指示要他們不參加？我們可以看到發生這樣的情況已非一天，民建聯呼籲我們回頭是岸，我們卻想反過來呼籲他們回頭是岸。正如劉慧卿議員剛才指出，民建聯其實已經支持了二○○七年及二○○八年普選，如果它現時繼續支持一個真普選，取消功能界別，它自己也說取消功能界別，如果它真的採取行動，本會取消功能界別，便不用這麼辛苦了。

代理主席，功能界別其實是一個不公平的制度，製造一些不公平的政策來無限度地延長一個不公平的社會，這已是一個社會上絕大多數的共識，甚至本會裏也有很多人支持，問題是如何爭取。如果我們只等待一些功能界別的議員願意放棄自己的議席，又或是北京主動地取消功能界別，還是要採取其他行動呢？其實，以「一人一票」投票的方式表達香港市民要廢除功能界別的意願，這是最有力的推動方式。因此，便一定要有五位議員辭職才可以實踐，基於這個原因，我們值得進行，我們也呼籲市民在五月十六日踴躍投票。謝謝代理主席。

何秀蘭議員：

代理主席，政改與真正解決現時迫在眉睫的民生問題，其實是息息相關的。……

代理主席，我知道不是每個功能界別議員也如是。你是其中的一位，還有其他功能界別議員很關心民生問題，亦很勇於取消功能界別的制度。可是，我們所說的不是針對人，我們說的是制度，正是這制度令當選的議員一定要向本身界別的利益負責，為本身界別的利益而表決，所以面對房屋問題時，我們怎可以期望石禮謙議員反對強拍呢？我們怎可以期望他提出復建居屋、增加公共房屋供應呢？所以，代理主席，政改不單是為了應基本法及人大的決定，而且亦是有很實質的需要，是七百萬香港人很實質的需要。功能界別是應要取消的，並且要快，亦應要在二○一二年取消。即使現時辭職而引發變相公投的政黨，實在已經非常委曲求全，連年份也沒有寫下，都只說爭取在二○一七年及二○二○年落實。

代理主席，曾經何時，我們爭取二○○七年及二○○八年雙普選。在二○○八年的選舉，爭取二○一二年雙普選是全部泛民主派候選人的政綱，現時也沒

了，大家現時的目標已降至爭取二〇一七年及二〇二〇年有真的普選。因此，代理主席，對於變相公投的議題，我希望兩黨可以較快寫得更清楚俐落何時要取消功能界別。我亦同時支持引發社會討論，希望更多市民出來投票。如果說變相公投便等於搞獨立，將變相公投立即提升至違反憲法，這是沒有知識及事實作為基礎的。我可以接受大家有不同的感性意見，但從政者應看條文、看數據、看事實。我亦不能同意，有政黨覺得香港在直選後會變成福利社會，尤其是參加直選的政黨。如果不信任選民，又為何參加？為何被直選選民選入立法會的決定是正確，而選其他人的決定便不正確，這樣是置選民於何地呢？這種態度是對選民完全不尊重的。

詹培忠議員：

⋯⋯我本應決定辭職的，但後來卻發現出現了五個問題。

第一個問題是關於我們今天所說的「變相公投」，「公投」是兩個字，說到「變相」，何須變相呢？變相即是有些不像的、有些不對的，才要變相。如果是對的，何須變相？相便是相，貌便是貌。故此，在這種情況下，變相便是有遮遮掩掩，意圖改變事實的意思。

第二，我今天沒有聽到所謂起義這些用詞，大家確實要瞭解，要求香港人起義？誰敢？如果有人膽敢這樣做，便早已參加其他的起義了，特別是現時的生活環境及社會環境確實須予改變、改進。然而，我們怎會這樣做？

第三，我們要瞭解，如果在這次議員辭職後會舉行一次真真正正的補選，辭職後的議員便不會再回來。如果不是真正的補選，怎可以說是總辭呢？這樣說根本便是在玩弄民意，因為在二〇〇八年的選舉中，依我當時的個人預測，泛民主派大概會取得十六席，但最終能取得了十九席，可見這根本已確認了年青一輩，特別是年青一輩的選民，對民主的訴求，這已經是很清楚的了。

另一個理由是，這次的做法會造成大家經常提及的浪費公帑。

第五個理由，便是大部分市民也反對這種做法，因為現時這做法即是說你們當作市民在二〇〇八年選舉中所做的是無聊。

梁美芬議員：

代理主席，香港回歸中國，實行「一國兩制」。中國是一個單一制國家，就着憲制的問題，特區政府其實是沒有所謂的剩餘權力。基本法是由全國人大通過，屬於全國性法律中特區授權法的一種。我今天聽到了很多關於公投的說法，甚至在早期有很多人說，由於基本法沒有不容許公投，所以，公投其實是可以進行的。我亦記得在上次的討論中，余若薇議員好像也持有這種觀點。在此，我想指出公投屬於憲制事務，一切所說的是有關一個政府的權力，而並非一如有些人所說般，既然現時基本法內沒有規定，那麼，是否刷牙、洗面也不容許呢？那些是屬於私人、司法的範疇，但現在說的卻是中央政府和香港特區政府的憲制權力關係。除非大家真的不接受回歸，不接受「一國兩制」，也不接受基本法其實不是由香港立法會通過，這樣……不是由全國人大通過，如果你們一切也不接受，那麼，其實一切都是可以做的。

我覺得這是一個根本的問題，你是否接受在一九九七年七月一日，香港已經回歸了中國？基本法不是由地區立法機構通過的，也不是香港的一項普通法例，它牽涉很多規定中央和地方之間憲制權力的關係。即使在其他國家，如果談到公投，必須由其憲法明文規定容許。因此，我亦聽到很多人說他們其實希望香港有公投，而一些泛民的朋友也說，香港不如制訂公投法。他們為何這樣說？這是因為他們也清楚，如果香港沒有自己的公投法，公投根本便不合乎香港法律所容許的範圍。我深信法律界出身的余若薇議員或其政黨的眾多議員也清楚這一點，因此，他們一定要加上「變相公投」，讓人不會感到這是真正的公投。

……

在此前提下，我認為……何秀蘭議員剛才說他們只是以不同的方式引起全港討論，那是可以的。其實，引起全港進行健康的討論，還可有很多更有效的方式的，但他們卻偏偏選擇了這種方式。根據我的經驗及觀察，這會令中央及地方的關係進一步惡化，甚至我會說是隨時關上談判的門，根本是適得其反。所以，他們此舉對香港爭取民主是有害無益，而且在政治上應該是屬於一種非常幼稚的舉動，所以才導致要解畫。他們解釋說現在不是要解放香港，那只是一種選舉語言，何苦呢？這是無效的，而且亦禍及現時所謂的政制改革火車。有人認為這輛

火車走得慢；對的，我們應一起想想如何令它走得快一點。可是，火車行駛時卻有人跳車，跳車的人辯解說他們只是喜歡跳車而已，為何要罵他們？有些人問為何要批評議員辭職？不是這樣的。有人跳了車，我們便要停下來，讓 ambulance 救他們。我們剛接獲通知，即使區議員和立法會議員的橫額，在四月也要全部拆下來，我們在四月至六月想推廣的議題也一樣受到影響。我們是很無奈和反感，他們有否得到我們同意呢？現時，區議員都叫苦連天，原來他們的橫額也要拆下來。這些人的做法怎會不影響別人呢？這是否一場真正的民主遊戲呢？

讓我又說回公投，因為剛才提到香港沒有公投，好像是說香港是一個非常極權的地方。我又 quote 回二〇〇四年彭定康接受 BBC 訪問時的說話。我相信很多泛民的議員也很喜歡彭定康，他當時是直接以 awful（可怖）來形容公投，他說千萬不要說他和那些主張公投的議題有關，他認為那是反民主的制度。這只是作為一個參考。公投其實甚具爭議，它對發展民主是否有好處呢？世界上很多人並不主張公投。所以，在這種情況下，他們是付出了很大的代價，押下了注，但對香港民主發展並沒有好處。如果他們要爭取廢除功能界別，可以有很多方式，不應用這種方式。

李永達議員：

代理主席，黃國健議員辯論甚麼是真普選，這是有需要辯論的。大家也知道，民主黨的立場並不贊成透過辭職爭取真普選，但市民的確對此是有所期盼的，因為普選這問題在社會上大概已辯論了三十年。由中英聯合談判到基本法，及至回歸以至現在，一直在一個問題上糾纏，便是香港何時真正落實全面「一人一票」的平等選舉。當人大常委會在二〇〇七年作出決定時，有些人真的以為時間的問題已經解決了，而我們的爭拗亦會終止，因為二〇一七年普選行政長官及二〇二〇年普選立法會的問題，似乎已不必再爭論了。

很可惜，到了今年 —— 其實應該是去年，政府再次展開諮詢，我們問政府二〇一七年是否真的有普選 —— 其實，我們所謂的「真」，並不像西方社會般只有很少的參選限制，民主黨也接納要符合某些條件才能成為候選人，正如在二〇〇五年補選行政長官的時候的 1% 門檻，我們也沒有就 1% 的門檻爭拗。如果要求

更嚴格，還有為何候選人是由選舉委員會提名，而不是由一千或一萬名市民提名。我們尚且不為此而爭拗，並視之為「真」。

在二〇二〇年是否真的完全沒有功能界別呢？是根本沒有答案的。政府、中央政府或其他人，正如黃國健議員剛才說，時間還未到，所以暫且不要辯論。不過，問題是市民均期望有一個清楚的交代，屆時會否如我們想像的，功能界別會被取消，抑或正如一些人現時就此辯論時所說，我們無須這樣做，因為雖然現時功能界別的形式不符合普及和平等的原則，但尚有其他形式。可是，政府卻不肯說有甚麼形式能符合普及而平等的原則。雖然並非完全相同，可能是每人一票或每人兩票，又或如梁美芬所說的每人三十一票，但大體上都是等值的。政府連原則也說不出來，難免會令人擔心會否再次是「假」的。即使二〇二〇年會改革功能界別，但亦不及我們想像的，最少選民基礎相等於「新九組」的數十萬人。

最近，我從報章看到有些立法會同事和代理主席表示，航運交通界現時有一百五十票、一百六十票——我也忘記了，總之不足二百票，只有百多票——實屬太少了，還問到可否容許讓那些組織的董事也投票。當然可以，但機會很微。今早，我聽到一個電台節目主持人訪問了飲食界的——不是張宇人，而是伍德良先生。主持人問將來可否讓飲食界的所有從業員投票，伍先生說可以。這是兩種截然不同的方法，如果將來飲食界容許東主及其公司的董事投票，選民基數可能會增加數倍，或正如代理主席所說，如果航運交通界的公司董事也可以投票，便可能由百多票變成千多二千票，我也不知道有否這麼多。這跟容許飲食界或航運交通界的所有從業員，連巴士車長或的士司機也可以投票，是完全不同的概念。如果政府不肯就此問題提出一種說法，便沒有人會相信政府（包括中央政府）所說的普選，是跟我們的想法相同的。

（主席恢復主持會議）

主席，我覺得這次辯論來得十分合時。儘管收集意見的時間已經結束，但我覺得市民跟特區政府和中央政府之間信任的鴻溝並沒有收窄。我甚至聽過有些人說二〇二〇年會進行普選，但沒有人說過這是普選的完結，普選是有開始的。這樣便糟糕了，我們的中文也越來越糊塗，大家都知道普選的定義，這是無須爭拗的，但原來普選是要有過程的，可能要到二〇二〇年之後的數屆，才能由普選的初級階段進入中級階段，然後到普選的終極階段才算完成。正如國家領導人以前

提過社會主義初級階段，原來尚未達到社會主義，還有數個階段。情況是否這樣的呢？政府又沒有說。普選的過程是否分開了很多階段，不能一次過完成，而二○二○年只是一個開始而已？

主席，我認為如果不盡早解決這些問題，實在難以令民主黨釋疑。我經常在報章說的一句話是，雖然民主黨不參與五區補選，但我們不希望中央政府或特區政府表錯情，以為我們會無條件支持這方案。我清楚告訴它們，如果它們未能就我們提出的意見，包括就二○一七年和二○二○年的問題作清楚的交代，民主黨仍有機會，而且很有機會在政改方案問題上表決反對。多謝主席。

謝偉俊議員：

主席，我想談五點。現在有人提出五區總辭或五區變相公投，但我說這行動基本上可以說是「五個分裂」。

主席，第一個分裂是，余若薇議員提出的議題採用了「變相公投」的字眼，但她連對這字眼正名也不敢，究竟這是甚麼的運動呢？

剛才有議員 —— 應該是吳靄儀議員 —— 批評說，大家不要弄錯，這項議題並非談論二○一二年雙普選。可是，大家不要忘記，這次公投運動的始作俑者黃毓民先生在提出所謂的說帖時，即在數星期前的議案辯論，他清清楚楚說明是要爭取二○一二年雙普選的。在立法會二○○九年十二月九日的議案辯論中，他清清楚楚說明要爭取二○一二年雙普選，只是現在有些法律界人士（包括我本人）比較擅長玩弄文字，當看到不對勁便閃閃縮縮。這絕對是一種思想分裂，是余若薇議員本人的思想分裂。為何她不清楚說明這究竟是甚麼呢？大家千萬不要指鹿為馬，公投所說的是議題，而補選所說的則是參選人，請不要混淆視聽，誤導香港市民。

主席，第二個分裂，是公民黨本身也分裂。作為一個政黨，我們希望香港這個堂堂正正的大黨，擁有這麼多法律界大律師和律師黨員，應該發揮領導性的作用，教化市民和領導市民，而不是做出這些鼠摸行為。這絕對不是一個政黨應有的所為。在現代政治來說，一個政黨是一部機器、一副 engine，能帶領香港邁向民主制度，而不是做出這些無謂動作。

主席，第三個分裂，是泛民陣營的分裂。很清楚，公民黨、社民連和其他所謂泛民議員在此事上極度分裂。我們很希望以一把成熟、健康的反對聲音，在建制內外為市民爭取應有的權益，質詢政府，保衞我們的權益，而不是用這種方法，把泛民的陣形弄得一塌糊塗、互相指責、指鹿為馬。

主席，第四個分裂，是分裂香港社會，將香港對北京政府由於歷史緣故而已有的恐懼和擔憂，進一步深化這種意識形態的矛盾，這對香港社會的發展毫無好處。此外，我們本應用較理性的角度和步伐處理某些問題，但現在卻推出這項指鹿為馬、亂攪一通的運動。其中文名稱「變相」尚且可以，但英文卻用了「*de facto* referendum」。在國際社會，「*de facto*」是指實際上，他們不知道我們在搞些甚麼，以為真的進行公投。如果國家法律之下沒有公投，便不可以進行，這是很簡單的。我們不能搞「變相死刑」，因為法律並沒有這樣的條文。

主席，第五個分裂，是分裂中港關係。人大常委會曾就此事發表意見，而港澳辦就這活動亦已有了定性。如果想「一國兩制」能夠真正成功落實的話，恐怕我們有三方面必須緊守，是三種「雙方」：雙方的尊重、雙方的信任、雙方的合作。他們的所作所為完全不利於這三方面的進步和保持和諧。

主席，余若薇議員剛才提到，台灣和 California 也採有這種制度，是十分平常不過的。主席，這制度有便是有，沒有便是沒有。看回英國，即使是 *habeas corpus* 這項如此重要的公義和自由原則，也只有一名議員搞了一場 show，其他政黨完全沒有參與，更廣泛地杯葛他。其所屬政黨甚至不資助他參選，連 Speaker 也不准他在議會內發表辭職言論。

主席，我們要看事實，compare like with like，只可以把相同、對等的作比較。英國是我們熟悉的宗主國，也完全沒有這做法，所以香港亦不應該有。

王國興議員：

⋯⋯所謂的呼籲，他們本身也有問題，事實勝於雄辯，漂亮動聽的謊言，是掩蓋不了四分五裂的事實的。

事實之一，公民黨現存的三位立法會議員都不一致，連自己人也說服不到自己人，試問又如何取信於民呢？

事實之二，公民黨和社民連無法取得整個泛民陣營的支持，它們根本不支持這種做法。劉慧卿議員剛才讀出了民主黨大會的表決結果，民主黨元老司徒華先生做了一件好事，便是踢爆了二十一世紀香港「新四人幫」的密室政治，在黑箱之中炮製所謂的五區公投和總辭。我曾跟張文光議員說，「華叔」說「民主黨不會做不正確的事」，我認為他這句話十分到位，說得不錯。我想問公、社兩黨，現在連泛民陣營都不支持他們，他們何不先擺平此事呢？

事實之三，公、社兩黨操弄公投普選，是非標準，因人而異，各有各說。把標準龍門任意搬動，想怎樣擺放，便怎樣擺放，我認為他們的思維和價值邏輯均非常混亂，時而說公投，時而說起義，時而說革命，更說到要解放香港，有多激烈便說得多激烈。即使說得不太激烈，也要做得很激烈。全港市民會問，他們究竟在攪些甚麼呢？不管他們在攪些甚麼，但千萬不要花我們的錢。如果他們是自掏腰包的話，那管他們怎麼攪。

昨天晚上，有街坊要求我在今天的立法會上說「不管他們攪些甚麼，只要不花我們的錢便成。」可是，現在卻是要花他們的錢、花市民的錢、花納稅人的錢，而且，有否徵詢過他們呢？那五位議員在當選時有否告訴選民，如果在某年某日沒有普選和未有廢除功能界別的話，便會辭職？如果早已告訴選民，便有不同的說法。可是，他們卻沒有，現在卻要「屈機」，要強行花掉大家的錢。

所以，綜合上述說法，我認為公民黨和社民連應先回去處理內部問題，不要「屈市民的機」，待一切問題擺平後才站出來說話好了。

劉健儀議員：

……這場所謂的「公投」完全沒有法律基礎，基本法中並沒有「公投」制度的規定，在全國人大常委會為本港政制發展所訂立的有關程序中，沒有「公投」這回事，而香港亦沒有「公投法」。即使議案巧立名目，把它說成是進行「變相公投」，亦只是「自欺欺民」、一廂情願的想法。

隨着攪事的人把口號由最初的「變相公投」升級為「全民起義」，後來更說要「解放香港」，便更讓香港人看清楚他們的意欲何在，清楚知道他們除了要挑起香港市民的情緒外，更相當有挑戰「一國兩制」的意味，根本與追求和諧穩定

的主流民意背道而馳。

主席，多項民意調查均顯示，大多數市民並不支持這場所謂的「補選」，這只是一項無謂的補選。自由黨在去年十一月二十四日至二十七日期間進行了一項民調，發現有過半數受訪者（51.1%）反對泛民透過「五區請辭」來達致〔至〕「變相公投」。至今年年初，民調顯示不贊成「公投」的比率更上升至 60%，即有六成之多。

中大亞太研究所在一月二十八日至二月四日進行的民調結果亦顯示，有59.5% 的受訪者不贊成以「公投」方式表達政改意見，只有 28.8% 贊成。此外，香港大學民意網站在一月二十九日至二月二日期間進行的民調結果亦發現，反對「五區總辭、變相公投」的受訪者高達 58% —— 這是反對的數字 —— 支持的人只有 27%。

對於五位議員一邊說要請辭，一邊卻打着「公投」旗號希望透過「補選」重返議會，等於枉花納稅人一點五九億元，有不少市民亦向自由黨反映，認為此舉嚴重浪費公帑，並表示反對。

主席，我在剛過去的星期天出席了「城市論壇」，當我剛到達後，便有一位老伯走到我面前，捉着我的手說，他已經八十多歲，只希望我劉健儀及自由黨可以為他做一件事情，便是不要批出這一點五九億元，只是做這一件事情而已。他是一位八十多歲的老伯，我不懂得如何回應他，我想告訴他這是政府的責任，但他很堅決要求我這樣做，所以，我只能回答他說，我已經聽到他的意見。其實，這位老伯的由中之言正反映出大部分市民的心聲，他們均希望我們不要批出這一點五九億元。

說回今天的議題，即使是同屬泛民陣營的，對於今次「變相公投」亦存有很大異議。例如湯家驊議員 —— 他今天更沒有出席 —— 在上次辯論的時候，他對於「五區請辭」也表達了強烈歧見，即分歧的意見，表示這與他的參政理念完全相反，即最低限度在這項目上，他的參政理念是與他的黨派完全不相同。如果余若薇議員連她的黨友亦未能成功游〔遊〕說，試問她又怎樣游〔遊〕說和說服其他人呢？對於有人想利用這場不必要的「補選」肆意製造矛盾，造成中港對立，立法會作為立法機構，又有何理由呼籲選民積極參與呢？

至於原議案提到功能界別的存廢問題，不少市民對於傳統的功能界別的存廢

問題有着不同意見，很多人認為功能界別經改革後應可予以保存，而非「一刀切」將之全部取消。事實上，不少於功能界別出身的議員（包括我自己）在社會作出貢獻 —— 我不敢說是我的貢獻，但我可以肯定，我的關注面並不止限於自己的功能界別 —— 很多功能界別議員對社會的貢獻亦是有目共睹的，他們各自把自己的專業意見和經驗帶到議會，令政策制訂更全面及專業，主要問題只是在於功能界別的選民基礎不夠廣泛而已。

自由黨認為，政府應該趁着二〇一二年的政改契機，擴闊功能界別的選民基礎。其實，關於這方面的訴求，自由黨在數年前已不斷要求政府作出考慮，直至今時今日，我們仍然要求政府考慮擴大功能界別的選民基礎，而這亦是朝着基本法所訂下的普選終極目標而進發的。

政制及內地事務局局長：

首先，余若薇議員的原議案提及要盡快實現普選及要求廢除功能界別。就落實普選的問題，其實有兩個重要的方面。第一，我再次重申全國人民代表大會常務委員會在二〇〇七年十二月作出的《關於 2012 年行政長官和立法會產生辦法及有關普選問題的決定》，明確了香港可以在二〇一七年普選產生行政長官，並隨後可以在二〇二〇年普選產生全體立法會議員。這個普選時間表是經過多年來大家關心、討論及共同爭取所得到的成果，而這是香港政制發展的一個重要里程碑。在經過這個里程碑後，香港近年當然有繼續討論普選和政制發展的議題，但相對來說，在過去數年間的討論，其政治表面張力是下降了的，而我們今後發展香港民主的時段及方向則更明確。所以，相比起我在二〇〇二年剛出任作為負責政制發展的局長時，這項議題現在是更清晰及明朗的。

我想說的另一個方面，是我們處理政制發展的議題及達致〔至〕普選的原則，現時是更明確的。第一，我們須按照基本法辦事；第二，在基本法中相關的條款及原則是清楚的：我們須按照香港的實際情況來推動民主發展；我們須按照循序漸進的原則來辦事；及我們須確保我們所提出的建議是有利於香港資本主義的發展，亦可以維繫均衡參與的原則的。最後，在第三方面，我們在達致〔至〕普選時，必須符合「普及」和「平等」的原則。所以，就時間表、基本法的規定

及相關的原則方面，現在是非常明朗的。

第二，我想回應有關如何處理功能界別的問題。我十分理解在泛民陣營中，有不少議員是支持取消功能界別的。不過，與此同時，我亦多次解釋，就功能界別的存廢問題，在立法會內外確實有多方面的意見，依然是眾說紛紜，未能達成一套共識，亦未能即時作出決定。正如葉國謙議員所說般，由現在至二〇二〇年普選立法會，尚有十年時間。在未來的歲月裏，我們可以作多方面探討，以逐步爭取有進度。我們如果在二〇一二年可以為香港的政制往前踏一步，我們便可以更接近二〇一七年普選行政長官及二〇二〇年普選立法會。如果有了進度，我們今後辦事便能有更廣闊的空間。我們爭取二〇一二年有進度及二〇一二年再進一步，便更靠近二〇二〇年普選立法會。

李永達議員問我們，究竟有何方案是可以考慮的呢？特區政府本身雖然就如何達致〔至〕落實普選立法會仍然未有定案，但我們在過去數年間收集了很多方面的意見，大體上來說，是有兩個方向的。第一，是「一人一票」，亦即泛民陣營黨派及議員所倡議的取消所有功能界別，令所有立法會議席由地區直選全面產生。第二個方向是「一人兩票」，亦即所有登記選民可以在地區內投一票，亦可以在功能界別投一票。相比目前我們只有二十三萬人可以在功能界別的組別內投票，這是比較「普及」和「平等」的。

然而，泛民黨派的議員會認為，即使是「一人兩票」或「一人多票」的模式，功能界別議席的提名權如果依然保留在功能界別中，則這項提名權尚未能算是「平等」。正因如此，何俊仁議員問道，香港現在有二十八個功能界別，共三十個議席，究竟是否要千秋萬世地保留呢？亦一如黃定光議員所提出般，在今時今日的立法會中，究竟有否足夠的支持，可以全面取消呢？

主席，我想告訴各位議員，我看到不論是現時倡議要在二〇二〇年全面取消功能界別，或如果有人建議在二〇二〇年可以長期保留功能界別，這兩項議案均是不可能在今天的立法會組成中，得到三分之二大多數議員支持通過的，因為泛民陣營掌握三分之一以上的否決權，建制派陣營同樣掌握三分之一的否決權。變相今時今日如果有人提出要在二〇二〇年全面取消功能界別，或有人提出要在二〇二〇年長期保留功能界別，這兩項議案均是不可能獲得通過的。所以，我在多年來多次在議會上向各位議員解釋，邀請大家要面向及正視這個憲制及政治現

實，正正便是如此。

今時今日，不論是在立法會內或是在立法會外，對功能界別的存廢問題依然存在紛爭，亦依然是眾說紛紜。所以，在這種情況下，我們當下最應當做的，以及最可以做的，便是為香港二〇一二年兩個選舉辦法，特別是包括立法會的組成爭取要有進度，從而爭取香港的民主有進步。我們現時在諮詢文件中提出將立法會議席由六十席增加至七十席，當中三十五席由地區直選產生、六席由功能界別中的民選區議員互選產生，這是有實質民主成分的。有些黨派可能會認為這並非實質或並不足夠，亦有黨派會認為這已是不錯的進度。不論大家的看法如何，亦不能抹煞一個事實，便是我們如果在二〇一二年可以落實到七十席的方案，則香港的民主是有進步的，而對於將來處理二〇一六年，以至是二〇二〇年立法會的組成達致〔至〕普選，也是有幫助的。

主席，我們最能夠寄望的，是在二〇一七年可以落實普選行政長官，因為如果在二〇一七年可以落實，這位經普選產生的行政長官便會有廣泛的代表性，亦會有香港社會非常廣泛的支持。我相信在二〇一六年產生的立法會中，亦會有不同的黨派或議員與他商量如何好好訂定二〇二〇年普選立法會的方案，以讓大家表決、審議和落實。我寄望在二〇一二年有進度，繼而在二〇一七年能夠普選產生行政長官，這是最實際的做法。

我想談的第三方面是，劉慧卿議員雖然現時不在席，但她剛才重申認為要繼續爭取二〇一二年雙普選，並且提出在過去數年不同階段的民意調查，以及在二〇〇八年九月立法會選舉中，民意是很清楚的，指出有六成選民投票支持泛民黨派的候選人加入立法會，從而清楚看到，有超過一半市民，甚至是六成市民希望可以在二〇一二年早日落實雙普選。

主席，我們是清楚這套意見的。我們多年來留意到民意調查及選舉結果，掌握到社會的脈搏，亦透過多次的政制發展諮詢，掌握到社會上的意見。我們也將這些意見向公眾全面交代及向議會反映，亦已向中央政府提交。

劉慧卿議員既然提到香港中文大學的最新民調，我亦想提一提，其實中大進行過數次民調，在二〇〇九年十二月有一項問題是：「人大常委會已決定在 2012 年不實行雙普選，但在 2017 年可以普選行政長官，然後在 2020 年立法會全體議席亦可以由普選產生」。在二〇〇九年十二月，有 57.7% 的市民表示接受或非常

接受這項決定。到了今年一月、二月期間，有 63.6% 的市民表示接受。所以，回應劉慧卿議員及各位議員，我們是清楚知道香港市民期望可以早日達致〔至〕雙普選的，但香港市民也尊重這項憲制決定，並接受這項憲制決定。

大家目前討論的是一屆行政長官任期的分別，是五年的分別，我們既然已經進行了多年的討論，現在亦有了確實及在憲制層面上的普選時間表決定，我們便應以此為依歸，循這條軌道把香港的民主發展起來，在七年內達致〔至〕行政長官普選，在十年內達致〔至〕立法會普選，何樂而不為呢？

第四方面，我要回應一下關於安排這次補選的財政撥備。主席，王國興議員與其他議員在近數月內，多次表示對這方面有保留或不贊同，亦很着實地把社區上的意見在議事堂內向各位議員及政府反映。我對他們的意見雖然表示尊重及理解，但對於今次要動用一點五億元公帑來進行補選，我其實亦已多次強調，特區政府並不認同兩個政黨及五位前議員中途退役，摒棄了他們向選民作出的承諾，會在議會內為香港社會服務四年，而我們亦不認同利用補選來策動所謂的「公投」。不過，特區政府須依法辦事，更須確保市民在議會內有全面的代表 —— 有足夠的三十位直選議員和三十位功能界別產生的議員。我們須確保立法會按照基本法的規定來組成，市民的代表性是我們最關心的，我們並非是遷就兩個政黨及五位前議員。

對於須動用一點五億元公帑，須無謂地動用這些民脂民膏，大家均會感到「肉痛」。所以，梁美芬議員與何鍾泰議員於不同場合上亦表示，特區政府應否檢討現時的《立法會條例》，以及應否考慮在將來要堵截這個漏洞，以防止在不同階段有議員或黨派動輒請辭，從而處理他們認為值得處理的公共議題呢？我們認為在二〇一二年公眾諮詢文件的回應中，自然會收到一些要求我們處理這問題的立法建議。主席，我可以向各位議員表明，我們會審慎研究這套意見，以確保我們所提出的任何建議均符合基本法，而所提出任何新的限制均要合理，任何新的規定亦要切實可行。

主席，第五方面，我想回應一下特區政府究竟如何面對這場補選。

余若薇議員和其他議員多次提到行政長官在數星期前所發表的言論。我希望不論是余若薇議員或其他議員，均不要扭曲行政長官的言論，他只是指出這場補選與以往的選舉很不同。這場補選，用英文來說，是「artificial」的，用中文

來說，即「不是真真確確有需要進行的補選」。這場補選與馬力先生在數年前不幸逝世後，我們須安排的一場立法會補選，情況不可以同日而語，或是與在區議會層面上，有時候有些區議員因為犯法被判監，我們接着要安排補選的情況亦很不同。對於一場「artificial」、非真確的補選，我們當然要正視這種情況，但特區政府是有原則的，是須依法辦事的。所以，不論是行政長官、司長或局長同事的態度均很明確：在臨近選舉時，我們會各自自行決定是否參與這場補選，以及是否前往投票。同樣地，我們絕對尊重三百三十多萬名廣大的登記選民，包括公務員同事，讓他們自行決定是否參與這場補選的投票。他們的投票權當然是受基本法所保障的，亦是法定的安排。所以，我們會一如既往進行推廣活動，並知會三百三十多萬名登記選民在五月十六日將會舉行這場補選。

主席，我最後想透過你向詹培忠議員說數句話，雖然他現時不在席。詹議員不止一次說過，在他和傳媒朋友聚會時，作了一些民意調查，以瞭解傳媒朋友是否支持他請辭。

我只是想向詹議員說出一些民意的事實，根據我們剛才提過的中大民意調查，在去年第一次的民意調查中，有 56.7% 的市民表示不贊成或非常不贊成有五位立法會議員辭職，以策動「變相公投」。所以，我對詹議員的回應很簡單，對於他現時不參與請辭的決定，我相信他的決定能符合廣大市民的心聲，亦相信他自己已評估清楚，他代表的界別的意見和廣大市民的意見是脗合的。詹培忠議員是不用擔心依民意辦事的，我亦很歡迎在未來兩年的歲月中，可以繼續在這議會內聽到他比較精采及富有色彩的發言。

主席，在總結時，我非常認同劉健儀議員的說法，在基本法下並沒有「公投」的制度。余若薇議員雖然多次在不同場合中表示，基本法原先的草案是有提及考慮「公投」的方案的，不過，在一九九〇年四月通過的基本法附件一及附件二並沒有作出「公投」的安排。我們如果要改變行政長官和立法會的選舉產生辦法，是須策動三方面的共識的：要由特區政府提案、立法會經三分之二大多數議員通過及行政長官同意，然後由人大常委會批准及備案。

主席，我們在這裏討論普選和討論政制發展，這是香港非常關心的議題，而在每個階段亦當然是非常具爭議性的議題。今天不論是談及如何處理「五區請辭」，或請辭或補選後如何處理二〇一二年的安排，對香港社會今後繼續發展民

主均是非常關鍵的。我相信經過大家在過去數月所作的多方面探討和評論，情況是非常清楚的。第一，香港社會不支持這場「五區請辭」來進行補選，以策動所謂的「公投」；及香港社會非常支持我們按照人大常委會二○○七年的《決定》，將香港的民主在二○一二年往前推動一步。至於用甚麼方案或方法才可以策動在議會內獲得三分之二大多數議員支持這套方案，我們下期再續。

2010 年 6 月 9 日
議案辯論：促請政府積極推動各界就普選行政長官提名程序和功能界別問題作廣泛及深入的討論和研究

湯家驊議員：

代理主席，由我參選的第一天開始，我認為我在立法會主要的工作目標，便是推動香港的政制發展。

（主席恢復主持會議）

從政六年，並不算是很長時間，與很多其他同事相比，我只不過是初入行的「學師仔」。然而，經過這六年，特別是二〇〇五年的政改關卡，我至今仍想不通為何在香港爭取民主會這麼困難。我們不是要推翻極權的軍人政府，因為我們已有基本法的承諾和保障。基本法已說得非常清楚，第四十五條訂明我們的行政長官可以由普選產生，而第六十八條亦清楚說明，立法會議員無須經過任何提名程序，最終是由普選產生的。

我亦曾翻查姬鵬飛在第七屆人大會議對基本法所作的說明，對於行政及立法的關係，他說得很清楚，指出「行政機關和立法機關之間的關係應該是既互相制衡，又互相配合。為了保持香港的穩定和行政效率，行政長官應有實權，但同時也要受到制約。」換言之，雖然行政長官集大權於一身，但也有需要受到制度上，特別是立法會的制約，而立法會將由普選產生，正是這制約之中非常重要的一環。至於立法會的產生辦法，姬鵬飛亦說過，「……最終達到全體議員由普選產生的目標。據此，附件二對立法會的產生辦法作了具體規定，第一、第二屆立法會由功能團體選舉、選舉委員會選舉和分區直接選舉等 3 種方式產生的議員組成。在特別行政區成立的首 10 年內，逐屆增加分區直選的議員席位，減少選舉委員會選舉的議員席位，到第三屆立法會，功能團體選舉和分區直選的議員各佔一

半。這樣規定符合循序漸進地發展選舉制度的原則。」

　　當然，基本法亦有詳細的規定，主導基本法在選舉辦法兩方面如何作出修改，從而推進香港的民主發展，最終達到普選行政長官及普選立法會這兩個政制上的目標。既然是這樣，為何仍不斷出現爭拗呢？

　　主席，我相信我是代表一般普通的香港人，他們不希望也不相信中央對香港存在敵意；相反，我相信絕大部分香港人均認為中央是希望香港成功的，並希望香港不會出現無休止的政制矛盾、爭拗，引致我們無休止的內耗。既然是這樣，基本法已作出承諾，我們必須在五十年內完成這目標，而完成這目標正是解決香港政制上的爭拗及內耗最主要的解決方法，那麼為何每每談到普選和路線圖的問題，便會遇到如此多阻礙的呢？

　　主席，我在過去六年不斷反省這個問題，但我卻找不到答案。主席，一個最重要的原因可能是中央政府和香港人確實缺乏互信，而這大抵是惡性循環的問題。我深信大部分香港人不單愛國，而且更希望可以信任中央。可是，由於一些歷史遺留下來的政治文化及價值觀的差異，令香港人對中央缺乏一個完全信任的基礎，這其實是有跡可尋的。很簡單，主席，中央可能覺得有很多政治行為並不是針對香港人而作出的，但當這些政治行為在香港人眼中是完全不能接受，並完全違反一般香港人的價值觀或核心價值時，又怎能怪責香港人在這方面對中央產生一些質疑甚至不信任的想法呢？

　　主席，我不單是指普選的問題，還有很多其他例如六四事件、維權人士、異見人士，以至貪污問題和「豆腐渣」工程問題，而今天還有令很多香港人更感不安的，便是有關譚作人先生判決的問題。凡此種種，我相信中央在處理時是從一個國家的角度出發，但看在香港人的眼中，確實很難令香港人對中央絕對無可置疑和有信心。同樣地，中央亦可能覺得香港人似乎並不尊重中央政府，也不尊重所謂的「一國兩制」，因為香港有多名被傳媒稱為愛國人士的人也說，香港人並不尊重「一國兩制」中的「一國」。主席，這完全不是事實，但很不幸地，這些思想上、文化上及價值觀上的矛盾，令這惡性循環不斷持續，無法擊破。

　　主席，另一顯而易見的例子，便是在星期一，中央首次發表對普選的定義的見解。主席，我當然也留意到，副秘書長喬曉陽在發言時已強調這是其個人見解，但任何認識內地制度的人也明白，如果喬曉陽先生的說法不為中央領導層所

認同，他的話可能導致他入獄的。所以，雖然他強調這是其個人見解，但我們香港人看在眼裏，也會認為這是中央的見解。沒錯，他在星期一的發言在某程度上確實回應了香港民主派的一些要求，希望中央首次對普選的定義作出一些說明。可是，正如我剛才所說，中央和香港在政治文化及政治價值觀上的差異，令到他的話聽在香港人耳裏，很多時候不但未能釋除香港人的憂慮，反而增加了我們對能否有真普選的質疑。

主席，我覺得喬曉陽先生的發言是一個重要的里程碑，因為一直以來，正如我剛才也說過，中央對於香港政制的發展、普選的定義或路線圖，皆保持非常難以理解的沉默。可是，在他的發言內容中，我們找到了一些令香港人極為不安的概念。我希望藉着今天的機會，談談這些問題的存在。第一，當喬曉陽先生提到普選的定義的時候，他說（我在此複述其發言）：「我理解，普選的核心內容是保障人人享有平等的選舉權。」主席，問題是他只說了普選的一半，卻沒有提及普選或香港人更關心的另一半。

普選其實代表兩種相輔相成的基本權利，而這些權利不止在國際人權公約中有所描述，我們的基本法也有描述，其中第二十五條便清楚說明，香港居民在法律面前一律平等，而第二十六條則提到香港人享有選舉權及被選舉權。主席，被選舉權亦包含提名權。有些人「捉字蝨」說被選舉權沒有提及提名權，但提名權及被選舉權是完全相同的權利和概念。任何人不被提名，便沒有資格被選。所以，當喬曉陽先生談及普選時，只說一半而忽略另一半，反令香港人更感不安。當他其後詳細描述對普選辦法的看法時，更引起了其他令人不安的因素。例如，他說「未來兩個普選辦法既要體現選舉的普及和平等」──這當然是好事，但他接着再說 ──「也要充分考慮符合香港特別行政區的法律地位」。主席，我不太明白他所指的是甚麼。關於香港特別行政區的法律地位，我唯一可以理解的是，我們在「一國兩制」之下受基本法的規範，奉行「一國兩制」、「港人治港」的制度，那麼，這樣的法律框架對普選構成甚麼障礙呢？有些甚麼值得保留的地方呢？主席，我完全看不到。

在「一國兩制」之下，我們可以有普選，這是理所當然的，在基本法中亦有說明。為何他說要充分考慮符合法律地位呢？他其後又說：「與香港行政主導的政治體制相適應」。我剛才也說過，姬鵬飛在第七屆人大會議上已解釋得很清楚，

雖然我們的制度在某程度上是一個所謂行政主導的制度，但特首的權利〔力〕並不是絕對的，而是必須受到制約的，特首和立法會是互相制衡的。既然要互相制衡，而特首又是由普選產生的，那麼由普選產生的立法會，又怎會對普選的定義構成一些障礙，或導致未能完全達到大家公認的普選原則呢？

接着的第三點，他說我們要「兼顧香港社會各階層利益」，這也是理所當然的。主席，但如果他是說香港各階層的利益須凌駕於香港整體利益的話，那我便很難認同了，也看不到為何在一個普選制度下，個別界別的利益須凌駕於整體利益之上。主席，我覺得這是一個很簡單的問題。在任何普選制度下，香港的整體利益及個別階層的利益顯然皆由全面的政黨照顧。在普選制度或是健康的政黨發展之下，這是不應該存在的問題。

主席，他接着還說：「有利於香港資本主義經濟的發展」。這更不應該會構成障礙，因為所有我們認識的成功資本主義社會都是民主社會。既然如此，為何這些保留的附帶條件會被認為是影響普選的定義，甚至影響香港可否有真正普選的原因呢？否則，為何喬曉陽要發表這些論述呢？

主席，由於時間關係，我不可以繼續跟大家討論他的談話。不過，我認為喬曉陽的談話是我們研究香港的政制發展或最終的普選模式的好開始。我希望這開始會持續，令大家就香港的民主發展最終可以達成一個共識。

湯家驊議員動議的議案如下：

「鑒於特區政府及政務司司長一再公開表示，現行的功能界別選舉未符合『普及』而『平等』的原則，而普選模式應符合這項基本原則，香港人亦期望可盡早就普選模式展開討論，本會促請政府積極推動各界就《基本法》第四十五條所談及的普選行政長官的提名須符合『民主程序』和如何處理功能界別的問題，作廣泛及深入的討論和研究，以便及早就普選模式凝聚共識，落實雙普選。」

（主席宣布就議案及兩項修正案進行合併辯論）

林健鋒議員：

主席，自政改方案推出以來，社會上不少人對功能界別的批評都有欠公允，有些更並非事實。部分批評是針對個別功能界別議員的言行。

自一九八四年引入功能界別選舉至今，該制度已經形成獨有的政治體制，對政府的有效管治起到相當關鍵作用。功能界別議員是社會各個層面和界別的專業人士，在立法會如此多不同範疇的社會政策上，功能界別議員在其專業界別都能發揮好其作用。一口否定功能界別，又或是忽視支持功能界別市民的意見，將難以令各方在政改問題上達成共識。

我想舉出一組數字，反映功能界別在議員中的表現。在過去五個立法年度，以議員提出的不具立法效力的議案數目比較，功能界別議員動議與教育有關的議題，較地區直選議員多；在提出有關經濟金融議案的數目，功能界別議員更遠多於地區直選議員（前者有四十三次，後者只有二十八次），功能界別議員關注的議題與本港經濟競爭力、營商環境、長遠發展規劃有密切關係，而經濟問題是市民長期關注的事項，功能界別議員盡其所長，關注經濟事務，正是緊貼市民所想，反映市民意願。

另一個較大差別之處，則是涉及政治的議案，地區直選議員過去五年來提出涉及政治的議案有三十六次，功能界別議員則有十四次。兩組別的議員其實各有側重點，這正是令議會的討論範疇達至平衡，以免出現重商輕政又或重政輕商的情況。

林健鋒議員動議的修正案如下：

「刪除『鑒於』，並以『香港』代替；在『展開討論』之後刪除『，』，並以『；』代替；及在『本會促請』之後加上『立法會不同黨派及議員支持通過 2012 年政改方案，為 2017 年落實行政長官普選及隨後落實立法會普選鋪路；在此基礎上，本會建議』。」

（編者注：此修正案在原始會議過程正式記錄中位於本議案所有議員及獲委任官員發言之後、湯家驊的答辯發言之前，並被單獨付諸表決。考慮到讀者方便

及全書體例統一，特移到此處。）

（編者注：修正後的議案內容如下：

「香港特區政府及政務司司長一再公開表示，現行的功能界別選舉未符合『普及』而『平等』的原則，而普選模式應符合這項基本原則，香港人亦期望可盡早就普選模式展開討論；本會促請立法會不同黨派及議員支持通過 2012 年政改方案，為 2017 年落實行政長官普選及隨後落實立法會普選鋪路；在此基礎上，本會建議政府積極推動各界就《基本法》第四十五條所談及的普選行政長官的提名須符合『民主程序』和如何處理功能界別的問題，作廣泛及深入的討論和研究，以便及早就普選模式凝聚共識，落實雙普選。」）

梁國雄議員：

喬曉陽還說，各國都會有限制，會根據實際情況而作出一些限制，這個當然吧，但限制歸限制，卻不能違反普及而平等的原則，對嗎？他不談這回事。不過，我們現在知道了一件事，原來普及而平等的原則，是不包括當選權和被選權的。還有一件最恐怖的事，便是這位「喬太守」（因為稱他做「喬老爺」是不對的）是「喬太守亂點鴛鴦譜」才對。

他說甚麼呢？他說現在的特首提名委員會和將來的提名委員會是兩碼子的事，不可比較。現時取得一百名委員提名便可以令一位候選人獲提名出來參選，梁家傑議員也曾試過這樣做，那麼將來又如何呢？是根據基本法在有廣泛代表性的提名委員會內民主地決定。其實這是倒轉了，一個由民主選舉的提名委員會，來決定提名人是正確的，但他卻調整了——共產黨最懂得偷換概念。

梁國雄議員動議的修正案如下：

「在緊接句號之前刪除『積極推動各界就《基本法》第四十五條所談及的普選行政長官的提名須符合「民主程序」和如何處理功能界別的問題，作廣泛及深入的討論和研究，以便及早就普選模式凝聚共識，落實雙普選』，並以『在行政長

官的選舉制度上，須取消現時的選委會制度，任何合資格的市民，只要取得一定
數目的合資格選民（如 5 萬人）提名（連署），即可以參選行政長官，由全港市
民一人一票產生，以符合人人均可享有普及和平等的選舉及當選權的原則；在立
法會選舉制度上，須確保議席由普選產生，現有的功能界別必須取消，並於 2012
年舉行雙普選』代替。」

　　（編者注：此修正案在原始會議過程正式記錄中位於本議案所有議員及獲委
任官員發言之後、湯家驊的答辯發言之前，並被單獨付諸表決。考慮到讀者方便
及全書體例統一，特移到此處。）

　　（編者注：修正後的議案內容如下：

　　「鑒於特區政府及政務司司長一再公開表示，現行的功能界別選舉未符合『普
及』而『平等』的原則，而普選模式應符合這項基本原則，香港人亦期望可盡早
就普選模式展開討論，本會促請政府在行政長官的選舉制度上，須取消現時的選
委會制度，任何合資格的市民，只要取得一定數目的合資格選民（如 5 萬人）提
名（連署），即可以參選行政長官，由全港市民一人一票產生，以符合人人均可
享有普及和平等的選舉及當選權的原則；在立法會選舉制度上，須確保議席由普
選產生，現有的功能界別必須取消，並於 2012 年舉行雙普選。」）

政制及內地事務局局長：

　　主席，香港的政制發展已經到達關鍵的時刻，立法會將要在最近就二〇一二
年政改方案進行表決。湯家驊議員今天提出的議案，是很適時地提出這重要的議
題，並會影響我們今後如何邁向普選。

　　在二〇〇七年，我們就政制發展這課題取得非常重要的突破。第三任行政長
官及第三屆特區政府在當年七月就任後，在任期的首六個月內策動得到人大常委
會的《決定》，為香港定出普選時間表，可以在二〇一七年普選產生行政長官，
並隨後可以在二〇二〇年普選產生立法會。這不單顯示中央對在香港落實基本法
中，邁向最終普選目標的決心，亦為香港今後邁向普選、推動民主發展提供了非
常清晰的方向和時間表，讓我們可以逐步演變，把香港的民主帶到一個成熟的

地步。

政府提出二〇一二年行政長官及立法會的選舉辦法，是希望把香港帶到一個中轉站，由現在至二〇一七年之間，即在二〇一二年，香港的兩套選舉辦法可以進一步民主化。

就我們提出的這個方案，我們在過去數年其實很努力地在三方面做了工作。第一，我們策動得到普選時間表。第二，我們一直在回應泛民黨派議員在二〇〇五年時的質疑，即為何區議會方案除了民選區議員外，還有委任區議員。所以，我們今次提出的二〇一二年政改方案，表明委任區議員不參與行政長官及立法會兩個憲政層面的選舉。第三，大家仍繼續關心委任區議員去留的問題，所以在四月十四日向大家提出諮詢報告，特區政府亦表明對取消委任區議員一事持開放和積極態度，在大家通過了二〇一二年政改方案後，我們會在本地立法層面提出建議，供立法會和市民討論和考慮。

因此，在這階段，既然方向已這樣明確，在二〇〇七年人大常委會的《決定》內可以利用的民主空間，我們已充分利用。根據人大常委會的《決定》，二〇一二年立法會選舉的地區直選和功能界別議席本來要維持 50：50，即一半一半的比例，但現時因為我們提出了二〇一二年政改方案，在七十個議席中，會有約六成由地區直選、間選產生。

所以，我希望各位議員，包括泛民黨派的議員，能夠理解可以利用的空間已經用盡。你們在二〇〇五年提出的訴求，不論是普選時間表、處理區議會方案或是取消委任區議員數方面我們已回應了。所以，各位泛民黨派的議員今天要撫心自問兩個問題：第一，如果二〇一二年政制原地踏步，對今後落實普選，包括在二〇一七年落實行政長官普選達成共識，會有幫助嗎？答案是很明顯的，今後這條路只會更難行。

第二，我們在香港推動政制發展，須策動在香港之內要有共識，在香港社會和北京之間亦要有共識。如果今天本來已經開啟了中央與民主黨和其他泛民團體的溝通之門，但今時今日，大家在開展了溝通渠道後，再次否定和否決二〇一二年的政制方案，這樣對建立香港與北京之間的共識及互信會有幫助嗎？答案亦是很明顯的，是不可能有幫助的。

......

所以，對於二〇一二年的方案，既然我們已確實盡了最大努力，在基本法和二〇〇七年人大常委會的《決定》的框架下充分利用了可利用的空間，我們確實希望各位議員理解，大家共同努力為二〇一二年的方案得以通過，為今後落實普選鋪路打好基礎。

另一方面，湯家驊議員提到希望政府可以就落實普選策動社會的討論，為凝聚共識做工作。湯家驊議員在議案中其實亦承認，香港在落實普選方面有重大的分歧。正因為有這樣重大的分歧，如果我們的二〇一二年政改方案可以行前一步，對處理今後的分歧是有幫助的。相反，梁國雄議員的修正案與我們目前正在處理的憲制框架是有衝突的。因為人大常委會二〇〇七年的《決定》已定下普選時間表，便是在二〇一七年可以普選行政長官，二〇二〇年可以普選立法會，所以在現階段繼續爭取二〇一二年「雙普選」與人大常委會的《決定》並不相符。

說到湯家驊議員非常關心的公眾諮詢和討論，特區政府其實自二〇〇五年已開始推動有關工作。我們在二〇〇五年年底前成立了策略發展委員會開展了關於普選時間表、路線圖和模式的討論。我們亦在二〇〇七年第三屆特區政府上任後，接着發表了《政制發展綠皮書》。就二〇一二年的政改方案，我們在去年十一月發表了諮詢文件，隨後在今年四月向立法會提交了諮詢報告。當中雖然我們只獲授權集中處理二〇一二年的政改方案，但如果有任何政黨團體及個別市民提出關於今後落實行政長官普選或立法會普選的建議，我們都會進行總結及歸納。在這方面，我們一定會忠實地履行我們的承諾，把這些意見交予第四屆特區政府處理。就普選的模式，目前的基礎已經打得不錯，我們今後可以進一步探討。我剛才說過，過去數月有了新的發展，我們建立了香港泛民黨派與中央溝通的渠道。這是一個得來不易的局面，我們要努力維繫下去，才可以為香港今後的政制發展事宜打好基礎。

我想特別一提的是，除了李剛副主任與民主黨和其他泛民黨派的團體會面外，喬副秘書長近日的發言亦非常重要。第一，喬副秘書長在四月十四日就普選時間表的發言，特別表明普選的大門已開，只要走完這五部曲，便可以在香港落實普選，這是十分明確的。喬副秘書長在六月七日特別再強調，普選的核心內容是保障人人享有平等的選舉權，這是一個大原則，進一步說明和確立，對今後落實普選是有幫助的。

所以，主席，總結一句，現時的階段，不同黨派也應該拿出廣闊的胸襟，以求同存異的心態來處理二〇一二年的政改方案，這是有百利而無一害的。時至今天，根據不同大學及研究機構進行的民意調查顯示，依然有五至六成市民希望立法會可以通過這個方案，絕不希望看到香港的政制再次原地踏步。所以，我希望各位議員支持林健鋒議員的修正案。多謝主席。

何鍾泰議員：

事實上，行政長官的產生辦法正按實際情況和循序漸進的原則，擴大其代表性。首先，香港特區第一任行政長官是由一個按照基本法成立的四百名社會不同界別人士組成的推選委員會所選出。其後的行政長官，則由一個由八百名社會不同界別人士組成的選舉委員會選出。按照特區政府現時提出有關二〇一二年行政長官產生辦法的建議方案，選舉委員會由現時的八百人增至一千二百人；其中，更建議把選舉委員會第四界別（即政界）新增一百個議席的四分之三（即七十五席）分配予民選區議員，加上原來的四十二個議席，區議會將共有一百一十七個議席，由民選區議員互選產生。有關再提名行政長官候選人的安排，政府建議維持目前的提名門檻，即選舉委員會總人數的八分之一（即一百五十人）。我認為應規定提名人數的上限，把它定為二百人則更為理想。這樣可讓更多有資格參選行政長官的人獲得提名，為落實二〇一七年實行行政長官普選提供更有利的條件。

至於在立法會選舉辦法方面，按基本法第六十八條的規定（我引述）：「立法會的產生辦法根據香港特別行政區的實際情況和循序漸進的原則而規定，最終達至全部議員由普選產生的目標」（引述完畢）。相信大家仍記得，第一屆及第二屆立法會的組成仍包括由選舉委員會選出的議員，分別是十席及六席，但自第三屆立法會開始後，通過選舉產生的分區直選及功能界別的議員分別各佔一半議席，相比之前的安排，已是向前邁進一步，而在達至全部議員由普選產生的目標的過程中，功能界別的代表在立法會可以發揮穩定的力量。在功能界別的八個專業界別中，已經採用「一人一票」的選舉安排，可以說是普選的一種。為了進一步擴大選民基礎，我曾建議並獲香港工程師學會理事會接受，讓學會的初級會員及仲

會員也可加入成為合資格選民，換言之，選民數目可以由現時一萬二千多增加至三萬或以上。初級會員是持有認可大學學位但仍未考取專業資格的人，而仲會員基本上是持有副學位或各類文憑的技術人員。很可惜，建議隨着當時的政改方案被否決而告吹。

按同樣的思路，以公司票為選民基礎的功能界別也可以通過擴大選民基礎，增加其代表性。在擴闊選民基礎的問題上，應由每個界別按本身的情況作出修改。無論如何，立法會的組成必須確保均衡參與，並且能夠兼顧各階層的利益。

在二〇二〇年立法會產生辦法未有定案前，我不認為應對現有功能界別作出任何增減，以免造成爭拗。至於新增的五個功能界別議席，政府建議把這些新增議席及原來的一個區議會議席，全數由民選區議會議員互選產生。可是，委任區議會議員既沒有參選權，也沒有提名權及投票權，這安排可能會對他們不公平，我亦擔心這建議安排會令立法會將來的議程很多時候要兼顧許多地區問題，變得地區化，這可能不太理想。

至於人大常委會副秘書長喬曉陽先生最近就普選的定義所作出的講話，對我們現在討論的民主進程來說，是一個十分重要的討論基礎。我謹此陳辭。謝謝主席。

陳淑莊議員：

普選，是指普及而平等的選舉權和被選權，香港人重申了這項原則也不知多少次，而民主派亦不知重申了多少次。功能界別不符合民主原則，已經是毋庸置疑的事實。「心水清」的市民其實應該知道，中央一早已交代功能界別的安排。日前，喬曉陽雖然說：「普選的核心內容是保障人人都有平等的選舉權」，但他之後卻補充說：「依國際上的一般理解，有關選舉的權利是允許法律作出合理限制，世界各國可以按自己的實際情況採用不同的選舉制度，實現普及和平等的選舉權」。一言以蔽之，「喬老爺」是說功能界別可以被視為「按自己（香港）的實際情況」而繼續實行，亦沒有違反普選的原則，即它是有香港特色的普選。

一直以來，建制派不斷大打文宣攻勢，搬出「均衡參與」、「功能界別有利社會穩定」的謬論，為不公不義的功能界別制度保駕護航。功能界別這個制度有多

荒謬，我相信也無須再討論，我曾經指出，一個選舉制度如果只有我們使用，只有兩個可能：一，我們走在世界之前，在人類文明之端；二，我們十分倒退，採用一個全世界也不會使用的制度。我相信，我們很明顯是後者。歷史上只有法西斯政權才會採用這種選舉制度，而政府、建制派仍樂此不疲地希望為這種制度辯護，這樣叫民主嗎？這樣叫普選嗎？如果中央政府有誠意落實真普選，為何它要一而再，再而三打壓香港人的民主意願？還要勞煩「喬老爺」出來隱晦地為功能界別保駕護航呢？

很久以前，我向一位外國朋友解釋香港政制，當談到功能界別和特首選舉時，他覺得很奇怪。他說這種制度在他眼中不單不民主，而且只是為少數利益集團服務，說明白一點，即只是為保障專權者的權力。他反問我，為何中央政府不乾脆全面委任他們，為何還要攪一場「大龍鳳」出來呢？這是一個很可悲的笑話。一直以來，我也不能回答他，直至中央政府一拖再拖，我終於醒覺，這是一個局，亦是一場戲，目的是要給予香港人一個錯覺：我們慢慢會達至民主，中央是有誠意落實民主的。不過，我們明明要向南，它卻拉我們往北，起錨之後，仍是不能達到真普選的地方的。政府是以「拖字訣」消磨香港人的意志，把開往真普選的船駛往汪洋大海，即使望見終站，也只會是停留在有功能界別的假普選之中。

政府很喜歡「屈」人，為了拖延普選不擇手段，又說民主派叫價高，又暗罵民主派的要求不切實際。我想問中央政府，我們叫價有多高呢？我們的要求有多不切實際呢？二十年前頒布基本法時，不是已經承諾香港人會有雙普選的嗎？本來香港人要求二〇〇七年及二〇〇八年雙普選，其後在二〇〇四年人大釋法，香港已經退一步爭取二〇一二年才有雙普選，中央又再次否決香港人的意願，意圖用二〇一七年和二〇二〇年「可以」普選來欺騙市民。「可以」？對的，你可以中六合彩，唐英年司長可以做特首，而特首曾蔭權亦可以下台。

主席，中央政府無誠意解決普選問題是鐵一般的事實。如果不是，何必要交出較二〇〇五年更差的方案呢？在二〇〇五年，特區政府尚且願意分階段取消區議會委任制，但這份方案卻隻字不提，特首還要說：「先行通過它，之後可再談。」「有冇攪錯」？是否很離譜？這份方案一點也不到位。如果政府有誠意爭取議員支持，為何不嘗試重提取消委任制，而只是做一場「大龍鳳」，一面落區做

勢，一面扮溝通？很明顯，政府是想「屈」民主派，以為市民會錯覺認為，民主派又不妥協，想複製二〇〇五年的歷史，再把政改難產的責任推向民主派。如果政改方案不獲得通過，責任不在泛民主派身上，而是在中央、特區政府身上。不交代功能界別存廢、不說清楚普選路線圖，民主派無任何原因要「硬食」這份政改方案。

張國柱議員：

無可否認，民意是否支持政改方案存在分歧，但究竟是支持的多，還是反對的多，我無意在此與政府爭辯，因為政府只懂套用有利於自己的民意調查，對唱反調的民意調查則當「耳邊風」，甚至直斥這些調查不可盡信。對於這種反邏輯的思維，我覺得辯論是不會有任何答案的。

現時的情況就如我們出外購物一樣，店主明明說歡迎議價，但當我們不斷還價，不斷游〔遊〕說店主減價時，店主則堅持以原價出售。我不得不問一句，究竟何謂議價？不如一早掛出「鐵價不二」的招牌還好一點。

政府官員又呼籲議員先通過現時的政改方案，然後才討論功能界別的存廢或何謂普及而平等的問題。我實在很想知道這是甚麼邏輯？因為我們現在要通過的方案正不斷擴大功能界別的規模，在這情況下，功能界別只會千秋萬世地延續下去。要我們乘坐一輛不知目的地的列車，我相信是沒有人願意的。

作為香港社會工作者總工會會長，我投下的一票將緊隨社總的意願，而這個意願便是要盡最後努力，爭取我們認為正確的二〇一二年雙普選，取消功能界別。當然，我們樂意與政府溝通，在分歧中尋求共識，但很明顯，現時政府提交的方案與我們的建議南轅北轍，完全「大纜都扯唔埋」。

劉慧卿議員：

我個人認為普及而平等是清清楚楚的，無論是投票的權、提名別人參選的權，或是自己參選的權，均是要普及而平等的。所以，喬曉陽無端端說其他地方也有法律限制，這個當然，主席，香港也有法律限制的，例如十八歲以下的不准

投票，如果沒有在香港住滿七年不准投票，主席，有些地方又說如果不是該地的公民便不准投票。所謂限制，是指那些限制，而不是說，你不是銀行界，所以不准你投某候選人；你不是保險界，所以不准你投某候選人；你不是地產商，便不准你投某候選人；又或如果你是地產商，你便可以有四十票，因為你有那麼多間公司等。是說這些的嗎？真的有沒有弄錯了？所以，我不知道湯家驊議員想達致〔至〕甚麼好結果，然而，我覺得如果說跟他討論，繼續這樣搞下去，可會再搞三四十年──不過，我一定不在這裏了，主席，也許你長命百歲，你可能還會在這裏──如果屆時仍然在討論，你說這是否真的糟透了呢？

梁愛詩昨天也站出來──主席，你看到嗎──她說功能界別可以與普選並存。她是誰？她是基本法委員會的委員，她這樣說真的糟透了。譚惠珠昨天又拿着那本東西不斷的〔地〕讀，我說如果她在維園，她必然會被人趕了出去，她還罵特區政府只出了一本基本法，而不出其他東西，又怎麼可以立體地看呢？嘩！那羣人「左」得那麼厲害，怎麼辦呢，主席？現時應談共存，但現時就是有他沒我，還如何談共存？所以，主席，這是沒得討論的。

譚偉豪議員：

首先，我想討論有關普選特首的問題。主席，現在時間已經越來越緊迫，沒有太多時間剩餘了。因為，如果真的要在二〇一七年──即如大部分人所期望，以及我所期望般──可以一人一票選出特首，時間便只剩下七年。我們現在應該做些甚麼，怎樣制訂有關的方案呢？我們不可以再拖了。如果在二〇一七年真的可以一人一票選出特首，我也擔心在「一國兩制」下，一人一票所選出的特首最終不知可否獲得中央的委任。屆時如果中央說不委任的話，恐怕便會出現憲制危機，而我的擔心並不是虛構的。究竟怎樣才不會出現這個危機呢？怎樣才能爭取中央讓港人有更多的信任和空間呢？這其實是有需要所有政黨及政府一起努力推動的。

至於另一個討論焦點，當然便是功能界別去留的問題。過往數月不斷有攻擊功能界別的言論，把功能界別議員矮化，這對功能界別其實並不公平。因為功能界別絕對是有法律地位的，是按照基本法和本地法律產生的功能界別，絕對有其

法律代表性。功能界別一直起着過渡性的作用，如果在社會上及在功能界別中繼續引起矛盾的話，我看不到可以為社會帶來甚麼好處。事實上，功能界別是可以發揮到作用的，他們可以把社會上不同的聲音帶入議會，讓議會可以有多元化的聲音共存。現在已經有人擔心，將來如果取消功能界別，或是所有議席均由全面直選產生的話，屆時在議會中不知會否失去社會的部分聲音。當然，有人提議取消功能界別，但亦有人提議不應該改為全面地區直選，而應該改為像日本所採取的做法，即有一半由政黨或大區來做，確保日後由選舉產生的議員的聲音可以更平衡。至於有人提議要保留功能界別，這當然也須考慮到很多關乎平等的因素，亦有人提議香港應仿效英國的兩院制而進行修改，讓功能界別可以繼續維持下去，但這項提議是會導致立法會出現很大的改動。無論如何，如果我們無法商訂出一個讓大家均有共識的方案，如果將來的立法會選舉每屆都出現停滯不前的狀況的話，這絕對不是市民希望看到的情況。

主席，我們不妨從中央角度來看這個問題。從文件得知，早在二○○四年，人大常委會副秘書長喬曉陽其實已清楚表示，在政黨成熟之前，不宜太快取消功能界別。所以，我們看到成熟的政黨對香港的政制改革是很重要的，如果在政黨不成熟、不理性、代表性不足便貿然落實普選，也不知會否引起中央產生更多擔憂的。我們是要從這個角度來看的。

所以，怎樣使政黨成熟，讓香港的政制可以繼續向前發展呢？我們看到歐美很多民主選舉的國家均有跨階層的政黨，吸引不同階層的人士參與。主席，香港要到何時才會出現這樣的政黨呢？現時我們的政府或政黨有否提供更多空間，讓香港的政黨可以壯大，讓它們日後成為更成熟的政黨呢？政府其實是有一定責任的，除了政府之外，我認為政黨也有責任，它們是有責任培育新一代的。我在此作出一些提議，政黨會否考慮讓更多年輕人參政，例如限制擔任立法會代表的時間不可以連任多於兩屆，即每八年便要轉換一次 —— 是要由政黨來實行的 —— 不能夠霸佔席位，讓更多年輕人可以在議會中參政。這樣做絕對可以吸引到更多年輕人加入政黨，並在將來透過立法會參政。

李卓人議員：

……現在的問題並非船隻是否「起錨」，而是要駛往哪裏、會否沉沒的問題。我覺得最大的問題是，這個政府經常「跣」我們，整個二〇一二年政制方案根本不會帶領香港朝向真正普選。

主席，喬曉陽最近的談話令人更擔心，所謂香港普選的承諾，究竟是甚麼承諾？我們爭取了民主選舉這麼多年，一直以為全世界的國際標準應該適用於香港，但喬曉陽這番談話令我們非常擔心。他提出了兩點，主席，我今天會嘗試在發言中進行跨年對話，以共產黨一九四四年二月二日的一篇文章與喬曉陽二〇一〇年六月八日的談話，作一番對話。

我先讀出喬曉陽的談話，接着讀出中國共產黨一九四四年的文章，兩者的確是絕配，連寫法也差不多。然而，由於我的普通話不靈光，不想獻醜，所以不能用普通話讀出來。

主席，喬曉陽在談話中這樣說，「對於甚麼是普選，《基本法》沒有做出定義。我理解，『普選』的核心內容就是保障人人享有平等的選舉權。從歷史上來看，『普選』概念所強調的是不因財產、性別和種族等的差異而導致選舉權的不平等。因此，通常所說的『普選』，是指選舉權的普及而平等」。

但是，一九四四年的說法是怎樣的呢？「選舉權是不是能夠徹底地、充分地、有效地運用，與被選舉權有無不合理的限制與剝奪，具有着不可分離的密切關係。本來，廣義地說，選舉權就包括被選舉權在內。有選舉權的運用，就必有被選舉的對象。因而有選舉權存在，就同時，有被選舉權存在。如果被選舉權受了限制，則選舉權的運用，也就受了限制……所以真正的普選制，不僅選舉權要『普通』、『平等』，而且被選舉權也要『普通』、『平等』；不僅人民都要享有同等的選舉權，而且人民都要享有同等的被選舉權……不僅不應該以資產多寡、地位高下、權力大小為標準，而且也不該以學問優劣、知識多少為標準。唯一的標準就是能不能代表人民的意思和利害，是不是為人民所擁護」。所以，大家很清楚，在一九四四年已經很進步地說了被選舉權，但喬曉陽現時仍在說選舉權的普及、平等。

然後，喬曉陽還加了一條尾巴，「不過，一如國際上的一般理解，有關選舉

的權利是允許法律作出合理限制的。各國根據自己的實際情況採用不同的選舉制度來實現普及而平等的選舉權，這是當今國際社會的現實」。一九四四年的說法又如何呢？「固然，在過去，甚至現在，有些民主國家的選舉制度，並不是普選制，而是限制選舉制。但從第一次世界大戰以來，世界潮流所趨……」真可憐，這裏說的已是早在第一次世界大戰時期，「……世界潮流所趨，很明顯地，是不可阻遏地走向普選制了。特別在我們中國，中山先生老早就已主張普選制。在理論上，一切人民都將享有同等的選舉權，應該是沒有疑問的。」人家已經說了，在第一次世界大戰後已經走向一個完全的普選制。

接着，喬曉陽又提到另一件事：「至於功能界別，自從香港引入選舉制度以來，就一直存在，要客觀評價」，即他也不肯談論功能界別的存廢問題。那麼，一九四四年的說法又如何呢？「每一個人民也只應享有一個選舉權，不能依據任何性別、種族、信仰、資產、教育程度、社會出身及至居住條件等優越條件，而取得一個以上的選舉權。這就是中山先生所主張的『廢除以資產為標準之階級選舉』……」嘩！真正完全說中了功能界別，「以資產為標準之階級選舉」，香港現在的功能界別選舉便是「一蚊一票」，即你有十億元身家，便有十億票「……而『實行』的『普通』、『平等』的『普選制』」。中山先生也說了，要廢除「以資產為標準之階級選舉」。

所以，為何香港今天還要在這裏爭拗功能界別究竟應否存在？梁愛詩還說，功能界別的存在跟普選沒有矛盾，這樣已說明二○二○年即使有普選，仍會有功能界別，事情已擺明是這樣，還有甚麼可以談？他們已經把普選扭曲到這個地步，扭曲到可以讓功能界別存在，這樣還有甚麼意思呢？

梁家傑議員：

主席，基本法第二十六條早已列明香港特別行政區永久性居民依法享有選舉權和被選舉權。除此之外，《公民權利和政治權利國際公約》亦早已為選舉這種政治權利作出清楚的界定。《公約》第 25（b）條列明：「在真正的定期的選舉中選舉和被選舉，這種選舉應是普遍的和平等的，並以無記名投票方式進行，以保證選舉人的意志的自由表達」。

主席，雖然早前政務司司長表明，現時立法會內的功能界別並不符合普及和平等的原則，但全國人大常委會副秘書長喬曉陽就普選的定義作出澄清時表示：「普選是指選舉權的普及平等」，他並沒有就被選舉權作出澄清。喬副秘書長更指出，本港未來兩個普選辦法既要體現選舉的普及和平等，亦要充分考慮能否符合特區的法律地位，與行政主導互相適應，並兼顧香港社會各階層利益。這套言論並未能釋除公眾對普選定義的疑慮，反而令香港人更擔心中央政府會否試圖增加落實普選的附帶條件，從而扭曲普選的定義，製造「京式普選」，讓功能界別能千秋萬世地存在。

主席，其實，社會上最有資格對功能界別作出客觀評價者，理應是廣大的市民。回歸十多年以來，香港人深深體會到不民主政制所帶來的民生禍害，我們更清楚看到功能界別的存在，使立法會淪為不同界別的利益角力場，忽略了立足於全香港市民福祉及高瞻遠矚的平衡社會政策規劃。

從過往多年經驗可見，功能界別及其所牽連的既得利益集團與政府建立了以實利作交易的管治夥伴關係，而小市民卻要承受施政失誤的惡果。當政府嘗試糾正施政失誤時，功能界別又往往會成為絆腳石。這方面，在關乎民生的最低工資立法和規管一手樓花售賣手法的事宜上最為明顯。功能界別為了保障商界利益，往往拖延立法進程，漠視公眾利益的重要性。

普選時間表和普選路線圖是香港人的重要訴求，缺一不可。公民黨認為政府應及早就如何處理功能界別引發社會討論，在法律的基礎上確認任何形式的功能界別均不符合普選的定義，讓社會在討論廢除功能界別後的選舉模式時，有一個清楚的起步點。

公民黨認為在政改表決前這個最後階段，特首本應以最大的能耐、最闊的胸襟和最包容的態度來拉攏少數既得利益者，促使他們與大多數受到不公平待遇的人謀求共識，才不會辜負社會對特首的期望。可惜，特首仍然沉醉於一場自我感覺良好的「起錨騷」，更公開指斥反對政改的人是少數，只希望把政改方案一旦遭否決的責任推到泛民主派身上。特首的言行反映他選擇務虛地玩弄權術而不幹實事，偏行己路，敵視反對意見，帶頭撕裂、分化社會，製造更大的對立及矛盾。他實在沒有「做好呢份工」，令人失望。

主席，一個船長在毫無方向、終點未明的情況下起錨，漠視乘客的安全，絕

對是不負責任的表現，理應被革職。特區政府「翻叮」二〇〇五年的方案，已經是「超錯」的一着，立法會行使否決權也是合情合理。

公民黨期盼香港最終可以達致〔至〕真普選，即選舉權、被選舉權和提名權均要符合普及而平等的原則。政治當然是妥協的藝術，但妥協也要有原則和一套價值作為基礎，否則會讓人很容易在過程中迷失。在爭取民主選舉的路上，公民黨必不會氣餒，定會繼續努力，尋求妥協的空間，建設一個更公道、公平的香港。

吳靄儀議員：

主席，湯家驊議員今天提出討論普選的定義。我也提出讓政府有機會清楚解釋，如果普選的定義確實包括廢除功能界別的話，即使中間的方案（即二〇一二年方案）未能盡善盡美，我們也知道目標在哪裏，我們仍是可以容忍和商量的，無奈政府卻不願意。

今天又再討論時，我認為不用這麼取巧，普選的定義其實只有一個問題，便是保留功能界別是否符合你心目中的普選定義？為甚麼這個問題如此重要呢？如果你心目中的普選是包括功能界別的，這便如同李卓人議員剛才所說，你確有一個時間表，但你所謂的普選時間表，原來與普選無關。因此，我們要知道究竟中央的立場是甚麼？我認為喬曉陽其實說得很清楚，再加上梁愛詩的註腳，便已告訴我們時間表是沒意義的。因為它不是一個普選時間表，但不知道是甚麼時間表。

主席，我們其實不用以為這件事很玄妙或深奧，這是很簡單的，功能界別根本上是一個不公平的制度，是任何人都可以看得到的。我重申，為甚麼一些人有特權可以選功能界別，但其他人卻沒有呢？為甚麼一些人有權投票，其他人卻無權投票呢？這便是其中一個不公平了。

第二是比例的不公平。為甚麼三百三十萬人只可以選出半數議員，而另外二十二萬名選民卻可以選出另外的一半呢？此外，少數的一半還可以否決大多數的一半。在功能界別的三十席中，除張文光議員的界別有數萬人外，只要有其中十五個議席反對，便已可否決本會議員提出的議案。據很多學者計算，在最少

數的界別中，選民不足一萬，即是不足一萬名選民選出來的議席可以否決代表三百三十萬名選民的議席所提出的議案。這不是明顯不公平嗎？

梁耀忠議員：

事實上，香港市民以民主、公平、平等的一人一票普選方式產生特首和所有立法會議員，我認為毫無疑問是每一個香港人應有的權利，現在已回歸了接近十三年，十三年後的今天，香港人居然仍未能有普及而平等的選舉，更可悲的是，竟然有人質疑甚麼是普選、普選的定義又是甚麼，這是把事情弄得很不清楚的。

前天，全國人民代表大會常務委員會副秘書長喬曉陽嘗試就普選定義提出他的個人解釋，但他的解釋可以說是只會令人越來越不明白，也令香港市民越來越失去信心，令我們越來越不放心我們是否真的會有真普選。為何我會這樣說呢？

主席，首先，我認為關於普選行政長官的提名安排，香港人最擔心的便是日後即使是落實普選特首，也只是一個沒有真正競爭的假普選，這是我們最擔心的。這次，喬曉陽在他對普選定義的解釋中，首次指出他認為基本法第四十五條所說的「提名委員會按民主程序提名」，和現時選委會一百人提名特首候選人的做法，是兩回事。為何會是兩回事呢？這點令我們有很大的憂慮，便是日後的提名委員會很可能會以「初選」、「預選」、「篩選」等方式，把一些候選人「篩選」，最後讓市民大眾可以用一人一票方式作投票的候選人，很可能根本是在「選無可選」的情況下進行的選舉，這又怎可稱之為真普選呢？結果普羅市民會變成沒有任何真正選擇。

第二，關於普選立法會，當然我亦同意今次是首次有中央官員表示普選必須是普及和平等的，只有普及和平等，才合乎國際的人權準則。可是，很可惜，喬曉陽一方面說普及和平等，但另一方面，又在其後不斷加上一些「尾巴」。再加上各式各樣所謂「香港的特殊情況」，致令普及而平等的定義不知所終，這是並不清晰的，加上所謂「按實際情況對普選權作出合理限制」，這樣又怎能告訴大家將會有真普選出現呢？怎可以說會還我們一個民主的權利呢？在這種情況下，即使二〇二〇年有機會普選立法會，它又可否讓市民進行全面的普選，以一人一

票方式選出民選的議員呢？這是令人十分擔心的。

更令人失去信心的，便是喬曉陽最後補充了一句話，在聽到這句話後，是令我更無法相信香港可以在現時的情況下得到真普選。他是怎樣說呢？他說自從香港有選舉以來，便一直有功能界別的存在。如果根據這個邏輯 —— 主席，你是最明白的了 —— 按這個邏輯進行分析的話，便是永遠也是這樣，永遠也會有功能界別的存在。那麼，在甚麼情況下才可以斷絕功能界別的出現呢？在這個邏輯下，怎樣使我們明白到是可以「踢走」功能界別呢？這是不可能的，因為他是說功能界別一直存在，「一直存在」即是甚麼呢？是沒有結尾的，即是功能界別將會永遠存在，是不會有民主選舉的。在這種情況下，我們怎可以有信心，怎可以接受現時的方案呢？如果我們支持了現時的方案，它亦只會是一個圈套，是哄騙我們入局的。所以，我們無法支持今天的議案。

如果按照喬曉陽所說的普選定義，其實差不多已經告訴了我們，將來的普選只是「假普選」，是「鳥籠普選」，而不是我們一直要求的「真普選」，這絕對是我們所不能夠接受的。雖然喬曉陽今次的講話好像留有後路、留有空間，包括他強調他對普選提出的理解只是他的個人意見，同時最終如何定義普選是要繼續討論，而現在是不宜作出結論的，但喬曉陽的演繹，絕對令我們失去信心。

主席，在並無真普選承諾的情況下，我在這裡再一次清楚表明我的立場，我是義無反顧地不會因任何想法而改變我的見解和立場，我是一定會反對今次的政改方案的。

陳茂波議員：

政改方案建議立法會議席由六十席增至七十席，而五個新增功能界別的議席，全數分配給區議會。據我瞭解，這些議席會以比例代表制方式，由區議會議員互選產生。這項建議雖然並不理想，但不失為兩害相衡取其輕的做法，較增加議席給任何傳統功能界別為佳。事實上，把區議會說成是功能界別，很多人也認為很牽強，因為其實際性質屬於地區間選，把它說成功能界別，其實是為了符合人大常委會的《決定》，即如要增加議席，便要保持地區議席和功能界別議席的比例不變，這其實是一種變通，中間有一定的苦心。

主席，現時的傳統功能界別選舉並不符合普及而平等的原則，它的存在有其歷史背景，對香港亦有其貢獻，是一個過渡性的安排。我認為，在實行全面普選時，如果香港的政黨發展趨向成熟，政黨能夠吸納不同界別的人才，議事時能顧及社會不同的利益，便應一次過將功能界別全部取消。我瞭解我所代表的業界和這個議會一樣，對功能界別的存廢，意見非常分歧。主席，不過，我認為我們無須執着當下，以免讓這個爭拗妨礙政制向前走。

我和大家一樣，也非常渴望泛民主派和中央政府的討論能取得突破性成果，讓香港政制的向前發展能得到更廣泛的支持。但是，如果這些努力失敗，面對目前的方案應如何是好呢？主席，我認為目前的方案雖然不是一個令人滿意的方案，但在增加民主成分和立法會議員的代表性上，是往前踏出了一步。

第二，接受這個政改方案，香港人其實沒有「蝕底」、沒有損失，也沒有 down-side risk。

第三，在我們討論爭拗取消功能界別時，我有點不明其所以。如果二〇〇五年的方案獲得通過，傳統功能界別的比例便會由 50% 跌至 43%，今次如果我們再往前推進一步，傳統功能界別的比例會跌至三十多，到這個時候，如果要將傳統功能界別取消，要獲得立法會三分之二同事的同意，相信會遠較現時容易得多。主席，拒絕政制發展向前踏一步，最得益的又會是誰呢？還是不是那些被認為享有政治特權的人呢？

主席，第四，有了普選時間表，自然希望看到中間的里程碑，這是很合理的期望。不過，正如湯家驊議員剛才所說，香港與內地之間嚴重缺乏互信，互相猜疑。如果要將所有的里程碑弄清楚，才肯通過政改方案，在現實上並不實際。主席，我希望同事們可否考慮向前走一步，用時間換取信心，用時間換取解決問題的智慧。我想起在香港回歸前，中英談判期間，當時很多香港人十分憂心，難怪許多人決定移民外國。但是，事後證明，雖然當時大家的憂慮很合理，但回歸後，這些憂慮遠較我們當時所擔憂的為低，而許多人也回流香港。另一方面，我們回看當時鄧小平先生拍板說五十年不變來收回香港，箇中存在讓時間摸索解決問題的智慧，很多事情往往不可以倉促地在當下解決大家的紛爭。

主席，第五，在民主成分上，政改方案並非沒有進步，只是進步不足，不能

回應各方的訴求而已，我希望大家考慮是否支持政改方案時，請考慮這方案的方向是否正確、接受這方案對於香港人有否吃虧，以及否決後對香港的後果。

梁家騮議員：

我一直在聽大家的發言，想到了一點，普選其實並不等於直選。如果區議會方案符合所有人均有同等投票權和被選權的原則，而且亦符合普及和平等的原則，那麼 tricks 出在哪裏呢？便是相隔了一年，而且初選區議員時，不知道他們在來年立法會選舉時的投票意向。所以，我的結論是背後那位總工程師可能設想，在二○二○年立法會所有三十個或三十五個功能界別議席均由區議員互選的代表出任，這樣便符合了我之前觀察所得的全部眼前情況。這不是我的意見，而是我的觀察。

我以為自己的觀察很聰明，但我的助理說不是，早已有人這樣說了，原來練乙錚先生半年前在《信報》寫了六篇文章，也是提出這個意見。他說背後的人不會沒有想法，那個想法可能是在二○二○年，所有功能界別議席均由區議員互選的代表出任，因為這樣便符合大家對普選的要求了。

大家不要忘記，美國總統也是經由普選產生，只不過是間選，而且它們的間選制度已有規限，參選人一定要跟從選民的意願投票，這是間選制度好與壞的問題。我從練先生所寫的文章也看到，國內縣級以下的人大代表原來也是由直選產生的，而省級及國家的人大代表則由下級人大代表逐層選舉產生。所以，在某程度上，人大亦符合了普及而平等的原則。

說完了我的看法，我要跟泛民的同事就功能界別的問題說一下，我同意功能界別是不公平的，無論是「一人一票」或「一人兩票」，而且比重亦有不同，但最大的問題可能是在於選民基礎 —— 我不是說這情況是公平的，但可能是選民基礎的問題。我相信，如果可以把選民基礎擴大至例如教育界有八九萬人，問題便會減小。我希望大家想一想，將來爭取普選時單一要求爭取普選及取消功能界別，是否一個正確的方向。

第二，我亦想跟功能界別的同事說，大家很多時候也說功能界別有保留價值，其實，大家是認為自己的功能界別有保留價值，我也有保留價值，我有萬多

名選民，我本身的功能界別有保留價值。可是，如果大家支持眼前的方案，是否等同支持所有功能界別可能在二〇二〇年被區議會界別完全取代，而本身的功能界別最終會消失呢？各位同事，即使二〇一二年的方案未獲通過，擴闊選民基礎是無須修改基本法的，我們日後可以慢慢再作處理。

梁美芬議員：

有關處理功能界別的問題，溫和民主派（我稱它「溫民派」）提出了區議會六席由區議員先提名，再由全港市民「一人一票」選出的建議。雖然喬曉陽在談話中表明不可以在二〇一二年實行這項類似「一人兩票」的建議，但我認為其實它是值得認真研究的。

二〇〇六年九月，我和一些學者曾多次把不同建議提交策略發展委員會，其中之一提到政改「三部曲」，包括了時間表和路線圖。我當時建議在二〇一二年首先擴大功能界別的選民基數，最好能夠達至約一百萬人。第二步實施「一人兩票」，讓原本未能在功能界別享有投票權的選民，可以選擇一個功能界別來參與投票。在第二步順利進行後，第三步便是要求所有功能界別候選人出來普選。我亦相信 —— 或我們，因為不是我個人提出的 —— 屆時全面改革及開放了功能界別，再達致〔至〕大家均希望的直選，一定水到渠成，因為如果一位功能界別候選人既要符合功能界別的參選資格，又要參與普選，這樣可能比他參加地區直選更為困難。我相信屆時大家會比較容易接受取消功能界別。

我當然認為我提出的優化功能界別方案更好、更清晰，但當時確實出現了兩個主流方案，另外一個便是現時政府提出的區議會方案，而據我瞭解，這方案是由當時泛民的友好學者提出的，而他們經過多番努力，才說服當時的中央接納該方案可以作為一個好的中間方案。

雖然我們的方案沒有被接納，但我也願意在這時候走出這一步，我很認真地考慮，是否應在現有的基礎下通過這個二〇一二年方案呢？其實，我很詳細地研究過溫和民主派提出的這個「一人兩票」方案，並發現它和我自己提出的第二部曲，其實殊途同歸，因為也是每人有兩票，只是他們建議，全部放在區議會界別，而我則建議開放所有傳統功能界別，主要分別是在時間及方式上。在時間方

面，我當時的確提出在二〇一六年才走到「一人兩票」。然而，如果我們這兩個方案當時能夠取得更大共識，今天的差異可能會更為收窄。

我認為我們現時要找到共識，我亦知道很多人可能很失望，認為現時政府提出的方案似乎沒有退路、沒有改變，但我認為現時仍然留有空間，給我們為二〇一六年、二〇一七年及二〇二〇年盡力爭取我們認為較佳的雙普選方向及路線，所以大家真的不要放棄。

陳健波議員：

我很同意喬副秘書長的說法，因為我留意到在過去政改爭議期間，不少社會言論均沒有對功能界別作出客觀評價，反而把大部分社會矛盾歸咎於功能界別。我認為社會上存在很多誤解，甚至低估了功能界別的價值及貢獻，我覺得有需要向市民作出解釋，因為在現時的情況下，市民只聽到激進的口號，而並非全部的事實。

我們討論政制發展，不應脫離現實情況。香港的現實情況便是經濟發展已進入成熟期，競爭力停滯不前。對外方面，香港現時正面對新加坡、上海及北京等城市的挑戰。至於內部，一方面文職及低技術崗位大量流失，但另一方面，香港的人口政策及其他原因卻導致產生了大量只能從事低技術工作的人士，在供應遠大於需求下，低收入人士的收入每下愈況，令貧富懸殊問題越來越嚴重。如果未能及早解決這些問題，將會嚴重影響本港的發展。其實，問題均源於經濟發展停滯不前，但是，竟然有人把責任歸咎於政治問題，並把矛頭直指功能界別。

事實上，我相信大多數人均不會反對民主化，但這絕對並非一如某些人所說般，取消功能界別便可以解決香港所面對的問題。大家也看到，不少實施普選的國家近年皆面對經濟及政治問題的困擾，很多國家頻頻更換首相，或不斷出現羣眾運動。但是，這些國家的經濟仍然沒有起色，人民依然受苦。美國和歐洲國家的失業率均接近 10%，對香港人來說，這簡直是匪夷所思。所以，我希望推動廢除功能界別的人士要公道一點，要清楚向市民解釋，廢除功能界別其實並不能解決香港的問題。

相反，在現階段廢除功能界別，對本港會有極大的負面影響。香港的政治生

態令部分直選議員的視野有局限，他們大部分也沒有處理經濟事務的經驗，更沒有營商或管理大型企業的實戰經驗，對本港經濟亦未必有深入的瞭解。與外國的政黨比較，本港個別直選的政黨亦沒有強大的經濟研究能力，根本不能為直選議員提供有分量的經濟決策分析。

所以，如果過快廢除功能界別，把大批熟悉經濟及專業事務的議員摒除於議會門外，變相會令立法會失去很多寶貴的專業及財經事務經驗，屆時便更難應對經濟的困境。目前，立法會有不少涉及財經及專業事務的工作，功能界別的議員均很積極地參與其中，他們的貢獻是十分實在的。

事實上，大部分功能界別議員在議會內均與直選議員一樣，很努力地工作，也很關注社會及民生的問題，同時更會把自己界別的聲音帶進議會內，就像直選議員把他們在地區事務中發現的社會問題帶進議會一樣。如果個別功能界別議員只考慮其業界的利益，而不理會公眾利益，其他功能界別議員根本不會給予支持。

李卓人議員剛才指出，我投票反對設立中央補償基金以取代商業性保險，他其實並沒有細心聆聽我的發言，故此我亦不會怪責他。在當時的會議上，我已很詳細說明反對的理由，也已列出大量數據來證明，從外國很多例子看到，以中央補償基金取代商業性僱傭保險是有害無益的，故此，我不能支持，這絕對與我擔任保險界代表無關。

事實上，功能界別議員大部分均有志為社會服務，當中有不少也願意放棄高薪厚職或與家人共聚的寶貴時間，到議會貢獻所長。所以，工商專業的專才透過功能界別加入立法會，成本或代價其實是相當高的。

此外，有人批評功能界別是小圈子選舉，如果從數字來看，功能界別的選民的確比直選少。但是，大家不要忘記，功能界別的選民均背負着龐大的業界責任。以保險界別為例，我們的登記選民雖然只有百多間保險公司，但這百多間保險公司在二〇〇八年已產生了一千八百八十多億元的保費，佔本地生產總值 11.3%。所以，我認為保險界在立法會裏應有一位代表。不過，儘管如此，我仍同意目前的選舉方法並不理想，有需要擴大選民數目，以達到公平及普及的原則，希望政府積極考慮。

詹培忠議員：

對於這次政制改革，我其實也有提出意見，並認同部分泛民主派同事的努力。我稱這新增區議會五席為「新功能界別」，而原有的三十個功能界別議席則照舊。這個新功能界別的選民組成，是特區政府的責任。我曾經要求特首前往北京，向有關方面匯報我這項建議，並詢問會否違反基本法？如果不會，便是香港內部的選舉事務。我嘗試把五個席位分為香港區一席、九龍區兩席，以及新界區兩席，從而使選民資格變成香港全體的合資格選民，已在功能界別有資格投票的選民除外，他們有權去登記，從而……雖然這不算是普選，但可以將之視作為普選 —— 但凡能夠打破香港僵局的建議，又有何不可呢？任何條例也是死的，人是生的。為達到香港好、國家好的目標，任何事情也要努力去設想。因此，主席，這扇門未必是完全關了，我們在兩星期後便知道結果。

好了，要達致〔至〕普選這個結果，說得不中聽一點，究竟是誰求誰呢？如果中央要它通過，你便要想辦法；如果中央不要它通過，你便符合了國家的利益。我們要瞭解，國家利益重於任何地區利益，即使是香港如此特殊的一個地方的利益。市民亦要瞭解，香港最好就是去「拼經濟」。當然，我們在「拼經濟」之餘，亦不可以放棄任何政治權利和權益。然而，事實放在眼前，澳門第一季的博彩收益是四百一十億元，而單是五月份的博彩收益，便已有一百七十億元，如果以平均每月一百七十億元計，它每年單在博彩方面的收益已超過二千億元。澳門政府如果按此數額徵稅 38.5%，其收入已超過七百億元。我可以告訴大家，如果我們還繼續爭拗，香港絕對會被邊緣化。在邊緣化之中，我鼓勵大家想辦法申請移民澳門，因為我估計在五年後，澳門將會是全球人均收入最高的地區。我是話說在前頭的人，如果香港真的仍要為政改爭拗，大家應要為自己的經濟前景鋪路。

主席，任何對抗性行為絕對是對香港不利的，特別是鼓勵年青人只為達至一己目的而順着自己路線去走的做法，是對社會相當危險的一步。

何俊仁議員：

如果連基本的定義原則也沒有共識，便無從說起。然而，提到定義自然離不開文字語言的表述。可是，發展至今天，文字語言似乎已再沒有意思，因為很多家喻戶曉且有很多常識的理解的字詞，今天卻變得非常陌生，甚至包含了很多其他新增的詮釋，可以任由有權力的人扭曲或加入其主觀意義。主席，這樣還可以交流和討論嗎？如果沒有共同的語言、想法和價值觀，很多時候確實是浪費時間的。我們很多時候也被質疑溝通有否具體意思，主席，我真的要回答這些問題。我如此努力促進溝通，希望雙方可以對話及達致〔至〕共識，但其後才發覺一些大家以為已經明白的概念，原來並非如此。

（代理主席劉健儀議員代為主持會議）

我剛才說的一番話，在昨天喬曉陽先生進一步闡釋普選的定義時，已經充分顯現。他就普選的定義所作的表述不但未能釋疑，反而帶來更多疑問。他說的所謂普選 —— 雖然他這次已進一步由普及提升至平等，但所引來的疑問不止是他未有表明除適用於投票權外，還適用於參選權和提名權，而更大的問題是原來這個詞彙在日後應用時，還要加上很多條件。

這令我想起了一位相當著名的哲學家維根斯坦，他說一個字不在乎其解釋，只在乎其如何應用 ——「Don't ask what it is meant, but how it is used.」我認為這充分表現了他的智慧，原來文字並沒有甚麼意思，主要視乎其如何應用。此外，在應用時還要加上很多條件，最明顯的是行政主導和資本主義發展。由於尚有這麼多條件，難怪陳健波議員也叫我們看看其功能界別背後所代表的公司的資產有多少。這便是資本主義發展，他充分表達了這種思維。雖然大家都可以大聲說人人平等，但最後可能好像 George Orwell 的《動物農莊》所描述，當大家都是平等時，有些人會更平等。這些正是陳健波議員和李國寶議員等所代表的功能界別內，富有、擁有影響力和資產，並能夠推動經濟發展的商家、集團和億萬富豪，他們會更為平等。

葉國謙議員：

喬曉陽副秘書長在六月七日的公開講話中指出，未來普選的核心問題，是保障人人享有平等的選舉權。從歷史上來看，普選的概念所強調的，是不應因為財產、特別是種族等的差異而導致選舉權的不平等。因此，基本法所說的普選，是指選舉權的普及而平等。中央所說的普選，與國際上一般理解的普選並無不同，與香港市民所理解的普選，也是一致的。

我們應留意到，泛民議員把普選的定義理解為除了被選舉權和投票權外，提名權也必須達到普及而平等的原則。在一九九〇年四月四日通過的基本法，當中第四十五條 —— 湯議員也經常提及的 —— 其實已規定，「行政長官……最終達至由一個有廣泛代表性的提名委員會按民主程序提名後普選產生的目標。」這項條文其實已清楚表明提名後普選行政長官。故此，提名權的民主程序與被選舉權和投票權的普選產生程序肯定有不同的含意。其實，環顧世界各國，在提名權上均各有本身的規定。

喬曉陽副秘書長的講話也明確指出，在普選行政長官時，提名的「民主程序」會如何設計，以及在普選立法會時會如何處理功能界別等問題，將來仍然可以通過理性討論來達成共識。也就是說，中央是敞開着繼續討論的大門的。故此，湯議員其實應該可以放心，在通過二〇一二年政改方案之後，是不會妨礙就這兩個問題繼續所作的討論的。當然，對這些問題所作的討論，也不能離開基本法的規定，也應該理性地進行，以期務實地推進民主政制發展，而不應將這兩個暫時未能達成共識、有待進一步探討的問題，設為通過二〇一二年政改方案的障礙。

民主黨的張文光議員等人提出，在未來普選特首時，提名門檻不應高於現行的標準，喬曉陽副秘書長其實對此已有所回應。根據基本法的規定，在普選行政長官時，是由行政長官提名委員會按民主程序提名候選人，這與現行的行政長官選舉委員會由一百名委員個人聯合提名候選人，完全是兩種不同的提名方式，其實沒有甚麼可比性。顯然，這個問題同樣也不應該成為通過二〇一二年政改方案的障礙。

民建聯認為，要求與中央直接對話，是民主黨等願意理性討論政制發展的泛民政黨和議員長期的政治訴求。現在，中央已打開溝通的大門，走出了第一步，

直接聽取泛民議員的意見和各種訴求，同時亦認真地就泛民政黨和議員的各項主
要訴求和疑問，作出了明確的回應。有關回應雖然未必能完全解決所存在的疑惑
或疑問，但在通過了二〇一二年政改方案後，對於未獲解決的疑問，是仍然可以
繼續進行廣泛和深入的討論的。泛民不應該關上溝通的大門，更不應該成為阻礙
政制民主化的絆腳石和「攔路虎」。

政制及內地事務局局長：

湯家驊議員提出原議案。就湯議員的言論，我有數方面的回應。第一，他
特別提到行政主導的問題。對於行政主導的原則，我們在二〇〇四年發表《政制
發展專責小組第二號報告書》及《政制發展專責小組第三號報告書》時，已經提
出基本法載有不同的條文，顯示政府是採取主動的。代理主席，條例草案、議案
和財政預算案均是由政府提出的，而由我們提出後，要經立法會通過才可以成事
和推動的。在我們落實了普選時，即行政長官經由普選產生、立法會經由普選產
生，這項互相配合、互相制衡的原則是依然繼續的。

湯家驊議員雖然認為，喬曉陽副秘書長的發言依然不足夠，但最少他表示這
是個好的開始 —— 這是大家有的一些共通點。我十分明白湯家驊議員對二〇一二
年政改方案依然有所保留，但實情卻是，我們已經盡了最大努力，在可能範圍內
提出來。大家如果能夠支持二〇一二年政改方案的話，便能為今後達致〔至〕普
選創造更有利的條件。

林健鋒議員提出修正案，他表示在香港不應太着重經濟，亦不應太着重政
治。兩方面皆有道理，不論大家以甚麼黨派、背景或立場參選，均是希望辦好香
港社會、經濟及民生等各方面的事宜。

梁國雄議員的修正案建議，由五萬名選民提名便可以在將來落實普選特首時
出任候選人。不過，我恐怕這樣並不符合基本法。我們須成立一個提名委員會，
並且按照二〇〇七年全國人民代表大會常務委員會所作出的《全國人民代表大會
常務委員會關於香港特別行政區 2012 年行政長官和立法會產生辦法及有關普選問
題的決定》，提名委員會可以參照選舉委員會而成立。

陳淑莊議員比較詳細地分析及表述了喬副秘書長在聲明中提及普及和平等的

原則。其實，當中最重要的一點是，喬副秘書長表示，普選的核心內容是保障人人享有平等的選舉權。這是一項整體的原則，我相信對我們今後在香港按照基本法，以及按照普及和平等的原則落實普選，會是很有幫助的。

談到普及和平等的原則，有關選舉投票權的原則和標準，性質其實是很廣泛的。不同的國家或地區所採取的制度雖然是有分別的，但大家皆認為及觀察到，香港和外國多個法區均依法制訂了不同的合理規限。例如，香港按照基本法，要參選行政長官的人士最低限度須年滿四十歲、在香港居住二十年。又例如，按照香港的《選舉條例》，最低限度要十八歲才能成為選民。這些均是依法制訂的合理限制。

陳淑莊議員亦提到，泛民黨派有否在不同時段、不同年份提高叫價呢？我確實有這樣的感覺和觀察，因為我們在二○○五年就二○○七年及二○○八年政改方案進行表決前，大家提出數個重點。第一，未有普選時間表；第二，區議會方案容許委任區議員參與選舉；及第三，我們沒有說明由區議員互選六個立法會議席時，是否採用「比例代表制」。我們今時今日雖然已全部回應了所有這些要點，但大家所要求的卻更多、更大。代理主席，所以，張國柱議員表示談判不應「鐵價不二」，其實，有時候，在與泛民黨派討論這些問題時，感覺並非「鐵價不二」，而是有人把叫價不斷提高。

李卓人議員特別提到功能界別的議席。他比較簡單地說，好像等於資產越多的人或團體便可以參與立法會的功能界別。實際上也並非如此的。在議會內有工會，亦有人代表草根階層，也有一如張國柱議員和張文光議員代表社會福利界和教育界般，均是與商界有分別的。此外，我們今次建議把區議會功能界別議席由一席增加至六席，擴大了由三百多萬整體登記選民選出的區議員互選產生更多的議會代表，亦擴闊了議會跨階層的代表性。

梁家傑議員特別提到《公民權利和政治權利國際公約》。在這方面，我要特別提一提，國際法的情況和立場其實非常清楚。在一九七六年，英國政府將《公約》適用於香港的時候，已作出了保留條文 —— 第二十五條（丑）款不適用於香港。在一九九七年，中國外交部代表中央政府向聯合國秘書長發出照會，這些保留條文是繼續適用的。因此，香港可以達致〔至〕普選是源於基本法的，而按照基本法，在二○○五年至二○○七年期間，從策略發展委員會的討論至發表《政

制發展綠皮書》時，特區政府已表明會按照基本法及普及和平等的原則來讓香港達致〔至〕普選。

劉慧卿議員，你剛回來，我很高興。你剛才特別提到自一九九一年起，你便已在議會內代表市民發表意見和處理立法會工作。你很擔心地提到已經當了議員二十年，會否再當二十年也未達致〔至〕普選呢？一定不會這樣，因為在七年後，我們已經可以達致〔至〕普選行政長官，十年後已經可以達致〔至〕普選立法會。不過，我相信在座很多同事均很歡迎 —— 一如你剛才所說般 —— 再當二十年立法會議員，亦可以通過二〇一二年政改方案，讓更多年青一代 —— 貴黨及其他黨派的第二梯隊及第三梯隊可以「上位」。

（主席恢復主持會議）

黃毓民議員特別提到，他認為北京干預香港的「高度自治」。不過，實情是，按照《中華人民共和國憲法》第六十二條，特區政府的設立及採用何種制度，屬於全國人民代表大會的事權，是在憲法下由人大決定的。所以，香港對政制的改動是必須按基本法辦事，而五部曲的最後一部曲則是由人大常委會批准或備案的。

譚偉豪議員特別提到，希望香港的政黨能更成熟。特區政府其實亦希望這樣，所以政府採取了多方面的措施。第一，我們在數年前已設立的「10元1票」財政資助計劃，現時已增加至「11元1票」，以鼓勵不論有政黨背景或非政黨背景的獨立候選人參政。第二，我們亦有在不同階段增加區議會的直選議席。對於譚偉豪議員今次提到鼓勵政黨進一步參政，我們亦再一次提出在立法會應該有十個新的議席，不論是經由地區直選或功能界別中的區議會間選產生，均可以多些吸納具政黨背景或非政黨背景的人士，從而有助於香港的政黨發展。

何鍾泰議員特別提到，他雖然本來對二〇一二年區議會方案有所保留，但為着香港政制向前發展，他也提出可以支持方案。同樣，梁美芬議員也是採取相近的立場。我很感謝他們能顧全大局，以及對香港政制發展前路的關心。

吳靄儀議員特別提到將來的提名委員會及「民主程序」。我一直以來均有向大家解釋，大家如果能對二〇一二年的選委會有共識地通過，例如由一千二百人、四大界別組成，那麼，我們可以在二〇一七年按照人大常委會於二〇〇七年作出的《決定》，讓提名委員會參照選委會而組成。不過，我亦要回應何俊仁議

員。我一直都說，這個提名的「民主程序」究竟如何訂定，是在二〇一二年至二〇一七年期間所要處理最核心的問題。所以，這情況是非常清楚的。自二〇〇七年人大常委會訂下《決定》後，這立場便非常明確。

陳偉業議員認為，香港普選是遙不可及的，這並非實情。按普選時間表，在七年至十年間，不論是行政長官或立法會普選，均可以達致〔至〕。

張國柱議員鼓勵我們在落區進行起錨活動時，應要直接聽取民意。我們透過起錨活動，可以聽取民意及直接接觸市民，而在處理政制方案的不同階段中，我們當然也有出席區議會會議及舉辦公開論壇，聽取了不少民意。

梁耀忠議員在發言中明顯地不贊成保留功能界別。我給他的回應亦是直截了當的，既然在今次二〇一二年政改方案中，我們可以將傳統功能界別的成分減低至約四成，這為何不是一個進步呢？在立法會內透過地區直選、間選產生的議員增加至近六成，這為何不是一個進步呢？

陳茂波議員表示，他認為二〇一二年政改方案雖然可能進步不足，但他仍在積極地諮詢他所屬的業界的意見。我認同陳茂波議員的說法，大家都是不爭朝夕的。大家不要拘泥於今次二〇一二年政改方案中建議的七十個立法會議席，究竟最終是否有六席或多少席是經由「一人兩票」產生的呢？既然有新的民主成分，便先讓它獲得通過，這樣便能創造更有利的條件，讓我們可以在二〇一二年以後更進一步地處理立法會的民主化。

梁家騮議員特別提到，如果採用區議會方案來選出六位立法會議員，是有可能符合普及和平等的原則的。我只想多說一句來回應梁家騮議員，大家如果通過這個方案，我們便要在二〇一一年十一月的區議會選舉前進行立法。屆時，三百多萬名登記選民會很清楚知道大家所選的區議員會有互選立法會議員的職能。

劉健儀議員就當下的政治情況，以及我們提出的政改方案作了很詳細的分析。我非常認同劉議員所說的。在二〇一二年政改方案通過後，泛民黨派及其他黨派完全可以有很廣闊的空間，來爭取大家認為值得支持的二〇一七年普選產生行政長官的方案、二〇一六年立法會進一步民主化的方案，以及二〇二〇年落實普選產生立法會的方案。這些是完全有空間可以進行的。

所以，有議員認為我們今次如果通過政改方案，便有如要求大家購買「Yoga 計劃」，這個比喻並不正確。我如果沒有記錯的話，這是由吳靄儀議員提出的。

因為在通過今次的政改方案後，在二〇一七年之前，當第四屆特區政府提案建議如何落實普選產生行政長官時，大家屆時依然須投票決定是支持還是否決。所以，並非支持二〇一二年政改方案，接着便如直通車般要一併支持二〇一七年和二〇二〇年的方案。因此，這與購買「Yoga 計劃」是完全不同的。

梁劉柔芬議員鼓勵大家先行半步，亦認同民主黨與中央政府有進行溝通。就這種情況，我認為大家應該共同努力，繼續爭取支持政改方案可以有機會獲得通過。

何俊仁議員在總結發言時特別提到，喬副秘書長發表的聲明的字眼究竟是否依然有意思呢？肯定是有意思的。基本法的規定，是憲法層面的規定，而人大常委會二〇〇七年的《決定》，則是憲制層面的決定，喬副秘書長所表達的意見當然是非常有分量的。不過，我回應何俊仁議員，我希望這樣說：溝通和建立一個平台是為着建立互信，當然並非一次接觸、兩次發言便可以完全建立整全的互信的。不過，大家千萬不要每次在中央的代表發言後，便質疑其可信性和真確性。其實，在過去二十多年裏，大家曾經質疑過無數次：在一九八〇年代，大家質疑聯合聲明的「一國兩制」能否落實，而在一九九七年後香港會否繼續有法治、會否繼續是一個自由社會等。凡此種種的憂慮，到了今天已經證實當年是過分憂慮了。

所以，對於今天處理政制的議題，我很認同詹培忠議員經常所說的，便是大家要勇敢面對。大家應該理解，中央政府對香港實行「一國兩制」，包括香港要邁向普選的長遠方針政策，是真確的、是堅定的。如果要拖下去，為甚麼在二〇〇七年要訂定普選時間表呢？如果不希望香港達到共識，為甚麼要一次、兩次地發表聲明呢？這些均是希望大家可以開始從一個宏觀的層面逐步達至一個微觀的層面，可以在香港建立一套共識。這些共識對香港的民主進步確實是非常重要的。

2010 年 6 月 23 日
發言：二〇一二年行政長官及立法會產生辦法建議方案小組委員會報告

譚耀宗議員：

主席，本人謹以二〇一二年行政長官及立法會產生辦法建議方案小組委員會主席身份提交報告。

小組委員會曾舉行九次會議，討論政府當局就修改二〇一二年行政長官及立法會產生辦法的建議方案、兩項擬向立法會提交有關修改這兩個產生辦法的議案草擬本及相關事宜。小組委員會亦接見了一百六十三個團體及人士，聽取他們的意見。小組委員會商議的事項，已詳細在書面報告中交代，本人今天只會重點報告其中數項。

在二〇一二年行政長官提名機制方面，部分委員認為，現行的建議方案與政府當局在二〇〇五年提出的建議相比，是一個倒退。他們指出，當局於二〇〇五年建議將選舉委員會委員人數由現時的八百人增至一千六百人，而且全數區議員都會納入選委會，但現行方案卻建議把選委會委員人數增加至一千二百人，並只分配七十五個新增議席給民選區議員。因此，選委會內經選舉產生的委員人數比例將會減少。雖然提名門檻是維持在目前總人數八分之一的水平，但所須提名人數卻會由一百人增加至一百五十人。這樣將會令泛民主派難以提名候選人參選行政長官。這些委員建議將全數四百零五名民選區議員納入選委會，以提高選委會的代表性。

另有部分委員支持政府當局現時的建議方案。他們認為，有關建議會加強民選區議員的角色，以及提高行政長官選舉的代表性。他們並認為，提名門檻維持在目前的水平，已可以令行政長官選舉存在競爭。

政府當局解釋，建議平均地增加選委會四個界別內每個界別的議席數目，是

為了確保當選的行政長官會得到社會各界廣泛支持。當局相信泛民主派人士可以在選委會當中爭取到所需的一百五十個提名，在二〇一二年行政長官選舉中提名候選人參選。政府當局認為，現時的建議能提供更多空間和機會讓社會人士參與行政長官選舉，並且可以維持選委會四個現有界別均衡參與的原則。

根據政府當局原先提出的區議會方案，新增的五個功能界別議席和原來的一個區議會功能界別議席，會全數由民選區議員以比例代表制互選產生。

部分委員擔心，由於有些區議員只是由很少的選民選出或是自動當選，他們可能只會着重捍衛本身地區的利益。有委員亦擔心，六個區議會功能界別議席會被一些擁有大量民選區議會議席的大政黨壟斷。然而，另有部分委員認為，當局提出的區議會方案是務實的建議，可以在二〇〇七年全國人大常委會《決定》的框架內，提高立法會選舉的代表性。

政府當局解釋，區議員在處理全港性事務時，必須顧及香港市民的整體福祉。民選區議員的選民基礎是超過三百三十萬名的登記選民，加強民選區議員在立法會選舉中的參與，將會提高選舉的代表性。政府當局亦認為，如果採用比例代表制選出這些區議會功能界別議席，來自不同規模的政黨或政團的候選人，以至獨立候選人，都會有機會當選。

主席，小組委員會曾討論功能界別的存廢問題。部分委員認為，功能界別制度不符合普及和平等的原則，在最終落實普選立法會時，應該取消。

另有部分委員認為，功能界別制度能發揮均衡參與的作用，可以在普選立法會時以其他形式，例如改變其選舉方式和擴闊其選民基礎，加以保留。

政府當局強調，對於實行普選時應一次過取消所有功能界別議席，還是只改變產生功能界別議席的選舉模式，現階段很難達致〔至〕共識。由現在到二〇二〇年期間，社會人士可以有充足時間討論。

很多委員認為，為符合循序漸進的原則，政府當局應考慮根據香港的實際情況，在二〇一二年擴闊傳統功能界別的選民基礎例如把公司或團體票改為董事票。他們指出，民意調查結果亦顯示，市民普遍支持擴闊功能界別的選民基礎。

政府當局表示，在目前的功能界別制度下，很多不同界別及團體已有其代表，而把公司或團體票轉為董事或個人票等的過程確實相當複雜。在現階段亦很

難就大幅修改現行功能界別的建議達成共識，但當局願意考慮將更多團體納入傳統功能界別，例如航運交通界功能界別，以擴闊這些界別的選民基礎。有關的課題亦可在修訂相關本地法例時加以考慮。

2010 年 6 月 23 日
議案辯論：修改行政長官產生辦法

政制及內地事務局局長：

特區政府在去年十一月就二〇一二年兩個選舉產生辦法發表諮詢文件。在作出廣泛諮詢後，並且在符合基本法和全國人民代表大會常務委員會二〇〇七年《全國人民代表大會常務委員會關於香港特別行政區 2012 年行政長官和立法會產生辦法及有關普選問題的決定》的規定下，我們在今年四月提交了一項建議方案，透過增強民選區議員在兩個選舉的參與來提升選舉的民主成分。

我現在向大家介紹議案的內容。根據基本法附件一第七條的規定，人大常委會二〇〇四年四月六日關於基本法附件一第七條和附件二第三條的解釋，並且根據人大常委會二〇〇七年十二月二十九日關於二〇一二年行政長官和立法會產生辦法和有關普選問題的《決定》，政府動議通過「就修改行政長官產生辦法提出的議案」。倘若議案獲得立法會全體議員三分之二大多數通過，則載於議案附件中的《中華人民共和國香港特別行政區基本法附件一香港特別行政區行政長官的產生辦法修正案（草案）》將會呈請行政長官同意，並由行政長官呈報人大常委會批准。

根據附件一修正案的草案，二〇一二年選出第四任行政長官的選舉委員會人數，由八百人增加至一千二百人，四大界別以相同比例增加委員的名額，即每個界別增加一百個議席。

行政長官選舉候選人提名人數維持在選委會人數的 1%，即一百五十個提名，而第一界別、第二界別和第三界別將各有 50% 的委員數目增長。至於在第四界別，即政界，新增的一百個議席當中，七十五個議席會分配予民選區議員，加上原來的四十二個議席，日後將會有一百一十七個議席由民選區議員互選產生，委任區議員是不會參與互選的。有關的具體安排，包括第一界別至第三界別內的

界別分組所獲配予的議席數目，將會在本地立法的階段，在《行政長官選舉（修訂）條例草案》中處理。

在政府提出建議方案後，立法會內務委員會在四月十六日的會議上，成立研究有關建議方案的二〇一二年行政長官及立法會產生辦法建議方案小組委員會，並由譚耀宗議員出任主席及由林健鋒議員出任副主席。我在此謹代表政府向譚議員、林議員、立法會秘書處，以及所有參與小組委員會的委員所提出的寶貴意見，並進行了很多工作，向他們致謝。小組委員會合共召開了九次會議，包括會見市民和公眾人士。政府官員在這些會議上解釋了特區政府的立場，並且回應委員提出關於建議的細節。

主席，政府在二〇〇七年已爭取普選時間表，二〇一七年可以普選行政長官，隨後可以在二〇二〇年普選產生所有立法會議員。到了二〇一七年，提名委員會可以參照選委會的規定而組成。在落實行政長官普選時，候選人在取得提名委員會內不同界別的支持後，將由全港合資格選民以「一人一票」的方式普選產生行政長官。二〇一二年選委會人數增至一千二百人，以及四個界別的議席數目維持均等，均能夠維持均衡參與的原則，亦有助選委會在二〇一七年普選行政長官時可以順利轉化為提名委員會。

政制及內地事務局局長動議的議案如下：

「根據《中華人民共和國香港特別行政區基本法》附件一第七條的規定、2004 年 4 月 6 日《全國人民代表大會常務委員會關於〈中華人民共和國香港特別行政區基本法〉附件一第七條和附件二第三條的解釋》，及 2007 年 12 月 29 日《全國人民代表大會常務委員會關於香港特別行政區 2012 年行政長官和立法會產生辦法及有關普選問題的決定》，本會現以全體議員三分之二多數通過載於附件的《中華人民共和國香港特別行政區基本法附件一香港特別行政區行政長官的產生辦法修正案（草案）》。

附件

《中華人民共和國香港特別行政區基本法附件一
香港特別行政區行政長官的產生辦法修正案（草案）》

一、二〇一二年選舉第四任行政長官人選的選舉委員會共一千二百人，由下
列各界人士組成：

工商、金融界　300人

專業界　300人

勞工、社會服務、宗教等界　300人

立法會議員、區議會議員的代表、鄉議局的代表、香港特別行政區全國人大
代表、香港特別行政區全國政協委員的代表　300人

選舉委員會每屆任期五年。

二、不少於一百五十名的選舉委員可聯合提名行政長官候選人。每名委員只
可提出一名候選人。」

政務司司長：

創造歷史，因為我們很快便要決定，香港人是否可以首次凝聚足夠的集體意
志，修改基本法附件一和附件二關於行政長官和立法會的產生辦法。

創造歷史，因為我們很快便要決定，二〇一二年是否可以在政制上邁出突破
性的一步，為二〇一七年普選行政長官、二〇二〇年普選立法會全部議席奠定堅
實的基礎。

創造歷史，因為今次政改的醞釀過程，是香港民主運動步入成熟的一個分
水嶺，確立了只有訴諸溫和、理性、務實的路線，才能實實在在地推動香港民主
進程。

民主並非能醫百病的靈丹妙藥，但一套適合香港實際情況的民主制度，是有
利於在制度內處理經濟、社會、民生事務，調和矛盾，謀求大共識；在保障少數
人合理權益的同時，把社會上大部分人的意志轉化為施政的基礎。因此，追求民

主，追求普選，是香港絕大部分市民的共同願望，而推進民主亦是特區政府明確的施政方針。

回歸以來，特區政府為政改進行了大量研究、諮詢和提交法案的工作。二〇〇七年七月，第三屆特區政府成立之初，行政長官便兌現了他的競選承諾，發表《政制發展綠皮書》，展開公眾諮詢，啟動新一輪的政改工作。同年十二月，行政長官把公眾意見向中央政府全面如實報告。十二月二十九日，全國人民代表大會常務委員會作出歷史性的決定，定下普選時間表：二〇一七年可以普選行政長官，二〇二〇年可以普選立法會。人大常委會並決定，二〇一二年兩個選舉辦法可以作出循序漸進的修改。

二〇〇八年，特區政府按照人大常委會的決定，在策略發展委員會之下成立具廣泛代表性的政制發展專題小組，展開二〇一二年兩個選舉辦法的討論。二〇〇九年十一月，我們就二〇一二年兩個產生辦法展開公眾諮詢，並在今年四月提出具體建議方案。

一步一步走來，特區政府皆抱着最大的誠意，盡最大的努力，腳踏實地，推行政改工作。我們清楚知道，政改問題觸及最根本的社會利益分配問題，既複雜又敏感；在香港這個如此多元自由的社會，政治光譜非常廣闊，更有需要高度包容和耐性，盡可能縮窄社會上的分歧，尋求各方皆能夠接受的折衷點。

回顧過去半年多，圍繞着二〇一二年政改方案，香港社會共同走過了一段不平凡的路。其間，我們經歷了立法會部分議員通過辭職再補選的方式來表達他們的主張和訴求。由此觸發了社會對這種手段的討論和反思，引申出應否在這類補選中投票的辯論，更掀起了所謂溫和路線與激進路線的爭論。

在這段期間，特區政府展開了為政改起錨的動員運動，由特首至問責官員也紛紛走進社區，甚至舉行電視辯論，直接爭取市民支持政改方案。雖然社會上對這種運動有不同看法，但對於政府團隊深入羣眾，他們普遍持肯定態度。作為一種嶄新的嘗試，它亦催生了新的政治文化，讓政府團隊經受新的歷練，接受民意的洗禮，對於日後政府施政如何更貼近民情，是有很大的啟發作用和深遠影響。

在這段期間，我們看到只要各方面有足夠的智慧、勇氣和善意，只要我們的出發點是着眼於香港社會的長遠利益，求同存異，便可以走出二元對立的怪圈，打開纏繞多年的死結，走出一條新的路。

在這段期間，我們看到中央政府對於履行基本法關於普選的承諾、對於落實人大常委會相關的決定，付出了最大的誠意，釋出了最大的善意。人大常委會喬曉陽副秘書長先後兩次發表講話，再次重申並進一步闡述了普選時間表，並且明確表示兩個普選必須做到普及和平等，釋除了部分人士的疑慮。與此同時，中央政府亦透過中聯辦，恢復與香港部分政團和人士中斷了二十年的直接對話。中央多次積極回應溫和民主派和香港社會的訴求，為通過二〇一二年政改方案創造條件，並為日後長期溝通和良性互動開啟了大門，這是有利於進一步加強內地和香港之間的互信基礎。

在這段期間，我們看到立法會多個不同政見的黨派和議員均願意擱置分歧，放下黨派和個人的得失，為香港的整體利益爭取跨黨派的共識。這是日漸成熟的政治表現，也是香港邁向全面民主所應該具備的基本質素。可以說，在過去半年間所發生的這一切，好像一種酵素，使社會的政治參與度和成熟度在短時間內急速提升，讓我們一起上了一堂民主課。

主席，今天放在我們面前的兩項議案，符合基本法和人大常委會的決定，符合香港主流民意要求二〇一二年有民主進步的願望，也在最大程度上符合立法會大部分議員的訴求。

其中，有關行政長官選舉辦法的議案，在選舉委員會組成人數上體現了循序漸進的原則，在組成結構上體現了均衡參與的精神。最重要的是，按照二〇〇七年人大常委會的《決定》，我們為二〇一七年普選行政長官提名委員會的組成提供了一個切實可行的參照基礎，讓下一屆政府可以集中精力解決提名程序的問題。

至於立法會的選舉辦法，我們會在討論下一項議案時再作表述。我想在此強調，這個「一人兩票」的區議會改良方案，是有大幅度民主進步的方案，並且得到立法會跨黨派的支持。新增區議會功能界別的選舉安排，必須合理和公道，並容許不同黨派可以參與有足夠競爭性的選舉。

何秀蘭議員：

我反對這項議案，因為它是一個令很多香港人失望的方案。我在一九九一年

加入這個圈子，「捱到條邊」幫忙助選、當義工。過了二十年，很多議員其實較我資深，多年來，我很感謝支持民主的市民與我們一直同行，經歷了一次又一次的挫敗，但卻始終對民主不離不棄，我非常感激。

說回一點歷史，一九八八年，大家爭取立法會直選，被當時的殖民地政府扭曲民意，民主派上了很沉痛的一課。一九九四年，劉慧卿議員推動立法會全面直選的方案，匯點的四票放棄表決，以 20 比 21 票之差，全面直選與香港擦身而過。二○○五年，當局提出的方案實在太不堪，令民主派一致反對。可是，香港市民一直很期盼重新開啟民主政改的進程。

然而，我們今次等到的這個過程是怎樣的呢？只是一個含混模糊的過程：有口號，沒有內容；有閉門會議，沒有公開討論，負責推動政改過程的特首難辭其咎。在整個過程中，行政長官集中火力壓低不同的聲音，他沒有誠意回應市民的質疑。在市民向他提問時，他只懂得喊「起錨」。主席，一個真正為香港市民做事的特首，是不會以打壓反對派為樂，不會以與反對派競爭為榮，因為即使他消除了所有民主派的聲音，消除了所有代表市民的聲音，香港的貧富懸殊問題也是要我們解決的；即使將民情、民憤壓了下去，下一屆的行政長官也要處理這個計時炸彈。

正正因為我們這一屆的行政長官無法落實他的選舉承諾 —— 他說要在任內一次過解除政改的問題，現在他是失職，他沒有履行選舉時的承諾 —— 下一屆的行政長官便會更困難，因為屆時會有更多民憤、民怨積聚。一個負責任的特首不單要聽取民意，更要推動一個向選民負責的立法會，消除功能界別，增加直選議員，讓更多立法會議員和不同的黨派，透過公平、公開討論，透過公開、公正的選舉過程競爭，為社會尋求共識，一起作出令香港市民口服心服的決定。

政制設計其實是權力分配，把它設計為有三十席由小圈子產生的功能界別，那即是說特首默許很多財團掠奪經濟利益，令官商勾結容易滋生。今時今日，大家也看到，功能界別其實是把公眾利益放在業界利益之下。以金融界別的李國寶議員為例，他有沒有替雷曼苦主出頭呢？他的專業知識是用於銀行家身上，抑或是用於雷曼苦主身上的呢？所以，如果行政長官是真心、是心為民所繫的話，他便應該推動一個跟他一起解決貧富懸殊問題、向市民問責的立法會，他應該向中央反映香港的民意，盡快取消所有功能界別。可是，政府今天已勝券在握。不

過，我們將來的特首、將來的領袖也有一個問題要處理，那便是要走出北京要控制、財團要壟斷、人心越來越不甘心處於受欺壓的困局。所以，我們是要有一個具真心、有誠意跟市民溝通的特首，而不是一個動用公帑、權力誤導民意，且不惜分化社會，與民為敵的特首。

曾蔭權有他的情意結，他要「過一下直選癮」，即使拿不到選票 —— 只有數百票也好 —— 他也要在街上拿着「大聲公」面向市民，他以為直選的政治人便是手持擴音器振臂一呼，然後便會有很多市民回應。對不起，他完全誤會了，真正的市民是要求他細心聆聽，而不是透過扭曲民調，製造合用的數字。

市民的意見是這樣的：五月十六日，五十八萬人在補選中投票，他們全部有名有姓，有真實的身份，儘管受到多方打壓、有多個小動作，他們也一起投票，為的只是表示一種態度，便是要盡快取消功能界別。由六月八日至十日，香港大學的鍾庭耀博士進行了調查，結果顯示有 70.6% 受訪者希望在二〇一六年之前全面取消功能界別，死硬反對取消功能界別的只有 4.3%，這些便是民意。在余曾辯論期間，取消功能界別的支持度上升至 72%，在余曾辯論後，因為民主黨的建議獲中央接納，這個數字是有輕微下降 —— 我很公道，我會一併說出來，是 64%，但堅持要有功能界別的受訪者有多少？一直都只維持在 4.3%，這就是民意。對於另外一條問及反對取消功能界別的問題，數字是由辯論前的三成，下跌至辯論後的 17%，這些便是民意。還有一項民意調查，調查者問如果政改方案不獲通過，誰要負責？35% 的答案是中央政府，19% 是特首，覺得泛民要負責的有 28%。所以，請不要抹黑泛民，但政府今次是勝券在握的。

我要回應一下政務司司長唐英年在進行家訪時所說的一句話。我從電視看到，他在游〔遊〕說居民時說，通過了政改方案，政府便會關心市民。這句說話的真實之處，便是政府現時其實不關心市民，「強拍」的法例照樣通過，貧富懸殊繼續，但……

……

可是，另外一個具誤導性的情況是，即使這項政改方案獲得通過，政制的設計亦不會加強行政長官向市民的問責性。為甚麼？因為在新方案之下，提名門檻是更高。在二〇〇七年，民主派能夠有代表，跟曾蔭權進行具競爭性的辯論的情況，未必能繼續出現。因此，縱使將來是「一人一票」投票，但由於提名的篩選

性加強了，將來的行政長官的第一效忠對象，仍然是這個小圈子的提名委員會。所以，我反對這個政改方案，因為它仍然是將小圈子的利益凌駕公眾利益，它是一個倒退的方案，較原地踏步更差。

我們莫說它的內容不能回應市民的訴求，即使是現時這個方案的文本，當中的一些文字也有實質的技術問題要解決。第一，選舉委員會由八百人增至一千二百人，增加的人數是四百人，即在四個界別 —— 金融、工商；政界；宗教、勞工、社會和專業 —— 各增加一百人，但如何增加呢？如何挑選出來呢？如何選舉呢？這些都是完全不清不楚的。當然，林瑞麟局長可以說在本地立法時再慢慢討論。

主席，你否決我按《議事規則》第 16（1）條提出的休會待續議案，理由也是以後可以慢慢討論，但其實有一個更好的方法，便是我們為何不先進行本地立法呢？那麼，這些魔鬼或天使的細節便可以全部放在那項法例內，但無須立即生效。在立法過程中，大家可以很詳細地看到所有應該知道的資料，進行應該進行的辯論。經立法會通過後，我們再慢慢修訂基本法附件一、附件二。如果獲得通過，那項本地的法例便可刊憲生效，屆時便無須好像現時般本末倒置，要求泛民主派開一張空頭支票，任由政府支取，又或等於要求我們說出提款卡的密碼，讓政府任意提取，及後也無法回頭。當然，主席，這跟議案的文本沒有直接關係，但接着我會提出一個有直接關係的問題。

該一千二百名新的選舉委員會成員，當中包括了七十名立法會議員，這是根據立法會的產生方法來做的。可是，在二〇一二年，行政長官的選舉應該在三月底進行，因為他的任期只是到六月底 —— 今屆的行政長官的卸任時間較我們早大概兩個星期 —— 所以，當該一千二百人選舉行政長官時，是不會有七十名立法會議員，只有六十名。基本法的附件是重要的憲制文件，我們是否明知道有這個差別也不處理，趕着要在今天匆匆表決通過呢？

所以，主席，我在此按《議事規則》第 40（1）條，動議辯論中止待續，讓公眾有機會瞭解更多細節，包括我剛才提及的六十名和七十名立法會議員的差別。此外，主席，我亦希望你可以採用一個寬鬆的處理方法，讓議員稍後在就這項中止待續議案進行辯論時，可以將立法會須重新諮詢的理據一併提出討論，否則，我會在辯論立法會的產生方法時，同樣按《議事規則》第 40（1）條，提出

中止待續的議案,屆時大家又會說是拉布,覺得是浪費時間。所以,我希望主席稍後可以寬鬆處理,讓各位議員在發言時,可以就兩個選舉方法和兩個附件的修訂一併發言。多謝主席。

(編者注:何秀蘭提出中止待續議案。經辯論,中止待續議案被否決。繼續辯論「就修改行政長官產生辦法提出的議案」。)

何俊仁議員:

主席,民主黨今天在兩份中文報章刊登了一封「告全港市民書」。為了公眾紀錄,我現在把這封信讀出如下:

各位市民:

這數月間,我們盡了最大的努力,透過既抗爭又談判的途徑,最終成功使中央和特區政府對政改作出讓步。政府現在接受在 2012 年實施的改良方案,不但增加五席直選,亦同時把新增的五個功能組別的選民基礎,由原來建議的四百多人(包括民選區議員)擴展至 314 萬在傳統功能組別沒有投票權的選民。

民主黨堅信今天我們應該對政改新修訂的 2012 方案投支持票,理由如下:

(1)民主黨和廣大市民,要矢志繼續爭取 2017 年和 2020 年落實真正的雙普選,包括取消功能組別的同時,亦不要放棄取得階段性的實質進步成果。2012 年修訂方案使立法會擴大了民主成分,亦可使香港突破現時的政治僵局,使未來的民主抗爭有更大的空間和更有利的條件。

(2)倘若一再否決政改方案,我們亦不見得只靠街頭抗爭有任何的出路。再困在僵局中面對不斷惡化的社會撕裂,只會使支持民主的主流社會羣眾感到無力和厭倦,從而捨棄對民主的長期支持。這對香港的長遠民主發展是不利的。

（代理主席劉健儀議員代為主持會議）

（3）新增的 5 個大功能組別會否合理和美化功能組別制度呢？絕對不會。首先，任何形式的功能組別只是向 2020 年普選立法會的過渡安排。這是香港政府對聯合國人權委員會的承諾。其次，這 5 個大組別由 320 萬選出 5 位代表，更彰顯了現時由幾百人選出或經常自動當選的功能組別的不公。市民的眼睛是雪亮的，我們要信任市民。

（4）我們和廣大市民在民主抗爭的路上已走了二十多年了，大家風雨同路、互相扶持，土寸必爭，以一步一腳印的〔地〕把民主空間迫出來。在未來的日子中，我們要更堅定和團結的〔地〕利用社會抗爭、議會壓力和對話談判的途徑繼續爭取民主。民主派間策略的分歧不應造成分裂，判斷的不同亦不應破壞整體的團結和互相尊重。

民主黨

2010 年 6 月 23 日

代理主席，總括來說，我堅信在今天艱難的政局下，我們有需要尋找突破點，走出死胡同。今天，我們要爭取有階段性實質進步的成果，從而以持續累積的量變帶來不可逆轉的質變，甚至巨變。我們不要低估通過實施二〇一〇年「改良」方案後所帶來的沖〔衝〕擊和改變，我們相信屆時政局會有一個新和有生氣的局面。在這個階段，我們得到實質進展的同時，我要強調和重申以下數點。

第一，民主黨絕對沒有，亦絕對不會放棄爭取終極普選這個真普選的理想。路遙知馬力，日久見人心。在民主路上，我們多年來並肩作戰，我不希望看到我們的朋友輕易質疑多年來同路人的誠信。

第二，對於反對我們提出「改良」方案的朋友所提出的意見，我尊重和聽到這些意見。我覺得反對人士無可否認有他一定的理據，雖然我並不完全苟同，而且我覺得這決定最終牽涉政治判斷。可是，我們今天面對的是政治判斷的分歧，我不相信這涉及基本信念、原則和目標的不同。所以，我難以接受有人指責民主黨放棄理想，出賣民主。我們怎會是這種人呢？

第三，當然我很理解對質疑民主黨立場的人的確產生了一些誤解，我相信也

是基於這些原則。一直以來，不少人對中國共產黨極不信任。當然，他們不信任共產黨是有其理由的。他們認為共產黨從不會有談判的誠意，只有欺騙別人的意圖，所以，他們擔心民主黨已墮入被統戰的圈套中，他們認為任何談判結果，也一定會對民主不利。

代理主席，我們民主黨和北京之間，當然也沒有充分互信。如果是有充分互信的話，也無須二十多年來，我們完全沒有正式溝通和接觸。但是，今天，我相信基於現實的需要，我們在非常有限度的互信下，我強調在非常有限度的互信下，我們有需要坐在一起，解決香港市民希望我們能幫助他們解決的一些緊迫問題，因為不單是中央政府，我相信絕大部分市民也不想看到曾蔭權政府的管治危機日益惡化，更不願看到社會繼續走向撕裂和難以管治的局面。所以，基於這需要，大家覺得有共同目標而應暫時坐下來談判，希望得到大家可以接受的妥協結果。我們正正為未來的談判會否再有成果感到存疑。坦白說，有人問我是否對未來終極普選的談判有信心，我告訴大家，我並不抱有很大信心，也不是完全沒有信心。可是，正因如此，今天這階段如果有實質成果，我不會輕易放棄，我相信很多市民也有這種看法。

今天，大家要爭取突破性的結果是具體而現實的，並且可以立即付諸實行，所以，我不覺得我們和市民會受騙。在談判過程中，我們並沒有讓民主派其他組織一同參與談判，就這一點，我亦感到非常可惜，我也十分明白和理解因此而帶來對我們的猜疑。對此，我只能說，如果今後有談判機會的話，一定要民主各個黨派真正有機會共同參與，這樣才能取得獲社會廣泛支持的協議。另外還有一點引致很多人對我們產生誤解，甚至一直以來存有一些反感，而黃毓民今天也提過，那就是我們沒有參加五區公投運動，以致他們覺得我們對他們帶來傷害，再加上客觀上由於我們沒有參與五區公投，所以能夠進入談判會議廳。不過，我在此代表民主黨向全港市民再次重申及強調，我們與中央進行的對話及談判，是在今年三月才開始籌劃，作第一次接觸，在五月才舉行第一次正式會議，而民主黨的領導層在去年十一月，已經決定民主黨不參與這項公投運動，並且在十二月舉行的黨大會中作出決定。所以，我斷言我們不參加五區公投運動，絕對不是交換與中央對話的條件，這的確屬實。

多位同事亦多次指責我們的談判缺乏充分的透明度，並且只在密室進行。

我理解這些指責，不過，我相信大家也明白，這類對下談判沒可能讓大家攜帶擴音器進內，然後讓外面的羣眾聆聽會談內容。我相信全世界也沒有人這樣做。然而，我可以清楚對大家說，會談內容已經全部公開，所謂協議也其實透過我們與香港政府達成，而且全部公開。今天，大家需要決定是否支持這個「改良」方案，也就是透過商談而得到的協議。除此以外，我強調沒有其他任何協議、也沒有任何檯底交易。

代理主席，最後一點，也是十分重要的一點。如果有人認為今次歷史性的突破成果有價值，民主黨也作出了一點貢獻，我可以告訴大家，我完全不是這樣想。今次的突破當然得來不易，因為中央已多次宣布立場，很難令人覺得它可以改變。但是，我強調中間很多折騰促成了今次的改變。其實，來自整個社會民間抗爭的力量，包括我一定要承認五區公投的五十萬人的投票，「80後」年青人感人的激情，余若薇與特首的辯論中反映港人心中情及追求民主不可抗拒的說理，公社兩黨、多個其他民主組織和社會團體的不斷起動，然後才產生了這股共同力量。民主黨只是扮演工具的角色，來完成我們最後一小步，大家有需要繼續團結一起，為共同目標而努力。

湯家驊議員：

代理主席，我曾撫心自問，二〇〇五年我很堅決反對政改方案，我要求所有民主派的同事同意，但經過了五年，否決了又如何？我不想批評任何人，但反對方案的人，有沒有提出過否決後應該怎樣？他們要求普選，有沒有提出過他們會接受甚麼模式的普選？普選聯在這方面的確花了很多時間，他們花時間得出來的，並不是民主派不知不覺的一個方案。不是的，代理主席，是有跡可尋的。

很多人剛才承認，很多人以前曾提出「一人兩票」，我們無謂在此爭拗誰首先提出來。我想指出，我們在否決了方案後，花了六個月，民主派在二〇〇七年達成一個共識方案，其中一個中流砥柱的元素便是「一人兩票」的普選模式。當然，當時沒有人想過這個所謂的區議員方案，我亦不是說一個區議員方案，我只想說……

……

代理主席，那是二〇〇七年的方案，梁國雄先生和社民連的所有議員並沒有簽署，但當年泛民主派所有人均有簽署。該方案當然沒有談及區議員方案，因為當時並沒有包括在內。我亦不是說這件事，我只是在說我們的其中一個目標。最低限度，簽署那個方案的人士的目標，便是要邁向「一人兩票」的普選模式。如果我們今天已達到目標，我們便可以「收工」了，但階段上的……

……

代理主席，我是說我一向認為「一人兩票」的模式，是所有簽署了這個方案的民主派成員的目標。我重複一次，社民連當時尚未成立，今天這三位議員均沒有簽署那個方案。

……

……代理主席，就這個方案，我們在二〇〇九年曾召開一個所謂的「武林大會」，確認了一個普選模式，也就是「一人兩票」的模式。當普選聯要訂下路線圖和終極方案時，他們仍然以「一人兩票」作為終極模式，但在我們討論模式和路線圖的階段時，我們也考慮了可否在二〇一二年政改方案的細節中，首先引入「一人兩票」的概念？當然，我們是接受人大常委會的《決定》的框架 —— 我相信公民黨也是接受的。我們不可以打破直選議席和功能界別議席的比例，亦不可以直選來形容這五個或六個區議會的議席。不過，這個思維是很清晰的，我們爭取到這一步，下一步便是要將「一人兩票」的模式擴展至整個議會，並以此作為取消或取代功能界別的解決方法。

代理主席，這是民主派的目標，我們是朝着這方面爭取，所以，怎可指責我們背棄民主，出賣港人？我對此絕對、絕對不能接受。我剛才也說了，對我來說，這是極端終極的侮辱。代理主席，對於這個方案，我不認為它是一個完美的方案，可能沒有人會認為它是完美的 —— 建制派不認為，特區政府不認為，中央政府更不認為，但這是我們現時唯一可以達到的共通點。至於方案是否一個真正的「爛方案」呢？代理主席，我在討論下一項有關立法會選舉辦法的議案時，我會再作解說。我可以在此說，這不是一個完美的方案，但並不等於它便是一個「爛方案」，大家應該仔細、理性地思考這個方案的好處或壞處。

李卓人議員：

⋯⋯ 我在明天才會談論區議會的所謂改良方案，但今天會集中討論行政長官的產生辦法。首先，大家研究這個方案時應如何作比較呢？其實，是可以從兩方面比較的：一是跟現時的情況比較；二是跟政府提出的二〇〇五年方案比較。

如果跟現時的安排比較，現時的安排是有八百人，各界別人數分別為二百人、二百人、二百人和二百人，門檻則是一百人。在現行安排下 —— 記得梁家傑上次參選時好像取得一百二十四票提名，所以他便通過門檻參選。不過，大家也知道這是一個小圈子選舉，他根本沒有可能當選，大家也知道他是沒有機會的。無論如何，現時的門檻是取得一百人提名。如果改為當前新訂的安排，即各界別人數分別為三百人、三百人、三百人和三百人，究竟跟現行各界別分別為二百人、二百人、二百人和二百人的安排有何分別呢？

這三百人的方案究竟是怎樣的一回事？有人指出人數增加了較佳，這便表示更民主，但大家千萬不要墮入這個「人數」的圈套。因為這安排是近親繁殖，他們同樣來自那些團體。在同樣的團體中選出二十人、三十人或四十人又有何分別呢？他們的立場也是一樣。因此，即使各界別人數分別為三百人、三百人、三百人和三百人，跟現行安排相比，又有何進步呢？然後，政府把門檻提升至一百五十人，即同樣是 1%，並在政界的三百人中設七十五位區議員。可是，剛才已有人提及，並非真的有七十五位區議員，因為當中有十位立法會議員是「假」的，因為那時仍未選到，結果便可能有八十五位區議員，這八十五位區議員將如何產生也是未知之數。事實上，屆時整個格局跟現有情況是完全沒有分別的。

另一個方法是跟二〇〇五年的方案比較。在二〇〇五年的方案中，政府最少把四百多名區議員全數計算在內，使選舉委員會人數達一千六百人。儘管會以二百人作為門檻 —— 因為以現時 1% 的比例計算，一千六百人當然要有二百人為門檻 —— 但二〇〇五年的方案最低限度已把四百多位民選區議員計算在內，總較當前的方案好。因此，當這個方案推出時，我即指出這方案比二〇〇五年方案更「爛」，事實上也是如此，真的是更「爛」的方案。如果這個方案比以前的更「爛」，我們又怎可支持呢？這是我提出的第一方面。

第二方面，就是跟未來的情況比較，而這便涉及我們最着緊的一點。現時，

不管說甚麼也好，最重要的是最終能否有真正普選。雖說二〇一七年便是時間表，但是否有真正的普選呢？當前的方案跟二〇一七年的安排有何關係呢？原來是沒有關係的。為何我會這樣說？因為喬曉陽是這樣說的：「還有一些團體和人士提出未來普選行政長官候選人的提名門檻高低和功能界別選舉方式問題，我的看法是」——這是喬曉陽的看法，不是我——「討論這些問題都不能離開《基本法》的規定。《基本法》第四十五條明確規定，行政長官的產生辦法最終要『達至由一個有廣泛代表性的提名委員會按民主程序提名後普選產生的目標』。這表明，未來行政長官提名委員會按『民主程序』提名候選人與現行的行政長官選舉委員會由一百名委員個人聯合提名候選人，完全是兩種不同的提名方式，沒有甚麼可比性。普選時提名的民主程序如何設計，需要根據《基本法》的規定深入研究。」

換言之，不管二〇一二年的安排如何，也跟二〇一七年的安排沒有關係，因為他指明這跟二〇一七年相比，「完全是兩種不同的提名方式，沒有甚麼可比性」。也就是說，現時是 1%，屆時是否仍是 1%，沒有人知道。二〇一七年的安排如何，也沒有人知道，是不可相比的。還有一點是我們不知道的，就是「普選時提名的民主程序如何設計」，這仍有待深入研究。何謂「民主程序」呢？這也是沒有人知道的。

我記得過去曾有策略發展委員會委員提議在四個界別各設一個門檻，再設一個總門檻，但如果四個界別各自設門檻，那便是無限高的要求。大家也知道，梁家傑當年參選時，在工商界連一個提名也無法取得，如果每個界別也設門檻，那便無法競選了。這是第一個可能性。

第二種說法是指候選人不能太多，因為市民會很難選擇。這樣可否限制候選人的數目呢？這便可當作「提名的民主程序」來處理。如何處理呢？即使提名門檻同樣是一百五十人，這樣便應有八名候選人。可是，他們認為八名也太多了，市民很難選擇，不如設立預選，只甄選二名或三名。可是，這樣便「大鑊」，因為這便「玩走」了真正的普選，「玩走」一個真正有競爭的普選，「玩走」一個低門檻和沒有篩選的普選。要是先作篩選，那還有甚麼意思呢？

我現時面對的困難是甚麼呢？就是當前的安排跟二〇一七年無關，也較以前的方案差了，更與未來無關，那為甚麼要搞這些安排呢？那倒不如不要搞

了。大家暫且不理會立法會的產生辦法如何，但就是特首的產生辦法也是不能通過的，因為這根本是沒有關係的，也不知道為何要做這件事。因此，代理主席，我反對這個「爛方案」，這個特首產生辦法的方案肯定是「爛」的，是完全沒有意義的。

陳偉業議員：

⋯⋯民主黨今天所提出的所謂優化方案，在二○○八年沒有提過，從來沒有人民授權它代表來提出這個優化方案。你說這是黨提過的，便把黨的意志、意見及利益凌駕三十萬支持民主黨的選民。這是邏輯的推論，這是客觀的描述，這是事實的判斷，萬萬不是指責。

民主黨既然認為這個方案這麼好，為何在二○○八年不提出來？為何不可以像公、社兩黨般引咎辭職、鞠躬道歉，然後再爭取人民的授權？這是代議政制的基本精神和原則，你懂得嗎？何謂代議政制？何謂爭取人民授權和委託？為何我們經常指責曾蔭權、這些「公公」、奴才及「閹人」沒有人民授權，沒有民意基礎？便是因為他們不是由人民選出來的。

司徒華經常說要站在道德高地，你有人民的授權和人民的委託，便可以站在道德高地指責這些奴才、「公公」。為何我們時常批評共產黨專政？為何我們經常說要相信人民？如果民主黨這麼相信人民，相信人民並不是空談，人民不是一個工具，不是令你當上議員的工具。如果你要尊重人民，便要透過授權委託、透過投票，讓人民透過一個公開、公平及公正的程序，委託你代表他在議會內投票、發言及監察政府，這是代議政制的基本精神及安排。

但是，現在完全扭曲了。湯家驊議員的說法更恐怖，我真的希望民主派的朋友閱讀一下政治理論的書籍，瞭解代議政制的基本安排、概念及觀點，並不是私相授受，而是透過公開的選舉。你說要二○一二年雙普選，經過了兩年，如今卻進行密室政治，與共產黨某些中間人溝通，然後提出一個在二○○八年選舉時完全沒有提過的建議。這是一個很嚴重的政治道德問題，是嚴重欺騙及剝削市民政治權利的問題，也是極為嚴重的錯誤。

對於民主黨過去的錯誤，我在民主黨的年代已提出很多次。民主黨的成立也

是錯誤的，當年是由黑箱政治成立的。當年港同盟的數位高層成員 —— 正如今次的密室政治 —— 與匯點數位高層成員談妥後，表示要成立一個聯合組織。我當年是港同盟的中委，也不知道他們的黑箱政治運作，最後他們談妥了，便說基於民主大業，我們要成立一個共同組織。當時有些港同盟的會員在會上哭泣，表示極為憤怒，指責這些高層成員剝奪會員的知情權。其後，他們更在二〇〇〇年的政綱反對最低工資，出賣勞工利益。及後在羅致光的極力推動之下，以社工界一筆過撥款出賣了社工的利益，最後在單仲偕極力維護下，支持領匯上市，出賣基層市民的利益。

這是有跡可尋的，它既可以出賣勞工、出賣黨員、出賣基層市民及社工利益，為何不可以出賣那三十萬投票給你的選民的利益呢？因此，我希望何俊仁……對於民主派其他數位成員，我沒有甚麼期望，我只是對何俊仁仍然存有少許期望，所以，數天前，我致電 Martin，我告訴他我想來想去也不明白，為何何俊仁會走到這個地步？因為何俊仁看過很多政治理論的書籍，他很熟悉這些政治制度、政治觀念。在投票之前，在現時這一刻，我仍然把民主黨的朋友當作同路人，但在投票後，如果你違反二〇〇八年的綱領，出賣香港市民、出賣三十萬投票給你的選民，這樣已是由出賣立場、出賣政治觀點，逐步走向出賣良知的地步。我們是否盟友，便要再作判斷。

吳靄儀議員（譯文）：

代理主席，我基於三個理由反對政府的方案。第一，政府的方案完全不能達致〔至〕政改在憲制及社會方面的目的。任何改革必須朝着消除本港政制的不公平這個方向前進，使市民享有基本法賦予的普選權利，確保本港實行良好管治。改革不是維護本會若干議員及他們代表的界別的既得利益，或是透過增加議席使某些政黨的成員有更多機會成為立法會議員，藉以換取這些政黨的支持。公職的存在目的是服務市民。公職不是為使公職人員獲得利益而設立的。

第二，政府推銷政改方案的手法毫不光明磊落，並不把市民放在眼內。整項諮詢是一場戲。政府投放極少資源讓市民瞭解方案內容。市民表達的意見只是匯集起來，然後不屑一顧。政府推出宣傳行動，但後果是令行政長官本人及整個政

府蒙羞，而最後協議是一場黑箱作業，儘管外表是民主黨和中央代表在談判。除了知情人士外，沒有人有時間理解這些事態的發展。他們只顧政治上的利便，完全不提法律解釋。至於行政長官，由於他所做的及沒有做的一切，令人確實感到他不能代表本港市民，而「一國兩制」比幻覺更為虛假。這一切大大削弱了特區政府的管治威信，促使社會不被法律約束，造成混亂。

第三，我是基於原則及良心反對政改方案。我參與法律功能界別的選舉，目的是要投票廢除功能界別，因為功能界別違反《公民權利和政治權利國際公約》第二十五條和基本法。功能界別也是本港政治體制中極端不公平的特色。我是因為這個承諾而被選入議會，而我一直堅守這個承諾。這也是我本人和公民黨的信念。

......

我現在就個別方案作出討論。首先是關於選舉行政長官。

假如香港仍然是殖民地而總督是由外國委派，市民若能安居樂業，也會容忍政府。一旦行政長官按照基本法在本地由本港市民選出，我們便不可能期望市民會永遠接受一項事實，就是只有一些少數特權階級可以選舉行政長官。我們難免懷疑，這些少數特權人士和行政長官候選人之間已經進行以選票換取利益的買賣。很快便會有人提出抗議，說這個人不能代表他們。這位沒有市民授權的行政長官，究竟能夠有多長時間有效管治香港而威信絲毫不損呢？可能是十年，又或是十五年也說不定。年長一輩可能比較逆來順受，但年青一輩已經明確表示不能容忍這種不公平現象。

所以，我們不應爭拗行政長官選舉委員會應由八百人、一千二百人或一千六百人組成，又或其中大部分是代表特權階段。相反，我們應該考慮有甚麼方法可以落實一個根據基本法第四十五條訂明的普選選舉行政長官的可行制度。然後我們應該諮詢市民，怎樣可以在最短時間內把它落實。

同樣，運作上更為透明的立法會也是這樣。容許我提醒政府，一九七六年聯合王國政府對《公民權利和政治權利國際公約》所作的保留是甚麼。有關條文如下：

　　　　聯合王國政府就第二十五條（乙）款可能要求在香港設立經選舉產生的
行政局或立法局，保留不實施該條文的權利。

　　這項保留條文的效用已經被澄清多次。即是：雖然聯合王國政府無須在行政
局或立法局引入選舉制度，一旦立法局由選舉產生，有關選舉必須是普選。

　　這才算是合理，因為一旦立法會由選舉產生，我們還能證明這些不平等的選
舉是合理嗎？除了作為過渡措施外，我們又怎可能容忍特權呢？只要有關特權不
是用於促進有關界別的利益，又或最低限度不是明目張膽地這樣做，公眾或許不
會太過擔心。但是，這種情況不能持續。當有關特權為促進特權階級的利益而日
漸被濫用或是公然濫用，市民便會日益憤怒。一連串的事件都表明，商界及專業
界別的特權受到維護，而所有其他人的利益卻受到損害。市民還能容忍這種情況
嗎？特別是目前生活艱難，即使辛勞工作也不能糊口。

　　容讓選出行政長官的同一羣特權團體去操控立法會的確是政府管治的災難，
因為行政長官領導的政府不能好好回應市民真正的需要，而立法會又不能真正反
映他們的意願。所以，累積的忿怨很快便會爆炸。我們須要面對這刻不容緩的問
題。這不是風花雪月可以慢慢來的事情。我們是在說應如何避免災難發生。

　　代理主席，今天本會要討論的兩項決議案，其核心部分都是關乎功能界
別的。

　　我們不能接受政府提出的方案，因為它們不能解決現時的不公平情況，同
時也沒有承諾最終會消除特權和不公平，又或最終達致〔至〕真正的普選。關於
行政長官選舉方案，雖然在第四界別名義上是增加了七十五名民選區議員，但其
他三個界別增加了三百人，而提名門檻又增至一百五十人。這些都抵銷了加入民
選區議員的建議，使方案比以前更差。由於這些改變，一切仍然是原地踏步。行
政長官選舉沒有開放，容納真正競爭，甚至因為門檻提高而更難實現競爭。更重
要的是，方案是將來提名委員會的藍圖，但方案沒有保證會有普選成分的真正選
舉，也沒有真正選舉鼓勵公平公開競爭的特色。我們需要的是向前真正邁進，而
方案對此是毫無幫助的。……

鄭家富議員：

（主席恢復主持會議）

……由於有兩個方案，即行政長官和立法會的選舉方案，我可能會一次過表達我的立場。陳偉業提到有關我們民主黨二〇〇八年的參選政綱的部分，我是明白的。盡快落實全面普選，並在二〇一二年落實普選行政長官和全體立法會議員，確實是我們對香港市民所作的競選承諾，這是莊嚴的。一旦有任何改變，便要向曾經支持並投票給我們的選民作出嚴肅的交代。在這段日子裏，我們確實感到很疲累，並與香港市民一樣，在等待一次突破。這次突破 ── 我看到是破冰之旅，內心也有所觸動，亦有所期盼。很多人說：「鄭家富，你曾經是民主黨的少壯派，但眼見你在這一兩年，特別是在政制問題上，似乎甚少發言」。再加上我剛踏入五十歲，五十歲的少壯派，說出來也覺得有點可笑。不過，「少壯派」一詞其實不應以年齡界定，因為立法會外不止有一羣年青人，甚至可能還有些是八十歲以後的，同樣在立法會外為爭取普選而帶點激動地發聲。

為甚麼我在這一兩年甚少就政制的議題發聲呢？因為我相信民主黨，特別是我們的領導和政制小組的六名同事。經過破冰之旅後，我盼望我們有所突破之餘，其實在就當初的選舉承諾，即二〇一二年雙普選，進行漫長的討論後，已訂出一個妥協方案。第一，是優化區議會作為功能界別的方案，但最重要的是，這方案背後是有一個取消功能界別的時間表的。如果沒有了這些最基本的路線圖和時間表，而只顧優化功能界別，我相信日後當選那些屬超級區議會代表的立法會議員，手持二三十萬票作為民意代表 ── 我們這些直選議員卻只有數萬票 ── 怎會自動舉手取消所屬的功能界別呢？我對此存有很大的問號。

當然，有人會說，他們經過直選的洗禮，是有壓力的。可是，大家不要忘記，我們那些功能界別的同僚也有「一人一票」的代表。大家可以看看會計界和醫學界的兩名代表，在今屆和上一屆的發言或政治取向均已有所不同。如果日後建制派的超級立法會議員要跟隨中央，繼續存有共產黨認為可透過「一人兩票」方式和功能界別繼續存在的意識，我相信他們只會繼續堅持讓所謂的優化區議會方案千秋萬世，更遑論其他傳統功能界別的組織和議席了。

這正是我和民主黨對這問題的主流意見之間的嚴重分歧。我已經一次又一次

作出妥協。我可以告訴主席，當我們通過這優化方案和時間表時，我的內心其實有時候也十分矛盾，心想一旦中央真的接受，並一併接受時間表的話，主席，我便一定要繼續撐下去。不過，我也想可能會撐得很辛苦，但也是會撐下去的，因為我亦必然會受到陳偉業或「長毛」……還有應否相信那個時間表呢？我們已經一再讓步。當喬曉陽在六月七日提出以四項須符合的條件元素作為普選準則時，我聽到不少同事說「等無可等、退無可退」了。可是，言猶在耳，為何我們在短時間內連底線也被攻破呢？

所以，我希望在此表白，這便是我和民主黨黨員之間在判斷優化區議會方案的政治後果方面最重要的分歧。我認為這個優化功能界別的方案，利用超級區議會代表爭取全面廢除功能界別，實在遙不可及，而且困難重重。……

……

很可惜，如果這次通過的方案，是一個過渡性的所謂優化方案，我擔心人民的力量會被軟化，因為「一人兩票」確是很吸引，這樣人民的力量便會逐漸萎縮，而真正的普選則會越來越遠。

何鍾泰議員：

行政長官的產生辦法現正按實際情況和循序漸進的原則，擴大其代表性。首先，香港特區第一任行政長官是由一個按照基本法成立的四百名社會不同界別的人士組成的推選委員會所選出。其後的行政長官則由一個由八百名社會不同界別的人士組成的選舉委員會選出，而按照特區政府現在提出有關二〇一二年行政長官產生辦法的建議方案，選委會由現時的八百人增至一千二百人，並建議把選委會第四界別（即政界）新增一百個議席的四分之三（即七十五席）分配予民選區議員，加上原來的四十二個議席，區議會將共有一百一十七個議席，由民選區議員互選產生。這項建議安排的目的是透過由三百四十多萬選民選出的民選區議員來增強市民在選委會的參與，提升行政長官選舉的民主成分。民選區議員是由廣大選民選出的，他們貼近民意及代表不同階層，而且熟悉地區事務，他們的參與會有利於兼顧社會各階層利益，有助均衡參與。

現時，選委會的八百人中，委任和民選區議員共四十二人，直選立法會議

員三十人，加起來只佔選委會總人數的 9%。但是，按照政府的建議方案，在一千二百名的選委中，有一百一十七人是民選區議員，加上地區直選立法會議員三十五人，這些直接代表民意的成分，佔選委會總人數的比例已增加到 12.6%。相關的安排是符合循序漸進的原則。

按照政府的建議安排，區議員的地位及角色無疑獲得提升，有助鼓勵更多有志之士參選區議會。這亦可鼓勵更多專業人士參與地區事務，從而培養更多優良的政治人才，並為普選創造更有利的條件。

對於上述的建議安排，本人過往在不同的場合，也表達過一些意見。區議會將共有一百一十七個選委議席，全數由民選區議員互選產生，本人認為這對委任區議員是十分不公平的。委任區議會議員既沒有參選權，也沒有提名權和投票權。他們對區內事務的貢獻，似乎完全得不到認同。

此外，在行政長官候選人的提名安排方面，政府建議維持目前的提名門檻，即選委會總人數的八分之一（即一百五十人），本人曾表示可以維持在現時的一百人。至於提名人數上限，本人認為應定為二百人則更為理想，這樣便可令更多有資格參選行政長官的人士獲得提名，為落實二〇一七年實行行政長官普選提供更有利的條件。

雖然本人對政府的建議方案有一些保留，但本人仍然支持方案。既然人大常委會在二〇〇七年十二月二十九日作出了《決定》，為落實香港特區行政長官及立法會普選訂出了明確的時間表。《決定》清楚表明，香港可以在二〇一七年普選行政長官。那麼，政府的建議方案能夠為邁向目標而作出應有的準備。

有關的建議方案，已經在二〇一二年行政長官及立法會產生辦法建議方案小組委員會進行詳細的討論，小組委員會也會晤超過二百位來自各界的代表，瞭解他們對方案的意見和看法。

本人深深明白到社會上不同的人士對普選定義以至相關的憲制安排，都有不同的看法和期望，但為了大局着想，我們不可能只堅持自己的意見，而完全不準備作出任何的妥協。可惜，二〇〇五年的政改方案被否決，令香港的政制發展停滯不前，正因為基於全局的考慮，本人雖然對政府提出建議方案中的一些細節存有不同的意見，但在不違反達致〔至〕普選的大原則下，本人願意作出讓步，爭取社會共識，並希望透過支持政府提議的方案，令本港的政制發展可以向前繼續展開。

張文光議員：

民主黨相信人民，我們深信人民不會因為增加區議會變相直選議席，便放棄廢除功能界別的最終目標。民主黨相信直選，只要直選議席在二〇一二年、二〇一六年不斷增加——當然要由我們爭取增加，便能夠造成一個局面：直選是會逐步包圍和孤立功能界別，最後走向三分之二的多數，時機一到便能揭竿起義，將功能界別廢除，送入歷史博物館。

經歷了二十五年民主運動的奮鬥，民主派的確是有兩條路線，簡而言之，是一步到位，立即實現真普選。此外，便是選擇一步一腳印，爭取立法會由量變到質變，由三分之一否決權的少數，要逐步爭取更多同路人，發展至三分之二的多數。

我當然希望一步到位能夠成功，我也曾為此與很多戰友奮鬥了二十五年，付出了全部的青春。在二十五年後的歷史關頭，我不禁要問：爭取民主是否只能有一條路？實現普選是否准許對話談判？如果要對話談判，一如湯家驊議員所說，結果是立即全贏，而且要在對話一個月內便贏盡一切，即能夠取消功能界別，也撤去特首提名的任何障礙。如果一個月做不到全贏，即使爭取到立法會的十席直選和變相直選，即使已經明確指出是絕不會放棄廢除功能界別的立場，也要立即否決，玉石俱焚，原地踏步；否則便是行差踏錯，這種一步到位、寸步不讓的策略，我尊重但不同意，更不會放棄一步一腳印的寸土必爭。

民主黨必須在此重申，我們沒有放棄取消功能界別，這是抹黑；我們與中央的對話，正式發生於五月二十四日，民主黨在對話中第一個要求，便是要為未來十年邁向終極普選立法，避免往後十年每一屆均要為政改爭論不休而內鬥不止。

中聯辦的李剛先生回應說，他們願意研究十年政改立法的建議，但他認為這是新的建議，距離投票只有一個月，人大是沒可能作出如此快速的決定。然而，對話已經開始，中聯辦可以研究日後功能界別的存廢。在一個月後，我再問李剛先生，他說：的確是在研究中。

對民主黨來說，對話的互信尚未建立，人民憑甚麼來相信未來的對話，是真正可以解決功能界別的存廢呢？因此，民主黨進一步提出，如果中央政府能顯示它對普選進程的誠意，將二〇〇七年人大的決議用到盡，容許二〇一二年方案，除了五席直選外，也將五席區議會功能界別議席改為全港三百二十萬選民直選產

生，當然二十三萬功能界別選民除外。

中央改良區議會功能的善意，是有助於人民相信對話是可行的。只要港人認同對話不是拖延和欺騙，而是解決政改困局的一種辦法，我們仍可以藉社會行動、議會抗爭和對話談判，爭取廢除功能界別，並最少要為此奮鬥十年。

於是，二○一二年方案將開始質變，如果這個趨勢延續至二○一六年，直選議席慢慢便會比功能界別議席更多。四十席直選和變相直選議席對三十席功能界別議席，然後再爭取二○一六年的民主有更大的進步，用直選包圍和孤立功能界別。人民的眼睛是雪亮的，他們不會因為「一人兩票」，而容許一些小圈子如漁農界別，或大圈子如教育界永遠存在。「青山掩不住，畢竟東流去」，有誰可以阻止「一江春水向東流」呢？有誰可以阻止人民普選的時代潮流呢？說增加區議會功能界別直選議席，是會鞏固功能界別，這其實是不相信人民力量及智慧。

因此，二○一二年方案只是一個民主的起步，增加直選和變相直選十席總是好事。否決方案，一步到位，是值得尊重的。但是，接受方案，增加直選及變相直選十席，一步一腳印地廢除功能界別，何錯之有？更不是出賣民主，何必抹黑？

葉國謙議員：

我們現在要討論的議案，是整個政改方案的一部分，目的是修改基本法附件一的有關規定，為二○一二年的行政長官選舉作出準備。很奇怪，社會上對於行政長官選舉辦法的討論其實並不多，大家的焦點皆集中在立法會的選舉安排上。當然，大家將會在下一節的討論中觸及這項議題。事實上，目前最重要的工作其實是落實普選行政長官。一方面，因為人大常委會在二○○七年的《決定》要先落實普選行政長官，然後才落實普選立法會。另一方面，因為香港是行政主導，只要特首是經普選產生，便已經很大程度推進香港的民主進程。民建聯支持這項議案，因為這項議案為二○一七年普選行政長官創造有利條件。

議案建議擴大行政長官選舉委員會的人數，由現時的八百人增加至一千二百人。民建聯認為這種做法及建議可以增加社會各界人士的參與，提升選舉委員會的代表性。當然，我們亦聽到反對派說，在「05 年方案」中，政府建議選舉委員

會的人數增加八百人，但今次的方案只建議增加四百人，所以今次的方案是「倒退」的方案。我們認為反對派這個批評毫無道理。要知道，判斷一個方案進步還是退步，必須跟方案實行之前的制度來比較，不應該跟一個從未付諸實行的建議來比較。打個比喻，現在有很多議員、同事和市民均陶醉於在南非舉行的世界盃比賽，決賽周有三十二個名額，亞洲區佔四個半，與十二年前只有三個半名額比較，明顯有很大的進步。但是，你不能說，目前這四個半名額與國際足協承諾的五個名額相比，是一個倒退。這五個名額只是一項建議，並不是一個已落實的制度。

其實，我們也注意到梁家傑議員曾經對傳媒表示，質疑選舉委員會的人數只增加四百人，是因為他上次取得足夠提名成為特首候選人，所以政府今次特地把八百人調低至四百人。我認為梁議員的想像力較為豐富，可以想到政府設計出來的制度是專門針對他個人，我希望他不要再自我膨脹。事實上，無論選舉委員會的人數多少，對是否成功被提名成為特首候選人並沒甚麼影響，因為政府建議維持目前提名門檻不變，即選舉委員會人數的八分之一。所以，雖然人數增加，但門檻仍然保持原來的百分比，並沒有特地提高門檻。一個制度不會為了方便某人或排斥某人而設。大家應該理解到，今次選舉委員會增加的人數比「05年方案」建議的為少，一個很重要的考慮是現時已經有了普選的時間表，即二○一七年普選特首，所以二○一二年的選舉委員會人數不適宜大幅增加，因為大幅增加人數，可能會令選舉委員會難以很好地過渡成為提名委員會。因此，這其實是為選舉委員會過渡成為提名委員會提供條件。

為了回應社會關心委任區議員的投票權問題，政府今次提出的政改方案跟「05年方案」之間最大的不同，是委任區議員無權參與行政長官選舉委員會，以及在立法會區議會功能界別選舉中再沒有投票權及被選舉權。主席，我作為區議會功能界別的議員，我希望利用這個時間，為委任區議員說句公道話。

為了增加行政長官及立法會選舉的民主成分，向爭取政制向前發展的大局出發，政府對委任區議員作出這種安排是可以理解的。事實上，委任區議員無權參與行政長官選舉委員會，以及在立法會區議會功能界別選舉中沒有投票權及被選權，正如深水埗區議會主席陳東先生所說，「同俾人斬手斬腳冇乜分別」，因為委任區議員不再含有任何政治色彩，純粹擔當地區服務的角色。在這種情況下，是

否取消區議會委任制，已經不再是至關重要的問題。事實上，委任區議員在地區作出很多貢獻，例如深水埗早前發生高空擲物案件，區內的委任議員便自發籌集四十萬元，在舊樓安裝閉路電視。有些委任區議員既出錢又出力，他們拿出區議員的津貼來贊助地區活動，甚至自掏腰包來推動地區事務。因此，區議會委任制可以讓社會上一些有識之士，透過非選舉途徑，為地區服務。我希望日後政府把區議會委任制提出來進行公開討論時，大家皆能以持平、理性的態度來討論有關問題。

張國柱議員：

說回今次有關行政長官產生辦法的修改部分，建議的修改包括把選舉二〇一二年行政長官的選舉委員會人數增加至一千二百人，以及把提名特首的門檻提高至一百五十人。

表面看來，增加選委會成員的人數好像會提高行政長官的認受性，這點剛才已有同事提及，然而相對於二〇〇五年的方案，這是否有進步呢？新增的四百名選委會成員，四個界別均分別增加一百席。當中政界分配予區議員的新增及原有議席，已是順應民意，取消了委任議員的投票權，看來好像還有少許民主，但其餘三個界別的選委會組成，亦即工商金融界、專業界及勞工、社會服務及宗教界等，政府至今仍沒有明確表示究竟其選民基礎會否比現在的更闊，這難免令人質疑新增選委的認受性。

因為新增的選委如何組成，對提名及選舉行政長官十分重要，如果這方面沒有釐清，我是不會接受一個「魔鬼就在細節中」的建議。

不過，我相信最大爭議當然是特首候選人的提名門檻，因為這對日後普選行政長官有極大影響。現時政府把提名門檻由一百人提高至一百五十人，很明顯是要窒礙建制以外的人參選，以確保候選人在掌控之內。

按政府的說法，把提名門檻提高至一百五十人，是根據在八百名選委中獲八分之一人提名這門檻而按比例增加的，如果從八分之一的角度看，這做法好像是對的。他們說這樣做只是按比例增加，並沒有把門檻提高，但這明顯是聽不到業界和社會的聲音，因為我們要求的是維持門檻於一百人，而非八分之一。要知

道，如果參選，要在選委會取得一百人的提名是很困難的，更何況是一百五十人。假如我們不斷說，不如把選委人數擴展至八千人，屆時其代表性便會更強，如果是這樣的話，我們是否要取得一千人提名？所以這並不符合市民的思考邏輯。

當然，大家亦明白，即使所謂泛民派人士取得一百五十名選委提名，亦沒有可能在小圈子選舉中勝出。但是，如果日後由一人一票選舉特首，情況又怎樣呢？因為按基本法規定，普選行政長官始終要由所謂提名委員會提名，現時加高門檻，是否為未來普選特首鋪路，以扼殺建制以外的人士獲得參選的機會呢？

這種倒退的方案，與我們社工總工會提出把特首提名維持在低門檻的要求，實在有很大的差距，所以我們絕不能接受。

我已不下一次說過，有民主才有民生，擁有廣大民意基礎的特首，才能真正為人民服務，為人民謀取福利。如果特區政府及中央政府為了所謂維持社會穩定，選出來的小圈子特首只懂得向權貴、大財團獻媚，我深信社會現有的分歧和矛盾肯定會不斷激化。

現時立法會外有大批年青人在和平集會，他們走出來，正是政府不斷加深社會矛盾的結果。雖然政府意圖抹黑他們，但我想請各位冷靜地看清楚他們的行為、他們的訴求，他們為了公義而發聲。你覺得他們是為了私利而反對政府的方案嗎？他們餐風飲露，所為何事？他們苦惱地寫「港人治港」又為了甚麼？我深信他們在立法會外集會，絕大部分不是為了惹事、不是為了「出位」，而是真心真意的〔地〕為香港的民主出力。如果政府只懂以激進一類的字眼意圖抹黑他們的行為，我相信一定會有反效果。

特首及各位司長、局長級官員，你們應該珍惜香港有一羣有理想的年輕人，他們願意關心社會、關心民主、關心香港，而不是只懂炒樓、炒股票，他們為香港的前途發聲。未來，當我們退下來的時候，我們是要交棒給他們的。

有不少人說西方國家經過百年漫長的歲月和鬥爭，才有今天的民主政體，而香港正如張文光議員剛才所說，也不過是爭取了二十至三十年，他們質疑香港的步伐過於急進，應慢慢來。我套用一句中國諺語：「前人種樹，後人乘涼」，西方的民主成果其實正好讓香港作參考，看看怎樣才可以走少一點冤枉路，加快我們的民主步伐。再者，一個地方是否適合民主發展，亦要視乎當時的社會環境及人

民質素。

以現時香港人的政治質素，加上完善的法治，我認為絕對有能力立即以一人一票的方式來普選我們的特首，政府不應再用時間表來限制我們。但是，我們今次代表業界反映對政府方案的意見，並不代表就此放棄爭取雙普選的希望。因為，只要想到人民當家作主的時代總會來臨，我便會更堅持到底。

梁耀忠議員：

張文光剛才說我們要寸土必爭，這個大前提看來是沒有錯的，但問題在於甚麼是「寸土」。如果就政府提出的二〇一二年行政長官產生辦法而言，究竟有多少民主成分可以令我接受呢？原來由一百名選委提名的特首，現在改成要一百五十個選委提名，從量方面已經是惡化了。當然，可以說基礎是不同了，因為增加了基礎人數，但增加人數不代表「量」是改變了。同時，二〇〇五年原本提出由一千六百人加上有區議員成分的選舉委員會，現在改為一千二百人，反而區議員不能參與。主席，這樣不單在「量」方面未能寸進，即使「質」方面亦看不見有任何改善，教我們如何支持呢？

主席，我記得在一九九六年時，因為我說了「臭甕出臭草」這句話。當年這句話令我成為第一個、亦是最後一個在殖民地時代被趕離議事堂的議員。主席，回歸十三年，特區政府在這十三年間，經歷兩位特首（董建華和曾蔭權），他們的施政和民望是怎樣呢？我們看到的是，跟我的說法和看法也沒有錯，兩位特首不單民望不合格，他們所做的事也不為市民所接受，因為他們不是面向市民，無須向市民負責，而他們也不是由市民一人一票選出來的。事實上，他們過去的施政方針，不單沒有理會民意，尤其是曾蔭權，他竟然還在執政期間公然表明親疏有別。這種施政方針如何能得到市民的支持，而且他不斷在政治和民生政策上偏袒財團，導致今天的社會上貧富差距非常嚴重，亦使他成為社會矛盾的頭號敵人。這些問題怎樣解釋呢？這是不能打破小圈子選舉的結果，不能讓市民一人一票選出特首，不能令特首向市民和社會負責。所以，我看不到要支持特首產生辦法的方案。

我無疑是明白民主黨有心希望事情能有進展，但我今天看過他們的聲明，令

我感到有點難過，原因是甚麼呢？聲明指，「倘若一再否決政改方案，我們亦不見得只靠街頭抗爭有任何的出路。再困在僵局中面對不斷惡化的社會撕裂，只會使支持民主的主流社會羣眾感到無力和厭倦，從而捨棄對民主的長期支持。這對香港的長遠民主發展是不利的。」主席，我自從一九七八年便一直爭取民主，已在這條漫長的道路上走了很長時間。如果你問我會否厭倦，我相信任何人都會感到厭倦，沒有人期望要走這麼長的一條路，除了他是跑長跑的以外。可是，我相信在爭取民主道路上，市民會明白這條道路是艱難和崎嶇的，他們亦明白由於艱難和崎嶇，所以我們一定要堅持下去，不怕厭倦。

馮檢基議員：

　　今天的辯論表面上只是關乎特首選舉條例的議案，但很明顯，我們看到今天整天的辯論是在說兩條路線的分別，又或兩條路線的肯定，再進一步說，是兩條路線的鬥爭。正如梁耀忠所說，分裂的開始是變相公投，今次是一個延續。我的問題是，這兩條路線是否不能相容呢？這兩條路線是否只能相剋呢？如果大家有一個共同的理想，甚至包括建制派在內，也想在二〇一七年和二〇二〇年看到雙普選的時候，為何大家在手法上的不同可以導致互相廝殺呢？我覺得今天的辯論，是我們泛民內的互相廝殺。當然，程度有輕的，也有重的。

　　……

　　當然，今天民主黨走這一步，我自己是歡迎的，因為民協只可以顯示，在所謂黑白對比，或兩條路線，一是爭取民主，一是親中，在兩種好像是水火不相容的情況下，我們提供第三種可能性讓大家參考，我們可以做到的，只是讓大家參考。但是，今天的民主黨與我們不同，民主黨在議會內有九票，除了加上其他泛民可以有一個否決權之外，這九票同時也可以加入一股創制權的力量內。問題是今天這件事情是否要創制，還是今天要否決。民主黨這九票是決定性的。這是不容易做的，是很難做的。

　　我自己的結論是，主席，如果今天不做，有沒有人可以告訴我其後可以怎樣做呢？不向前走，四年後又怎樣呢？我們經常在泛民及在普選聯中說，我們要把死馬當活馬醫。所謂死馬的意思，是大家也認為不可能、不可信的事情，即全

國人民代表大會常務委員會說在二〇一七年和二〇二〇年將會有雙普選。我們將之視為死馬，但卻要作活馬醫。當作活馬醫的意思，是我們要使政府下次不再討論二〇〇五年方案，不再把二〇〇五年的方案第三次提出來討論。我不知道在立法會的層面上，有沒有人可以發揮這創制的力量。如果不行的話，便只有一個方法，就是如果今天所提出的建議較以往的好，我們便接受它，使政府下次不可能再提供同一個方案給我們討論二〇一六年的安排，屆時的方案必定會較現時的方案進步，因為如果他們說二〇一六年會繼續維持現狀，他們便無法解釋二〇一七年和二〇二〇年怎樣可以有雙普選。這便是策略性的考慮。

　　主席，民協就今次的方案提出兩項投反對票的原則。第一個原則是要取消區議會委任制；第二個原則是政府的方案一定要較現時的做法好，否則我們便會投反對票。政府今天接納了民主黨的建議，我認為這是較政府原來的方案進步的，但我不會作詳細解釋，大家也應該明白。可是，爭取取消區議會委任制並不容易，雖然其他政黨也有提出這要求，但敢大聲要求的只有民協。政府在上星期四仍然只說會考慮取消區議會委任制度，但司長於星期六的商台節目中，不知道是否一時口快，他說政府願意取消區議會委任制度，但當我後來向局長詢問，他卻發出聲明，指政府現時的態度只是積極考慮取消區議會委任制度。「積極考慮」所指的仍是腦中的一種想法，尚未轉化為行動，民協並不接受，而且會繼續爭取。……

2010 年 6 月 24 日
恢復議案辯論：修改行政長官產生辦法

陳茂波議員：

主席，對於民主黨今次為「政改」方案帶來的突破，我想表示由衷的感謝和敬意。我表示敬意，因為他們在爭取早日雙普選的奮鬥中，展示出明知不可為但仍全力以赴的鬥志；在迂迴的民主路上，判斷甚麼是可行，甚麼是可能的智慧；以及敢於作出一些應該作出卻又不受部分支持者甚至盟友歡迎的決定的勇氣。我相信心存欣賞和感謝的，不止我，還有很多市民。

我個人相信今天的「改良」方案是一項進步，會對香港有好處。面對議會內外反對方案的批評，我必須承認這是一項政治判斷。最後是對還是錯，今天沒有人可以說得準。我根據現時所掌握的資料，我對問題的認知、過往香港及內地的歷史，以及個人經驗和信念，憑良知作出判斷。日後成與敗，除了基於香港的內在條件，還有很多因素包括內地的政治和經濟情況。萬一日後發現出錯，我相信我們仍可馬上同心協力，糾正過來。這樣，我們的社會才有前進的動力，香港社會才會有生命力。

……

不過，主席，即使我表示支持二〇一二年行政長官產生辦法，我想重申兩點意見：第一，我個人認為提名門檻可由目前的八分之一下降至十分之一，好讓持不同政見人士可以參選。這不會妨礙我今次投票，因為我已考慮過去兩三屆立法會議員的政治光譜分布，加上新增的五個區議會功能界別議席將會採取低門檻、比例代表制產生。我相信在日後的一千二百人選舉委員會中，持不同政見人士取得八分之一提名參選，不會有困難。第二，二〇一二年的選舉委員會是否過渡成為二〇一七年的提名委員會，全國人大常委會副秘書長喬曉陽先生並沒有清楚說明，令大家擔心會否在提名委員會階段進行篩選，以致屆時持不同政見人士毫無

參選機會，市民也沒有選擇的機會。主席，我認為二〇〇七年行政長官選舉有梁家傑議員與曾蔭權先生的對決，是市民所樂見的。因此，二〇一七年行政長官選舉，不應該也不可能倒退至比十年前還差的。

李永達議員：

我們唯一希望政府澄清的，是選出新增的區議員代表的方法。現時，區議員代表是互選產生的，人數增加後，是否好像上一屆般經由互選產生呢？將會以甚麼方式進行互選呢？是以每人一票還是以投全票的方式呢？這點會令選委會的組成有所變化。我們民主黨當然認為，如果政府在討論下一項關於立法會選舉的決議案時，是傾向採用一個選區五個議席，類似多議席單票制的方式，即在某程度上讓選票比例反映所得到的議席的話，那麼，這個原則便應該同時應用在這項決議案上，令到那些小的政黨、中的政黨，不會因為這個選舉方式而完全得不到一個比例的議席。簡單來說，便是不應讓一個大的政黨在這個選舉方式下取得全部議席。

……

主席，我要討論的第二件事是，我不同意黃毓民所說，是否接納這項方案，是個原則問題。這是路線或策略的問題，甚或屬更低層次，是政治判斷的問題。支持民主還是反民主，便是原則問題。我今年和去年也曾與黃毓民討論。我經常與他討論問題。我說：「『毓民』，你走的是一條路線，我李永達、何俊仁、張文光，民主黨走的是另一條路線。沒有人知道在十年、二十年之後，誰的路線會成功。既然我選擇了這條路線，而我的原則與你的原則沒有不同，我們便應該視對方為民主道路上的盟友。這極其量也只是人民內部的矛盾，而不是敵我的矛盾。」當然，我很開心聽到很多民主派的朋友說，這只是策略和路線上的分歧，而不是原則上的分歧。

簡單來說，我們的策略是，經過了二十多年的所謂街頭鬥爭，在某些時間，要透過某些議會的形式或商討形式，取得階段性的成果，然後將之擴大。這是我們思路的根據。這想法不僅是一個純真的期盼和憧憬，因為在實際提出的方案中，十席立法會議席真的是會經由直選產生的。主席，我是第一個認為這是變相

直選的民主黨成員。當然，黃仁龍司長不可這樣說，因為這樣說便違反基本法，但我不用理會這點。主席，試想想，在議會內增加了 16.6% 的民主力量，這是一小步嗎？是 16.6%。李華明上次在大會上說得對，大家覺得這十名新代表跟傳統功能界別的議員一樣嗎？其實，他們在政綱、看法、將來的表現、要向誰交代等方面，是與我們直選議員沒有分別的。我們提出正面的看法，是因為這十名代表可推動議會更民主、更傾向民眾參與，而我們的分析是肯定的。

劉健儀議員：

我剛才用了頗多時間談論我們進行的民調，其實只是想帶出一點，現時有很多聲音提出要撤回方案、不支持方案，但同時亦有很多沉默的大多數是支持方案的，尤其是這個已優化的方案。

所以，自由黨便是代表這些大多數的市民，支持今天這項議案，亦很高興經過多番轉折後，立法會中的溫和民主派議員最終也決定與我們站在同一陣線，表態會投票支持今天的方案。

今天這個方案首項便是要尋找修改基本法附件一有關行政長官產生辦法的規定，以讓它可以符合人大常委會在二〇〇七年的《決定》，即快在二〇一七年可以落實普選行政長官。自由黨認為要順利落實在二〇一七年普選行政長官，二〇一二年的行政長官選舉辦法及選舉委員會的組成部分，必然要按循序漸進的原則作出改進。否則，如果現時繼續原地踏步，在二〇一七年普選行政長官時便會遇上很多困難。

今天，雖然很多同事也說會支持方案，但他們是不滿意這個方案的，亦提出了很多建議。自由黨同樣未完全滿意這項方案，我們認為選委會增至一千六百人會較為恰當，以盡量增加其代表性和認受性。其實，在過去數年間不斷有不同行業 —— 並非現有功能界別的行業 —— 向我們表達他們很希望可以成為功能界別。即使這並非一種可行做法，但他們仍然希望可以參與選委會，從而在選舉特首時發揮力量。

如果市民大眾可以更關心政治，更關心我們的行政長官選舉，這是一件好事。以我記得，這些人當中包括有地產代理業和保險護衛業等。他們要求我們

盡量擴大選委會的人數，讓他們可以加入。這些行業動輒有十多萬人，最少的也有數萬人，行業規模並不小。可惜，政府沒有接受此建議，只採納了我們所提出的下限，即選委人數定為一千二百至一千六百人。最後，政府只接受擴大至一千二百人。我們認為這是可以接受的，因為較原地踏步好。可是，我們很希望在二〇一七年選舉行政長官時，即由選委會轉變為提名委員會時，政府可以盡量增加其認受性。政府亦接納了我們的建議，即如果要擴大選委會的四個界別，便應在每個界別增加同等的名額，體現均衡參與的原則，我們認為這做法是合適的。至於在第四界別加入更多民選區議員，以增加民主成分的做法，我們認為也是值得支持的。

可是，自由黨認為在二〇一二年過渡至普選行政長官的選舉方法，循序漸進地加強民主成分是很重要的。現時雖然已增加了一些，但仍是未足夠的。我們希望政府可以考慮擴大選民基礎，這是已談論多時的，讓更多人能夠參與選出選委會的委員，這亦可以減低外界對選委會小圈子選舉的質疑，亦有利於在二〇一七年普選行政長官時採用提名委員會。提名委員會在基本法的規定下是有廣泛代表性的。有更多人參與，便可以涵蓋到更多行業和市民大眾中不同的組羣，這才真正反映出基本法的要求。

可惜的是，政府一直拒絕擴大功能界別的選民基礎。我們一直提出希望把公司票、團體票轉化為董事票、個人票或行政人員票，但我們在二〇〇五年原地踏步後，政府一直也不理睬我們，說如果這個方案不通過，便甚麼也不會改，連我所屬的航運交通界提出可否不止有社團票，或把社團票改為公司票等卑微的建議，政府也是不理睬的。如果今天通過這個方案，我很希望政府可以就擴大功能界別選民的基礎做更多工作。政府上次所用的藉口，是方案不通過便甚麼也不會實行。

至於行政長官選舉的提名門檻方面，政府的方案維持八分之一委員提名的做法，我們認為這是恰當的水平，因為一方面可以保持有足夠的競爭性，另一方面亦確保候選人有足夠的支持。

最後，我想談談有關行政長官不屬於任何政黨的規定。這是自由黨多年以來不斷倡議的，但政府今次仍然不準備更改這個規定。自由黨一直認為，要順利落實普選行政長官，理順行政立法關係是一項很重要的配套，而讓行政長官擁有

政黨背景，將有助解決現時行政長官在立法會所面對的大問題，便是特首有權無票，而另一方面則有票無權，以致在行政和立法方面的關係經常僵住。如果特首有政黨背景，政府施政便應該可以更緊貼民情。

李國麟議員：

但是，今次的轉變是民主黨再次提出這個方案，而特區政府和中央政府均表示同意。其實，當中所說的，正正是普選聯內所建議的一部分。建基於這個理由，我覺得我沒有任何理由不支持這個政改方案。當然，我們現時所說的關於行政長官的這一部分，似乎是不理想的，當中包括我們提出有否可能把全部民選區議員也加入選舉委員會呢？但是，今次的建議只是增加七十五席由民選區議員互選、十席立法會議員、十席政協和五席鄉議局的議席。這樣，如果所加入的十席立法會議員議席正正是我們所說的……可能是李永達議員所說的十席新「直選」議席，又或是這樣的立法會議員，其實，當中的民主成分是增加了的。但是，這是否有所進步呢？當然，這尚未達致〔至〕我們所說的理想情況。在門檻方面，關於不希望高於一百五十人或維持八分之一這一點，或可否再調低一點，已經有朋友討論過了。不過，我相信在二〇一二年這一次的行政長官選舉，其實在某程度上，也有些類似在二〇〇七年時，我們的梁家傑議員與曾蔭權特首辯論這樣的一項活動，或這種遊戲的做法。這也是讓大家明白到，行政長官的選舉最終是要令兩位候選人也出來向公眾交代他們的政綱和他們的執政理念等。我相信今次關於二〇一二年的這項安排，雖然尚未達到我們的理想，也沒有清楚說明有甚麼門檻，但也是可以接受的。

當然，最重要的是，如果我們今次通過了整個政改方案，我覺得這只不過是起步。我們民主派的朋友說了很久，指我們要爭取時間表，但時間表不是由我們定的，似乎已經是被別人定下了。我們也要爭取路線圖，那我覺得今次我們的方法是，似乎我們要走的路線圖的第一步，是由我們畫了出來的，而且也是我們同意的。當然，有朋友不同意，認為畫出這個路線圖可能是出賣民主，是背棄我們的信念。其實，在原則上，我完全看不到 —— 即使作為一項政治判斷 —— 我不覺得我們走了歪路，我們只不過畫出了第一步而已。究竟大家應該不同意這一

步，還是同意這一步呢？我們拭目以待吧，但對於我本人而言，我覺得在這種情況下，在走出了這一步之後，其實這只是第一步而已。我們要做的事情是，如果通過了這項方案，我們須真正而具體地由所有泛民主派的朋友或香港想爭取民主的朋友，一起跟政府討論如何安排具體的細節，把它們畫出來。

梁美芬議員：

今次，民主黨或普選聯提出的新增五席的功能界別議席，以直選一人一票的方式間接產生，中央已接納了，我認為這是一個很重要的契機，也認為這是來之不易的。對於很多認為政制的步伐走得太快，擔心在香港尚有一些問題仍未解決時便走得那麼快的人，其實是仍然有很大的擔心和保留的。不過，當我看到這個讓步的曙光時，我是感到非常高興的，覺得雙方開始走向一條正軌。

一個社會要健康發展，政制要穩步向前，民主政制要建構成有吸引力、令人喜愛的制度，甚至令我們的祖國 —— 中國也覺得有參考性，而不是懼怕，香港便應以主流及理性的聲音（當中包括泛民和建制派），一起共同努力和承擔。如果沒有了這主流及理性的聲音，香港所爭取得到的民主可能會令人害怕，很多人也擔心會否是將社會交予一些激進份子，這樣不但對香港構成危險，對民主改革更是有害無益。

公民黨、社民連兩黨在今年年初舉行的五區公投，我一開始便說，其實這樣只會對香港的民主改革、政制改革有害無益。無論投票率有多高或多低，這其實是直插中央在「一國兩制」的底線，因為當年草擬基本法的時候，在公投這個問題上，中央是說得很清楚、很清楚的，它是屬於「一國兩制」的底線。但是，我們卻要這樣觸碰它，而觸碰它的結果是甚麼呢？便是對香港的民主步伐走得快有更大的戒心，甚至中央有些人說，香港的民主派究竟是否攪破壞、是否用心不良呢？對此，我們又不能怪責人家，因為只要哪個派別當中有人搞這些運動，中央便會從它的角度來看：「明明當時中央明言這是『一國兩制』的底線，為甚麼他們還要這樣做呢？民主究竟是等於些甚麼呢？是為反對中央，抑或真的是為香港推行民主呢？」

如果我們是在政改中的一個重要的持份者，而最低限度中央是有否決權的，

我們要爭取的是否它的信任、它的支持和它的認同呢？其實，使用如此激進的方法來刺激對方，令對方增加戒心，任何的談判和爭取也不會有成果。我相信採用如此極端的方法，天天抱着疑神疑鬼的態度，無論任何事情只要不是跟自己identical——不是相似，而是相同——便以陰謀論來猜測對方的動機，是不能達致〔至〕成果的。

涂謹申議員：

有人說量變後便會出現質變，所以，我們要相信人民。那麼，現在是由量變到質變，還是由質變到量變呢？我們創造這五個新超級區議會功能團體席位，其實我們本質上在改革功能團體，把功能團體的性質改變，令三十個舊功能團體席位出現量變。所以，我認為是由質變到量變。

我們要相信人民，還是要刺探人民呢？我們新增五個超級區議會席位，讓這麼多選民投票，讓數百萬人投票，難道在二〇一六年便把這些席位取消嗎？這是難以做到的。我們使人民感到功能團體可以有好有壞，可以把壞的東西予以改革，把它變得更好。我最後也不得不承認，如果依照這個方向前進的話，假設我理想的真普選是一百分，而按照這條道路，中央又真的願意走到這條路的盡頭，那便可能取得七十多八十分。我們這樣做並非相信人民，而是刺探人民、「麻痺」人民，利用「一人兩票」打擊他們爭取普選的凝聚力和推動力。

潘佩璆議員：

根據基本法的精神，香港政制的發展應是循序漸進。這是十分有道理的。我們細心觀察世界其他地方的政制發展，便會發現循序漸進是比較容易成功的發展模式，而突變則充滿變數。

首先，讓我們看看兩個循序漸進的例子，便是英國與美國這兩個民主先驅。

英國自從在一二一五年簽署大憲章後，民主思想才開始萌芽。在往後的八百年間，政制逐漸改變，並演化成今天的君主立憲議會制。美國則在獨立戰爭後，建立了一套選舉制度。不過，在立國之初，婦女及奴隸皆沒有投票權。在二百多

年間，其選民基礎逐步擴大。時至今天，兩國的政制仍然在不斷改變。例如，英國上議院的權力近年逐漸被減弱，而在美國，總統與議會之間的權力平衡也時有改變。

至於突發的民主變革，亦有很多例子。大量的前殖民地國家在獨立後雖然沿用前宗主國的制度，但很多均難以為繼，往往以獨裁者透過政變上台而導致政制發展出現大倒退收場。這些例子實在很多，我在此不細表了。

這些實例說明，政制改革如果逐步實行，是會比較容易成功的。原因是任何社會均有其利益分配模式，而政制改革必然會牽動利益分配發生變化。因此，在任何改變發生後，社會均須花時間來適應，讓不同利益團體及階層重新達致〔至〕平衡。突變成功的機會較低，原因很簡單，便是因為突變造成的利益重新分配來得太快、太突然，以致社會各階層難以適應，因而產生反作用，令政局不穩。

因此，在循序漸進還是突然蛻變兩者之間，哪一個模式比較適合香港這個繁榮發達的城市，我相信大家皆心中有數。

此外，香港的政制發展必須顧及香港是在「一國兩制」下中國的一部分。因此，香港的政制發展不會只是香港的事，也是整個國家的事。我們在發展香港的政制時，必須確保國家的統一。任何令香港與祖國分離的轉變，我們均是不能接受，亦是不會接受的。

我們要強調這一點，正正是因為香港享有「高度自治」的權利，這是中外各國的地方政府所沒有的。作為香港人，我們應該珍惜這項高度自主的權利，尊重並用心維護國家的主權。須知道，沒有一國，何來兩制呢？

在二○○七年，全國人民代表大會常務委員會決定，香港特區須循序漸進地達致〔至〕雙普選。行政長官最早可在二○一七年以普選產生，而立法會全體議員則可在二○二○年以普選產生。這些是很莊嚴的承諾。然而，要達到這個目標，各方要互信，並要通力合作，才能成事。

可是，正如之前所述般，香港不少人對中央政府及特區政府仍然深懷戒懼，深怕所謂的雙普選只是「雙鳥籠」、「假民主」。對於這種擔心，我們不能說是全無理由的。不過，試想想，我們如果永遠猜疑，拒絕信任中央政府的誠意，將任何方案均視作是圈套、詭計，那麼，試問我們何時才能有進步呢？

林大輝議員：

此外，我想談談政府建議的特首選舉辦法。劉健儀剛才也說過，我很希望取消特首不屬於任何政黨的規定，我覺得如果特首不屬於任何政黨，他便連一票也沒有。說得俗一點，如果他只依靠「阿爺」的票，其實真的是很難施政，也很難得到政黨的支持。這便會令很多出色的政黨人士和有志從事政治的人士缺乏機會。所以，我希望政府可以考慮取消特首不可以屬於任何政黨的規限。

我很支持選舉委員會的人數由八百人增加至一千二百人，這絕對可以提高選委會的代表性。有些人說把人數增加至一千六百人便是好的了，當然，增加至一千六百人，我也是不會反對的。

另一方面，我其實也考慮在新增的第四個界別 —— 政治界別 —— 最新增一百個議席。一如今次政府強調要增加民主成分，我覺得政府不妨做得徹底一點，把新增的一百個議席全部給予民選區議員，因為本來只給予七十五個議席，其餘剩下來的有些給了新的立法會議員。何秀蘭昨天也說過了，到了特首選舉時，根本便只有六十個議席而沒有七十個的，對嗎？這是有額外的議席的。此外，還有數個議席要提供給鄉議局，不是，也要把數個議席撥給政協。我覺得政協及委任區議員同樣是委任性質的，既然委任區議員沒份，政協也是可以顧全大局的。因此，最好便把一百個議席撥給民選區議員，這便可以增加民主的成分了。

現時立法會的六十個議席已維持了 —— 我翻查過 —— 已維持了二十年。因此，今次這個政改方案把議席增加至七十席，其實是一個很大的進步，我對此亦是支持的。

此外，為了避免新增的五個區議會功能界別議席成為大黨的專利，對於小黨或獨立人士造成不公，我與很多議員一樣，希望門檻不會過高而是要合理的，這樣才可以讓更多區議員、小黨或獨立人士有機會參選，亦讓多些市民有較多的選擇。我相信政府一定知道的，如果門檻超過二十名，我相信便會引起另一場紛爭。

事實上，大家均知道，下一個戰場是甚麼？下一個戰場討論的便一定是選舉辦法及本地如何立法，這便是戰場。因此，我覺得在吸收了今次的經驗後，政府

在進行本地立法時，便真的要作多些公開諮詢，早些進行、做得深入一點、細緻一點，這樣便可減少紛爭、分化、冤氣。

陳鑑林議員：

主席，民建聯一向認為，任何方案只要是不違反基本法及人大常委會的有關決定，並且能夠推動香港政制向前發展，均值得大家認真考慮。政府今次提出的方案，已在基本法及人大常委會二〇〇七年有關《決定》的框架下，最大程度地擴大了民主成分，是值得支持的。有人說，寧願原地踏步也不希望行差踏錯，這說法是正確和動聽的，但在邏輯上卻完全錯誤。眾所周知，香港發展民主政制是需要具備條件，並在基本法的規定下按部就班、循序漸進，向前邁進。

在這情況下制訂的方案，一定是審慎和進步的，可以錯到甚麼地步呢？莫非「一步到位」，便不會行差踏錯嗎？香港社會今天已走進一個協商共識的新時期，而有些人仍然抱着不信任和對抗的心態；如果是這樣，香港的民主前途還會有希望嗎？香港的經濟繁榮還會有希望嗎？我們要做的，是反思如何建立有效、持續和良好的溝通渠道，以及怎樣在變幻無常的環境下懂得妥協和接受不同意見。

主席，我認為通過政府的政改方案具有多重意義。首先，通過政改方案有助未來的政制發展。雖然人大常委會已明確訂明，二〇一二年選舉必須有民主進步並不是普選的先決條件，但基本法第四十五條和第六十八條均明確訂明，行政長官和立法會的產生辦法須根據香港特區的實際情況和循序漸進的原則，最終達致〔至〕普選。因此，循序漸進仍然是香港實行普選的一個法律要求。循序漸進即按照一定的次序和步驟逐漸地推進，它離不開一個由淺入深、按部就班的過程。

二〇〇五年政改方案沒有獲得通過，倘若今次政改方案再被否決，香港的政制便是一直卻步不前，要在二〇一七年、二〇二〇年實行雙普選，便是「一步到位」，違反了基本法所訂循序漸進的要求。可以說，「一步到位」行差踏錯，便會引起社會動蕩，屆時想改變便很困難了。

基本法和人大常委會的決定已為香港最終實行普選設定了框架，也提供了保證。然而，普選最終能否實現，仍要靠本地立法，要靠香港社會達成共識。所謂「萬事起頭難」，如果我們今天能夠踏出第一步，相信日後朝着普選邁進的阻力

便會減少。盡早通過二〇一二年政改方案，可讓社會有足夠空間討論在二〇一六年、二〇一七年、二〇二〇年逐步實現雙普選的細節。同時，通過二〇一二年政改方案可以成為社會對政制發展的首個共識，有助市民、各政治團體和政府建立互信，為未來有關政制發展的討論建立溝通平台。

......

最後一點，亦是我認為最重要的一點，便是通過政改方案有利於香港的經濟發展。香港在國際社會上扮演的角色並非政治明星，而是經濟高度發展的國際大都會。因而，香港賴以生存的是經濟命脈，任何民主發展也必須以香港經濟和民生為依歸。香港是一個高度外向型的經濟體系，其經濟結構的對外依賴性極強。無論是在貿易或金融方面，香港與外國經濟體系的連繫均相當緊密。香港健全的法律制度、穩定的稅收制度和良好的金融環境，均是對海外投資者的吸引力所在。因此，如果香港的政治形勢有任何動盪，便會影響香港的競爭力，而對於海外投資者而言......香港是一個非常重要的市場。

梁國雄議員：

唉！民主黨說這不是買賣，這次辯論便是買賣，說這個區議會方案是一個優化的方案，是值得通過的。可是，現在這項關乎特首的方案是否應該通過呢？這方案的停滯性和退步性是民主黨議員三番四次向林瑞麟局長陳述過的，我想請教民主黨的朋友，如果這不是買賣，即優化的區議會方案令他們今天要簽城下之盟，要大家投票支持一個他們曾攻擊過的方案，這究竟是甚麼呢？

即使是買賣也不要緊，何俊仁就坐在這裏，他說沒有聽過不是秘密進行的談判。讓我告訴他，何俊仁，你讀書太少了。羣眾運動的談判有機會是公開進行的。我且舉一個很簡單的例子。主席，你還記得一九八〇年團結工會是怎樣成立的嗎？當時，格旦斯克的船廠工人罷工，華里沙和團結工會工人代表進入船廠，跟波共的領導開會，全場以 microphone 廣播，十萬名工人在廠外收聽，華里沙第一句話是問，「副總理閣下，你有多少間小別墅？有多少輛小汽車？」

所以，說「談判必須秘密」是錯的，進行談判可以是秘密或不秘密。我們今天說香港是國際大都會，一個國際大都會內有一個無論怎樣說也算得上是成形

的議會，這個議會是代表公眾監察所有的人，包括從政者，不是說一個兩陣對圓、正在打仗、敵對的政府。今天我們所看到，談判的過程是不讓人知道的，民主黨說到了五月中才與中聯辦聯繫，這個必定是「白大話」。中聯辦之前的搭線是甚麼？可以隨便踏入中聯辦的嗎？我現在被黃仁龍控告，正是因為隨便踏入中聯辦。

陳淑莊議員：

主席，為何民選特首這麼重要呢？因為香港的政治制度是行政主導，基本法一早便刻意將立法會矮化，本來作為行政機關的首長，其權力應該來自人民。但是，在香港這樣畸形的格局下，特首是由小圈子產生，他根本無須向市民負責，而只須為特權階級服務，同時亦會進一步導致行政立法割裂。回顧十三年的歷史，官商勾結、貧富懸殊問題一天比一天嚴重，我相信或多或少都與不義的政制有關。到了今天，我們的特首依然由小圈子產生，這樣其實是踐踏了港人的權利。

如果二〇一七年真的可以普選特首，二〇一二年便是達致〔至〕普選前最後一次，亦是唯一的過渡機會。可是，政府提交立法會的建議比五年前更差，增加至一千二百人的建議比二〇〇五年增至一千六百人的建議還少了四百人，而且並非如上次般一次過增加所有議席，今次是每個界別增加一百個議席。接着有人更提出了均衡參與，我恐怕最後會變成要得到每個界別若干的提名，導致諸如梁家傑議員般的朋友參選的機會被褫奪。中央政府一直強調循序漸進，這個方案完全沒有觸及過渡安排，我實在很擔心方案通過後，究竟我們是否仍可在二〇一七年落實普選。

有人提到信任，究竟我們應該信任一個人還是一個制度，我會信任一些我熟悉的人，但對於一些不太熟悉的人，我會希望有一個良好的制度，令大家不致空談信任，希望大家可以互相監察。其實，在監察之下都可以互相提點，各有進步。

主席，政府是否真的有推動民主，我相信大家是看到的，過渡選舉，一步一步走向民主，本無可厚非，如果方案最後能帶領我們走向真普選，而不是存有篩

選機制的假普選，我一定會在表決時贊成。但是，我所看到的，是一步一步走向錯的方向，這是萬劫不復，沒有回頭路的一步。

在二〇〇四年人大規定政制修改方法是先由行政長官向全國人大常委會提出，人大常委會通過後再發回行政長官，然後特區政府可依據此提交議案，在獲得立法會三分之二議員通過，待行政長官同意後，再交由人大常委會批准或備案。回看基本法，原本只有三部曲，不知為何到二〇〇四年便倒退至五部曲，無端多出了兩重關卡，這會否是更不公平、更不民主呢？這個方案有提及過渡安排嗎？這個方案有尊重過市民意願嗎？政府今天的行為其實是承繼無視港人自主歷史，殖民時期，我們之上有宗主國，向港人進行殖民統治。回歸後，與我們血濃於水的祖國竟然延續殖民統治，而非讓人民當家作主。政制前途不是應該由港人決定的嗎？

五年前的政改方案，泛民主派一致向鳥籠方案說不。我當時還未加入政壇，而只是從電視觀看，我亦有參加二〇〇五年十二月的遊行。今天，我換了角色，坐在這議事廳，港島區超過十萬名市民清楚向我表示「盡快實現真普選，廢除功能界別」。我今天揹負了他們的期望和授權，我作為民選的代表，我將毫不猶豫地向假民主、假普選的爛方案投下反對票。

梁家傑議員：

半年前開展的新民主運動，繼五區變相公投及曾余辯論後，已令整個香港的焦點集中在爭取真普選路線圖及廢除功能界別的議題之上。社會上已形成越來越強的求變聲音，要政府聽從民意，積極地向真普選邁進，這股力量不容小覷。一旦通過了這個所謂的「改良」方案，這股張力就會消散，未能乘勢追擊，使政府交出真普選路線圖。這可能是在此時此刻通過方案，最使人感到惋惜的地方。

主席，支持方案的民主派議員口口聲聲說信任人民、尊重民意。但是，他們卻不相信在否決方案後，可憑藉人民力量爭取到普選路線圖。

在新的區議會方案下，當中的議席固然比傳統功能界別多了一些民主成分，但卻沒有改變政治權力基本上被工商特權壟斷的局面。要達致〔至〕真普選，功能界別只能去，不能留。唯一能給予香港人實現普選的信心的，不是甚麼區議會

改良方案，而是一個清晰切實的路線圖。

　　……

　　主席，在六月七日，全國人大常委會副秘書長喬曉陽先生表示，普選除了必須合乎普及平等的要求外，亦要兼顧其他四項原則，包括符合香港特區法律地位，與香港行政主導體制相適應，兼顧各階層利益，而可圈可點的，是有利資本主義經濟的發展。主席，這些突然附加的條件，其詮釋權當然完全操控在中央手中，更不會諮詢港人意見。從上述的附加條件可見，港人要求符合國際標準的普選制度將難以在香港出現，中央政府的詮釋往往凌駕於基本法的莊嚴承諾，白紙黑字的條文可因應不同的政治需要而作出不同的解讀，民主普選等普世價值變得十分兒戲，最終我們可能被迫接受不符合國際標準的次等選舉制度。

　　主席，公民黨去年曾經提出普選行政長官的建議方案，當中包括在擴大現有選委會的選民基礎後，把選委會轉化為提名委員會，提名委員會在現時接近八百名選委的基礎上，增加民主成分，取消選委會的區議會代表席位，加入四百名直選區議員，而提名門檻亦由現時的一百名選委減至五十名提名委員會委員。為了促進政黨的發展，政府應該修訂《行政長官選舉條例》，取消政黨成員不能擔任行政長官的限制。行政長官終由全港合資格選民一人一票選舉產生，獲得超過一半有效票數的候選人經中央政府任命後出任行政長官。可惜這個符合公義標準、具有法理依據的選舉模式不被政府採納。

　　我希望張文光議員不要再說不接受改良區議會方案的人皆指望一步到位，彷彿只有他才能代表一步一腳印的理性爭取。

　　主席，全國人大常委會副秘書長喬曉陽在論及普選特首的提名門檻問題時指出，按照基本法第四十五條的規定，二〇一七年普選特首時必須由提名委員會按照民主程序提名候選人，與現時特首選委會的提名方式（我引述）「完全是兩種不同的提名方式，它們之間沒有甚麼可比性」（引述完畢）。喬副秘書長的言論暗示中央將來會就基本法內的民主程序再作詮釋，港人對於可否在選舉權、被選舉權和提名權得到充分保障下普選特首更感迷惑。

　　公民黨認為政府提交的二〇一二年政改方案是一項民主倒退的建議，特首候選人將要繼續在小圈子的利益角力場中爭取選票，公眾利益繼續受到忽視，這種情況在回歸後十五年仍然出現，絕非香港之福。因此，公民黨將會用手中的一票

否決這個「爛方案」，以在歷史中留下標記，守護民主理念。

主席，無論怎樣，民主派之間採取不同路線已成定局，但不論選擇哪一條路線，我們皆只應懷着沉重的心情來迎向新形勢。不要因被冠以溫和及得以接近權力而亢奮，也不要因被冠以激進而變得越來越激進，以致劣化了民主。有人想「拉一派，打一派」，把民主路上的朋友簡單分為激進和溫和兩派，我們千萬不要對號入座，讓人真的把我們分裂了。

李慧琼議員：

（代理主席劉健儀議員代為主持會議）

在這些政治現實下，今次提出的這個優化的方案，其實市民是接受的。現在我們是要就行政長官產生辦法的修正案表決，我很希望在此呼籲決定不支持這個行政長官產生辦法的同事再考慮一下，因為如果你們真的希望二〇一七年香港能夠透過普選選出特首，便更有需要支持這有關行政長官選舉的修正案。原因是大家也明白，你沒法拋開基本法，沒法不符合基本法。基本法要求循序漸進，才可以達致〔至〕二〇一七年落實普選行政長官，而二〇一二年其實是二〇一七年最後一個中途站。二〇一二年的選舉委員會增加至一千二百人，這肯定較八百人進步。

我當然不是法律界人士，但我作為非法律界人士的看法是，如果二〇一二年我們原地踏步，其實是有機會不符合循序漸進的原則。所以，我認為真正支持盡快落實二〇一七年普選特首的議員，更應表示支持。即使你不同意那個「超級區議會」的選舉方法，我認為支持行政長官選舉辦法這一步，你一定要行，亦應該支持循序漸進達致〔至〕二〇一七年以普選選舉行政長官。

普選其實是基本法所給予香港人的。在基本法下，民主的進程大致可分為三個階段。第一個階段是在回歸後的首個十年，基本法的附件一及附件二已經清楚列明這個階段的民主進程。所以，對於這十年的發展，紛爭並不大。到了第三個階段，經過我們各人以不同的方式爭取，最後也會達致〔至〕普選的階段，亦相信屆時政治爭拗將會消失，因為已經達致〔至〕普選。現時我們處於最困難的第二個階段，即普選的準備期。究竟香港如何走向普選？應朝着哪個方向走？不同

人士、不同界別及政黨都有不同的方法，各有各的盤算也是很正常的，爭拗也是最多的，但總要起步才能行出一條香港的普選路。

謝偉俊議員：

第一點，是李慧琼議員剛才也提及，而詹培忠議員昨天也有提到的，就是政治現實。很多人以為香港講求民主，但香港其實不是爭取民主，而是爭取民主化。香港在政治上不是一個獨立的體系，我們永遠不能自己選擇民主。如果我們的宗主國 —— 中國政府 —— 不民主的話，我們是沒法講求民主的。我們只可在程度上講求民主化，但多一個字則有很大的分別。一間公司如果是由員工共有的，便可以選擇一人一票，按股份選擇公司的路向。可是，如果你不是公司的老闆，就是老闆十分民主化，每事也聽取經理和員工的意見也好，最後也是由老闆拍板，員工是不能話事的。因此，這一個字的差別是很大的，不要夢想香港可以在現階段有民主，是不可以的，只可盡量做到民主化。

回顧香港在過渡時訂立的基本法，就一般憲章體系而言，最大爭議和最難設計的部分，在於行政和立法兩個段落。且看香港的基本法，最少爭議的反而是那些部分，原因為何？因為是將香港殖民地年代的體系原原本本地搬過來供香港使用，五十年不變。把這個體系搬過來，已註定香港在很多類似問題上不能隨便跨越。這也是另一個政治現實，大家不要忘記這一點。

代理主席，我想說的第二點是終極普選。很多朋友不斷說終極普選，何謂終極普選？真的笑壞人。我非常同意施永青先生數天前在一篇評論中的說法，他指民主是沒有終極的。誰膽敢說自己的那個是終極普選？說出來簡直是幼稚。「終極」這個概念便有如北極星，大家從不同角度看這顆星，也看到不同的光芒，大家朝着同一個方向走，因應自己的位置、背景和文化前行，但這是沒有終極的。如果以為自己是「終極」的代言人，那便是自欺欺人。

民主制度沒有所謂的好與壞 —— 不但沒有終極，也沒有好與壞 —— 只有適當或不適當，是因應時機、背景和歷史在當時而言是否適當。不要再自欺欺人，堅持要「終極」才肯接受。如果永遠以這種方法尋找，便有點像男婚女嫁的情況。我聽過一些人表示，如果找不到合適的對象便永遠也不會結婚。那我得恭喜

他，他是永遠也無法結婚，因為永遠也沒有最合適的對象。

　　我相信很多同事也不會反對香港有一個好處，就是從港英統治年代至今，香港一直擁有所有其他民主制度所保障和維護的價值觀，包括法治、清廉的體制和言論自由，更重要的新聞自由等。我們唯一遜色的是沒有民主，因為香港是殖民地。一些人常說要多賺錢，追求享受，尋開心，但一些宗教或智者知道尋開心不一定靠金錢，我們只要此刻想通某些事情，便可找到開心。我這種說法可能會被一些人批評，但我想指出，香港已擁有所有民主制度下本來應該保障的一些權利。民主化只可以助我們進一步鞏固這些權利，而有民主化當然較好，但如果我們要犧牲所有其他價值觀來爭取這個所謂的終極普選，這又是否值得呢？大家要反省這一點。

　　很多同事也知道，在議會可以做到和討論的事情有何重要性呢？老實說，報章頭版所提出的議題，政府更為重視，就是我們說一萬次政府也不會如此緊張，一項議案又有甚麼大不了？議案獲通過又如何？是沒有用的。因此，香港社會並不是靠所謂民主來推動各項改革的，我們只是其中一部分，不要頭大至以為我們這部分可以做好所有事情。

　　代理主席，我剛才提到每一個體系也要看其背景，回顧昨天和今早很多同事的發言，他們往往喜歡引用一些詩句，不論是英詩或中詩，這可能跟現時國家領導人也喜歡這做法有關，各人在開始或結束發言時也引用一些詩句，為甚麼？因為我們是中國人，這是我們的體系和文化。中國不單是一個 nation state，不單是說一羣人，如英國或其他西方國家般，中國所關乎的是二千多年源遠流長的文化，是一個社會，一個國家。有些事情是我們逃不開的，我們不能一次過完全推翻我們所有的特性和遺留下來的根源。民主制度不是一種情緒，也不是在真空狀態中設計出來的制度。

　　民主離不開本身的背景，香港的背景、殖民地的背景、中國人的背景、二千多年的文化背景，全部也會影響我們的想法、做法、思維和取向。為甚麼叫「阿爺」？因為中國數千年也如此，家和國往往分不開。我們倉促地將西方近二百年的發展搬來中國，老實說，看看當前的發展，那些華盛頓共識、華盛頓方案等，很多已被證實不可行，有需要 modify 和改良。現時也有北京共識、中國模式等開始出現，為甚麼？正正因為近年的發展，特別是在二〇〇九年國際金融風暴後，

大家重新檢視我們現時所用的西方模式是否真的是最好和最標準的呢？還是有更好的模式 —— 不是好，對不起 —— 是更為適合的模式呢？對於香港、對於中國和整個世界，特別是對於發展中的國家來說，是否有更有效和更適合的模式呢？這是大家要反思的。

余若薇議員：

我剛才聽到謝偉俊及先前李華明的發言，我有少許明白為何今時今日有人說民主黨變成建制派。我其實非常尊重民主黨，我亦明白今天它有它的選擇。何俊仁在發言時表示要繼續爭取二〇一七年及二〇二〇年普選，但我們也聽到李華明剛才的發言，雖然他能引大家發笑，但我認為他是在苦中作樂。他最後說真的不相信二〇一七年及二〇二〇年會有普選，所以我們有甚麼便應要甚麼。詹培忠及謝偉俊發言時說：「香港不是獨立，我們不要自己當家作主，我們說的只是『民主化』，沒有終極普選這回事，所以給我們甚麼便應要甚麼。」

因此，聽過李華明及謝偉俊的發言後，我有少許明白為何今時今日，有人說民主黨變成了建制派。他們接受了，他們說：「別人說的你都相信嗎？別人說二〇一七年及二〇二〇年有普選，你便相信嗎？其實不會有，所以應有甚麼就要甚麼。」我想這是今時今日出現分歧的原因。謝偉俊說沒有「終極」，但我相信基本法當中的承諾。第四十五條及第六十八條指出，我們最終會達至普選，而普選是有定義的，謝偉俊，是有國際標準的。當然，特區政府表示不會跟循國際標準，但我們所說的是客觀評價，不是夢想。我想這是今天投反對票及支持票的人的最大分別。我要堅持這點，不是因為我固執，而是因為我曾回顧以往的歷史。

……

說回特首選舉，這方案是比二〇〇五年方案還要差的。謝偉俊怎樣說？他以一個女人等結婚作比喻，他說她已經人老珠黃，還要等下去嗎？我覺得這個比喻不倫不類，也侮辱了香港人。很多女士不一定要結婚的，謝偉俊也認識一些，對嗎？（眾笑）所以，今時今日，這是否真的會導致普選或普選特首？由八百人增至一千二百人，我聽到那個廣告也覺得很可笑……夏佳理說八百人變成一千二百人，真了不起。八百是三百萬選民中的 0.0002%，增至 0.0003%，是否有廣泛代表

性呢？絕對不是。共有四界，前三界全部跟小圈子一樣。本來說區議會議員可以全數包括在內，但今次只是七十五個，所以這是民主的倒退。

黃毓民議員：

面對一個比二〇〇五年方案更不堪的行政長官產生辦法，民主黨已經決定改弦更張，明確表示會投下贊成票。在這個議事廳，何俊仁先生及其領導的民主黨不再「站在道德高地來考慮重大的歷史決定或作出重要的政治決策」，於是「淪為政客，受人恥笑」，這樣的結局，真的是令人感慨萬千。為了令「區議會改良方案」得到支持，民主黨竟然可以欣然接受一個沒有終極目標的行政長官產生辦法方案，代理主席，請問這是不是背棄了在二〇〇八年立法會選舉中二十八萬投票予民主黨的選民呢？

如果民主黨仍是服膺民主理念的政黨，便必須依從最基本民主政治的所謂責任倫理，堅守對選民的承諾。正如在二〇〇五年反對政改方案一樣，民主黨當時反對的原因相當清楚，根據李永達的說法，泛民主派參與二〇〇四年立法會選舉，提出清晰的政綱，支持二〇〇七年、二〇〇八年雙普選。不久之前，劉慧卿還在這個議事廳大聲疾呼，聲嘶力竭，表示爭取二〇一二年雙普選絕對不能退讓。

我必須嚴正指出，如果民主黨對沒有終極普選目標的政改方案投下贊成票，對不起，它真是背信棄義，它接受了當權者收編，它不是民主派！

黃成智議員：

民主黨在今次爭取改良的政改方案的過程中，並沒有隱瞞與中方的交流和談判。雖然有些東西我不太理解，但我在民主黨內是知道大部分談判過程的。我看到我們的主席何俊仁議員不斷在民主黨內公開他們的談判內容，甚至對於很多評論和看法，大家都有公開地討論。我不相信沒有中聯辦的人跟社民連三子商討，沒有中聯辦的人與他們聯絡⋯⋯

⋯⋯

民主黨與中方的商談過程，所有內容根本是公開的，並沒有「檯底交易」或

黑箱作業，但社民連三子卻竟然在毫無證據的情況下指責我們有陰謀。代理主席，如果這樣便說我們爭取普選是出賣港人，那便好像梁國雄議員剛才突然站起來說我沒有證據便指控他，兩者是否一樣呢？我現在不是說他們與中方有任何黑暗交易，我只是說，我相信曾有中方人士與他們聯絡，只是他們沒有公開，甚至否認罷了。不過，我不相信，這樣可以嗎？

......

目前，泛民主派有着共同理念，但當有不同策略時，便出現了這麼大的分歧，這是否陰謀論可以說出來的方向？我可以告訴大家，我絕對可以想出十個、八個方向。不過，我不相信，亦不認同，因為我看到梁國雄議員在過去為民主、為人權做了不少工作。我認同今次的陰謀論是不成立的，因為我沒有證據。可是，社民連三子為甚麼可以在沒有證據的情況下指控民主黨，認為這個爭取回來的普選進程是有陰謀的呢？他們不要以為談判是一件很容易的事。

我希望我們今天談論的，是我們對這個政改方案的一些具體看法。事實上，我們認為大家可以討論民主的定義。很明顯，對於我們今次爭取回來的這個方案，連李柱銘也承認是增加了民主成分。我想問那些反對今次政改方案的同事，反對之後，他們會用甚麼方法令我們的政治制度能夠有多一點民主成分呢？有甚麼具體方法？便是繼續抗爭、否決，直至有普選為止：二〇一六年仍是要否決；二〇一七年如果沒有普選，也要否決；二〇二〇年沒有普選，亦要否決。如果這樣便是爭取民主，我便真的不太明白了。擺放於桌面上的所有東西甚麼也不要，只要終極方案；如果沒有終極方案，便全部也否決。按這樣的理論來看，這個世界便不會再有任何終極方案了。

然而，如果民主黨現時的方案能夠獲得通過，我覺得不單是走了一步，而且是會繼續向前走。大家也明白，大部分功能界別的議員也是自私的。他們自私，因為他們是由本身所屬的功能界別選出來。如果他們要在下一屆再次當選，便一定要為他們的功能界別爭取利益。要他們割脈、自殺，那是沒有可能的，惟有慢慢滲入民主信念，以及加入多些被市民認受的議員，把他們拆散、取消。我看不到功能界別的議員會自然說好的，cut 了我的議席，除了張文光或張國柱，甚至吳靄儀外，我認為其他功能界別的議員是不會的，好像由一百數十名選民選出來的黃容根議員，我便肯定他不會這樣做。

在這種情況下，如果大家還說沒有普選便會否決，我便可以肯定說，到了二〇一七年、二〇二〇年也一定不會有民主。今次這個加入了五個區議會議席的區議會方案，很多人說是會把功能界別合理化。如果能夠合理化，如果其他功能界別也能夠好像這五個區議會議席般，由三百多萬名市民投票選出那五位議員，我肯定功能界別遲早也會被取消。

在現時的區議會方案下，當選的五位議員是要由十位或二十位區議員提名的，較諸要這些當選的議員在社會上找一百名市民，甚至一千名市民提名他，區議會方案其實是更困難的。因此，在區議會方案下當選的議員，他們最終一定會認為把議席拿出來普選，是較繼續在區議會方案下被人牽制着提名好。所以，怎可以說區議會方案最終便是把功能界別合理化呢？功能界別的議員如果能夠把他們的選民基礎擴大至十多二十萬人，他們遲早也會放棄功能界別，走到街上找二十名、三十名，甚至一百名、一千名選民提名他們；較諸在功能界別的小圈子中取得提名，這是來得更容易；這樣，他們才能夠放棄功能界別。可是，現時的情況並非如此。有些功能界別不單由小圈子提名，即使投票亦然，那麼，他們如何跑到街上找人提名呢？一定不行。所以，他們會繼續留在功能界別中，令功能界別千秋萬世。

我們思考了很久，我們也不想這樣，我們真的希望二〇一二年可以有普選；不單我們是這樣想，社民連和公民黨也是這樣想，我沒有否定他們爭取二〇一二年普選的立場。然而，在二〇〇八年立法會選舉時，我相信所有政黨、民主派議員均不相信二〇一二年會有普選，但卻仍然將之寫到政綱內 —— 公民黨卻沒有。我們現在知道是沒有了，於是我們再向前走一步，為甚麼你們卻說我們背信棄義呢？大家也知道是沒有的，你們說我們背信棄義，說我們不爭取、不盡力，這是否在欺騙市民呢？

甘乃威議員：

（主席恢復主持會議）

主席，在星期一舉行的民主黨會員大會上，全體黨員投票表決是否支持我們黨的立法會議員就政改方案投贊成票，有數百名會員投票。當天，我投了反對

票。我不贊成民主黨支持這個政改方案。有人問我為何投反對票。我曾就兩個問題進行分析。第一，是路線的問題。民主黨由過去至未來應該走怎樣的路線呢？究竟我們應繼續走立場鮮明的反對黨路線，還是轉為走談判、妥協的路線呢？我覺得這個路線上的轉變是要經過一個過程的，讓公眾理解、明白和接受。我覺得這個過程太急促了，令市民感到我們的路線轉變得太快。

第二，我覺得在整個民主運動中，公民的參與是非常重要的，其重要之處在於它可讓市民醒覺到，這項運動須有更多人參與。我認為，如果我們就政改方案投下贊成的一票，可能會導致很多市民對這項運動感到失望。過去曾積極參與的市民，特別是一些公民社會團體，可能會感到失望。

我想引述昨天在《信報》刊登、由一羣青年學者發表的文章，標題是「不是天使，也不是魔鬼」。文章內容特別提及，我們民主黨或終極普選聯盟（「普選聯」）與中央代表談判政改出路時「其方案之醞釀過程，並不符合公眾對民主參與之期許，致令社會、特別是年輕人對方案失去信任」。這便是我覺得民主黨不應支持這項政改方案的其中一個原因。所以，我當天在會員大會上投下反對票。

但是，這篇文章亦提到「不是天使，也不是魔鬼」，因為我們民主黨的「改良」方案「既沒有充分證據如政府所言必會達致〔至〕全面普選，也沒有充分證據如部分反對人士所言必會『遺禍子孫』。『改良』方案既不是天使，也不是魔鬼：方案之所以能被予以不同演繹，正正因為仍有很多塑造的空間，我們認為方案最終能否成為達致〔至〕普選的中途站，關鍵依然在於社會的後續發展。各界不應以目前的方案，作輕率的長遠預測。」這個觀點，與我和我的黨友過去的分析相同。

我的分析跟之前很多人的分析相同。如果中國沒有民主，香港亦難以實施民主。我們沒有水晶球，不知道這個方案被否決或獲得通過後的發展會如何。當然，有些人可能很高興。就好像我聽到有民建聯的成員說，「一人兩票」亦是他們打算追求的做法，未來的功能界別亦可採取這種做法，在功能界別中可以有提名人，然後由市民以一人一票的方式進行選舉。我剛才亦聽到自由黨劉健儀主席有類似的說法。當然，有人會對這個方案作不同的分析。我覺得最重要的是中國未來的發展。中國一天沒有民主發展，即使我們喊到聲嘶力竭，也未必可以得到民主。

律政司司長：

主席，在過去的發言過程中，有議員曾經質疑，泛民議員和中央人民政府駐香港特別行政區聯絡辦公室最近就政制改革方案的接觸和溝通會動搖「一國兩制」的基礎。在此，我想就今天適用於香港特區的法律條文和框架，跟大家分析一下。

大家均很清楚，根據基本法，中央政府、香港特區政府和立法會三方面均有其憲制地位，以決定香港的政制發展。

根據基本法附件一和附件二，在二○○七年後，各任行政長官和立法會的產生辦法如須作修改，則必須經立法會全體議員三分之二多數通過、行政長官同意，並報全國人民代表大會常務委員會批准或備案。

大家也知道，在二○○四年，人大常委會（即國家最高權力中心）針對附件一及附件二兩個選舉辦法作出解釋，訂出大家均熟悉的「五部曲」法律程序。也許讓我趕快說一說：

（一）行政長官向人大常委會提交報告，提請人大常委會決定兩個產生辦法是否有需要進行修改；

（二）人大常委會決定是否有需要進行修改；

（三）特區政府向立法會提出修改議案，並經立法會全體議員三分之二多數通過；

（四）行政長官同意經立法會通過的議案；及

（五）行政長官將有關條例草案報人大常委會予以通過或備案。

當然，我瞭解當人大常委會作這個決定時，社會上有很多不同聲音，亦有不認同的地方。不過，大家均知道，這解釋是根據基本法第一百五十八條一款作出的，而終審法院亦已經清楚指出人大常委會對基本法所有條文的解釋權力是不容置疑的。事實上，這法律原則和法律程序已經成為香港不二的法律框架，而且一直沿用着。

大家均記得，在二○○四年時，董特首首先啟動了這個「五部曲」的程序，

就二○○七年及二○○八年的選舉提出報告。在二○○四年四月二十六日，人大常委會作出決定，當中決定包括行政長官選舉不實行普選；立法會選舉不實行全部議員普選，而功能界別及地區直選的議席各佔一半的原則亦保持不變。在作出這項決定後，特區政府在二○○五年提出的方案不獲通過，即在立法會內得不到三分之二議員的支持。

在二○○七年，曾特首再一次啟動這個「五部曲」的程序，針對二○一二年兩個選舉辦法啟動修改程序。人大常委會於二○○七年十二月針對這方面的事情作出了《全國人民代表大會常務委員會關於香港特別行政區二○一二年行政長官和立法會產生辦法及有關普選問題的決定》，這是大家所熟悉的，包括我們取得了普選時間表、針對行政長官的選舉不實行普選、立法會不實行全部議員普選，以及功能界別及地區直選議席各佔一半的原則維持不變。這表示，如果要在二○一二年增加立法會議席，根據《決定》，是不可以沒有功能界別議席的。早前曾有議員提及這項法律上的規限，而各大報章，包括曾經支持變相公投的報章，也指出它們接受這法律框架的事實。我瞭解包括民主黨、終極普選聯盟，甚至是公民黨在內的朋友也接受這法律框架成為我們政制發展的根據。一直以來，正如我剛才所說般，這法律框架是政制發展的最終依歸。

主席，在這種情況下，有泛民議員就政制發展問題要求和中央接觸 —— 我強調這是政改的問題，即我剛才所說的，中央有憲制權力和角色 —— 提出和中央接觸，希望可以突破困局，最後透過特區政府得到中央積極的回應。我相信，事實已擺在面前，這是大部分市民所樂於看見的，我個人亦不相信當中有任何違反「一國兩制」的原則。

當然，議員可以選擇不接受這法律框架及現實，亦可以選擇以挑戰和沖〔衝〕擊這框架作為他的策略。不過，那些接受及尊重這法律框架及現實的朋友，包括議事堂內跨黨派的議員，均希望在這法律框架內，盡量為香港爭取更大的民主及福祉，甚至有人為了要達到更大的民主程度及為香港爭取更大的福祉，須作出犧牲。在今天的環境中，如果對這些人冠之以動搖「一國兩制」，甚至是背信棄義的罪名，我認為是有欠公允的。

2010 年 6 月 24 日
議案辯論：修改立法會產生辦法和表決程序

政制及內地事務局局長：

政府動議通過就修改立法會產生辦法的議案。倘若議案得到立法會全體議員三分之二多數通過，載於議案附件的《中華人民共和國香港特別行政區基本法附件二香港特別行政區立法會產生辦法修正案（草案）》將會呈請行政長官同意，並由行政長官報人大常委會備案。

根據《附件二修正案（草案）》，二〇一二年第五屆立法會共由七十名議員組成，其中功能團體選舉的議員三十五人，分區直接選舉的議員三十五人。這項安排可以擴闊社會人士的參政空間，有更多議員服務市民，並符合人大常委會二〇〇七年《決定》有關功能團體及分區直選產生的議員各佔半數的比例維持不變的規定。

有關新增的五個功能界別議席，特區政府已經一直維持不增加傳統功能界別的原則，行政長官在星期一亦已宣布，特區政府接納「一人兩票」的建議方案。在立法會通過這項議案後，特區政府將會在本地立法規定：

（一）新增的五個功能界別議席，是由民選區議員提名，然後由現時在功能界別沒有投票權的登記選民「一人一票」選出；及

（二）原來的一個區議會功能界別議席，則由民選區議員互選產生。

按照這個安排，每名選民在立法會選舉中均有兩票，一票投地區直選的議席，一票投功能界別的議席。這個方案能提升選舉的民主成分，為日後普選鋪路。律政司司長在星期一已經清楚解釋，特區政府認為方案符合基本法和人大常委會《決定》各方面的理據。

在立法會通過議案後，特區政府亦會就取消委任制度提出建議，並諮詢立法會和市民的意見。

主席，我注意到這個星期由不同機構進行的民意調查顯示，有超過一半市民認為立法會應該通過這個方案。我懇請各位議員支持這項議案。

政制及內地事務局局長動議的議案如下：

「根據《中華人民共和國香港特別行政區基本法》附件二第三條的規定、2004年 4 月 6 日《全國人民代表大會常務委員會關於〈中華人民共和國香港特別行政區基本法〉附件一第七條和附件二第三條的解釋》，及 2007 年 12 月 29 日《全國人民代表大會常務委員會關於香港特別行政區 2012 年行政長官和立法會產生辦法及有關普選問題的決定》，本會現以全體議員三分之二多數通過載於附件的《中華人民共和國香港特別行政區基本法附件二香港特別行政區立法會的產生辦法和表決程序修正案（草案）》。

附件

《中華人民共和國香港特別行政區基本法附件二
香港特別行政區立法會的產生辦法和表決程序修正案（草案）》

二○一二年第五屆立法會共 70 名議員，其組成如下：
功能團體選舉的議員　　35 人
分區直接選舉的議員　　35 人」

政務司司長：

二○一二年立法會產生辦法的方案，是一份顯著增加民主成分的方案。按照人大常委會二○○七年的決定，我們保持直選和功能界別議席各佔一半的安排，但通過新增五個地區直選議席和新增五個區議會功能議席，使具有三百多萬名選

民基礎的議席增至議席總數大約 60%。

方案在完成「五部曲」程序後，便要通過本地立法予以實施。我們原來建議新增五個區議會功能議席是由民選區議員互選產生的。近日，因應法律問題的釐清和形勢上的變化，我們已決定採納「一人兩票」的建議。按照這個構思，新增的五個區議會功能議席將由民選區議員提名，然後由三百二十萬名選民一人一票選出。相對於目前只有二十三萬名選民手握兩票的安排，二〇一二年方案令其他三百二十萬名選民同樣擁有兩票。這個變動令二〇一二年立法會選舉辦法的民主成分得以進一步提升。這是在人大常委會決定的框架下，所能取得的最大的民主進步。

參考最新的民調，這個經調節的方案有廣泛的民意支持。事實上，不同形式的「一人兩票」概念較早時已有不少團體和人士提出，包括一些建制派的政黨和議員。在釐清法律問題、消除疑慮後，方案終於有機會得到立法會三分之二通過。這是各方面互諒互讓，體現大局觀和民主精神的成果。

我們理解到社會上不少人士對功能界別有負面看法，要求在立法會實行全面普選時徹底取消功能界別。

對這個問題，特區政府已多次說明立場，就是現行功能界別未能符合普選要達致〔至〕普及平等的要求。在處理二〇一六年和二〇二〇年立法會產生辦法時，社會上可以對這個問題有更深入的討論，謀求更大的共識。

今天提交立法會議決的方案，是一份框架性的文件。對於具體選舉安排，我們將在通過方案後，聽取立法會不同黨派和議員的意見，並在立法會秋季復會後提出本地立法的建議。我很樂意在此重申，新增區議會功能界別的選舉安排，必須合理、公道，並且容許不同黨派可以參與有足夠競爭性的競選。

二〇一二年方案作為一個過渡方案，比現行的立法會選舉安排有顯著的民主進步。通過方案便可令我們日後可以在一個更高的台階上探討立法會二〇一六年的選舉辦法和二〇二〇年的普選安排。從任何一個角度來看，通過方案只會促進而不是妨礙我們達致〔至〕普及平等的立法會普選。

湯家驊議員：

很簡單，我首先必須指出，民主派對取消功能界別的目標是一致的，而功

能界別兩個最為人詬病的不公平之處是：第一，選票上的不公平。選票上的不公平是指香港有三百多萬名選民，但竟然有二十多萬名選民是有「一人兩票」，甚至有非常少數的人是有「一人三票」的。然而，廣大的香港選民卻只有「一人一票」，這是第一個制度上的極不公平。第二個不公平，便是功能界別的議員——我必須說清楚，不是所有功能界別的議員，而是大部分功能界別的議員——均是由小圈子選出，而他們的問責對象是商界及業界。無論他們是否確實只是為商界的利益服務，對香港人來說，他們始終也不是代表香港人的意願。

現時普選聯與民主黨所提出的區議會方案，在這種不公平方面，是扭轉了這個為人詬病的最大弱點。第一，我們把「一人兩票」擴展至全香港的選民，是三百多萬名選民。這即是說，有接近三百萬人會得到多於一張的選票，給他們多一個選擇。主席，得到這張選票，他們可以選民建聯，可以選社民連，這是他們的抉擇，亦是最基本的民主元素，我看不到為何會說給香港人多一票，是一個不民主的取向。在過往多天，我問過身邊的親友，我說給你們多一選票好嗎？他們異口同聲地說：「我要。我未必知道如何使用這張選票，我可能根本不會去投票，但當我知道我有這個權利的時候，我便感覺到我與其他人是平等的。」這便是民主進程，是沒有人可以否認的。無論你對任何人怎樣謾罵、抹黑或詛咒，也不能抹煞這個民主進程。

第二，當這三百萬名選民投票時，他們不會選一個只效忠商界或業界的立法會議員。無論稱呼這五位立法會議員為「超級區議員代表」，或是功能界別議員也好，這畢竟也只是一個名稱而已。在實質上，他們要向三百萬名選民問責。我不太明白在昨天辯論時，憲〔建〕制派說這五席將會由民主派全部取得，但民主派又說這五席會由建制派全部取得，因為他們沒有經費，不能組織競選活動，所以，民建聯一定會全部勝出。

主席，為何要這樣看呢？為何不相信我們的選民有足夠的智慧來選擇他們認為可代表他們的議員呢？主席，我們不要忘記另一點，便是香港的選民是非常理性和聰明的，他們是懂得自行分票的。分票的意思是令立法會內各種不同的政治力量得以互相制衡，這亦是民主原則的體現。所以，單從這個角度來看，我由始至終也沒有被說服，認為這是民主倒退的方案。當然，也有很多民主派人士聲嘶力竭地說，通過這個倒退的方案，可能令我們日後也不能再爭取到普選，也有人

說這些是功能界別議席，是易請難送的，或是會合理化了功能界別。主席，我亦絕對不能認同這些看法。

首先，我們不能妄自菲薄，認為我們將來的努力及香港人對於民主的承擔和堅持，是會容許功能界別千秋萬世地留在香港。至於可能會令功能界別合理化，將來會易請難送，沒有辦法取消五席，我覺得這是一種負面的看法。其實，每件事都有兩個角度，你可以說這杯是注滿了一半水，也可以說這杯水是空了一半的。如果說這些議席是易請難送、是合理化了功能界別，他們只是看到這杯水是空了一半。

主席，如果今次的議案獲得通過，我們會即時 —— 當我說「我們」時，我是希望所有民主派的人 —— 能夠即時爭取在下一次的選舉中，消除這個由區議員提名的限制，這也是在普選聯的路線圖內清楚指出的。今天，我們爭取到「一人兩票」的選舉模式，在下次檢討政制的時候，我們希望「一人兩票」的選舉模式不會受任何業界或界別提名的限制，能夠將之轉化為一個普選模式。當然，我們最終的目的是把「一人兩票」的選舉辦法及沒有提名限制的選舉辦法擴展至一半的立法會議席。屆時，這便是我們所希望達到的終極普選模式。所以，這不是合理化功能界別或是易請難送的方案，而是稍為推開了那道門的方案。

我們下一步便要踢開這道門，我們要走出這個不民主制度的束縛。主席，即使我們未能即時達到最終的普選模式，我亦堅信這個制度會改變了我們立法會的政治生態。香港人的議會文化亦會完全改變。大家只須想一想，當這五位有些同事稱為「超級區議會議員」的同事加入立法會後，他們要向全港市民問責，因此，立即可以向所有香港人顯示他們與傳統功能界別議員的分別所在。他們的問責對象和在立法會的取態，是會與傳統功能界別的議員完全不同的。他們連同新增的五個直選議員，亦會作出適當的制衡，令功能界別議員的政治權力有所削減，這亦是步向普選的重要一步。

最後，我必須談及路線圖的問題。我昨天也說過，這個「一人兩票」的方向和概念 —— 主席，我指的是方向和概念，我不是指區議會方案 —— 是二〇〇七年泛民主派簽署共識方案時的目標，也是我們在二〇〇九年的目標，也是今年普選聯的目標。現在，我們是正在走自己訂出來的路線圖。我們無須中央給我們路線圖，只要我們落實自己的路線圖，我們便已經是在邁向普選。……

梁家騮議員：

　　……要優化功能界別，大部分人均同意有需要擴闊它的選民基礎，讓它以理性的態度平衡社會利益，但如何可以擴闊選民基礎呢？有一點很重要，那便是要以人為本，要着重選民的個人利益，而不是集團或公司的利益。

　　根據早前政制事務小組作出的總結，政府會考慮擴闊某些功能界別的選民基礎，但只限於增加團體選民的數目。可是，這樣做會產生一個重大問題，因為，其實香港的大企業會經營各種不同的生意，他們轄下可能會有一百間公司經營不同的行業，隨時可持有超過一百張選票，因而可能導致出現不公平的情況。我也不認為增加團體票數目，可以優化現有的功能界別。此外，很多同業贊成廢除功能界別。可是，廢除功能界別需要一個過程，我們沒可能要求功能界別在一夜之間全部消失，又或突然說……雖然不可能在二〇一二年消失，但也難以要求功能界別在二〇一六年全數消失。這是沒法做到的事。

　　那麼，新區議會方案會否造成「易請難送」的情況？我們可以再進行分析，看看廢除功能界別的阻力是甚麼？根據我的觀察，如果某功能界別的選民基數大，遇到的阻力便會較小，例如教育界、社福界、護理界等。「波哥」也答應會支持二〇二〇年廢除包括我所屬的醫學界。簡單來說，選民數目較大的界別，遇到的阻力會較小。至於改良後的方案會否「易請難送」？我認為不會出現這情況，因為阻力通常來自選民，而不是來自議員。如果某議員擁有三百多萬名選民，他不會抗拒廢除改良後的區議會功能界別。事實上，議員經由區議會功能界別競選席位，比透過直選取得席位更難，這是因為他首先必須做好地區工作，才可以成為區議員，並且得到提名，然後，他隨時可能要取得四五十萬張選票。如果他可以取得四五十萬選票，他在直選也必定可以勝出。所以，獲區議會選出的功能界別議員，應不會抗拒廢除功能界別。但是，他仍然必須參與這三百多萬人投票的選舉，而他並非在樽頸的情形下獲得提名。

　　有同事提到增加十席直選或變相直選的議席，可以「搞淡」議會的傳統功能界別。我認為這說法十分天真，因為雖說是增加了十席，但大家不要以為可以取得全數十個議席。根據現時的選民意向分析，結果通常是六比四。換句話說，贏家也只能取得六成議席。即使想透過這方法「搞淡」傳統功能界別，議會中也

永遠不會出現有三分之二議員支持廢除功能界別的情況。所以，以這種方法進行「搞淡」永遠不會成功。即使增加至一千席，也不會成功「搞淡」。

所以，根據我剛才的分析，如果各位希望廢除功能界別的話，唯一的出路便是擴闊現有功能界別的選民基數，惟有這樣才會減低廢除功能界別的阻力。

我已說了兩羣不同人的不同看法，大家會發覺大家兩者都有一個大公約數，而且大家的方向一致，那便是擴闊功能界別的選民基礎。無論是贊成廢除功能界別，還是贊成優化現有的功能界別，其實大家的方向應該一致，那就是擴闊現有的選民基礎。至於將來最終會廢除功能界別，還是予以優化保存，我們日後才再作打算。在擴闊選民基礎方面，也可以從今天開始做，而無須修改基本法，也可以在今天議案中由三十人增至三十五人的建議，一併處理，因為政府竟可以將選民基礎由四百人增至三百萬人。所以，擴闊選民基礎的工作，可以在這裏處理，我們只須半數立法會議員在稍後的本地立法過程中通過，便可經由本地立法處理。

我亦要指出，政府曾引述智經的研究報告，指出有六成香港市民 ── 我首先要指出，智經的說法頗為誤導 ── 智經有如此說法：由於有六成香港市民不同意將功能界別的團體票變為董事票或個人票可增加功能界別的認受性，因此，他們得到的結論是市民並不同意。但是，這項問題本身有誤導成分，因為研究沒有提及這六成市民究竟是不認同會產生這個效果，還是不同意這樣做。我相信絕大部分市民即使因不相信而不同意會產生這樣的效果，也不會反對這樣做，因為這樣做總會有一個機會。

此外，政府時常說我們現在還未達成共識，所以難以推行。我想指出，我們其實無須有一致共識。這個世界也很難可以達致〔至〕共識，總會有人表示不願意。可是，我們可以從今天開始做，功能界別願意做便去做，不願意做便不做。至於如何做法，可以自行諮詢業界人士的意見，喜歡擴闊選民基礎便擴闊選民基礎，即使喜歡選哪些人做選民，也可以拿出來討論。我相信大家不會反對，因為他們無論如何也是你的選民。另一方面，直選議員也不會提出反對，因為這些做法不會牽涉他們的訴求。功能界別只要喜歡這樣做，便可以擴闊選民基礎，有多少界別願意這樣做也可以做，沒有人會加以阻撓。但是，我們會面對一個問題，那就是二〇一二年可以這樣做，二〇一六年又如何？其實，日後可能會

有人建議開始逐步取消選民基礎未有得到改善的功能界別，這樣事情便會變得更為簡單。

方剛議員：

我支持二〇一二年政改方案是因為我認同香港的政制有需要改革，儘管二〇一二年方案內容不是盡善盡美，但最少仍朝着民主化踏出第一步。無論我對未來的政制持有怎樣的意見，我同意首先走出第一步，然後再坐下來商討如何優化，而不應因為細節上的爭議，令政制繼續原地踏步。

今次政改方案，最大的爭議是功能界別的存留問題，我在議會內也說過，雖然我是透過功能界別進入議會，但加入立法會之前，我對功能界別並沒有強烈意向，並認同立法會應該逐步朝向普選發展。當然，這亦是受到二〇〇四年自由黨在直選方面取得成功的影響。

但是，經過這六年的議會生涯，我開始明白原先設立功能界別的意義和目的，是要藉不同行業和專業界的代表，就該行業或專業界別所熟悉的範疇向政府提供意見。例如我所屬的批發零售行業，當然是關注內需市場、本地經濟表現和就業市場，因為這個行業聘用接近五十萬的勞動力。法律界當然要維護香港的法治精神，以及司法獨立性，而絕非維護法律界的利益。

無奈某些人士為求達到自己的目的，而不惜扭曲設立功能界別的原意，口口聲聲說我們只是代表一小撮人的利益，促使官商勾結。這方面我是絕對不認同的，我與大部分功能界別的同事，在過去六年的工作和表現，肯定沒有促使官商勾結，反而充分體現功能界別的功能。

雖然有抨擊，但亦有很多人肯定功能界別的存在價值。有一篇評論提到：「雖然有些功能界別議員表現不理想，但不代表這個制度有問題，正如有些醫生的醫術不高明，這是否要將醫學院的教育推翻呢？所以，如果有功能界別議員表現不好，應該是想辦法完善選舉機制，選出更多好的議員才是。」主席，我絕對同意這個觀點。所以，我支持將功能界別的選民基礎擴大。

事實上，議員表現差強人意，不單是功能界別，直選議員中也有。直選議員一般都會將絕大部分的時間放在自己支持者身上，而非支持者關注的議題則較少

理會。這與個人無關，而是與選舉制度有關。

香港要持續發展，不能單單以地區居民的意向為藍圖，我們必須有國際視野，關心大環境，以及對促進經濟持續發展的宏觀關注。因為企業要能夠繼續經營，才能保住就業，這對社會安定繁榮是很重要的。我承認，功能界別關心的議題會有偏向，但直選議員同樣都有偏向。因此，我們是各司其職、互相配合，這樣才能夠相輔相成，正如一輛汽車的四個輪胎一樣，互相「撐」住，這輛車才可以運行暢順，才可令社會和政府能夠順利和平穩運作。

張國柱議員：

政府由始至終，拒絕說出何謂終極普選的模式，以及何時廢除功能界別，就這兩個關鍵的問題上如果得不到有承諾的回應，我和我界別的選民，是絕對不會接受的。

尤其是在有關廢除功能界別的爭拗上，更令人失望的是，全國人大常委會副秘書長喬曉陽先生早前指出，功能界別與落實普選，並非完全矛盾的，又解釋，普選不單要與香港行政主導的政治體制互相適應，兼顧香港社會各階層的利益，更要有利於本港資本主義經濟的發展。

現時的功能界別，就是因為過於有利於資本主義的發展，導致貧富懸殊問題日益惡化，基層市民的訴求得不到合理的回應。正是功能界別加上分組點票這個荒謬的機制，讓政府推行的政策都偏向大財團和大商家，而弱勢羣體的權益，只被視作恩惠或布施。功能界別一天存在，這個深層次矛盾便一天得不到解決。

......

此外，今次備受關注的「一人兩票」區議會方案，我個人是同意有些人說，這是增加了少許民主成分，因為這樣做，能夠讓原本沒有權在功能界別中投票的選民，可以在區議會內，選出自己的立法會議員。

無可否認，三百多萬選民能夠多了一票在手，在表面上看似增加了民主的成分，但在深層的意義上，這根本是將功能界別合理化，所謂「易請難送」，當功能界別的議員越來越多，日後要取消功能界別的難度自然大大增加。我們是否同意二〇二〇年所有功能界別的選舉都跟隨一人兩票的方式進行呢？我相信廣大的

市民現在要開始認真思考，將你的意見表達出來。

再者，新增的區議會議席，無論是提名權和參選權，都與普羅市民無關，三百多萬名選民，並沒有全部的選舉權利，純粹只有投票權，這明顯是一個經篩選的選舉，而這亦是這個「改良」方案的一個最大的缺憾。

有人指責，部分加入普選聯的議員，在政府接納「普選區議會方案」最後仍投反對票，是否「走精面」呢？甚至是否有欠政治道德呢？我想指出，普選聯所提出的三項要求，包括廢除功能界別、低門檻普選特首及區議會的「改良」方案，但我們的政府現時只接納了一個，而這一個也並非完完全全是普選聯的區議會改良方案。

李卓人議員：

我發言是要反對現時立法會產生的辦法。有些人會問，職工盟是普選聯的成員之一，為何會反對呢？普選聯是否應一起投贊成票呢？張國柱議員剛才也提到，普選聯其實有三個要求：第一個要求，區議會的「改良」方案要「一人一票」，讓大家可以有份參與選舉；第二個要求，二〇一七年要有低門檻的特首選舉；第三個要求，訂明在二〇二〇年有廢除功能界別的承諾，確保這是真普選。對職工盟來說，我們認為這三大訴求中最重要的，是廢除功能界別的訴求。

……

大家也看到，功能界別並不是甚麼專業的貢獻，其實就是利益的捍衛，他們在百分之一百捍衛他們本身的利益，而且做得非常好。所以，大家要留意和記住，便是不要以為功能界別本身在作出貢獻，他們只是在維護他們的特權利益和界別利益。為甚麼他們要這樣做呢？因為他們要再次當選，所以選舉制度令他一定要捍衛他們界別的利益，僅此而已。

……

關於區議會的方案，我也要承認一點，便是曾經令我心動的。事實上，有三百萬人可以就那五席投票，這確實是一個進步。不過，正如我剛才所說，這不能解決我最終的問題，所以對於二〇一二年的方案，我覺得不可以「收貨」，而我們是希望一籃子地「收貨」的。但是，我也不會如剛才有些人所說，擔心新增

的議席會合理化功能界別，因為這個功能界別的選民始終……我很同意梁家騮議員的說法，選民不會對這個功能界別不放手的，因為他們也是全香港市民。如果有直選，何須不放手呢？可是，最糟糕的是，傳統的功能界別，即坐在這裏的這羣功能界別的選民不願放棄你們的議席。如果你們願意放棄議席，便甚麼問題也解決了。如果所有人均願意放棄……我知道護士、社工和教師願意放棄，只要你們的選民願意的話，便沒問題了。對於區議會的改良方案，我相信市民是願意放棄的，所以我是不會擔心的。

還有一個吊詭之處是，梁愛詩說「一人兩票」不是普選，這便沒問題了。請大家記着，日後如果有甚麼功能界別提名，然後以一人一票選舉的方式，均不是普選，這方面反而清楚了，立此存照、記錄在案，日後千萬不要說普選有一個模式，便是功能界別提名，以一人一票的方式選舉，這已明言不是普選了。

陳健波議員：

主席，我想談談功能界別的存廢問題，因為這問題一直都是政改中一個十分關鍵的討論點。

在座各位都知道，功能界別的歷史因由。當年，港英政府為了香港能夠繼續維持行使資本主義，因此提出了功能界別。功能界別其中一個原意，便是希望能夠讓立法機關內同時存在社會上各界不同的聲音，令社會各個不同的行業及階層皆有機會發聲，達至均衡參與的目的，亦為議會起了一個平衡的作用。

其實，這種平衡作用的更深層意義，便是我們香港有很多重要的行業或界別，它們所涉及的人數不一定很多，甚至可能是社會上的少數，但它們對於香港的經濟及社會的發展，有着很大的重要性。換言之，功能界別在一定程度上，是代表着社會上相對少數或非主流人士的聲音。其實，現時社會上最低限度可分為商界和市民，如果單是說人數，市民一定較商界和專業人士的人數多出很多。

大家想想，如果政府要推出或取消一項政策，只是說多人支持便去做，多人反對便不做，政府便很容易做，即是多人支持便做。但是，作出決定之後，其實得出的結果，便是很多非主流的意見及權益都會被忽略，或只顧着短期利益而損害了香港的長期利益。

......

此外，我想對大家說，很多人極為推崇普選，但我們環顧全世界，歐美、亞洲有普選的地方，很多歐美地方，失業率超過 10%，貧富懸殊十分嚴重，所謂的官商勾結問題也很嚴重。在這樣的情況下，為何他們又不能解決這些問題呢？香港現時的失業率達百分率四點多，已令很多人鼓噪，如果失業率是 10%，我想香港遭到反轉也說不定。為何會這樣呢？我們要明白，我們要公道一點，要向市民說，功能界別當然是有它的問題，但如果要取消，便一定要有方案，這方面我稍後會慢慢說。

我想跟大家說，不要被人蒙騙，以為取消功能界別後，香港便天下太平，一切問題也能解決，我絕對相信這是不可能的。……

......

但是，我也認為現時功能界別的選舉方法，是很難說得通的。我認為政府真的要認真檢討這個方案，如何擴大選民基礎。不過，我不大同意梁家騮所說，只是不斷擴大便有用。大家要明白，在醫學界別是沒有問題的，因為醫生的意見是一致的。但是，在一些界別，例如保險界別，其實保險界別是包括保險公司及中介人，保險公司有一百四十多間有投票權，它們可選擇投票。其實，保險公司總共有一百七十多間，但真正登記的只有一百四十多間；當中的 agents 有五萬多人，從業員也有一萬人，大約共有七萬人。如果讓這七萬人來決定保險公司如何運作，也未必是恰當的。所以，以我們的界別來說，大家要注意，保險公司才是骨幹，那些 agents、中介人其實只是依附在這些機構內，共同為香港服務。

我相信香港很多功能界別都出現類似的問題，在這些界別中，我們真正要做的，是如何想辦法擴大選民的代表性，但同時又不能忽略要有人能為這些公司發聲。舉例而言，在保險界別，一半是保險公司，即使只有百多間公司，而另一半是那五萬多人，我們應循序漸進慢慢過渡，當香港到了成熟的階段……我個人認為「一人一票」其實不是一個好的制度，但它在社會上和世界上是一個公認的制度。別的地方實行了百多年的普選，而我們只實行了十多年，我們是要時間慢慢過渡到這些制度的。我覺得最重要的，是要選出好的人才，但如果這個制度這樣差，當選後經常要被人責罵，那些好的人才也不會出來參選。要是選來選去也是「爛蘋果」，即使七百萬人可以投票，但只是選「爛蘋果」，又有何意思呢？

梁美芬議員：

必須承認的是，當時提出三部曲，即在二〇〇七年政府提出的政制諮詢文件中，是有 quote 我們一人兩票的建議，但當時不是這個區議會模式。我與兩位教授 —— 鄭赤琰和鄭國漢，一位是政治系教授，另一位是經濟系教授，而我則是修讀法律的 —— 我們曾進行研究，經過研究才提出這樣的建議。當時的提議是，二〇一二年應先擴大功能界別的基數，沒有新增功能界別議席，但直至二〇一六年，便可以考慮一人兩票，但當時我們是指傳統的功能界別當中的一人兩票。泛民或普選聯提出的，則把新增功能界別全部給予區議會議員，我們當時從學術角度看是不同意的，我在開始發言時已指出原因。我們從不同角度擔心，為何要將所有新增議席也給予區議會？為何要讓它成為最大的功能界別，甚至可能是立法會內是 powerful 的功能界別？可是，當時只是書生論政。我又察覺到，在今次二〇一〇年的諮詢文件中，我提出的書面建議也有重提這個方案，政府有 quote 我們的意見，但沒有 quote 一人兩票的建議，而 quote「1+30」的建議，上次則沒有 quote「1+30」的建議。我希望這是一種進步，上次提議一人兩票好像是遠一點的，但現在則 quote 了「1+30」的建議。

對於我提議的「1+30」建議，我也必須提出一些註腳。當時我們建議的時間表是在二〇一六年推行一人兩票，即每名市民可以選擇在任何一個功能界別投票，而我們要決定如何合理地界分。如果二〇一六年的安排做得好，我們便可以在二〇二〇年令所有功能界別，一如今次的區議會方案般，全部也要面對普選。當時考慮的原則是甚麼呢？我們覺得對功能界別的議員 —— 我在立法會已聽過多次，正如陳健波剛才也說已被「踩到」一肚氣 —— 我覺得不應該這樣貶低他們，他們其實發揮了很多地區議員沒有的專業知識，例如保險業、工程、architecture 等，我覺得他們是有很多知識可以發揮出來的。

可是，當我們要改變的時候，是否要立即取消功能界別呢？這又要面對很多政治難度，他們掌握三十票，對嗎？他們也要面對其選民。所以，我希望是一步一步前進，直至大家也覺得香港的選民和候選人也準備好，屆時推行普選，便已經水到渠成了。

大家現在也看到，區議會方案已是一個樣板，我真的認為這是一個超級功

能界別。一名候選人經歷過三百多萬人的投票，他的認授性將會高於地區直選的議員和特首，所以真的要盡快在二〇一七年進行普選特首，無論提名委員會是否 agreeable，原因為何？將來這五席的候選人帶來的 impact 可能是一個很大的改變，所以我不會從某些人的角度看，民主黨是否出賣他們，而是我 foresee 到一個轉變。大家看到這個轉變，不單是改變立法會內從政的人，而是選民。我們一直也認為民主、普選是好東西，但選民的質素和他們對一票的重要性，當中的經歷和選擇認知是十分重要的。所以，經歷了這三百萬人選出五個功能界別議席後，我相信全港市民也經歷了普選的洗禮，這是前所未有的，大家想想吧。

所以，這會完全改變香港的政治生態。我與商界朋友和專業界朋友表示，他們其實要做好準備，有這經歷之後又怎能返回頭？其實，參與地區直選更容易，對嗎？因此，這真的是一個普選的不歸路，從我對於兩制的瞭解，以及我們走的路，根本一定會走到普選。所以，功能界別是 get ready 的，可能是兩屆後的二〇二〇年面對普選。我在數個月前還表示，對於在二〇二〇年可以實行普選，大家不要太樂觀，因為只是說「可以」，但現在向這方向走，我相信在二〇二〇年，大家應該有很大機會可以達成一個共識，因為市民和功能界別的候選人也寧願選擇地區直選，因為地區分界還要小一點，對嗎？

特首當然希望有普選，無理由希望他的認授〔受〕性還要比這五個特級功能界別低。將來實施普選時，這個制度便要改變，可能是全部改為地區直選。所以，我覺得這條路繼續走下去，好像是摸着石頭過河，是否一籃子？大家可想想其影響，我也可以幻想到。

陳克勤議員：

主席，在立法會選舉方面，大家都將焦點集中於新增的五個區議會功能界別議席上，批評這是民主的倒退。但是，按照人大常委會二〇〇七年的決定，如果立法會要增加直選議席，便必須同時增加若干的功能界別議席的數目；為了擴大民主成分，特區政府同意把這五個新增議席，全部撥歸區議會，並以「一人兩票」的形式，由區議員提名，讓全香港三百二十萬名市民直接選出這五個新增功能界別的議席。日後，立法會內地區直選和功能界別的議席比例雖然依舊是三十五席

對三十五席，但由市民直接產生的議員數目，其實是增加至四十席；直選議員的百分比由目前的佔 50%，增加至接近 60%。所以，如果硬要說這個方案是民主倒退的話，我則看不到有甚麼理據來支持。

雖然這新增的五個區議會議席，形式上被定義為功能界別，但這五個新增議席，卻是由現時在功能界別選舉上沒有投票權的三百二十萬選民直接選出，我稱之為變相的直選。他們要面對的，要負責的，是三百二十萬的選民。他們所得的支持和選票，是會比我們這些直接由地區選舉產生的直選議員還高，他們的代表性、他們的產生，都不再是小圈子。

黃宜弘議員：

日前，全國人大常委會副秘書長喬曉陽明言，普選除了要體現「普及而平等」之外，也要兼顧各階層的利益，以及有利於香港資本主義經濟的發展。這番說話顯示了中央的誠意。我曾多次在議會和媒體指出，現在的問題並不在於功能界別是否繼續存在，而在於功能界別如何在普選的前提下產生。我們有需要在這個課題上多花些時間，從長計議。我也同時指出，功能界別之所以能發揮重要的作用，是與分組點票的配套機制分不開的。因為我們的特區政府是一個沒有執政黨支持的政府，如果缺乏一套把關的機制，你教它如何運作呢？它又怎能做到行政主導呢？

我參與過基本法的諮詢及草擬。我當時不是議員，很多委員都不在這個議會內，故此不存在「為了自己的利益而投下贊成票」的質疑。大家都認為，在缺乏執政黨支持的情況下，退而求其次，要設計一套符合香港實際情況和循序漸進原則的機制，當中包括功能界別、分組點票的機制，以反映各行各業的聲音，平衡各方面的利益，並對一些不利於香港長遠發展的議案加以合理的制約。這個立法原意在基本法中很明顯地凸現了。有些泛民議員對這一點可能不甚瞭解，又或刻意忽略了。綜觀整套基本法，並沒有任何條款要廢除功能界別及分組點票。如果要修改這個機制，須有三分之二以上的票數通過，可見這個機制並非可以輕易更改的。

事實擺在我們面前，這些年來，功能界別議員從維護香港繁榮穩定出發，兢

兢業業，盡職盡責，對特區政府的施政確實起着重要的把關、護航作用。儘管基於各種原因，這個作用沒有得到特區政府的充分肯定，但公道自在人心。其實對經濟稍有認識的人也知道，歷來在香港的納稅人當中，工商專業界人士佔了極大比重。大多數工商專業界人士均覺得，根據香港的法律地位和實際情況，以及循序漸進、均衡參與的原則，功能界別應該在逐步完善的前提下加以保留。工商專業界不僅納稅，還提供了大部分就業機會，是促進香港經濟發展的重要支柱。如果他們受到歧視、排斥，對香港的經濟發展有甚麼好處呢？對此，大多數市民是心裏有數的。有些人口口聲聲標榜民意，老實說，他們所謂的民意並不代表大多數市民，尤其是納稅人。

中央政府曾經一而再、再而三表明，在單一制國家裏，特區政府並無任何剩餘權力，基本法賦予多少權力，特區政府便有多少權力。在政制發展的重大問題上，不可以背離中央、基本法而自把自為。道理很簡單，一個主權國家對地方政府有絕對的管轄權，包括依照法律進行合理的限制。

譚偉豪議員：

此外，我亦想在此談談功能界別的去留問題。究竟傳統功能界別應該演變還是廢除，抑或在何時廢除？我覺得政府和政黨絕對有責任和應該拿出誠意共同解決這問題。如果只有政府做，而其他議員及政黨不做，永遠只能原地踏步。所以，早前普選聯開始邀約不同政黨及政界內不同議員討論，我覺得是一件好事，因為透過討論，尤其是閉門會議，大家可以暢所欲言，就大家的顧慮、底線和期望有效地進行溝通。我很期望有更多不同黨派議員能多坐在一起，就日後政制改革和功能界別的去留問題，進行更多溝通，以達成共識。

我很相信，現時功能界別的選舉方法絕對不是按普選原則的選舉，亦不是大部分人可以接受的，但功能界別的重要作用卻是絕對不能抹煞的。陳健波議員剛才已說出自己的心底話，他覺得整個功能界別對香港的營商環境和經濟建設有很重要的作用，希望反對派議員可以真心聆聽和瞭解，令功能界別的功能在日後的政改方案中繼續發揮。有人問，香港有功能界別，但外國卻沒有，為何外國議會可以沒有功能界別而同樣能夠保證有不同的參與和多元聲音呢？我相信這是因為

外國有很成熟的政黨。正如我在議會中一直提出，從現在到普選特首還有七年，到普選立法會議員則還有十年，所以，各政黨和議員一定要努力，不能再內耗，不能每次都反對，以致沒有進步，令整體政制改革原地踏步。

正如我剛才說，政黨十分重要，外國醞釀了政黨的發展，亦有政黨法，有很成熟、跨階層的政黨，而且很多時候外國政黨都有提出社會和經濟的政策，為地區或國家的長遠發展進行深入研究，並具有代表性。但是，香港現時的政黨有沒有這樣做呢？我知道民建聯有很多研究不同課題的委員會，但其他政黨的發展是否也這麼成熟？它們是否也有這些專才能夠吸引更多專業人士加入政黨？我很相信，日後政黨如果有更多空間發展和發揮，便可望在二○二○年取消功能界別。如果政黨停滯不前，功能界別的聲音不能透過政黨反映，我擔憂全面直選後不知會出現甚麼後果。

梁耀忠議員：

因此，我為何反對兩項議案？因為有結構性問題存在。第一，特首不是由我們選出，他沒有問責性，沒有真心真意為香港整體社會服務，以致造成今天這個現象。所以，我們要求特首應由市民提名，由市民投票選出，而不是由小圈子提名。這是最重要的。

此外，普選方面，立法會議員亦應由市民提名，不應由小圈子提名。功能界別便是由小圈子提名，由小圈子選舉，構成狹窄的利益立場，因而影響整體公共政策。當然，有同事剛才質疑民主是否一定可以解決社會問題呢？我同意，民主不是萬應靈丹。不過，我們為何渴求民主呢？因為民主代表每人也有普及、平等、等值的選舉和被選舉權。民主制度本身是一個較公平處理公共政策的方式。我知道民主未必能很完善地解決社會公共政策的問題，但目前，世界上每一個角落都在爭取以民主方式處理公共事務，目前的現象便是這樣。

因此，我們今天期望的，是一個民主社會和民主的選舉制度，因為低限度它是問責的，並受市民和社會大眾所監察，這才是重要的。所以，我們認為，雖然民主不等於最好，但它有值得我們堅持的地方，也就是使大家可以行使自己的權利監察政府的運作，這才是最重要的。當我們對當選者有所不滿時，下一屆可

以不選他，這是最簡單的。但是，即使我對曾蔭權非常不滿，但市民可以怎樣做呢？下一屆可以不選他嗎？當然，他下一屆也會退休，不用再選，但如果他不退休的話，市民可以怎樣做？市民是沒有機會發聲的。我期望有一個民主社會，所以，我不能接受這個方案。

葉劉淑儀議員：

主席，我發言支持政府這個方案，因為我認為這方案帶來真正是民主不止是走一小步，而是一大步。

正如昨天一些同事發言時指出，這個方案把五個區議會議席讓三百二十萬選民選出，所帶來的不是量變，最終會帶來質變。雖然這五個議席仍被視為功能界別 —— 因為區議會屬功能界別，而候選人一定是區議員 —— 但引進這麼大的選區，我相信對香港的政治生態將會造成很大的改變。

這個方案落實後，我相信未來的區議會選舉，將有很大的競爭。民選區議員的身價可以說百倍，因為他不單做地區工作，還可以投票選行政長官，甚至可以晉身立法會。因此，可以想像到一些從沒想過當區議員的人，也會參選區議員。

這對香港的民主發展是一件好事，因為民主發展有需要配套。除了是一人一票之外，我們更須有一些中產、專業、不同行業，甚至是學識較高的人士，或較多年輕人為社會服務。因此，我認為雖然這方案對現有的政黨政團或未來的選舉有沖〔衝〕擊，會帶來更大的挑戰和競爭，但為了香港民主的長遠發展，是很值得我們支持的。

剛才梁耀忠議員說他看不到這個方案如何使我們達致〔至〕最終全民普選，但我認為是完全可能的。如果政府和北京願意把區議會的議席讓三百二十萬人選出，為何不可把現有的功能界別 —— 剛才多位同事指出它們的好處和目前的一些不公平之處 —— 在下一步作出改革，使它們全部變成更大、更具競爭及有人投票的選區，讓它們有更大的代表性，使各功能界別都有更大的替換？我相信目前很多社會人士，特別是年輕人，對功能界別感到不滿的原因之一，是看到很多功能界別的議員在任多年，選舉的過程的而且確沒有多大替換或競爭，很容易便當選。這不是我的感覺，我只是複述很多社會人士的感覺。究竟他們代表着誰，有

否真正代表選民，還是只代表自己？

我同意功能界別對社會有很重要的平衡作用，但也是要改變的。我們踏出了這一步後，可以想像在二〇一六年的立法會選舉，可以把現有的功能界別的選民基礎擴大。當然有些人會說是引進了新的功能界別，或引進了新的功能界別後便易請難送，但當我們再多走一步，把現有的功能界別改革成為大選區，可以一人一票後，再來一步，即第三步，在二〇二〇年，我認為我們可以完全做到如很多民主學者——余若薇議員及我本人於二〇〇六年在校園所說的「一人兩票」。一票在本身的九龍東、九龍西選區，另一票則在全港九新界的大選區。這樣，我們可以有十年的時間，讓很多有志服務社會的各行各業精英、有識之士出來競選，讓他們熱身。如果我們真的可以實施「一人兩票」的話，最終希望在二〇二〇年，社會除了有熟悉地區事務的議員之外，還有很多熟悉經濟事務、保險、銀行、金融、科技等方面的議員，可以為香港社會的全面發展盡力。

林健鋒議員：

（代理主席劉健儀議員代為主持會議）

在他們眼中，功能界別已經成為立法會實行普選路上的一個障礙。他們把功能界別的制度及功能界別議員與官商勾結、享用免費午餐、是既得利益者等種種莫須有的罪名掛鈎，更認為功能界別只維護大商家、大財團的利益。究竟是否這樣呢？我相信社會上自有評論，亦知道很多市民也不認同這種說法。

我明白他們的這種看法及政治考慮，以取消功能界別作為所謂公投的宣傳口號和爭取目標，可以製造攻擊這種制度的突破點，並把功能界別選民基礎較為狹窄這個制度規限之下的因素無限擴大，說這是小圈子選舉，維護一小撮人的利益，並把社會上出現的種種問題均歸咎於功能界別議員的罪過。

這些不盡不實的說法是把功能界別妖魔化，是對功能界別發揮的作用視而不見。其實，我們每位議員也應老老實實地把實際的情況向市民介紹及陳述，而不是只向外宣揚自己如何了得、別人如何差勁，這樣對香港市民是不公道的。

首先，立法會內的三十個功能界別議席是由二十八個界別建構而成，純屬工商界別的只有四個議席，即商界一、商界二，工業界一、工業界二。此外，也算

是工商界別的功能界別還有金融界、進出口界、紡織製衣界、飲食界、保險界、地產建造界，總共十個界別所佔的議席比例只是三十個議席中的三分之一。因此，嚴格來說，工商界在這個議會內的比例只有六分之一。如果今天的方案獲得通過，日後工商界別代表在這個議會內的比例將會進一步減低。

然而，香港是一個經濟外向型的社會，工商業始終是帶動本港經濟的火車頭，是香港經濟的重要支柱。自回歸以來，香港曾經歷亞洲金融風暴、禽流感及 SARS 肆虐以至近兩年的全球金融海嘯等挑戰，包括工商界在內的功能界別議員均與特區政府及各行各業緊密合作，即時把業界信息傳達給政府，為政府推出利民紓困的措施出謀獻策，同時也為商界及眾多中小企業爭取到信貸保障，以達到撐企業、保就業的目的。這些都是關乎市民利益的事情，亦是很多市民也認同的，是對本港經濟積極有效的推動，因此，不該也不能把功能界別議員說成萬惡之源。

雖說功能界別議員分別要向其業界的選民負責，以業界的利益作考慮，不過，我們服務的對象不僅是業界，還有廣大的香港市民。

代理主席，功能界別由一九八五年引入至今，這制度已經形成獨有的政治體制，對政府的有效管治起着相當關鍵的作用。香港要達致〔至〕雙普選，我明白是要處理功能界別的問題，使之符合普及和平等的原則，但同時亦要按照基本法的規定，從香港的實際情況出發。至於普選模式如何落實，有意見認為應擴闊功能界別的選民基礎，又或提出優化功能界別等建議，我們可以廣泛徵詢市民和各界的意見，爭取凝聚最大的共識。在過去幾個月，我們亦向特區政府提出了很多意見，包括如何擴大選民基礎，如何優化這制度，使之符合普及而平等的原則。我希望特區政府在稍後會盡快處理有關事項，政府亦應盡快引導市民和社會各界進行這方面的研究和討論。正所謂「一人計短，二人計長」，相信只要有理性、平和的溝通方式，互諒互讓的態度，謙卑地交換意見，一定可以從討論中得出一個符合普及而平等原則的立法會普選模式。我們應該採取和諧的方式，不應該凡事以爭鬥方式、指責的方式來處理。代理主席，關於政府提出修訂立法會產生辦法的議案，我們經濟動力認為當中已增加了民主的成分，亦是步向香港未來的雙普選，所以，我們支持修訂建議。代理主席，我謹此陳辭。

王國興議員：

首先，為何應該支持政府的政改方案呢？我認為有六個理由。第一個理由是這個方案如果成功通過，政府承諾會研究取消區議會的委任議席。這正正是回應了二〇〇五年的方案當時被否決的關鍵所在，因此，這是一個好方案。爛在哪裏呢？一點也不爛，此其一。

第二，新增的直選議席有五個，令直選議席的數目增加。老實說，我們在政黨內、在政界內的第二梯隊或第三梯隊便會有較多空間參加直選，進入立法會，這又有何不好呢？這是多了而不是少了，此其二。

第三，政府現時採納的區議會新方案，令民選區議員和區議會在憲制上的地位有所提升。區議員的角色提升了，我們各位同事經常說要重視區議會，每個月也會見區議會議員，見到區議員時也表示很重視、很重視他們。現時，到了我們真的要重視區議會了，卻又要否決新方案。我們要言行一致，不可以說一套，做一套。所以這個新方案會提升區議員的角色、提升區議會的憲制地位，這是正確的，我們要支持。

第四，這個新方案填補了區議會與立法會這兩層議會之間在政治人才的鍛鍊、培養和發展上的一個空白，是填補了這個空白。這還不是好方案嗎？難道是壞方案，是爛方案？這是第四個理由。

第五個理由，我曾經擔任過十七年民選區議員和五年民選市政局議員，也在區議會內獲選任副主席。我曾經有這樣的經歷，當然，在二〇〇七年，我不再參選了。我認為政府現時的新方案，正好填補了在一九九九年取消兩個市政局……現時是彌補了這個位置。要提升區議會的權力，培養人才，其實，在過去十一年，取消了兩個市政局，在後來的一段時期，我們曾爭取一局一署，但不獲通過。其實，所有政黨的朋友也看見在培養政治人才上出現了空白，出現了鴻溝。現時新方案的內容，正好彌補了過去十一年來未被填補的空白，又為何不是好方案呢？這是一個好方案，是值得支持的。

第六個理由是，這個方案值得支持之處是在於新增區議會功能界別內的五個議席，要由全港三百多萬人以「一人一票」，即一人可以有多過一票，來選他們出來。老實說，將來當選的區議員在晉身為立法會的朋友後，他可能擁有數十萬

票，其含金量很大。我們爭取民主的朋友表示要擴大至「一人一票」，指「一人一票」是他們的理想。現時中央採納了這個方案，現在送上了一條龍，我們卻變為葉公，害怕了這條龍，這是怎麼搞的呢？

其實，這項新構思對於香港政制將來走向特首由普及而平等的選舉產生和立法會是由普及而平等的選舉產生，以及大家所討論的二〇一七年和二〇二〇年，其實是個很重要的歷史轉變，是香港政制民主向前走的關鍵一步。所有爭取民主的朋友也不能忽視這個重要的變化。為何我們現時又害怕起來呢？所以，我希望好龍的朋友不要再做葉公了。

基於以上六個理由，我認為這個方案是值得支持的。

馮檢基議員：

我們在兩個情況下是一定會反對方案的。第一，如果方案跟二〇〇五年的方案一樣，我們會反對。因為二〇〇五年時我投了反對票，沒有理由在二〇〇五年反對，但今年贊成吧？怎樣解釋呢？所以這是不用考慮的了。在邏輯上、價值觀上，以前反對的，現在繼續反對。第二，民協十多年來也重視的一件事，就是在一九九七年後重新設立的委任制度。我們完全不能接受委任制度，因為我們認為委任制度是民主的反面，是反民主的，比功能界別更可怕——我指的是制度，不是人——是與民意相反的。如果是委任自己的顧問、各個諮詢委員會等，我不介意，但地區議會是聽取市民意見的，為何仍有兩成議席是委任的呢？這兩成議席很多時候也將地區議會的決定推翻。特別在每一屆任期開始選舉主席時，主席當選和不當選的結果往往因而逆轉。因此，我們認為一定要取消委任議席，否則，我們便反對。

......

在這兩個限制下，我們怎樣做得最好？其實，政府提出的「五五」方案是不錯的。有人說區議會互選的安排違反小圈子的做法。不過，如果大家仔細研究，特別是以比例代表制方式進行選舉的話，區議會互選的安排，從民協的角度，甚至是按我們請教的很多學者或在學術界的角度而言，這是普選之一，是間接的普選，不是直接普選。當然有人會問有哪些地方採用這安排，是否有例子說明？美

國是一個例子，但美國的例子不是完全可以跟這安排相比，因為美國的選舉人要說明在當選後會選誰為總統。英國也是一個例子，英國在選舉國會議員後，國會議員可以選舉首相，但國會議員在當選時，不須指明自己將會選誰為首相。不過，保守黨的自然會選保守黨的領袖為首相，工黨的自然會選工黨的領袖為首相。

　　英國今次的選舉是一個很好的例子，顯示英國的選舉跟特區政府原有的方案相似。當選後，自由民主黨跟保守黨合併組成聯合政府 —— 不是合併，應是結盟。其後，自由民主黨的國會議員竟然不選自己自由民主黨的領袖，反而選保守黨的領袖為首相。理論上，如果法例上規定一定不可這樣做的話，他便是犯法，但沒有，也沒有人指英國這個制度不民主、不是普選等。其實，現時區議會互選的安排是可行的，問題只是我們不喜歡間選，於是我們便認為不好。然而，這是另一回事。我們請教了很多學者，這是在普選範圍內的，我希望議事堂內的人，外面的群眾也可以看一些學術的書籍，且看我這一段說話是否有錯，如果有錯的話，請你們指點和指正。

　　民協為何認為要做呢？如果我希望看到二〇二〇年有雙普選，我們只能以兩個方法處理這個問題，一是一步便在二〇二〇年全面普選立法會；二是從二〇一二年、二〇一六年、二〇二〇年的三部曲逐步跳至普選立法會，民協採取的方法是沖淡的方式。沖淡方式是指我們要在這兩次選舉中增加足夠的人數，使從直接普選或間接普選產生的議員人數可以超過三分之二，從而使二〇二〇年選舉中，所有議員均是由普選產生，而普選中，我們是歡迎直接普選的。因此，民協的建議跟政府的原方案不同，政府建議的是「五五」，但我們建議的是「十十」，即是將議員人數改為八十席。在推行八十席後，再在下一屆增加十席直選議席，至二〇二〇年時，便將原有的間選議席轉為直選議席，這樣工程便完成了。我們跟政府的矛盾在於數量，而不是原則。

　　我們已公開了這個方案，我在 facebook 及報章專欄也有提及。在這情況下，我們如何跟政府商議呢？究竟是否要政府答應我們的要求才可以做呢？在談判過程中，政府給我們最大的難題是政府不能討論二〇一二年以後的安排，對於二〇一六年和二〇一七年的安排如何處理，政府不能說，最多只可作紀錄。其後，我們跟其他民主黨派成立了普選聯，當中有兩個政黨已有方案，一個是民協的方

案，另一個是民主黨的方案。普選聯把民協和民主黨的方案合併，變成了第三個方案，即「十十」，但功能界別那十席則採用民主黨的方案，另外的「十十」則採用沖淡的形式。

對我來說，民主黨的方案其實真的不算是普選。功能界別有兩個問題或限制，第一個問題是他們由小圈子選出，是少數人選出來的；第二個問題是他們有特定的利益。如果他是律師，便有律師的利益；如果是社工，便有社工的利益；如果是商界，便有商界的利益；如果是工會，便有工人的利益，這是很清楚的。可是，如果按我剛才提出由區議會直選後以比例代表制選出，便不會出現剛才提及的兩個問題，但民主黨方案則有這些問題。

按政府現時接受的民主黨的方案，第一，只有區議員才能投票，即我不是區議員便不可以投票，這已不是普選，而且不是區議員便不能提名。既不可以投票也不可以提名，那怎可以說是普選呢？這是最大的分別。可是，這個選舉有三百多萬人參與，所以便有普選要在數量上有很多人參與的味道，但卻限制於是功能界別的味道，然而這沒有特定的利益。在這樣的分析下，我會說民協的方案是從量化到二○二○年才轉為質變，是從量變到質變。民主黨現時的方案是在質方面的，由很少人可以投票，變成有三百多萬人可以投票，但礙於有兩個「緊箍咒」，這並非普選，雖然質改變了，但限制卻多了。

民主黨的建議將來可否很容易變成普選呢？又不難做到。只要解開那兩個「緊箍咒」，便是普選。明白嗎？即不一定要是區議員才可以投票，或是只有區議員才可以提名任何人，而是任何人也可以當選，這便是普選。因此，民協會視民主黨的方案是質變，民協的方案是從量變到質變。在討論過程中，我認為民協和民主黨的方案均可以接受。於是，問題出現了。

......

......現時政府新提出的兩個方案，再加上將會建議取消區議會的委任制度，政府完全朝着民協就反對方案提出的兩項條件前行，並已接受這方案。因此，我們由反對變為贊成，並非因我們轉軚，而是因為政府接受了我們的要求。

代理主席，儘管如此，我仍然是有點擔心的。我擔心當這一大羣人選出那些區議員後，政府會否堅拒解開這個「緊箍咒」，不肯取消「區議員」這數個字。第二，政府會否「變臉」呢？現在雖說收到的提議是提名「門檻」不超過二十席，

但屆時會否要求五十席呢？若然如此，便只有一兩個政黨的人可以被提名了。第三，「一人兩票」的模式會否繼續令舊有傳統的功能界別將來也變成這種形式，變成「1+30」席呢？這都是我們不想看到的。我希望局長稍後會回應這個問題。最後，我確實有點擔心這種模式會令很多人為了參選立法會而參選區議會，我不擔心立法會區議員化，反而擔心區議員立法會化，以致將來的區議員只討論立法會事務，不討論地區事務，這是我的擔心。

石禮謙議員：

然而，今次提出的是非傳統的功能界別。司長解釋過這並沒有違反基本法，在法律上也是可行的。這不是法律問題，而是政治問題。我剛才說過，為甚麼是政治問題呢？選舉團可以由四百人變為三百二十萬人，如果要依循法例的話，又怎會行得通呢？因為基本法英文版提及「letter and spirit of the law」和 functional constituencies，即功能界別。現時是把功能界別化大了，擴大至三百二十萬人。所以，有些人剛才擔心化大功能界別後，將來便不肯縮小，這肯定是不對的。為甚麼這裏會有功能界別呢？這是基本法給我們的。

有人不斷責罵功能界別，說我們官商勾結，只為業界的利益，但他們沒有指出實際情況來說明官商如何勾結。我代表地產、建築界，但單憑我的一票就可以影響政府推出政策為地產界做事嗎？陳議員可以影響有關保險的政策嗎？李議員可以影響政府有關醫療的政策嗎？當然不可以。

可是，為甚麼要有功能界別呢？因為要平衡。在回歸後，如果推行全民投票，恐怕很多議員尚未能夠令香港平穩發展，於是要不同界別人士參與，以達致〔至〕均衡參與。要各方面的代表一同參與，為香港的前途、穩定和發展而努力，功能界別因而出現。請有關議員不要在這裏胡亂謾罵。不過，不要緊，我們已被罵多年，我們知道功能界別不是為了功能而存在，而是為了香港而存在的。我們都會這樣做，我們不是為了維護功能界別的利益，而是香港的利益。但是，我們有責任，剛才湯議員說，每個人都有責任代表自己的選民，我們也有責任向我們的選民交代。我們不是要為選民爭取利益，而是要表達選民的心聲和他們所面對的問題，以及他們希望香港經濟發展更上一層樓。這正

是功能界別的用意，我們不是要保障界別的個人利益。請有關議員想一想這個問題。

謝偉俊議員：

說回立法會選舉，坦白說，我初時對原來方案和現有的「改良」方案均有保留，為甚麼呢？因為我認為當中存在很大問題。王國興議員說這可能是「騎牛搵馬」盤，但我卻認為這是「木馬屠城記」盤。我們這一隻是 Trojan Horse，隨時會破壞功能界別的平衡，所以我對此有所保留。

第二，區議會是根據一九八四年的綠皮書成立的，當時清楚列明區議會屬於地方選舉而非功能界別的部分。我記得在一九八五年時是各佔十二席的，其中包括區議會、市政局和一些地方組織。在性質上屬於地區而非功能界別，並非傳統功能界別，所以今天看來似是「非牛非馬」。

第三，我認為這方案歧視鄉議局。為何是「1+5」而沒有鄉議局的份兒呢？我對此也不明白，故此亦有所保留。

第四，我不會說它是「爛」方案，只會說它是「懶」方案，是懶惰的懶。由於最初的想法是盡量做得最少，所以乾脆把五個議席悉數撥給區議會。然而，我們為何不藉此機會改變功能界別的組成和基礎呢？例如我曾經提議，而我的意見書也有提過 —— 如果我沒有記錯的話，應該是第 3.41（j）段 —— 可把議席撥給婦女、青少年和耆英等，這樣便依然是功能界別。我今早已經提過，現在不想重複的一點是，我們只想找有代表性的團體，因為現在不止是香港，全世界包括民主國家也認為，純粹經由傳統地區選舉產生的代表，未必能夠代表社會的整體聲音。

大家可以看看基本法的附件一，我今早已提過是關於行政長官的選舉的，當中為何要分為四部分，而每部分又公平地各有二百人呢？為何把工商、金融界劃為第一部分，專業界是第二部分，勞工、社會服務和宗教界是第三部分，然後第四個界別才是政黨人士和政治人物呢？因為政治人物只是社會的一部分，他們可能很重要，經常可以在鏡頭前或報章上看到他們，也有很多人關注，但他們並不代表全部。社會上其實有很多不同的聲音，例如專業界的聲音、勞工界的聲音、

宗教界的聲音和工商界的聲音。一個平衡的社會必須有廣泛參與以作平衡。任何代議政制最重要的一個字眼 —— 容許我說英文，即「keyword」—— 便是代表性。無論採用甚麼方法，最終也是尋求代表性，即代議政制的代表性。這代表性可以是透過地方選舉產生，例如九龍區、香港區和新界區。這並非刻意設計，純粹是歷史發展而來的，是英國歷史發展的產物。由於地區要繳稅，所以它們逐漸由純粹繳稅變成可以發言，這是由仍有皇權的時代慢慢發展而來的。所以，大家別以為地區選舉是萬靈藥，當中並沒有任何魔術性，純粹是一種偶然的方法，是歷史的方法。

時至今天，很多西方國家已發現地方選舉未必具有足夠的代表性，並正在研究有何方法加強其餘三部分的代表性。很多國家都先後進行研究，但卻無法實行，為甚麼呢？因為如果要由原為地區選舉的制度，改為諸如工商界、專業界或勞工界等團體的選舉，那些已擁有席位（即 vested interest）的人是不會輕易放棄其權利的，這是第一點。

更重要的第二點是，在挑選代表團體時會激起劇烈的競爭。為何不是西醫？為何不是中醫？為何不是這個那個？彼此爭個你死我活。不知道香港是幸運還是不幸，在一九八五年港英年代初次推行功能界別選舉時，大部分既不懂亦不關心政治，無論港英政府怎樣做也沒有所謂，毫無競爭可言，便是這樣誤打誤撞而成的。其實，很多人也很妒忌香港，因為這樣誤打誤撞而來的制度，將來很可能成為全球參考的制度。代理主席，我並非開玩笑，而是認真的，因為經由地區直選產生的未必是最好和最有代表性的，我們還可利用其他方法找出代表，這樣會更好和更平衡。

現時全世界也在注視香港的兩套制度，一是「一國兩制」，兩個無論是在宗教、政治或種族方面均南轅北轍，而且處於 50：50 兼互不相容的狀況的地方，如何可以分開但和平共處，實行「一國兩制」呢？這是其中一個方法。

其次，現時的功能界別也是一種方法，不單是利用專業或工商界組織向政府提供意見，而是真正在建制內發揮平衡作用。有些組織可能拼命爭取更多福利，也有些當然是盡快為基層市民爭取利益，這亦沒有問題。但是，當油門踏得過深，便要踏 brake 把車稍稍剎停，然後想想應怎樣做。這制動很多時候是依靠甚麼的呢？英國是靠上議院的，而香港則太小了，只是一個城市而已，其實根本不

必多說。香港基本上屬於一個城市的政治架構，所以我今早說過，我們只可以談民主化而不能談民主，因為香港並非主權國家，無權選擇成為民主國家，最低限度暫時不可以，故此只能限於地方組織，而香港的制動方法便是在立法會內實行分組點票。

好壞大可以檢討，但既已誤打誤撞誕下這嬰孩——有人說是怪胎，也有人說是天才——便應將它發展和優化。很坦白說，我是功能界別的支持者。我認為在現時的制度下，功能界別有很多不良之處，好像一個螺絲批，原本是一件很好的工具，但如果未能用得其所，是可以用來打劫甚至傷人的。功能界別本該好好善用，但現時我們不但沒有善用，更偶爾用來傷人，這樣便不太好了。

由於我是律師，所以我要為功能界別辯護。我們應給它一個 fair trial，即公平審訊。由現時至二〇二〇年，將有十年時間給予功能界別一個公平審訊，以弄清究竟是甚麼一回事。究竟這制度能否繼續發揚光大，還是應立即殺掉呢？如果到了最後真的有廣泛共識，認為這誤打誤撞的天才已經過時，並應該退下，這也不要緊，但一定要給它公平審訊，這是我想帶出最重要的信息。

黃定光議員：

其實，一九八五年引入代議政制時，功能界別已經產生。功能界別是一個歷史產物，到現時才不幸遭妖魔化了。但是，我認為功能界別是有其歷史作用的。到目前，究竟屬是與非、功與過，我相信歷史自會有所評述。

……

其實，目前功能界別的主要問題，核心在於分組點票。我認為立法會的六十位議員應該分為兩大類，一類是與其政治立場有關，另一類則是與其階層利益有關。在階層利益可以是不分政治立場時，他們仍會維護本身的階層利益，但政治立場方面，則涇渭分明了。在功能界別中，所謂建制派或愛國愛港的議員屬大多數，所以多項有關法案，尤其是政治方面的，功能界別便起了一種反對的作用，阻截的作用。因此，對於這方面，所謂泛民議員是極之反對的。

難道功能界別之中沒有勞工界嗎？同樣有三個席位。沒有專業嗎？何來官商勾結呢？剛才也有議員講述功能界別中各行業的分配情況，我在此不再一一論述

了，這是明顯的。其實，我認為事情沒有絕對，也不是百分之一百完美的。即使由地區直選產生的議員，舉個例子，大家都知道現時相當缺乏骨灰龕、垃圾焚化爐。有哪位地區直選的議員膽敢提出在自己的選區內興建呢？興建是有需要的，到別的地區吧！可見在某些情況下，他們也得維護其選區的利益。

在這個政改方案中，有關立法會二○一二年的產生方法，很多人基本上是支持的，但他們也憂慮如果將來取消功能界別的話，民粹主義會否抬頭，以致我們成為一個純粹的福利社會呢？正如現時希臘、西班牙，甚至英國，大家是有例可從的。他們把國家弄得面臨破產邊緣，純粹一個民粹主義的國家，全是高福利，這對營商環境是相當不利的。在這情況下，香港將來的經濟會如何？

其實，無論僱員或僱主，彼此都是唇齒相依的。我們的議員往往把他們兩者對立起來，這令我感到很奇怪。社會上各階層也會上下流動，今天「打工」的，明天也會出頭，沒有工人是不想出頭的。生意失敗的人，也得出來受僱。所以，我希望我們的議員在這方面可以改變有關思維，兩個階級未必是要對立的。兩個階級可否協同，大家和諧共處呢？

何秀蘭議員：

（主席恢復主持會議）

立法會則有不同的角色，在現政制下與可見的將來，立法會亦不能主導，我們將被局限於一個被動或監察政府的模式中。我們只能透過公開會議，聯同民間團體倡議新的政策。所以，立法會的組成應有社會各階層的參與，並且與社區保持緊密的問責關係。所以，民主派提出了一個「一人兩票」的選舉方案，這是民主派所同意的。根據這方案，立法會全部議席將分為兩半，一半由單議席單票制選出。這個制度確保勝出的候選人在其選區一定取得過半數支持，所以選出的議員一定是社會的主流，不會偏鋒。第二票則將全港納入為一個大選區，按比例代表制選出另一半議席的議員。我們現時是三十席，但如果這項議案今天獲得通過，在二○一二年便有三十五席，未來或會更多。

比例代表制有一個好處，便是對大黨、小黨均有利 —— 在政治、經濟、文化上持保守立場的政黨可以選到，關注人權、環保等前衛議題的小組織亦可以選

到。歐洲的綠黨便是從實行比例代表制的國家開始晉身議會，利用議會的公眾平台倡議環保議題，以及一些公眾尚未熟悉和接受的理念。然而，在經濟和政治上持保守立場的右派亦同樣可以選到，因為比例代表制能夠確保均衡參與，是無須有功能界別的。以香港為例，在我們有三十五席時，其實取得 3% 選票便可獲得一席。我相信大家也同意，如果連 3% 的支持率也沒有，恐怕沒有甚麼資格坐進這議事廳吧。所以，一半議席由比例代表制選出已經能夠確保均衡參與。以東歐數個和平演變至民主制度的國家為例，原來一黨專政的共產黨也可以繼續在議會內佔一席位，成為可以左右大局的政黨，工商界更加沒有問題。

主席，為何我要在此講述民主派的「一人一票」方案呢？因為特區政府的官員又在放迷霧，他自稱要掃開兩半迷霧，但自己卻不斷在放。他也是說「一人兩票」，但他將「一人兩票」的標籤貼在一個不公平的制度上，企圖誤導市民，以為增加五個區議會議席，吸納三百二十萬選民進入功能界別，便很公平。在新方案下，功能界別這五個新區議會議席確實可以讓全部選民（減去原來的二十三萬）投票。然而，立法會權力結構的基本格局並沒有改變，便是分組表決繼續存在，少數繼續可以否決多數，而這少數的功能界別的選民基礎，是狹窄到二十四個功能界別其實只有七萬多張選票，選民基礎是狹窄到有十四位議員可在無競爭之下自動當選。所以，如果有市民誤以為有份在功能界別投票便是平等，請大家幫忙向他們解釋，全部選民只能選出功能界別七分之一的議席，他們沒有份兒選舉的仍有七分之六議席，這七分之六的少數仍然足以否決整個議會的決定。

民主派提出的「一人兩票」方案在機制上是全面平等的，不過，現在有兩羣人同樣說「一人兩票」，用同一個名詞，所以必須澄清，政府說的「一人兩票」是不平等的，而民主派說的「一人兩票」卻未能落實，所以請市民小心分辨。

立法會的新方案並無路線圖，只是有人說到了二○二○年便可達致〔至〕普及平等選舉，但怎樣「普及」、怎樣「平等」、怎樣「選舉」卻沒有提及。選舉制度怎樣改變，我們現時不知道，但在議會外的公民社會和政治文化早已起了基本改變。主席，十年後，這裏絕大部分議員已經退下來，這裏將是屬於新世代的。他們對管治有要求，對香港有期盼，我們這一代有責任回應他們，為他們打下根基，保住言論自由，保住集會自由，令資訊流通，令新世代能夠有自由空間有機成長。

何鍾泰議員：

　　……基本法既未有對普選作出定義，也沒有指明要最終取消功能界別的議席。社會上對普選及功能界別的存廢有不同的聲音。對於一部分人來說，普選便是絕對沒有功能界別，而是只有一人一票的地區直選的，對功能界別選出來的議員，他們均加以仇視，有機會便肆意謾罵、侮辱。但是，社會上也有人認為，普選並不一定是與功能界別對立的，因為後者可以確保各界均衡參與，兼顧社會各階層的利益。本人一直對功能界別存廢持開放態度。在二○二○年立法會產生辦法有定案前，本人認為應凍結現時直選和功能界別議席，不應對現有功能界別作出任何增減，以免造成爭拗。較理想的做法是，擴闊功能界別的選民基礎，增加民主成分和性質。直至立法會能有全體議員三分之二通過全部議員普選產生的辦法時，便可以一次過，即是「一刀切」地取消現有的或稱為傳統的功能界別，這都是本人曾說過的。在功能界別的八個專業界別中，已經採用「一人一票」的選舉。至於擴大選民基礎，在工程界方面可以作為一個例子，在二○○五年，本人曾建議並獲得工程師學會理事會通過接受，便是讓香港工程師學會的初級會員及仲會員也可加入成為合資格選民，選民數目便可以由現時一萬三千增加至三萬或以上。初級會員是那些持有認可大學學位，但將會在三四年內考取專業資格的人士，而仲會員則基本上是持有副學士學位或各類文憑的技術人員。可惜，建議隨着政改方案當時被否決而告吹。按同樣的思路，以公司票為選民基礎的功能界別也可以透過擴大選民基礎，增加其代表性。在擴闊選民基礎的問題上，應由每個界別按本身的情況作出修訂。

　　一直以來，本人在考慮未來立法會產生辦法的安排上，主要是循以下三個方向作出探討（並曾多次在本議事廳提出）：（一）一人一票的地區直選安排，是沒有功能界別的；（二）選民可選擇在地區直選或功能界別選擇投票的一人一票，是有功能界別的；（三）選民可同時在一個功能界別及地區直選投票的一人兩票。

　　本人在去年年底開始提到剛才提及的第（三）項的「一人兩票」的方式處理新增的功能界別議席的問題。在無須增減現有功能界別而造成爭拗的前提下，本人建議將新增的五個區議會功能界別議席，交由在傳統功能界別中沒有投票權的五個分區的廣大選民選出；當然也可以考慮由全港大區，即三百二十萬選民用比

例代表制來選出。

資深大律師胡漢清亦在一個政改研討會上不止一次提到，他也同意本人提出的這個方案是可行的。本人提出這建議的重要理論基礎，其實是擴闊這議會功能界別的選民基礎，並沒有增加傳統功能界別的數目，但卻增加了民主的成分和性質。至於提名門檻，本人認為由十位直選產生的區議員提名已足夠。

現在民主黨提出用來處理二〇一二年立法會的選舉辦法的「改良區議會方案」，與本人先前提出的「一人兩票」方案有很多共通點，本人非常高興民主黨能把這方案發揚光大，讓我們今天很有機會成功通過有關方案。

陳偉業議員：

談論民主制度，談論香港政治制度的發展，是要用基本尺度來量度，這個尺度便是普及和平等這兩個基本原則。當制度不是普及和平等的時候，你便不能接受有這種設計的制度。民主黨提出了新功能界別的方案，說這個方案好像很具有民主性，說應該引入這種新制度。談論制度時是要說原則的，當你不理會原則、出賣原則的時候，便是出賣了民主。數位民主黨人士在這兩天回應我們的批評，當然，他們很多時候也在攻擊我們，但我們是絕對歡迎的。有些地方罵得對，我們便一定會反省。

然而，他們沒有回應我昨天很強調的兩個很主要的概念，多位在發言時也沒有回應：一個便是委託的原則。作為一個政黨的議員，你透過選舉進入議會，市民基於你的政綱、承諾，便委託你代表他們。你提出了一個綱領，他們委託了你，你便要代表他們爭取。當他們委託你走向東方的時候，你卻走向西方；我委託你爭取民主制度、取消功能界別，你卻增加功能界別的成分，這便是欺騙選民，這便是出賣民主。他們不承認，張文光還義正詞嚴地說他們新增的功能界別是有民主成分的，為何他在二〇〇八年參選時不說明呢？他是沒有說過的，他沒有說便是欺騙。

梁家傑議員：

主席，最近民主黨提出的「新區議會方案」引起社會不少討論。公民黨對於這個方案有以下幾項憂慮。第一，經過政黨、學者和民間團體等努力後，市民認清功能界別是香港政制上的一個毒瘤，政府似是而非的普選定義已經不能取信於民；全面廢除功能界別才是達致〔至〕真普選的唯一方向。社會就廢除功能界別所凝聚的民意力量，是對三十個功能界別議席強大的道德壓力。但是，「新區議會方案」將會轉移了政改的討論焦點。未來兩年，立法會將會聚焦於新五席的提名方式和選區安排等細節，較難討論其他功能界別的改革方向，公民黨恐怕早前凝聚的民意力量將會失去着力點，日後將較難持續民主運動的張力。

第二，主席，由直選議席取締功能界別議席，最終達致〔至〕全面普選這一種改革模式，一直都是基本法的設計。但是，「新區議會方案」可能偏離過往十多年的航道，確立了中央政府就直選議席及功能界別議席比例不變的安排，變相認可特區政府增加功能界別的建議。公民黨擔心在「新區議會方案」下，褫奪香港人被提名權的功能界別選舉安排，得以千秋萬世，逃避了民間的道德壓力，更免除被取締的命運。這些特權將會是最大的贏家。

第三，主席，現時立法會內的分組點票制度，讓三百二十萬佔大多數的民意服從大約二十二萬佔少數的民意，絕對是不公義、不公平的安排。民主派也以此作為要求廢除分組點票制度的重要理據。但是，「新區議會方案」讓功能界別同樣有三百多萬選民的認受性。眾所周知，即使是地區直選的建制派議員都認為保留功能界別也可以符合普選定義，公民黨擔心「新區議會方案」將會提供空間，讓民主派墮入建制派的論述陷阱，被建制派製造功能界別有民意基礎的假象，強化他們要求保留分組點票及功能界別的理據，成為民主運動更大的障礙。

第四，政制改革，牽一髮動全身。從民主黨提出「新區議會方案」到北京正式接納建議，只是短短不足一個星期的發展，香港人未有足夠時間瞭解方案的內容，而政府也沒有交代新增十席的產生辦法。公民黨認為在今天支持一個討論不足、諮詢不足的修訂方案，實在過於倉卒，本會只能作橡皮圖章，難以向市民作出交代。

第五，主席，民主派在爭取普選的立場上一直堅持三點，即（1）不遲於二〇一七年和二〇二〇年普選特首和立法會；（2）特首選舉門檻不能高於二〇〇七

年；及（3）二○二○年要取消任何形式的功能界別。若在中央政府始終未有向市民作出上述保證下接受「新區議會方案」，將會失信於泛民主派的支持者。

　　主席，總括以上幾點的憂慮，公民黨最終決定不支持民主黨的「新區議會方案」，我們將會繼續以務實說理、立場堅定的方式，要求盡快實現真普選，廢除功能界別。

劉秀成議員：

　　不過，在諮詢論壇上，我的選民亦提出了意見，表示踏出這一步後，我們便要深入研究，究竟下一步應該怎麼行？何時才有清晰的普選路線圖？最重要的問題是：落實普選時應否保留功能界別？這些問題是必須盡快釐清的。

　　除了廢除功能界別的意見外，亦有業界擔心傳統功能界別被地區功能界別淡化，影響均衡參與所發揮的制衡作用。

　　參考海外民主先進國家的做法，很多地方也實行兩院制，包括英國、法國、加拿大、西班牙、德國及美國等，其目的是在議會內發揮制衡作用。所以，當我們努力爭取西方民主制度的普選模式時，也應該「停一停、諗一諗」，是否取消功能界別便是唯一的正確出路呢？如果我們只接受西方模式的普選，但拒絕接受類似西方議會兩院制的制衡模式，又是否理性做法呢？為了政制健康發展，我認為無論最終是否廢除功能界別，也應該擴大參政渠道，鼓勵社會各界（包括工商及專業界）的均衡參與，特別是要確保議會內的制衡。

　　事實上，現時的「改良方案」與前港督彭定康提出的「新九組方案」相類，因為當年彭定康已看到功能界別的問題，於是提出「一人兩票」的方案，這個方案當時亦得到民主派人士的支持。

　　我很高興多位同事在發言時也肯定功能界別議員的工作，他們只是不滿意該制度。我希望在日後討論功能界別存廢問題時，大家可以繼續以這種持平理性的態度進行。

　　其實，功能界別議員的工作，除了是面對其選民外，亦同時服務全港市民，只是很多市民不瞭解，以為功能界別議員只為其業界服務。主席，有一次，我幫助了一羣受市區重建局重建計劃困擾的市民，他們之後對我說：「劉議員，你是

唯一一位值得『留低』的功能界別議員。」其實，當市民知道原來功能界別議員可以幫助他們時，他們便會支持我們「留低」。所以，我們應該深思，究竟怎樣才是廢除功能界別的最理想出路？

最後，我覺得如果今天這個「改良」方案獲得通過，我們仍然要在民主的道路上繼續努力。多謝主席。

陳淑莊議員：

主席，我們必須思考一個非常重要的問題：我們是否認為一九九五年立法局選舉已經合乎普選的原則？在一九九五年，立法局舉行了被公認為香港史上最具民主成分的選舉，然而，當年也不屬於真正的普選。當時的選舉安排是二十席直選，另外增加三十席功能界別，新增九個界別，即是「新九組」，由全港市民一人一票選出，另加十席選舉委員會議席。當時，雖然每名市民都最少有兩票，但大部分界別仍然是以公司票和董事票選舉產生，而且部分選民更可享有多於兩票，極不公平。當年的方案是在基本法的框架下進行，因此只是在有限空間下爭取最大民主成分。十五年後的今天，我們必須認清這種選舉模式並非我們所渴求的普選模式。政府所承諾的立法會普選必須同時包括普及而平等的投票權、被選舉權和提名權，所以，一九九五年或類似一九九五年的選舉模式都不應被視為普選。今天的改良方案，或多或少與舊日的選舉安排非常類似。換句話說，既然我們不希望，也不認同將來普選要走這條舊路，今天通過「改良」方案，籠統地將「一人兩票」的概念加諸二〇一二年的選舉上，實在沒有道理。

原則上，普及而平等的選舉是指平等的選舉和被選舉權。區議會改良方案違反了這原則，作為民主派的一員，我沒有辦法表決支持。雖然區議會方案可以讓選民一人一票選出「超級功能界別」議員，但當中並不平等的被選舉權和提名權，卻沒有清楚交代。即是說，如果有人因其身份不是區議員、工程師或律師而無法參選，這其實是變相維護特權階級。全民投票不代表真民主，因為我們不能夠忽略投票背後的公平的被選權原則。因此，即使政府接受了改良方案，但方案本身違反了普及而平等的原則，因此我是難以接受的。

民主進程不能行差踏錯，一旦接受現時的「改良」方案，日後便會成為假普選

的藉口。各位市民，請認清改良方案的真面目，通過方案後，只會合理化功能界別
的存在，同時也變相認同不義選舉制度對市民的剝削。更嚴重的是，通過方案只會
走向一條不歸路，以後人大便可以意氣風發地說：「普選等於存有功能界別」。如
果北京仁慈的話，便會有限度複製一九九五年的立法局選舉模式，直選部分功能界
別議席。不過，如果北京沒有良心，便只會小修小補，擴大選民基礎，然後辯稱全
港市民均是「一人兩票」，你還想怎樣？只要細心留意，便會知道上述兩者都不屬
於真普選，「一人兩票」的背後是縱容特權階級同時擁有多票。我怕日後討論二〇
一六年或二〇二〇年的選舉辦法時，中央和特區政府都會強調「人人有票投」（而
且不止一票，最少有兩票）的論點，而避談各個功能界別的選民基礎不一、商家
壟斷、利益輸送和違反普選原則的問題。屆時要取消功能界別可說是難於登天。

陳茂波議員：

首先，在增加立法會議席方面，方案建議由六十席增至七十席，我認為這建議
是有道理的。當了立法會議員近兩年，我體會到立法會議員的工作非常繁重，適當
增加議席，讓更多有心、有能力的人分擔工作，有助提升效率，同時亦對促進香
港的政治發展有好處，因為將有更多議席供更多人參選，為香港培養政治人才。

但是，人大常委決定如果二〇一二年要增加分區直選的議席，便要同時增加
功能界別的議席，這是憲制上對香港政制發展的限制。政改方案把五個新增的功
能界別議席全數分配給區議會，我認為這不失為兩害相衡取其輕的做法，比把新
增議席給予任何傳統功能界別為佳。因為不論把新議席分配予任何現有的功能界
別，或新增任何代表不同利益的界別，均不是一件好事。一方面是「易給難收」，
另一方面是不管把議席給予哪個界別，均會引起很大的爭議，不容易達致〔至〕
一個客觀及令人信服的結論。

「改良」方案提出把五個新增的區議會功能界別議席交由民選區議員提名，
然後由現時全港三百多萬名未有在任何功能界別有投票權的人士一人一票選出。
這個建議事實上比政府提出的「原方案」，即由民選區議員互選產生好得多，增
加了立法會的民主成分，因為當選者具有更廣泛的民意基礎和代表性，而且亦無
須擔心立法會變得「區議會化」，因為他們的選民最少也有一百幾十萬人。

在落實「改良」方案方面，我認為必須作出兼顧，讓持不同政見的人士皆可以參選。我希望五個新增區議會功能界別議席的提名門檻會低，並以比例代表制進行，確保選舉有足夠的競爭和代表性。

此外，我想指出，這個「改良」方案對立法會的民主成分會產生量變和質變。此話何來呢？首先，倘若改良方案獲通過落實，傳統功能界別佔立法會議席的比例會大幅攤薄，這是量變的第一步。此外，這批議員面對的選民並非任何團體或公司，也並非個別行業或專業，亦並非個別地區，因此，在議會工作的問責上，其實跟地區直選的議員相似，不再是個別行業，而是全港市民，這便是引起功能界別議員質變的意思。主席，我在議會兩年，雖然時間很短，但我體會到功能界別議員對社會的問責程度和對社會民情的緊貼程度，會隨着他們的選民基礎是團體還是個人和選民數目的多寡而有所不同。選民越是以個人為主，選民數目越大，議員便越是緊貼社會民情。倘若在增加五席區議會功能界別議席的同時，我們再在本地立法層面把現時傳統功能界別的選民基礎擴闊一些，我相信會催化功能界別議員的質變。

至於現時傳統功能界別的存廢問題，我已在多次有關政改的辯論中表明我的立場。我認為現時的傳統功能界別選舉並不符合「普及」和「平等」的原則，是一個過渡性安排。但是，它的存在有其歷史背景，對香港亦有一定的貢獻。當香港實行全面普選，當香港的政黨發展趨向成熟，當政黨能吸納不同人才，在議事廳內議事能顧及社會上不同利益及不同階層的需要時，便可以一次過把功能界別全面取消。我瞭解到我的業界與這個議會一樣，對功能界別的存廢有很大的意見分歧。不過，我認為無須執着當下，讓這個爭拗窒礙香港政制向前走，因為即使今次接受改良方案後，大家仍有兩屆合共八年的時間為邁向全面普選做好準備。再者，退一步想，倘若為現時功能界別的存廢而僵持不下，以致政制發展原地踏步，最後誰會是「蝕底」呢？如果我們不往前行，那些現時被認為享有政治特權的人，將會繼續享有特權，最後誰會是「蝕底」呢？我相信大家是心裏有數的。

黃毓民議員：

社民連認為民主黨的區議會方案，是喝毒藥止渴的政改方案。何俊仁議員所

謂由量變而質變，由局部民主推至全面民主的過程，由階段性擴大議會的民主力量到實現終極普選，以至張文光議員在「邁向終極普選的過渡之戰」一文中，提到所謂「由三分之一的否決權躍升至三分之二的決定權……通過一個取消功能界別的決議案」，不是癡人說夢便是欺人之談，即使說的人本身也未必相信。

社民連反對功能界別的立場非常明顯，真正的民主是必須徹底廢除特權的。無論是抗爭或談判，在民主原則上都不能有絲毫退讓。我們批評民主黨的妥協，是因為它偷換概念，混淆是非，為了議席上所謂的寸土必爭，不惜拖三百二十萬名選民「落水」參與功能界別，連特首曾蔭權也不諱言民主黨的一再退卻：「早前民主黨說缺一不可……他們堅持要爭取的，剩餘一項建議……所以大家都要明白到，整個過程一直在演變中。」當然，我說話比他流利，剛才只是引述曾蔭權所說的一番話。

以為民主便是議席的增長，以為民主便是每人手上多一張選票，散播這種膚淺見解無異於構陷民主、歪曲民主。議席增長了又如何？直選議席和功能界別議席的比例依然不變，戕害民主的分組點票表決程序繼續存在，立法會繼續為既得利益者所操控，繼續做專權政府的橡皮圖章。一人兩票又如何？普羅市民的政治權利繼續受到剝削，社會仍然要為多數服從少數的特權政治付上沉重的代價，香港窮人的尊嚴繼續被踐踏。五個披上民選畫皮的區議會功能界別議席，仍然是不折不扣的功能界別。第一，新增的區議會功能界別無論在名義上、制度上，以至政治意義上仍然是功能界別；否則，共產黨也不會「開綠燈」。第二，新增的區議會議席並非普選，能夠提名及參選的是區議員，市民只是投票機器。第三，新增的功能界別根本不是直選，連變相直選也不是。

民主黨的區議會方案根本是為特權選舉及篩選機制背書，傳統功能界別的選民繼續享有其特權，而非傳統功能界別的選民則享有選舉區議會功能界別的特權。這種「你有你的特權，我有我的特權」的畸形制度，與香港人一直主張「廢特權、真民主」的意願背道而馳。香港人要廢除特權，不是分享特權；香港人要廢除功能界別，不是增加功能界別；香港人要普及而平等的提名權及參選權，不是經過小圈子篩選的假選舉。民主黨憑甚麼為三百二十萬名選民作決定，強迫他們參加功能界別？我們不走民主黨的路，我們要走民主的路。

2010 年 6 月 25 日
恢復議案辯論：修改立法會產生辦法和表決程序

譚耀宗議員：

民建聯一直有討論「一人兩票」的建議，因為我們深知功能界別在一九八五年已開始實施。社會上對於功能界別……有關的調查顯示，有三成多人贊成繼續保留功能界別。有些人認為功能界別如果能夠進一步獲得改善，大家也會表示歡迎。功能界別是一個難以解決的問題。民建聯也曾經探討過各個方案，包括「一人兩票」、「1+31 票」、「1+30 票」等方案。例如，採用逐步減少或其他方法，我們也曾經進行過討論。

可是，討論終歸討論，要一下子解決這個問題確實不易。因此，我們認為「一人兩票」並非一項新議題，大家以往也曾經探討過。除了民建聯，其他許多不同的政團、社會人士、團體、學者、專家，也曾經提及這些建議。我們惟一考慮是在二○一二年實行「一人兩票」會否不符合人大常委會二○○七年的《決定》。我們一直以來也認為香港的政制發展一定要依據基本法和人大常委有關的規定。對於這個規定，我們覺得即時實行「一人兩票」可能不符合基本法的規定。

在一個多星期前，我們聽到消息指出，根據香港及內地的專家和法律專家的意見，「一人兩票」是可行的。黃仁龍司長其後更在記者招待會上詳加解釋。在這個法律問題獲得釐清後，民建聯再次召開中央委員會會議，唐英年司長當晚也有親臨解釋。民建聯的中委會經過詳細討論後，認為如果這項建議符合人大常委的有關規定，而這個改變又能讓政改方案得以通過，使香港政制能夠向前走，民建聯願意給予支持，因為我們完全明白香港市民對政制再原地踏步感到十分不滿。因此，我們做了大量工作，並且參與「政制向前走大聯盟」，我們也力促並且希望方案能夠獲得通過，以期引起市民關注和得到市民認同，推動政制向前邁進。

在這樣的情勢下，民建聯也公開表達了支持這個政改方案的意見，以及支持

最後作出的有關修改。當然，一些媒體有時候會大字標題指民建聯「轉軚」，說民主黨「轉軚」或建制議員「轉軚」。可是，如果我們的民主沒有包容和妥協，而大家只堅持自己的意見，站在道德高地上說出一些很理論性和動聽的言辭，這對於政制發展是沒有幫助的。因此，如果大家能夠作出改變而達致〔至〕妥協的話，這對未來政制的整體發展是有利的，這樣才能使今次的政改方案有望獲得通過。民建聯認為政改方案獲得通過後，香港將會邁向普選的新里程，進一步為二○一七年及二○二○年普選鋪路。

詹培忠議員：

主席，香港實行「一國兩制」。為甚麼有「兩制」呢？因為中國政府瞭解香港人不喜歡它的共產主義，中央政府瞭解香港人不歡迎中國特色的社會主義，知道香港人享受和喜歡資本主義。這個情況大家都瞭解，亦是市民歡迎的。

主席，在這種情況下，在香港，代表資本主義的是甚麼呢？當然是生意人和商界，這是無可否認的事實。代表商界和生意人利益的又是甚麼呢？當然是功能界別，大家都要承認這一點，這是無可否認的。

主席，大家要享受資本主義，但卻又說要取消功能界別，即是想取消商界和生意人的存在，那麼，請不要再說要保持香港資本主義社會的生活制度，改為享受香港特色的社會福利制度好了。主席，大家想深一層，這是要修改基本法的，不能說要這樣又要那樣，特別是法律界人士，你們要想清楚你們的代表性。社會上很多市民也跟從你們的旗幟，向這邊走、向那邊走。所以，你們要想清楚，這樣的論調……你們說詹培忠歪論多多，你們來跟我辯論好了。環境是否這樣呢？

很多泛民主派的議員要求政府作出三個承諾：第一，何時取消功能界別？這是強政府所難，政府有甚麼資格取消功能界別呢？這涉及我剛才提到基本法的基本精神和事實所在。現在要中央政府——總理或總書記——作出承諾，是否可以呢？所以，大家在要求別人做事之前，自己先想一想自己是否可以做到？如果自己做得到，才可以要求別人做。事實上是沒有可能，這是我的新論調。不管你說我聰明還是甚麼——我思考得頭髮也沒有了——我只是說出事實，讓大家討論。

第二，泛民主派的朋友們，要求政府承諾在二○一七年、二○二○年有普

選。中央已經承諾了，你們只是選擇相信與否。如果你們不相信它，它又怎會相信你們呢？你們跟中央，究竟是誰比較大呢？這是大家要檢討的。

第三，要求特區政府承諾會真的取消委任區議員。對於這一點，我相信已經沒有爭論的必要了。因此，你們的一切理論，只不過是自己在找下台階、自己在推論，以及在推卸責任。主席，我堅信香港市民的眼睛最後是雪亮的，他們的頭腦是清醒的，利益是屬於他們的，他們懂得思想。

讓我們回來再討論功能界別的代表性。主席，我們瞭解立法會有三十個議席是功能界別議席，代表功能界別的議員最近受到各方面不公平對待及議論，質疑他們是否既得利益者。我剛才的論調正正便是說，功能界別代表了香港可愛之處，那便是資本主義社會。

潘佩璆議員：

整體來說，我對功能界別的看法又如何呢？首先，我會看看功能界別的作用為何。我覺得毋庸置疑，功能界別最大的作用的確是為其業界發聲。在為業界發聲的時候，議員必然會維護其業界的利益，例如醫學界的議員要維護醫學界的利益，勞工界的議員也一定要維護廣大勞工的利益，地產界的議員也一定要維護地產界的利益，這是功能界別最基本的一個功能，而這個制度的設計，其實是要讓香港各個主要界別均能夠有代表在議會內為業界發聲。

在議會內，大家討論，甚至爭拗也不要緊，最後作出的決定，便反映整個社會不同階層和界別的一個折衷方案，這就是功能界別最大的作用。當然，功能界別其實亦有參與非業界事情的討論。功能界別的議員作為公民及社會的一份子，參與討論一些與其業界沒有直接關係的事情，以他們的智慧提供經驗及意見，互相融會。俗語有云：「三個臭皮匠，勝過一個諸葛亮」，何況這裏有很多位諸葛亮。

這制度本身受到很多人批評，他們認為功能界別維護自己的業界利益和有種種壞處，又指責商界維護自己的利益、銀行界維護自己的利益，地產界也維護自己的利益，說他們已經很富有，為何還要維護自己的利益？但是，這不正正是我們社會的縮影嗎？如果要社會貧富完全沒有差別，每人財富均等，我可以說，香港不會有這麼多人居住。

　　早年，內地有一句連三歲小孩也懂的說話是，「做又三十六，唔做又三十六」，喜歡那種制度的人是不會來香港的。在香港生活的人均知道有貧富懸殊、有不同的階層。我作為勞工界議員也是這樣說。我致力維護基層市民和勞工的利益，以及廣大「打工仔」的利益，但這並不表示完全把整個社會的貧富差距磨平，便能解決所有問題，而且功能界別的制度也有一個好處，就是把這種維護本身業界利益的工作，放在陽光之下。立法會每天開會都開放予公眾旁聽，也有傳媒採訪，在這裏進行的辯論及表決，全部都是在陽光下進行，是完全透明的。如果沒有這種制度，會變成怎樣呢？我稍後也會談到，當這種維護利益的事情在黑暗中進行，社會將變成怎樣？

　　有人說功能界別干預社會公義，我們要從兩個角度來看。首先，是否沒有功能界別，只有民主制度，社會便有公義？在這裏我不得不引述一些大家可能也知道的例子。首先，以印度為例，它有一個公認實行民主選舉的議會制度，但在印度的社會中，不公義的事情何其多？如果大家翻查 Transparency International 的報告，印度的 perceived corruption，即貪污的觀察指數的排名是多少？香港的排名又是多少？它的種姓制度歧視社會上的低層賤民。這些制度也可以在民主社會中發生，所以，我覺得我們要從一個較廣闊的角度來看。另一個例子是菲律賓，它亦有民主的選舉制度，我也沒有聽聞當地實行功能界別的制度。那麼，是否沒有功能界別及實行民主「一人一票」的制度，便完全能夠解決社會公義的問題？

　　如果我們沒有功能界別及實行民主制度，那麼，要維護大資本家，以及社會上有權有勢人士的權力，便惟有實行游〔遊〕說的制度，這制度在美國實行。我們可以看看美國的游〔遊〕說制度究竟對國家有何影響及利弊？我在此不作詳述。

　　另一方面，香港自回歸以來，社會一直實行功能界別的制度，而我們亦享有一定的民主，雖然不可算是有充分的民主，但我們的社會是怎樣的呢？我們在 Transparency International 的排名相當高，與英國相若，甚至較美國為高，也就是說我們社會廉潔的程度相當高。

　　第二，在經濟方面，我們在世界上是排名非常高的自由經濟體系。自由經濟體系的意思，是指任何人來香港從商均不會因為既有的勢力勾結而不能打進市場。外人來香港營商和開辦業務，我們是非常歡迎的，他們也很容易便做到，這裏做事是有規有矩的。

香港經濟在國際競爭力的排名亦非常高，但唯一一項非常不理想的指數，便是貧富懸殊，情況更是越來越差，低層市民的收入越來越低，這些都是收入最低的市民和「打工仔」，他們的收入越來越低，是我們十分關注的問題。雖然貧富差距越拉越大，是全世界大多數發達地區及國家的趨勢，但我認為這是不應該容忍的。因此，我們積極提倡就最低工資進行立法，現在也快將成事。在達到這目標之後，我們還須繼續提倡訂立標準工時。

此外，我們認為政府須進一步提供更多資源，扶助貧窮人士，但我希望大家明白一點，就是極力提倡這些扶貧措施和減少貧富差距的措施，其中付出最大努力的，包括勞工界的立法會議員，他們是功能界別的議員。

鄭家富議員：

主席，剛才潘佩璆議員繼續說，正正是由於現時社會貧富懸殊嚴重。但是，貧富懸殊的其中一個原因，是否因為有功能界別、官商勾結？我也不想經常提起這詞語，令人覺得口號化。甚麼官商勾結呢？只是官商合作。官商合作跟官商勾結只是一線之差，這一線之差便是政制是否公平和有否一個普及而平等的選舉，來解決這一線之差。

……

主席，在這個世界裏，有誰喜歡做烈士？失去性命，如何看到真正的普選誕生呢？其實，我們現在有不同的信念，既然有人認為我不是明知不可為而為之，正如我上次說，我自己的信念其實是一次又一次、一步又一步地後退。我們由二○○七年及二○○八年來到二○一二年，到現在這一刻，基本的底線是要取消所有功能界別。雖然這個方案仍未通過，但由喬曉陽副主任開始，以至不少評論，包括我們在座很多建制派議員已經不斷在這裏「吹風」，功能界別改良版，陽光下的功能界別，量變一定變成質變，香港人可以有兩票，多麼開心。香港人是很實際的，主席，現在市民只有一票，但看到只有二十多萬名選民比我多一票，接着說通過這個方案，便在二○一二年會有多一票，而且不是選那些傳統界別，是地區直選，這些人是區議員。啊，多麼開心。

我同意，如果這是一個中途站，我已經讓了一步。如果這個是中途站，到二

○一六年或二○二○年逐步取消所有功能界別，這個中途站便要有承諾。承諾不是那麼困難的，是嗎？但是，如果連這個承諾也沒有，信任的根基便建基於我們如何面對特區政府過去的處事方法。……

……

主席，一人兩票的誘惑確實很大，我相信已經將一些人爭取普選的意志稍為削弱。政制要向前走，沒有人會不同意，但政制向前走，接下來的政治結論，很有可能是我們所期望的民主進度變成民主止步。大家繼續等待吧！一直保留功能界別與直選同行，陽光下的地區直選與功能界別攜手令民主的腳步停下來，這不是我想看到的。所以，我繼續呼籲大家，七一要用人民的腳步，將民主止步再次推動。

余若薇議員：

……我們現時邁向二○一二年所走的這條路，有些人稱之為「摳淡路」，即我們要多忍受兩屆。怎樣忍受呢？就是增加議席，略為「溝淡」傳統的三十個功能界別議席。梁家騮議員發言時說，這樣沖淡，不知要到何時，不知要增加多少個議席，要達致〔至〕三分之二，增加一百個議席也不行，梁家騮議員說要一千年的時間。所以，接着林大輝議員今天談到恐龍時，我更是害怕，功能界別原來是恐龍，不知要多少千年才可消滅或絕種。因此，主席，這確是兩條不同的路線。……

主席，在我尚未討論這兩條路線的不同之處前，我想偏離一點。我認為有數點批評是較為可笑的，並且顯示提出這些論據的人詞窮理屈。立法會建制派的同事多次指我們不可要求「一步到位」，特別是王國興，他昨天拿出一個飯碗，說：「吃飯也要一口一口地吃，一口吞下一整碗飯，會哽死你的！」他們說不可以「一步到位」。最初，這些同事談到這個問題時，我不太明白為何他們說我們要求「一步到位」，因為我們顯然沒有要求「一步到位」。

由一九八五年至今，我們一直要求取消功能界別。在辯論中，特首也說功能界別已存在四分之一世紀，對嗎？主席，四分之一世紀前至今時今日，我們要求一個路線圖，以瞭解未來十年如何循序漸進地逐步取消功能界別，怎算是要求「一步到位」呢？主席，我翻看特區政府一九九九年提交聯合國的報告，報告

清楚說明功能界別過分側重工商界的意見，功能界別的制度 —— 談制度 —— 只是一項過渡安排。一如基本法第六十八條訂明，香港政制發展的最終目標是全部立法會議員皆由普選產生。換句話說，要實行普選便要取消功能界別，這點相當清楚，這是載於十一年前的報告的。我感到很疑惑，為何他們每次討論這個問題時，卻說我們要求「一步到位」呢？⋯⋯

　　⋯⋯

　　主席，我覺得尤其是代表功能界別利益的朋友，用比喻時應該貼切一點、想清楚，因為即使很多功能界別的朋友代表業界 —— 我們當然也代表工人的利益 —— 但很多工人可能連三餐也不繼，他們清楚看到功能界別在這議會舉行的最少三次議案辯論中反對最低工資。這也是二○○四年、二○○五年和二○○六年的最低工資議案三次遭否決的原因。我們要推至今年才可討論最低工資，這麼遲才可談立法，也是由於功能界別不斷的反對。所以，他們用這個比喻為功能界別護航，我相信很多三餐不繼的工人朋友們也會覺得不是味兒。

　　但是，主席，為甚麼我說有兩條路線呢？主席，我們已清楚指出，普選最核心的問題，就立法會而言，便是取消功能界別，這是邁向普選關鍵的問題。我們希望看到如何逐步減少並達致〔至〕取消功能界別。有些朋友說建議的方案是變相直選。但是，主席，每件事情皆可從反面來看。如果說這是變相直選，其實這是個變相的、變身的功能界別。有些人說得好聽一點，指這是優化的功能界別。這正是埋下功能界別永遠保存，甚或長時期保存的種子。

　　大家也看過很多評論的文章，我昨天已引述了其中一些文章，而多位功能界別的議員昨天和今天在立法會發言時亦提到他們有多好，作出了多大的貢獻，因此功能界別只要略為優化，便可繼續保存。主席，我說得很清楚，我說這些話不是要針對任何在議會內的同事，而是討論制度。其實，如果有人想進入議會，大可循同一個方法、一個平等而普及的方法進來。正如如果有人要升班，每年升班時便要參加同一個考試。這不是複雜的要求，也不是不公平的要求。

　　很多人說，如果功能界別取消了，這議會便無法取得專業意見，商業、經濟的意見。情況當然不會這樣。主席，香港是個可跟全世界相比的城市，為何我們的制度要維護一些強者，一些有權有勢、有錢、有背景、有影響力、有資源的一羣呢？大家也要爭氣，無論你是甚麼背景，也應要求一個普及而平等的制度，令

所有香港人也不會把議席分等級。剛才梁國雄發言時提及印度的等級，這其實是真的，我們確實有需要取消這個特權、這個等級。

主席，如果我們所走的路，是把功能界別變身，讓它可以繼續存在，這確實會延長我們的時間表。我們只有三次機會，就是二○一二年、二○一六年和二○二○年。如果走了這條路，不論把它形容為優化還是沖淡——就說是優化五個議席的方式吧——怎可改變我們現時立法會的權力分布呢？即使沖淡了三十五席中的五席，也不能改變現時舊有的三十個功能界別議席的壟斷情況。主席，這也是我不能支持走這條路線的原因。

（代理主席劉健儀議員代為主持會議）

吳靄儀議員：

代理主席，政制改革的目標，是為了落實基本法第六十八條，便是最終達致〔至〕全體立法會議員由普選產生。其實，現時立法會已有一半議席由直選產生，問題是如何取消另一半的功能界別議席。政府的方案，如何取消功能界別呢？便是由於政府沒有取消功能界別，我們才要求有一個路線圖，因為有了路線圖，我們仍然可以說，我們如何達致〔至〕基本法第六十八條的目標。

詹培忠議員剛才表示，法律界人士也要遵守法律，他認為基本法的精神是保留功能界別，如果我們要取消功能界別便要修改基本法。代理主席，你也是法律界人士，我相信這方面也難不到你，因為詹培忠議員說，如果要香港保留資本主義社會特色，便要保留功能界別。代理主席，全世界最為奉行資本主義的社會是美國，也不見得它有這些功能界別的存在，而基本法第六十八條的條文是很清楚的，至於如何解釋條文，亦有很清楚的法律理據。至於過去的解釋，是權威的解釋，是由中央的解釋，余若薇在第一次辯論時，已讀得很清楚。

代理主席，我記得當曾鈺成議員未當上立法會主席時也曾說，普選的定義是甚麼呢？究竟是否要跟隨《國際人權公約》第二十五條？他認為是的，因為整本基本法也沒有提及另一個普選定義，但有關定義在《國際人權公約》第三十九條則有所肯定。所以，他覺得這個普選定義應該與《國際人權公約》的定義一致，而時至今天，政府官員亦再三強調，我們要符合普及而平等這個意念。顯然，如

果我們今天再說，就這個普選定義，我們不用理會《國際人權公約》第二十五條，我覺得已沒有甚麼可能。

代理主席，我們對於政府原本的政改方案，已經說了很多，我們已解釋為何反對政府的方案，現在餘下的問題是，究竟這個改良的區議會方案，是否有改變情況，令我們應該不反對，轉而支持呢？我們的答案是不會。因為這個改良方案，第一，仍然增加功能界別；第二，我們不滿意的是現時功能界別的制度，因為它是不公平的制度，而這個不公平的制度是一點也沒有改變的。

代理主席，這個「改良」方案改良了甚麼？它所改良的不是現有制度，而是改良一個原本無須通過的政府方案，我們原本是無須通過政府這個方案的。所以，我們不是要改良政府這個方案，所要求的，是它有否改良現時的狀況呢？代理主席，增加議席究竟有甚麼好處？我聽到有議員說，立法會有很多工作，所以要增加人手，是從有需要增加議席這個角度來看。但是，政府由始至終沒有提出過任何理由或根據，說我們這個議會不夠大，或增加至七十人可以怎樣提高效率，如何減少我們的工作量；又或從人口比例來看，我們應增加議席。要是這樣，請它解釋，為何要有七十人？以後是否還要增加呢？對於這些問題，我們都是未曾討論的。

民主黨認為這是改良方案，他們提出一些理據。第一，我可以稱為實質成果論，或說得俗一點，便是「攞得幾多就幾多」，這個實質成果論亦分兩方面。第一，有一種感覺，便是提供更多機會予參政人士進入議會。但是，代理主席，一個很基本的原則，便是議會是為社會服務，而不是為從政者服務，我們不是一間公司說要增加更多就業機會予有興趣就業的人。第二，談到增加民主成分，如何增加民主成分呢？便是說擴大功能界別的選民基礎。但是，代理主席，首先，不公平的狀況其實沒有改善，反而加深功能界別的不合理情況。大家首先看看票值，現時的不公平在於甚麼？便是由三百三十萬人選三十個議席，然後由二十二萬人選出三十個議席。那麼，改良方案又怎麼樣呢？變成三百三十萬人選三十五席，然後二十二萬人仍然選三十席，再加上有三百多萬人選五席，是否變得更畸形呢？代理主席，現時最大的不公平之處不是有些人無票投，而是有些界別以很少票已可以選出一席，所以才出現這種所謂特權的說法。現在說最不公平的地方，便是最細的十五個功能界別議席的選民總數只是一萬人，而這一萬人卻可以

敵過三百三十萬選民。

對於這個不公平的制度，「改良」方案是一點也沒有改良的，不單沒有改良，沒有改善，而且接受這個增加民主成分的說法，我們的代價會很大，因為我們會失去一些重要的理據，特別當我們要求增加民主成分時，將區議會方案說為變相直選，這個傷害是很大的。為甚麼呢？代理主席，喬曉陽先生說，普選最重視的是選舉權，令我們也很擔心，因為如果接受這種說法，便是放棄了普選中不單是投票權，還有被選舉權，即是說參選權和提名權。現在這個區議會功能界別，提名權和參選權都是最窄的。如果法律界人士不滿意吳靄儀，還有六千多名律師可以出來參選，六千多名律師有提名權。但是，區議員只有四百名，如果不喜歡這羣區議員，你其實是沒有甚麼選擇的。如果我們放棄這個理據，認為只要最終的選民基礎加大便是變相直選，我恐怕大家要想一想，將來我們討論普選特首時，是否也接受有提名權和參選權的限制，總之由一人一票選出，即使未做到普選，都變成變相普選或變相直選？

代理主席，「改良」方案改變了甚麼？便是將我們的方向改變了。從取消功能界別或逐步取消功能界別，變為越來越多功能界別。我看過一些方案，便是說今次增加至七十席，下次則增加至一百席，越加越多，究竟這是否我們應走的方向？這跟我們要求減少功能界別、取消功能界別是背道而馳的。

代理主席，民主黨接受這是一個「改良」方案的另一原因，是背後有一個所謂的民間普選路線圖。張文光議員發言時勾劃了這個普選路線圖。我引述他的發言：「只要直選議席在二〇一二年、二〇一六年不斷增加……便能夠造成一個局面：直選……包圍和孤立功能界別，最後走向三分之二的多數，時機一到便能揭竿起義，將功能界別廢除，送入歷史博物館。」我真的很開心，張文光議員也覺得「起義」一詞是頗有力的。就張文光議員說的直選議席，我當然要問他是否包括這些變相直選？其實這套理論、這個路線圖，是贊成政府猶抱琵琶半遮面提出來的所謂「摳淡論」。不過，政府則奸滑一點，或可說是聰明一點，它不說穿，是因為它知道說穿之後，便要有承諾，而這個承諾，它日後是未必兌現的。所以，我覺得張文光議員雖然希望本會能揭竿起義，但對於立法會會揭竿起義，我卻不大樂觀，反而認為它只會越行越遠。

反而，葉劉淑儀議員的路線圖，更能直接符合取消功能界別的訴求，因為

她說，民主行出一大步是改變政治生態，區議員聲價百倍。接着下一步是開放功能界別，在二〇一六年擴大功能界別的選民基礎。到了二〇二〇年，葉劉淑儀議員則建議一人兩票，這一人兩票的兩票絕對是普選的票，因為她說一半是分區直選，一半是整個大選區由一人一票選出，這是沒有關卡的，沒有提名的關卡，也沒有參選的關卡，這種一人兩票才符合直選的原則。但是，她說最關鍵的地方，是開放功能界別的選民基礎，這樣做無須改變方向，無須接受一個改良的方案，而結果無端端增加五席區議會功能界別議席。

張宇人議員：

功能界別議員是一道橋梁〔樑〕，把不同界別的聲音，以及專業人士帶入議會，協助平衡社會各界的權益和需要。況且，三十個功能界別議員都代表納稅的羣體，例如醫生、律師、教師、零售界等，他們都是香港市民的一份子，包括我代表的飲食業。雖然有些同事說這是很少數，但我有十萬選票，是很有代表性的。我覺得飲食業是一個人的畢生投資，我相信他們的聲音和意見是應該得到尊重的，亦要帶入議會，得到充分討論。

代理主席，其實，每個制度都有長處和短處。我們說很多西方國家很好，有全民直選，其實亦有自己的問題，很容易墮入民粹主義，派發太多福利，負債越來越高。大家最近看到德國和英國都有問題，美國更要發鈔解決問題，「金豬五國」現在仍有危機，這些都是由一人一票選出來的國家。這是否每次選舉也派東西，於是要發鈔補救，最後，沒有人願意借貸又如何處置呢？

數年前，以色列的議員到訪，我和劉慧卿議員與他們見面。劉慧卿議員介紹我是功能界別議員，還罵香港的功能界別是很「戇居」的東西，是香港獨有的。這位以色列議員是一位女士，她在美國讀書，然後回到以色列。她的答覆頗有趣，她說每個國家的選舉制度都有其特色，全世界沒有而香港獨有，又有甚麼問題呢？甚至說以色列選舉總統亦很特別，是與別不同的，亦是這樣選，有甚麼問題呢？所以，當我們談到某個國家的制度時，英國有上議院和下議院，上議院仍然有委任議員，亦有世世代代的爵士在其中。美國有眾議院和參議院，為何參議院是一州兩票，而不是如眾議院按人計算，這便是他們的制衡。其實，每個選

舉制度都有不同和特別的情況，我不明白如果一些政黨認為功能界別沒有存在價值，為何又派人參選呢？余若薇議員剛才提出關於功能界別的問題，我不知道她有否問過吳靄儀議員，從她獲得答案。外面有人說他們的是「又食又拎」的態度，我未必認同「又食又拎」的說法，但是否正確，我便不予置評。雖然我未必同意社民連的同事在議會的行為，但最低限度他們是實實在在的，不同意功能界別便不參選。

（主席恢復主持會議）

律政司司長：

主席，在過去的辯論當中，很多議員均提及一些不能逆轉的事情。事實上，政制發展來到今天，有些事情是不能逆轉的。

首先，在法律層面，不能逆轉的是：根據基本法和人大常委會二〇〇四年四月六日的《解釋》，每一屆行政長官和立法會的產生辦法均必須進行「五部曲」的程序。現時特區政府只獲人大授權處理二〇一二年的兩個選舉安排，而我們知道，我們現正處於「五部曲」中的第三步。我們不能夠同時處理二〇一六年、二〇一七年或二〇二〇年的選舉安排，每一個這些選舉安排均須分別啟動「五部曲」的程序，所以任何要求將這些所有不同屆別的選舉（即二〇一六年、二〇一七年或二〇二〇年的選舉），均要與二〇一二年的選舉捆綁處理，是不可行的。如果有人堅持倘若特區政府不同意就二〇一六年、二〇一七年或二〇二〇年的選舉作出某些修改，便會否決二〇一二年的方案，主席，這是強人所難，在現時的法律框架之下，我們是辦不到的。

在法律上，第二個不能逆轉的是人大常委會二〇〇七年的《決定》：二〇一二年不實行普選；立法會中功能界別議席和地區直選議席各佔一半的比例不變；以及立法會對法案、議案的表決程序亦維持不變。

......

主席，所以在我剛才提及的第二個法律框架之下，如有任何建議要在二〇一二年全面取消功能界別議席，或任何新增議席均不可以有功能界別的議席，或在二〇一二年取消分組表決，均是不可行的。

換言之，如果在二〇一二年有新增立法會議席的話，就必須有功能界別的議席在內。

主席，大家不要忘記，不能逆轉的還有一些事實和進步。第一，我們已經有具法律效力的普選時間表，這是不能逆轉的。喬曉陽副秘書長在二〇〇七年已經闡述，並在今年四月再次強調，這是具有法律效力及「算數」的時間表。他亦同時強調，如果現在經修改的議案在立法會停滯不前，即使普選的大門打開，亦可能會因為我們自己停滯而不能進去。

第二個不能逆轉的是，普選必須符合普及而平等的原則。喬曉陽副秘書長亦在六月破天荒地作出原則性的發言，指出未來的「普選」要體現選舉的普及和平等。政府已經再三指出，我們會虛心聆聽有關普選最終模式的任何建議和意見，下一屆政府亦會積極跟進處理。

主席，第三個不能逆轉的事實，亦是我們不斷強調的，就是現時傳統功能界別的選舉辦法未符合普及而平等的原則，所以不能於普選時存在，而事實上，在今次提出方案的時候，自開始便沒有增加任何傳統的功能界別。

第四項不能逆轉的事實是：新區議會方案是在符合基本法和人大二〇〇七年《決定》的情況下，增強了民主成分。如果獲得通過，透過有超過三百萬選民基礎的直選和間選議席比率將會由 50% 增加至 60%，而透過傳統功能界別產生的議席比率將會相應由 50% 降至 40%，這有助凝聚共識和處理功能界別的存廢問題，在這方面議會內已有相當充分的討論。

主席和各位議員，在我們的討論當中，很多人用了「走路」或「不走路」的比喻來形容現在的情況。在基本法的憲制設計中，立法會必須有三分之二大多數議員贊成，才有機會通過任何政制發展的方案。由此可見，在政制發展的路上，必須「腳踏實地」而行。現在我們提出的方案是「腳踏實地」和進步的方案，因為它是在符合法律的情況之下，最能走近普選目標、增強民主成分，令將來的立法會更有機會通過共識處理包括功能界別存廢問題的方案。

主席，最後，容許我多說一遍，我們走到這一步，其實已經毫不容易，我很希望大家非常珍惜。